高等学校应用型本科管理学

"十二五"规划教材

金融营销学

主　审　姚　旭

主　编　迟　到

副主编　韩　雪　屈　越

中国金融出版社

责任编辑：张　铁
责任校对：张志文
责任印制：陈晓川

图书在版编目（CIP）数据

金融营销学（Jinrong Yingxiaoxue）/迟到主编 . —北京：中国金融出版社，
2013.2
高等学校应用型本科管理学"十二五"规划教材
ISBN 978 - 7 - 5049 - 6726 - 8

Ⅰ. ①金… 　Ⅱ. ①迟… 　Ⅲ. ①金融市场—市场营销学—高等学校—教材
Ⅳ. ①F830. 9

中国版本图书馆 CIP 数据核字（2012）第 317642 号

出版
发行　中国金融出版社

社址　北京市丰台区益泽路 2 号
市场开发部　（010）63266347，63805472，63439533（传真）
网 上 书 店　http://www.chinafph.com
　　　　　　（010）63286832，63365686（传真）
读者服务部　（010）66070833，62568380
邮编　100071
经销　新华书店
印刷　保利达印务有限公司
尺寸　185 毫米 ×260 毫米
印张　17.25
字数　378 千
版次　2013 年 2 月第 1 版
印次　2018 年 8 月第 3 次印刷
定价　36.00 元
ISBN 978 - 7 - 5049 - 6726 - 8/F. 6286
如出现印装错误本社负责调换　联系电话（010）63263947

前　言

　　《金融营销学》是金融学和营销学的有机结合，并吸纳了经济学、管理学等相关基本理论而建立起来的一门应用型管理学科，目前已成为经管类院校必修的一门课程。

　　随着金融成为现代经济运行的核心，社会对金融教育和人才的培养提出了更高的要求：既要培养研究型人才，也要培养应用型人才。针对这些要求，我们编写的教材不仅要包含金融领域的基本理论问题，让学生对基本概念和基本理论有完整的掌握，而且要包含本领域的基本实践问题，让学生对实务操作有一定的掌握，以适应未来工作的需求。通过系统学习和掌握这门课的基本知识、基本理论与方法，可以使学生系统地深入认识金融营销领域的基本问题，全面把握金融营销的内在联系和运作规律，分析当前我国金融营销领域存在的问题，提高金融营销的实战能力。因此，学习掌握金融营销基础理论、方法与战略管理，不仅为金融经济理论打下坚实的基础，而且对于从事银行、证券、保险、信托等与金融相关的营销工作具有十分重要的指导意义。本教材吸收了国内外最新研究成果，特别是借鉴了近年来国内外的金融营销案例。教材紧密贴近我国金融业的最新发展和实践，内容新颖、体系健全、案例丰富，可以作为本科院校、职业院校和金融机构的培训教材。

　　本书由哈尔滨金融学院、黑龙江工程学院和东北农业大学等院校中从事多年金融营销学教学的教师共同编写。姚旭教授任主审，迟到副教授任主编，负责全书框架、章节的设计及全书的定稿。全书共分为十三章，撰写的具体分工如下：迟到负责第一、第三、第七、第八章共四章的编写；韩雪负责第二、第六、第十二章共三章的编写；乔冠华和于志刚负责编写第四章；屈越负责第五、第九、第十一章共三章的编写；李翠亭负责第十章的编写；赵雪虹负责第十三章的编写。

　　本教材的编写得到了哈尔滨金融学院管理系主任姚旭教授的大力支持与帮助，中国金融出版社编辑对本书的出版也给予了极大帮助，在此一并表示诚挚的谢意！

　　由于作者水平有限，教材中不足之处在所难免，恳请专家、学者与读者不吝指教，我们会虚心学习，继续努力，将来修改完善教材。

编者

2012 年 10 月

目　　录

第一章
金融营销概述

【本章概要】

在理解并掌握金融营销的含义、特征与作用的基础上，阐述金融营销的重要意义和金融营销的发展历程，并分析金融营销的现状及未来发展的趋势，从而使读者了解并掌握该学科的性质。

【要点提示】

1. 金融营销的含义、特征与作用；
2. 金融营销的发展现状与趋势；
3. 金融营销的学科性质。

【案例导入】

中国银行电子银行助力青年创业

网购市场作为一个独立而强大的渠道，已经逐步成熟，并不断冲击着传统商业模式。"以 2010 年 11 月 11 日淘宝商城发起的 5 折促销活动为例，参与购物人数达 2100 万人，每秒交易超过 2 万笔，当日销售额即达 9.36 亿元。相比较，香港地区的单日零售总额为 8.5 亿元，国庆黄金周北京全部商业企业销售额为 7.3 亿元，全国百货店单店单日销售记录仅为 1.2 亿元。"在 7 月 14 日于北京举行的 2011 年大学生 KAB 创业俱乐部主席暑期训练营中国银行专题活动现场，中国银行总行电子银行部相关负责人向与会大学生创业代表阐述了方兴未艾的互联网经济及中国银行电子银行业务发展情况。

1999 年，中国银行在国内率先推出网上银行服务。随着互联网经济的发展，中国银行不断加强电子银行产品研发和业务创新。2010 年，中国银行电子渠道的日均交易笔数超过了柜台渠道，成为客户交易的主渠道。截至 2011 年第一季度末，电子渠道业务笔数占全行业务笔数的 61.95%，电子银行客户数累计达到 8425 万户，较上年同期增长 34%。

在交流互动环节，学生代表特别关注了银行如何履行企业社会责任的问题。负责人回答说，中国银行秉持"少年强则国家强，用知识为中国增值"的理念，自1999 年承办国家助学贷款业务以来，累计发放国家助学贷款 150 亿元，资助 476 所高校的 128 万名大学生完成学业。除提供助学贷款外，中国银行还为借款学生制定了一些特殊优惠政策，如免收借款合同工本费、免费开通网银账户、在校期间借记卡免收年费、毕业后异地还款免收手续费等。

有创业学生代表提问，中国银行将如何扶持大学生创业？负责人透露，在今年9~11月，中国银行将联手中国高校传媒联盟举办"我当团长我来团"团购创业大赛。团购大赛主要是发动大学生创业者推荐团购商品、制订团购方案，经专家评审及网络票选胜出的团购方案，将投放于本活动专题竞赛网页上供网民用于团购，最终依据销售情况进行评奖。对于中国银行这种创业体验进校园的方式，现场 KAB 创业俱乐部的主席们表示高度认同。

中国银行电子银行部助理总经理王家业表示，网上银行、手机支付等新型支付手段，最适合青年人使用，也最受新兴企业欢迎。青年人在创业过程中，能充分设计、运用新的支付手段，就好像给创业项目插上了翅膀。

案例点评：

中国银行将银行机构与高校创业机构、传统纸媒、互联网媒体进行捆绑营销，并充分借助了网页、FLASH、微博等宣传手段，实现了社会化媒体营销的尝试。

（资料来源：唐轶，《中国青年报》，2011 – 07 – 18）

第一节　金融营销的含义及特征

一、金融营销概述

（一）市场营销的含义

市场营销（Marketing）又称为市场学、市场行销或行销学，简称"营销"。台湾常称作"行销"。美国著名营销学专家、"现代营销学之父"菲利普·科特勒把市场营销定义为：个人和集体通过创造产品和价值，并同别人进行交换，以获得其所需所欲之物的一种社会和管理过程。由此，我们可以看出市场营销是由几个基本内涵有机构成的一个完整的概念。

营销的主体是一切面向市场的个人和集体。只要面向市场就会遇到营销问题。营销的客体是产品和价值。营销者既要考虑向市场提供有形或无形的产品，更要考虑向市场提供消费者所需要的价值。

营销是通过创造、出售和交换来实现的。首先，在调查研究的基础上进行开发，向市场提供能适应需求的产品和价值；其次，以适应市场需求的价格、渠道、人员、过程、有形展示及其他促销方式来进行出售；最后，以交换为核心，通过提供他人所需所欲之物来获得自己所需所欲之物，实现双赢的目标。

营销是一个社会和管理过程。它首先是一个管理过程：必须通过调查分析、制定目标和战略策略计划并对计划的组织实施、诊断和控制等营销全过程进行管理；它同时还是一个社会活动过程：企业作为社会的一个成员，在营销过程中必须履行自己的社会责任，在关注和提高消费者利益和企业利益的同时，还必须关注和提高全社会的整体利益。

（二）市场营销的作用

市场营销的职能和作用具体表现为宏观与微观两个方面。

1. 宏观市场营销，指的是由国民经济中各类企业的市场营销活动综合构成的与市场有关的社会经济活动过程。宏观市场营销的基本任务和作用是，各类社会市场营销机构（包括各类生产企业的市场营销部门和各种批发企业、零售企业、储运企业、金融企业、广告公司、市场营销研究企业等）通过执行自身的职能，创造有关的经济效益，以解决社会生产与社会消费之间的各种矛盾，使得生产者方面各种不同的供给与消费者和用户方面各种不同的需要相适应，求得社会生产与社会需要之间的统一与平衡，实现整个社会经济的正常运转。

2. 微观市场营销，指的是买方市场条件下企业的市场营销，是现代营销学重点研究的问题。微观市场营销的职能和作用在于，企业的市场营销部门通过市场营销研究，密切注意和了解市场需要的现状与变化，就可以发现一些未满足的需要和市场机会；然后，根据企业的任务、目标和资源条件等，选择本企业能够最好地为之服务的目标市场，并根据目标市场的需要，开发适销对路的产品，制定适当的价格，选择适当的分销渠道，制定适当的促销方案，千方百计地满足目标市场的需要，这样就可以扩大销售，提高市场占有率，增加盈利，实现企业的任务与目标。由此可见，微观市场营销是联结社会需要与企业反应的中间环节，是企业用来把社会需要变为有利可图的企业机会的行之有效的手段，是现代企业整个经济活动中的一个极为重要的组成部分，它对企业的生存与发展起着决定性的作用。此外，微观市场营销作为宏观市场营销的组成部分，各类社会市场营销机构总是通过其具体的营销职能和作用，承担和发挥着宏观市场营销的某些职能与作用。

（三）金融营销的含义

金融营销出现在工商企业市场营销之后，是市场营销在金融领域的拓展。依据菲利普·科特勒的阐述，金融营销是指金融机构以市场需求为核心，各金融机构采取整体营销的行为，通过交换、创造和销售满足人们需求的金融产品和服务价值，建立、维护和发展各方面的关系，以实现各方面利益的一种经营管理活动。金融机构的营销目的是借助精心设计的金融工具以及相关金融服务以促销某种金融运作理念并获取一定收益。

我们可以从以下几个方面来理解金融营销：

1. 金融营销不等同于推销。我们不能简单将金融营销等同于推销金融产品以获得盈利。其实，这是一种十分狭隘的观念，它以金融机构本身为出发点，强调金融机构的销售就是为了赚钱。而现代市场营销则要求金融机构重视市场，以市场运作机制及规律为基础，灵活运用各种资源与多种手段，建立并维护与市场各方面的关系。

2. 金融营销要以客户为中心。客户的需求是金融机构开展营销活动的出发点。因此，金融机构必须面对市场，了解市场需求，了解竞争者，通过销售比竞争对手更好的产品来满足目标客户的需求，并在长期的经营中与客户建立和发展良好的关系。

3. 金融营销所提供的产品和服务具有显著区别于实体产品和服务的不同特点。其表现为：一是服务的不可分割性。当一个金融企业向客户提供其产品时也就提供了相应的服务。产品的提供在时间和地点上与服务具有同步性。二是金融产品的非差异性。当一家金融企业提供了一种产品后，其他企业很容易模仿，而且各企业所提供的产品在功能上很难有大的差别。三是金融产品具有增值性。当人们购买一种金融产品，如保险、存款等，购买这些产品最主要的目的是能够为消费者带来一定的收益。

4. 金融营销具有综合性。金融营销是一项复杂的工作，它包括了与金融市场及金融产品提供与销售相关的各项活动，如金融营销环境分析、市场研究、市场预测与市场细分，也包括产品开发、价格制定、销售渠道拓展和促销等，还覆盖了售后服务、组织管理等各项工作，是项综合性的管理活动。

二、金融营销的特征

金融营销理所当然具有工商企业市场营销的一般特征，金融营销是一种服务营销，更具有自身的特征和与运行规律，主要表现在金融营销的主客体、目的和要求、标的、实现方式等诸多方面。

从金融营销的主体——金融机构的地位看，金融企业作为金融服务的提供者，不仅要在资金筹集活动中针对不同投资者的需要开发不同的金融产品和服务，还要在资金运用活动中针对不同的客户，开发提供不同的金融产品和服务，在满足资金需求者要求的同时，保证资金的使用效率和质量；此外，还要充分发挥其作为交易中介的地位和作用，积极为客户提供各种各样的中介服务。

从金融营销的客体——金融服务的消费者看，随着经济一体化和金融自由化的发展，金融市场发育日趋成熟，全方位、多功能、多渠道的资金融通、交易结算便成为可能，也使参与金融活动的金融消费者数量日益增多，构成日趋复杂，对金融服务质量的要求也越来越高。

从金融营销的目的和要求看，实现收益最大化便成为企业提供金融服务的主要目的，企业为了实现这一目标必须向消费者提供各种优质高效的金融服务，由于金融服务的提供和服务的消费过程往往是同步进行的，二者在时间上和空间上具有不可分离性，这种金融服务提供与消费的同步性，要求金融企业不断提高自身业务素质，树立良好的企业形象，通过提供规范的服务才能赢得更多的顾客。

从金融营销的标的——各种金融产品来看，它是金融活动中与资金融通的具体形式相联系的载体，筹资者和投资者的工具，也是金融管理者在金融市场上买卖的对象，同时又是金融工程技术人员的劳动成果。其特征主要表现为：第一，存在形式上的无形性。它不采取任何具体的物质形式来展示，而通常是采取账簿登记、契约文书等形式，人们购买某项金融产品，并不一定非要持有具体的金融资产，而只需保存代表该资产的某种凭证即可。第二，本质上的一致性和可替代性。金融产品与一般实物产品不同，它的使用价值和价值是重合的，它是一种价值尺度的表现。这种产品本质的一致性赋予了不同金融产品间的可替换性和极易被其他金融企业所仿效，从而加大了竞争的难度。第三，表现形式的多样性。金融产品在形式上因其期限、流动性、承担的风险、发行者的不同而有较大的区别。筹资者可利用不同金融产品的这些差异，吸引不同的金融投资者；投资者也可以利用这些差异进行合理的资金投向选择，实现自己参与金融活动的目的。

从金融营销的实现方式看，在金融企业中，员工成为营销活动的主体，员工的状况直接决定着顾客的满足程度，因此，金融企业在做好企业与顾客的外部营销的同时，必须把一线员工作为内部"顾客"，对一线员工做好内部营销，包括工作设计、员工招聘、员工培训、相互沟通及激励等。成功的内部营销是成功的外部营销的前提。这就需要：第一，科学的市场定位和产品创新。加强对客户市场的研究，根据需求同质的特点，将企业和公众划分为若干个消费群体，针对客户的不同需要，向选定的目标客户群体提供独特的金融产品、服务和营销组合，在维持客户忠诚度的同时，不断延伸和拓展新的市场。第二，金融产品和服务的不断创新。金融产品和服务的创新既与技术创新有关，也与金融市场体制创新有关，它主要是通过采纳和运用改变金融市场结构的各种金融产品和服务来实现。金融企业应当在市场细分和合理定位的基础上，根据消费者的不同需要，适时地创新不同的产品和服务，最大限度地满足这些需要。

三、金融营销的作用

（一）营销管理是金融机构管理体系中的重要管理职能

现代金融机构的管理体系一般由组织目标系统、外部环境分析系统、发展与控制系统、内部职能管理系统等部分组成，四个系统相互关联、相互制约，实现金融机构的整体运作。其中，内部管理系统是最基本的运作系统，发挥着日常管理职能，而营销系统是金融机构内部职能管理系统中最为重要的一个构成部分，它将外部环境因素与金融机构的目标、战略紧密联系在一起，既要对市场动向进行研究、对外部环境变化进行分析，又承担金融机构战略的制定与具体实施，影响到金融机构最终目标的顺利实现。因此，一个金融机构如果不建立完善的营销组织必将妨碍整体管理水平。

（二）开展营销活动有利于金融机构及时把握市场机会

营销活动，特别是市场调研活动的重视和开展，使金融机构能及时了解市场动向和发展趋势，及时把握有利的市场发展机会。市场机会的分析和把握，既要考虑显性机会，又要考虑隐性机会；既要考虑现实机会，又要考虑潜在机会；既要考虑企业机会，又要考虑行业机会；既要考虑本行业内部机会，又要考虑相关行业和边缘行业的机会。

（三）开展营销活动有利于金融机构建立良好的客户关系

营销活动的开展，顾客导向营销观念的确立，顾客满意、关系营销战略和策略的实施，将培养一批忠诚的客户，从而建立起稳定的客户关系。这些稳定的客户成为金融机构的主要利润来源。

（四）营销活动的开展有利于金融机构树立良好的形象

企业形象是市场竞争的一张王牌。差异化营销定位、优质的营销服务以及广告宣传、公共宣传等促销活动的开展，让消费者更清晰地了解金融服务产品及金融机构的实力，使金融机构在社会公众心目中树立良好的形象，取得社会公众的信赖和好感。

（五）开展营销活动是金融机构进行创新的需要

营销是始终交织在金融服务创新过程之中的。金融服务创新成为更好满足客户需求的手段，营销与创新的融合有助于金融机构建立竞争优势，而且营销本身就是金融服务创新的动因之一。

四、我国开展金融营销的意义

目前，我国金融环境发生了极大的变化，随着中国加入世界贸易组织，金融业务的进一步发展，金融机构的竞争越来越激烈。每一家金融机构都面临着传统业务和原有市场份额消减的冲击：客户流失，资金量的减少，利润受到影响等。如何寻找和发现新的市场机会，选择具有优势的目标市场，制定市场营销计划，并有效地执行和实施控制，成为金融机构在竞争中取胜的关键。因此，在我国开展金融营销具有重要意义。

（一）金融企业重视营销管理既是金融市场发展的客观要求，也是金融企业面对竞争提高生存与发展能力的实际需要

自 20 世纪 70 年代以来，在金融自由化浪潮的推动下，西方金融业内部的相互渗透激烈、竞争加剧，各金融企业也纷纷把工作的重点转向市场，注重发挥优势、开拓领域、争夺客户，金融业大多数产品的服务和消费几乎是同时进行的，这要求金融企业具有更强的营销功能。

（二）金融企业加强营销管理也是防范金融风险的需要

金融业是高风险的特殊行业，受经济政策、宏观经济波动、客户的信心、国际收支状况、金融产品供求状况甚至各种天灾人祸的影响，金融活动具有较大的不确定性。为了防范风险，金融企业必须强化营销职能，以市场为导向，加强对市场的分析和研究，审时度势，适时调整经营战略和营销策略，不断开发能够回避风险的各种金融产品，以实现经营的安全性和稳定性。

（三）我国金融企业面对新的国际国内形势，也必须重视营销管理

经济国际化进程加快，国际资本流动加速，使我国金融业面临的压力也越来越大，国内国民经济连续数年持续快速增长，资金的供给与需求状况已经发生很大变化，这要求金融业能够不断提供高效稳健的金融服务，同时，在效益机制的引导下，金融业的内部竞争将日益激烈，由此加快了金融企业强化营销功能、提高管理水平的步伐。

第二节　金融营销的发展历程及在我国的现状

一、金融营销的发展历程

（一）金融营销萌芽阶段

金融营销的萌芽阶段主要是指 20 世纪 50 年代末至 60 年代这段时期。

1958 年在全美银行联合会议上，第一次提到市场营销在银行的运用。在英国，直到 20 世纪 60 年代早期，才有少数几家银行意识到营销研究对其未来发展及当前经营活动都很重要，将营销思想引入到金融领域中来。此时金融营销还处于萌芽阶段。整个 60 年代，市场营销在金融服务领域的发展非常缓慢，尽管一些银行开始采

用广告等营销手段，但它们还没有充分认识营销在整个企业运营中的重要作用。

（二）金融营销发展阶段

金融营销发展阶段主要是指 20 世纪 70 年代至 80 年代。

自 20 世纪 70 年代中期以后，许多金融企业开始意识到它们所经营的业务本质上是满足客户不断发展的金融方面的需求，营销创新成为这一时期金融营销发展的主流。这一时期西方金融营销的特点是从简单采用营销方法到广泛运用营销思想的转变，市场细分和企业定位是金融企业研究的重点。20 世纪 80 年代，西方国家的金融服务业发展迅猛，成为整个经济活动中发展最快的产业之一。作为一种组织功能，市场营销无疑已经确立了在金融服务领域的地位。而市场营销作为一种经营哲学所发挥的作用则有待进一步研究。

（三）金融营销成熟阶段

金融营销成熟阶段主要是指 20 世纪 90 年代至今。

20 世纪 90 年代以来，西方国家的金融营销出现了一些新的特点。金融营销研究的重点开始由银行转向其他金融机构，金融营销研究的核心由战略转向关系。国际营销和网络营销成为新的研究热点；营销创新出现新的高潮；金融企业更加强调面对面的服务；由于白领阶层和新生代收入的增加，金融企业开始重新重视零售银行业务。与此同时，其金融营销也面临着新的挑战，必须解决好下列问题：如何更好地适应环境的迅速变化和保持自己的核心竞争力；如何开展金融业间的战略合作；如何更好地满足客户的个性化需求和提供超值服务；如何开展内部营销；如何面对金融全球化以及为利率市场化做好准备。

综上所述，金融营销经历了一个由浅入深、化零为整的发展过程。我们也可以看出，金融服务营销的发展历程是金融市场由卖方市场向买方市场发展的过程。当消费者不能对金融产品作出选择时，市场为买方市场，这时金融服务行业没有从事市场营销的必要；而当消费者可以自主选择金融服务产品时，市场为买方市场，这时金融机构为在竞争市场中求得生存和发展，就必须进行营销活动。

二、我国金融营销的发展现状

我国金融营销是伴随着金融市场的完善和金融企业的成熟而逐步发展的，金融营销的水平反映了金融业的整体发展水平。改革开放三十年来，我国金融业蓬勃发展，金融企业逐步成为自主经营、自负盈亏的独立法人机构。在激烈的市场竞争中，金融企业结合金融行业的特殊性，研究客户需要，规划产品与服务，通过整体营销活动满足不同客户的需求，营销意识不断提高，营销实践不断丰富（王松奇，2010）。但是与国外金融机构相比，我国金融企业还没有完全将科学的市场营销完整体系介入市场竞争中，具体表现在以下几方面。

（一）营销观念停滞不前

营销观念是一种贯穿于金融业务管理活动始终的经营思想，是一种以市场为导向，以顾客需求为中心的经营理念，而不是谋求短期利益的权宜之计。但是目前，一些银行的领导与营销人员对市场营销观念的认识仍较为陈旧，有的人把营销看作推销金融产品，有的人把营销片面地理解为做广告，也有人把营销看作仅仅是营销部门的事，而没有认识到全员营销的重要性。

（二）金融营销缺乏战略目标

营销战略出现盲目性和随机性主要表现为：普遍难以从长远角度来把握对市场的分析、定位与控制，而是简单地跟随金融市场竞争的潮流被动零散地运用促销、创新等营销手段；在改善服务态度、优化服务质量、提高服务水平等方面的工作尚未与营销的战略目标和营销策略联系起来而缺乏针对性、主动性和创造性；在营销策略上，业务的拓展以公关、促销为基本方式，没有形成多样化的营销策略的科学组合；虽在渠道设计上利用了高新技术，但分销渠道的扩展策略仍以增设营业网点为主要方法，难以形成高效的营销渠道。这些都是缺乏一个指导性的战略目标所导致的。

（三）金融营销组合决策不足

从产品的促销活动方式来看，其基本方式主要有四种：广告、人员推销、营业推广和公共关系。目前，金融产品广告虽然媒体日趋多样化，但是目标都仅是广而告之，产品功能介绍雷同及与竞争产品比较优势触及甚少，难以令客户信服。在人员推销方面，渠道显得单调，且客户面较小，相对成本较高。在营业推广方面，目前商业银行的员工进行的多为无差异营销，难以使客户对金融产品形成长期的品牌偏好。在公共关系方面，虽然公关手段得到了一定的重视，但银行与企业、团体以及个人的信息沟通、联系力度仍有待加强。

（四）缺乏金融与营销结合型人才

由于金融营销在我国起步较晚，目前，金融企业的员工知识构架基本是金融专业，很少有市场营销专业人员进入企业，而且企业在招聘和选拔的过程中也大多偏向金融专业，金融和营销结合型人才更是少之又少，但这种"新型复合型人才"正是当今金融企业所需的主力军。

三、金融营销的发展趋势

随着社会的进步，金融业的营销也是在不断发展的，各个金融企业每天都在创造新的营销策略和竞争方法，尤其是西方发达国家的金融业营销的竞争将会愈演愈烈，使这种行业营销发展将达到空前的地步。借鉴其历史进程与社会发展和市场营销的发展方向，今后金融营销的发展趋势将体现在以下几个主要方面。

（一）营销将渗入到金融企业活动的方方面面，尤其是突出"内部营销"

现代企业市场营销的实质就是了解消费者需求，设计出适合这种需要的产品并以符合消费者心理的方式传递给消费者。满足客户需要的问题，在西方营销学界有人称之为"外部营销"，而金融业营销还必须解决"内部营销"问题。"内部营销"就是企业的决策层和领导层必须擅长管理人，帮助下属做好工作，这对金融企业来说更为重要。金融企业从事第一线工作的广大员工与客户直接广泛地打交道，对客户会产生重要的影响，这就要求必须重视和抓好对内部雇员的培养和训练工作，同时通过制定企业工作准则、服务标准，以及一系列对内营销宣传、教育，使广大雇员树立营销服务观念，熟悉其提供服务的特点，认识雇员与客户交流反应过程对本企业经营业务成败的重要作用。因此，金融企业将走向全面营销的时代。

（二）金融企业将创新一套独特的行业实务营销

金融业独特的服务方式决定了其营销不能死搬硬套工商企业那一套，或跟在工商企业的屁股后面走弯路，而应根据行业特点，创新出适合自己特色的营销活动，例如：（1）服务营销。根据行业特点，利用超水平的服务使本企业在行业中出类拔萃。作为第三产业的金融服务业，其营销特点就是服务加服务。金融企业只有建立"大服务"观念，强化"大服务"意识，积极改进和创新服务品种、服务手段和服务设施，才能向社会提供高质量、高效率、高层次的金融服务，赢得竞争优势，树立良好形象。（2）超值营销。就是在产品质量、特征、价格等方面增加产品的额外价值。

（三）适应金融市场的变化和节奏，金融业将会实施善变营销和快速营销

首先充分认识到如今的时代是一个飞速发展、加速变型的时代，对于营销根本无定律而言。因此，未来的金融业必须训练员工的客户导向意识，充分了解客户不断更新的需求，捕捉新的市场机会，及时推出新产品、新概念，为客户提供新的服务。其次，在产品和服务市场上"快速出击"、"捷足先登"，比竞争对手先行一步，等到其他企业纷纷仿效之时，行动迅捷者又制造新的热点去了。市场经济好比竞技比赛，胜利者仅仅是抢先半步，脱颖而出者。

（四）未来的金融业将更加注重市场的定位、客户的选择等一些技术性营销操作

1997年5月，美国财政秘书正式提交国会金融改革方案，原则是取消银行与其他金融机构之间的法律界限，向欧洲"全能银行"看齐，银行、证券、保险和房地产企业之间，允许业务交叉，互相兼并。但这并不意味着在实际操作中，每个企业都是"全能"的，而必须突出本企业的定位。

（五）金融机构将掀起国际营销和网络营销的热潮

随着世界经济发展全球化的加强，金融机构进行各项活动所依靠的主要因素——资本能够比较方便地在全球范围内进行流通。处于这样的环境背景下，各金融机构也就不再满足于仅仅局限于在一个地区或国家中提供金融服务产品，而是试图在更大范围的国际市场上寻找新的机会，获取新的顾客，得到更快的增长，于是金融服务营销又出现了新的发展趋势，国际营销就此应运而生。另一方面，目前的金融市场竞争已不再是浅层次的竞争，而需要金融机构进行变革，运用新的营销方式吸引顾客，而金融服务网络营销以其标准化、个性化、低成本、受众广、交流方便等优势获得了营销人员的青睐。从目前的趋势来看，发展金融服务网络营销，是国际金融行业新的竞争力角逐，现代网络技术的发展进一步打破了经济金融活动的地域边界，加快了经济金融的国际化和全球化进程，给各国金融机构提供了一个全新的竞争平台。

第三节　金融营销研究的内容和对象

本节将对金融营销学这门学科的性质、研究对象以及研究的主要内容等基本问题加以探讨。

一、金融营销学的研究基础

（一）金融营销的"11Ps"理论

金融营销借鉴了工商企业市场营销的最新理论、方法和手段，结合金融机构运行的具体情况，丰富和发展了金融营销的研究内容、完善了金融营销的技术手段。然而不幸的是，由于缺乏对金融行业的特殊性和复杂性的深入研究，金融营销的研究仍然有局限性，具体表现为金融营销理论始终作为市场营销理论的分支而存在，摆脱不了市场营销理论的既有研究框架，如西方市场营销学的所谓"11Ps"理论。其中，属于市场营销战略的有4个P，属于市场营销战术的有4个P，另外还包括为了实现市场营销目标，特别是国际市场营销目标的另外2个P，所有这些都是围绕P（People）展开的。

1. 市场营销战略的4个P

（1）探查（Probing）。探查市场，就是要进行市场营销调研。首先，金融企业要了解市场由哪些人组成，了解哪些是现实的客户，哪些是潜在的客户。不仅要了解金融客户的需要，还要了解他们购买金融商品的动机及其购买行为。金融企业还要了解自己所服务的市场和经营环境，这一环境包括人口因素、经济因素、技术因素、社会文化因素及宏观经济政策，尤其是金融政策和法规、产业政策等宏观环境和供应商、营销中介机构、社会公众及竞争者的状况等微观环境。市场探查离不开金融市场的调查与预测。市场调查包括市场需求的调查与市场营销组合的调查。市场预测是指对金融市场的未来变化作出预测。

（2）细分（Partitioning）。每个市场上都有各种不同的人，而不同的人又有许多不同的生活方式、不同的需求偏好和不同的购买行为。"细分"的含义就是要区分不同类型的客户，即进行市场分割。市场分割有利于发现金融市场机会、选择目标市场，并有利于金融企业制定有效的营销战略来满足不同客户的需要。

（3）优先（Prioritizing）。金融企业在对细分市场进行评估的基础上，结合考虑自身的经营实力和特点，选择哪些客户群是本部门能在最大限度上满足其需要的顾客，选定哪些客户群对本部门最重要，使其成为推销金融商品和服务的目标。这就是选择目标市场。

（4）定位（Positioning）。定位的含义是指一个企业必须在客户心目中树立某种形象，使大家都知道这家企业及其产品的声誉。每个企业在细分市场的基础上选定目标市场后，就必须在客户心目中为自己的产品树立某一特定的形象，提高知名度和美誉度，对金融企业的经营成败极为重要。近年来，西方发达国家商业银行纷纷推行的企业形象识别系统就是一种有效的树立形象的工具，这一行为是市场定位的一种手段。

2. 市场营销战术的4个P。金融企业运用上述4个战略性的P确定战略目标、明确市场定位之后，就要认真实施市场营销组合策略，即4个战术的P。

（1）产品（Product）。金融产品本质上是一种服务。和物质产品相比，金融产品的内涵要丰富得多，它的质量和以下因素有着密切联系：该产品满足客户需要的属性；从业人员的素质；得到服务的方便性；安全性；客户的合作与参与。产品决策就是要选择以什么样的产品来满足客户。决策者要确定产品线的数目，还要确定每个产品线的长度。产品线决策中，一般还要确定是否需要选择某一特定产品为"拳头产品"，用该产品的成功推销来带动其他产品和服务项目的销售。

（2）地点（Place）。这就是营销渠道策略。金融企业经营业务的拓展与营销渠道有密切联系，因此，必须采取多种形式的渠道组合，搞好金融网点建设，建立有效的金融网点体系。

（3）促销（Promotion）。促销是指金融企业把产品和服务向顾客宣传，促进和影响顾客的购买行为和消费方式，是鼓励顾客购买的刺激手段。

（4）价格（Pricing）。金融定价与一般工商企业物质产品的定价相比，具有其特殊性：受政府金融政策、法规的管制较严；金融价格变动对金融产品（服务）销售额的影响相对较小；产品及服务相对无形，而且品种开发速度快，因此难以制定规范的定价策略。但商业银行在考虑定价时，可以利用各种适当的变通方式，以达到拓宽业务、增加盈利、回避风险的目的。定价还会对金融企业形象产生影响。因此，这是金融企业营销管理中一个相当复杂的，也是不可回避的问题。

3. 国际营销需考虑的 2 个 P。现代企业开拓国际市场，进行跨国经营，还需要运用另外 2 个 P：（1）政治或权力（Politics or Power）。企业营销人员必须了解东道国的政治、法律环境，与东道国政府打交道。商业银行要到外国设立分支机构，开拓业务，不仅要与东道国的金融和工商管理的主管部门打交道，甚至还须同立法机构打交道，只有这样，才能有效地在东道国站稳脚跟，发展金融业务。（2）公共关系（Public Relation）。营销人员还要善于处理好公共关系，使本行在东道国公众心目中树立良好的形象，使人们对本行的金融服务产生好感，培养和提高东道国公众对本行的忠诚程度。

当然，在整个营销活动中，金融企业要强调以人为本的金融企业文化，必须了解人、理解人，人（People）在金融营销系统中的核心作用不可忽视。

（二）金融营销是一门综合性学科

金融营销学借鉴了经济学、管理学、行为科学以及金融学、营销学的研究成果，逐步建立起金融营销学的学科体系。尤其是金融学的快速发展以及信息技术在金融业的广泛使用，金融日益成为现代经济运行的轴心。金融学的其他分支学科，如金融工程新学科的独立与发展，使得金融企业的经营方式发生重大变化，金融工具、金融产品的不断创新，极大地提高了金融效率，极大地降低了企业运营成本和交易成本，也可给消费者带来更多的实惠，为金融营销研究提供更广阔的天地。

二、金融营销学的研究对象及金融机构分类

（一）金融营销的研究对象

金融营销学是金融学和营销学有机结合，并吸纳了经济学、管理学等的相关成果而建立起来的一门应用型管理学科。金融营销是研究金融机构以满足顾客需求为中心的金融营销活动及其规律性的学科，即研究金融机构如何通过对金融市场的调查研究，了解市场对金融服务的需求及竞争者的动向，通过战略、策略的制定和实施，向市场提供比竞争对手更优质的服务以及建立多方关系，实现多方收益最大化

的活动过程及其规律性。

（二）金融营销的过程

金融营销包括以下几个程序：寻找和发现尚未满足的需要和欲望；测量需求量的大小；制定金融企业业务发展及竞争战略；选择能有效地为其服务的目标市场及定位；制定和实施能比竞争对手更有效地满足其目标市场需求的营销战略和策略；通过调研反馈信息，为进一步修正和调整营销战略和策略提供依据。

如果从管理职能的角度来审视金融营销的基本过程，其实际上就是由分析、计划、执行、评估与控制四个阶段组成的一个综合的、连续、动态的过程（见图1-1）。

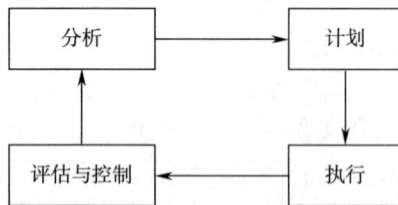

图1-1　金融营销的基本过程

（三）金融机构分类

金融机构是一组专门为客户提供金融服务以满足客户对金融产品消费需要的服务性机构，是金融营销的主体。金融机构主要包括银行、保险公司、证券公司、资产管理公司、期货公司、基金管理公司、财务公司、金融租赁公司、外汇经营企业

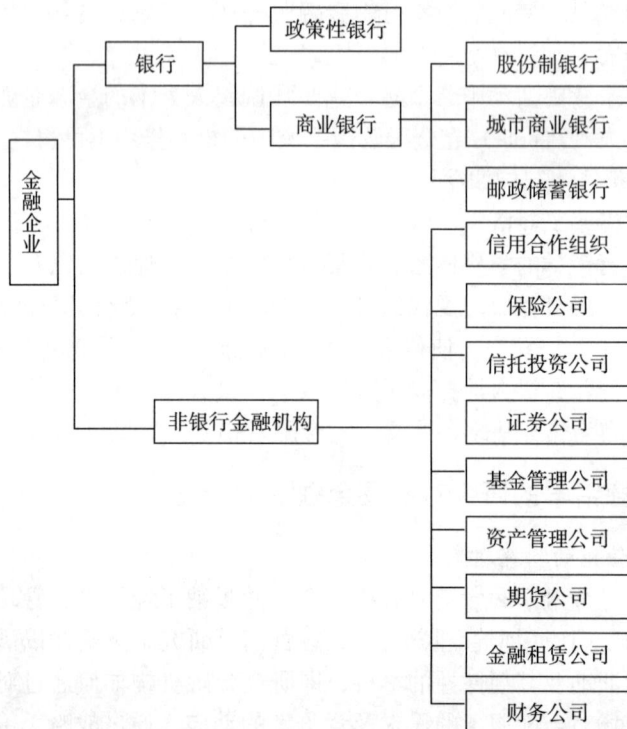

图1-2　我国金融企业构成

等各种经营性金融机构，所以，也称金融企业。我国金融企业构成如图1-2所示。

银行是最传统的金融机构，作为主体模式，银行在金融行业中处于主流地位，也是本书关注的重点领域。下面对我国主要的金融机构部门进行简单介绍。

1. 银行。

我国金融机构体系是以中央银行为核心，政策性银行与商业性银行相结合，国有商业银行为主体，多种金融机构并存的现代金融体系，形成了严格分工、相互协作的金融体系格局。

我国银行机构主要包括：中央银行、政策性银行、商业银行、合作银行、涉外银行及其分支机构。

下面，简单介绍一下我国银行机构：

（1）中央银行。是指中国人民银行，它在国务院的领导下，制定和实施货币政策，对金融业实施监督管理，并向全国人民代表大会常务委员会提出有关货币政策情况和金融管理情况的工作报告。

中央银行的主要职能是：①发行货币。中央银行是我国唯一的现钞发行机构。②银行的银行。中央银行以商业银行和其他金融机构为办理存款、放款和汇款的业务对象。③政府的银行。中央政府作为政府的银行代表国家贯彻执行财政金融政策，代为管理国家财政收入以及为国家提供各种金融服务。

（2）政策性银行。我国共有三家政策性银行，包括国家开发银行、中国进出口银行和中国农业发展银行。其中，国家开发银行直属国务院领导，发挥宏观调控功能，在关系国家经济命脉的基础设施、基础产业和支柱产业重大项目及配套工程建设中发挥长期融资的作用；中国进出口银行主要任务是执行国家政策和外贸政策，为扩大我国机电产品和成套设备等资本性货物出口提供政策性金融支持；中国农业发展银行为农村和农业经济发展服务，承担国家规定的农业政策性金融业务和代理财政性支农资金的拨付。

（3）商业银行。商业银行是经营货币和资金的金融企业，具有独立的民事权利能力和民事行为能力，依法自主经营、自负盈亏、银行以其全部法人财产独立承担民事责任。目前，我国的商业银行可分为国有控股商业银行、股份制商业银行、城市商业银行、中国邮政储蓄银行、农村金融机构。其中，国有控股商业银行中占主导地位的是中国银行、中国工商银行、中国建设银行和中国农业银行，简称"四大国有银行"，2007年交通银行也划归为国有控股商业银行；股份制商业银行是指非国有资本控股的全国性股份制商业银行，截至2010年底，中国银监会批准成立的股份制商业银行有13家，分别是中信银行、中国光大银行、华夏银行、广东发展银行、深圳发展银行、招商银行、兴业银行、上海浦东发展银行、中国民生银行、恒丰银行、浙商银行、渤海银行和平安银行；城市商业银行是以城市名命名的商业银行，如北京银行、哈尔滨银行、锦州银行等；中国邮政储蓄银行成立于2006年12月31日，规模仅次于四大国有控股商业银行，被称为"第五大银行"；农村金融机构包括农村信用社、农村商业银行、农村合作银行、村镇银行等，主要服务于农村信贷市场。

2. 非银行金融机构。主要包括保险公司、证券机构、金融租赁公司和企业集团财务公司等。

（1）保险公司。保险公司是办理保险业务，在风险发生时对投保人或保险人按照和他的约定给予赔偿或支付的金融机构，主要经营活动包括财产、人身、责任、信用等方面的保险与再保险业务及其他金融业务。其基本职能在于分散风险、补偿损失、积累资金、防灾防损。其资金来源为以保险费形式聚集起来的保险基金以及投资收益。

目前我国保险公司形式多样。按照组织形式划分，分为国有独资公司和股份制有限公司；按照经营范围划分，分为综合性公司和专业性公司；按照经营区域划分可分为全国性公司与区域性公司；按照实施形式划分，可分为强制保险公司和自愿保险公司；按照保险标的划分，可分为财产保险公司和人寿保险公司。

（2）证券机构。证券机构是指从事证券业务的金融机构，包括证券公司、证券交易所、证券登记结算所、证券投资基金公司、证券评估公司等。其中证券公司、证券交易所是最主要的证券机构。

证券公司是专门从事有价证券发行和买卖等业务的金融机构。不仅办理证券买卖业务，同时也从事有价证券的买卖经营，还可以从事投资银行业务。

证券交易所是不以营利为目的，为证券的集中和有组织的交易提供场所、设施，并履行相关职责、实行自律性管理的会员制的金融机构。中国目前有上海证券交易所和深圳证券交易所两家。

（3）金融租赁公司。主要是指办理租赁业务的专业金融机构，是租赁设备的物主，通过提供租赁设备而定期向承租人收取租金。

（4）企业集团财务公司。是指以加强企业集团自己集中管理和提高企业集团资金使用效率为目的，为企业集团成员单位提供财务管理服务的非银行金融机构。业务受中国银行业监督管理委员会领导和管理，行政上隶属于各企业集团。

三、金融营销学的研究内容

金融营销是以客户为对象，以营利为目的，通过各种营销策略的运用，把金融产品转移到客户手中的管理活动。金融营销经历了自我导向营销观、推销导向营销观、顾客导向营销观、市场与社会导向营销观的演进。思想是行动的先导，科学的金融营销观对金融营销实践活动具有强有力的指导作用。随着金融营销观的演进，人们日益认识到，一个完整、有效率的市场营销应该包括前期的市场调研、市场细分、确定目标市场、进行市场定位、中期的产品推出、营销策略组合以及后期的售后服务、营销风险监控等诸多方面。

本书共有 13 章，可以分为如下几个部分：

第一部分为理论分析。这是本书的基础篇。内容包括：第一章，金融营销概述；第二章，金融营销环境分析；第三章，金融营销战略与规划；第四章，金融营销的目标市场策略；第五章，金融营销的购买行为分析。

第二部分为营销组合操作策略。这是本书的核心篇。内容包括：第六章，金融营销的产品策略；第七章，金融营销的价格策略；第八章，金融营销的渠道策略；第九章，金融营销的促销策略。

第三部分为管理战略。内容包括：第十章，金融营销的服务策略；第十一章，金融网络营销；第十二章，我国农村金融营销介绍；第十三章，金融营销风险管理。

【关键词】

营销 金融营销学 金融机构 营销战略 营销战术

【重要概念】

市场营销 金融营销 "11Ps"理论 金融机构 金融企业 金融营销学

【复习思考题】

1. 如何理解金融营销的含义？
2. 金融营销具有哪些自身的典型特征？
3. 农村信用社实施金融营销的意义有哪些？
4. 金融营销的发展经历了几个阶段？未来趋势又如何？
5. 说明金融营销学学科性质及其研究对象。
6. 简述西方金融营销学的"11Ps"理论。

【参考文献】

［1］王方华、彭娟：《金融营销》，上海，上海交通大学出版社，2005。

［2］唐小飞、周晓明：《金融市场营销》，北京，机械工业出版社，2010。

［3］徐晟：《金融企业营销理论与实务》，北京，清华大学出版社，2008。

［4］王方华、彭娟： 《金融产品营销与管理》，北京，中国人民大学出版社，2010。

［5］张雪兰、黄彬：《金融营销学》，北京，中国财政经济出版社，2009。

［6］叶伟春：《金融营销》，北京，首都经济贸易大学出版社，2009。

第二章

金融营销环境分析

【本章概要】

任何消费者或企业都生存在一个变化的、复杂的大环境中，因此在进行金融活动时，金融企业应当认真考虑企业所处的营销环境，进而制定科学、合理的营销战略计划。本章首先介绍金融营销环境的定义等基本概念，其次详细介绍金融营销宏观和微观环境的各要素，最后介绍金融企业如何识别和应对环境中的机遇和威胁。

【要点提示】

1. 了解金融营销环境的定义、特点及其分类；
2. 理解金融营销环境分析对于金融企业的重要性；
3. 掌握金融营销宏观环境和微观环境的各要素；
4. 灵活运用金融营销环境评测方法进行金融环境分析；
5. 熟练掌握金融企业环境应对策略。

【案例导入】

银行经营环境三个变化

商业银行经营的政策环境正在经历一些微妙变化。首先，全力发展债券市场的问题进入 2012 年后在部委层面再度被多次提及，且动作频繁。单独来看，这方面的创新推动似乎与商业银行并无交集，但是，如果对中国社会融资总量的构成比例熟悉的话，就不难理解其意义所在。

由于中国债券市场长期发展滞后，商业银行贷款占社会融资总量的比例高。这一现状对银行至少意味着两重制约：

首先，由于推动货币供应的主要渠道源自于商业银行贷款，因此当前银行"资产扩张—再融资—再扩张"的循环将很难打破，商业银行的资本缺口将长期存在；其次，货币供应的传导渠道集中于银行信贷，商业银行盈利结构对息差业务的依赖将难以打破。这从过去两年商业银行的中间业务发展势头可以看出，尽管整体增长速度较快，但如果仔细甄别可以发现不少中间业务实际是息差业务的变通。

如果有比较完善的债券市场，那前述两个问题无疑可以迎刃而解。一方面，债券融资与商业银行直接放贷，从货币供应传导渠道来看并无区别，但从资本消耗角度看，却能够有效地缓解商业银行的资本金压力。另一方面，从收入结构来看，尽管银行放弃了息差收入，但中间业务收入的增速和含金量也将随之提高。

假若这一转变成为现实，对商业银行来说还将意味着一个额外的好处——降低利率市场化改革对银行盈利能力的冲击。原因很简单，因为商业银行的资产组合中，对利率波动较为敏感的部分已经分流至债券市场，盈利结构中息差业务占比也将下降至可控比例。

其次，资产证券化的呼声也在沉寂多年后再度响起。从最近一段时间舆论看，至少在中小企业信贷方面，监管层有重启试点资产证券化的意向。这一工具，对于资产负债表日渐肿胀的内地商业银行来说，将意味着另一扇窗的打开。虽然相比较信息披露公开透明的债券和股票等直接融资工具，资产证券化业务的透明度和风险一再为决策层所担心，但从目前业界的呼吁看，至少风险可控的初级资产证券化向前推进的概率还是不小。

银行业内当前对重启资产证券化业务的期盼，其着眼点也在于目前几近无解的银行再融资问题。而随着中国银行业对巴塞尔新资本协议精髓认识的逐步深入，除了单一依靠资本和资本组合来抵御风险之外，如何通过可控的风险分散以及全面的系统性风险控制去管理银行业面临的经营风险，亦值得业界进行探索。

最后，与商业银行关系最为紧密的，则是一系列关于监管层正对现有商业银行资本监管框架进行反思、调整的传闻。尽管未获权威部门证实，但简单罗列后发现从去年底开始，包括新资本管理办法暂缓、资产风险权重从统一划定向内部评级法过渡、超额拨备能否计入附属资本等话题，均频繁在银行业界和财经媒体间流传。

无论这些传闻是否属实，当前中国银行业面临的颇为严苛的资本监管体系未来方向如何调整，都是各方无法回避的问题。而各方争论的焦点，实际上指向同一个问题——如何把握审慎监管与推动业务创新平衡。简单来说，就是如何在防范风险的前提下，给银行更大的经营和业务创新空间。

无论是发展债券市场、推动资产证券化重启、对资本监管框架的反思还是另一个近期频繁出现的利率市场化问题，贯穿其中的主线其实是如何化解当前银行贷款占社会融资总量比例畸高的现状。而这一问题，其实也是银行体系再融资问题的根源所在。由此，审慎的读者应该会理解，完全解决银行体系再融资问题并非朝夕之功，其中不仅涉及金融体系架构的重构，还涉及各个层面的复杂技术性问题。

（资料来源：http://finance.sina.com.cn/money/bank/yhpl/20120213/020511361688.shtml）

问题：金融营销环境分析对于金融企业的发展有哪些重要性？

第一节　金融营销环境

金融的主要作用是进行资本配置，因此在经济快速发展的今天，金融的地位越来越重要。而金融营销环境分析既是金融企业长足发展的保障，也是金融企业识别机遇、风险的手段。金融营销环境分析是以金融企业自身实际情况为基础，以适应金融营销环境为手段，以达到企业盈利和发展为目的。

金融企业必须适应金融营销环境，就像任何生物都必须适应其生存环境一样。因此，引入生态系统来解释金融营销环境的概念，能使人们对金融营销环境的了解更为准确、方便。

一、金融营销环境概述

任何企业开展市场活动都是在一定的营销环境下进行的，金融企业也不例外。因此，掌握金融企业所处环境从而调整自身战略是一件十分必要的事情。美国著名市场营销大师菲利普·科特勒把市场营销环境解释为："能够影响企业成功和与目标市场顾客进行交换的各种因素和能力。"然而，什么是金融市场营销环境呢？难道就是简单地将市场营销环境的定义强加到金融企业就行了吗？为此，一些学者、专家将生态环境引入到金融市场中。生态环境是由生产者、消费者和分解者构成的微观环境以及由无机元素、物理条件等构成的宏观环境共同相互作用所构成的。根据这一定义，便有了对金融市场营销环境（即金融生态系统）的解释，即它是由金融主体及影响金融主体生存、发展的金融外部环境所构成的。

传统的市场营销环境可以分为微观环境和宏观环境两个层次，而金融市场营销环境则可根据其定义和生态学原理分为外部环境和金融主体两部分。传统市场营销环境与金融市场营销环境的对应情况如图 2－1 所示。

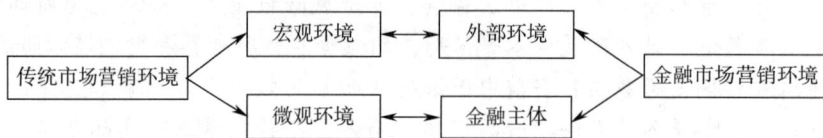

图 2－1　传统市场营销环境与金融市场营销环境的对应情况

金融主体（即金融微观环境）是指直接影响金融机构营销能力的各种参与者，包括金融机构本身、供应商、顾客、竞争者、替代品以及互补品等要素；而金融环境则是指影响、制约金融主体的社会要素，包括政治法律环境、经济环境、社会人文环境和技术环境等。图 2－2 表示了金融主体和宏观环境之间的关系。

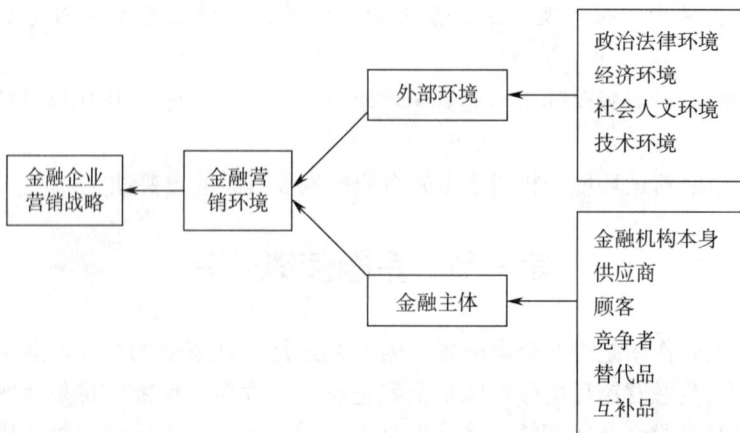

图 2－2　金融主体和宏观环境的关系

二、金融营销环境特点

金融企业通过进行金融营销环境分析以掌握市场发展方向，从而使企业得到生存与发展。金融企业不能改变市场环境，而是应该适应多变、复杂的金融营销环境。金融营销环境是一个仿生的生态环境，因此金融营销环境具有以下特点。

（一）客观性

金融营销环境是客观的，不受主观所控制。金融行业是一种严重依附商品经济的产业，主要体现在随着商品经济的发展而产生并伴随其发展，因此金融行业的发展不能摆脱商品经济。任何金融企业都是在一定的环境下生存、发展的，金融企业应当建立专业的分析部门来分析金融营销环境，从而调整自身的战略部署，以此适应多变的金融营销环境，从而立于不败之地。

（二）变动性

金融营销环境包含了许多因素，因此，金融营销环境的变动性不仅体现在金融需求的变化，还体现在宏观、微观环境各个要素的变动。

【案例】2010 年，我国第三方支付市场的规模已达 1 万亿元左右。今年，随着支付宝"快捷支付"、银联"在线支付"的推广，第三方支付市场的盘子将越来越大。鉴于此，银行要顺应第三方支付的发展趋势，及时化解市场变化带来的冲击和不利因素，进一步优化和管理好与第三方支付企业的合作与竞争关系，预防被边缘化。

积极与银联、支付宝等线上无卡支付平台展开合作，以抢占线上支付市场制高点，最大限度地获得市场份额。不管是支付宝还是银联，其"快捷支付"模式都要绑定银行卡，而银行卡的绑定，将使用户对绑定的银行卡产生黏性。如果银行在快捷支付上缺席，那么用户就有可能选择其他银行卡。因此，银行与支付宝、银联等机构的合作，将会进一步稳定该行银行卡的客户群，提升银行的活卡率和中间业务收入。目前，支付宝与银联的支付平台并无排他性，不管是与哪个平台合作，银行都将分享支付市场"洗牌"带来的一次新的"圈地"机会。

加快支付产品的研发。银行首先要加快互联网支付、电话支付、手机支付、短信支付等渠道产品的研发与升级，构建安全便捷、适用于多种支付方式的电子商务支付体系，进一步提高市场竞争力，持续改善客户支付体验。其次要进一步探索电子商务融资，通过打造产品亮点，彰显价值创造能力。电子商务融资是非金融机构在电子商务领域内不能涉足的业务范围，是银行与非金融机构竞争的优势所在。银行要积极探索电子商务与信贷业务的结合方式，完善电子商务产品体系，扩展信贷渠道，打造产品亮点和差异化优势，带动电子支付产品的快速发展。

提高商户服务效能，积极拓展网上收单业务。从长远来看，第三方支付企业的业务扩张，将在一定程度上挤压银行网上收单业务的发展空间。银行要积极采取措施，以化解对方"局点"，最大限度地减少业务蚕食。首先要充分利用 B2B、B2C、电子账单、网上交易市场与基金直销等电子商务产品融合多种交易模式的优势，加强行业细分，针对不同行业特点，采取差异化营销措施，加大营销力度，进一步壮大商户群体。同时要大力发展特约商户，加大收单业务营销力度，巩固强化县域收单市场的优势地位，实现大中城市收单业务的新突破，进一步扩大市场份额。此外还要进一步完善特约商户服务体系，加快呼叫中心建设，及时提供咨询、投诉处理、第三方管理、商户对账差错处理等服务，进一步提高商户收单业务服务能力。

抢滩备付金存管业务。《非金融机构支付管理办法》明确规定，非金融支付机构只能且必须选择一家商业银行作为备付金存管银行。特别是在非金融机构开始尝试进入基金、保险销售领域的情况下，非金融支付机构的资金沉淀和业务结算量将会非常巨大，成为备付金存管银行的重要性更加显著。因此，如何抢占先机，成为备付金存管银行是各银行发展电子商务不容忽视的基础性工作。

毋庸置疑，随着互联网的普及和电子商务的发展，第三方支付市场对便利、安全、高效的电子支付方式，需求将日趋高涨和强烈，选择也更加多元和挑剔。但可以肯定的是，安全便捷的"快捷支付"，已成为第三方支付市场的主旋律。不论是支付宝的"快捷支付"，还是中国银联的"在线支付"，抑或是其他商业银行的快捷支付模式，都会因为用户的乐于接受而得到市场的包容和认可。这些安全快捷的支付方式，拥有不同的客户基础，在相互争夺而又相互补位的过程中，将共享电子商务的繁荣生态。而面对各领风骚、此长彼消的第三方支付市场，银行要因势利导，以变应变，在最大程度地保护好自身客户资源的基础上，以合作促发展，查缺补漏，取长补短，进一步拓展业务发展空间，不断开创多赢局面。

（资料来源：http：//www. zgcxjrb. com/n1519887/n1520314/1851899. html）

（三）复合性

所谓复合性，是指金融营销环境既具有复杂性又有相关性。复杂性体现在各个环境因素之间可能存在着矛盾，而相关性则是指金融企业所处的营销环境不是单一的某个因素组成的。在金融营销环境中金融主体既是金融产品或金融服务的提供者也是其需求者。如银行既要给顾客提供储蓄，同时为了自身的发展和企业的扩大也会通过资本市场进行外部融资。2006 年 10 月 27 日，中国工商银行继中国建设银行、中国银行两大国有商业银行之后，在香港和内地的资本市场正式上市。至此工商银行成为 2006 年以来全球融资金额最大的银行。在金融营销环境中，金融主体内部、金融主体与金融宏观环境之间的界限并不是很明确，这使得金融主体和金融宏观环境形成了复杂的矛盾统一体。

（四）差异性

由于金融环境对于金融主体产生的影响各有不同，因而金融主体各自的特征也具有差异性。有效的金融市场监管可以建立良好的金融风险控制系统，使得金融营销环境能够进行自我调整。由此可见，金融营销环境差异性体现在以下两个方面：一是不同的金融企业受营销环境影响各不相同；二是某一种环境因素对所有金融企业的影响也是各不相同的。如银行和证券公司这两类企业受 2008 年金融危机影响的大小就存在差异。银行多是以存贷款利差为主营收入的，因此受金融危机的影响反而较小。2008 年中国工商银行成为全球市值最大、最赚钱的银行，中国建设银行和中国银行分别跃居第二、第三位，而国内外大大小小的证券公司却跌入了低谷。由以上两点可以看出，金融企业应该根据自身的特点制定营销战略，以适应复杂多变的金融营销环境。随着竞争的加剧，现代商业银行根据自身发展的要求，打破了以往传统经营业务模式，从而将卖方市场转入了以市场需求为导向、以顾客为中心的买方市场。由于客户需求具有差异性，客户不再被动地接受金融机构所设计的金融产品，而是从自身需求出发来评价和选择金融机构提供的金融产品。因此，商业银行应当看到这一趋势从而进行金融创新以获得新的利润增长点。

三、金融营销环境分析的意义

了解金融营销环境和变化趋势，主要是为了使金融企业能够抓住机遇和发现威胁。营销机遇是指金融企业能够通过一定的营销策略获得核心竞争力并取得利益的市场机会；而威胁则是指营销环境中所出现的对金融企业营销活动产生不利的情况和由此带来的风险。这也给金融营销人员提供了一些如何应对变化中的金融营销环境的方法，从而能够抓住机遇、克服威胁、规避风险。

（一）认清内外形势

金融企业不但要了解国家政策方针、法律法规等外部宏观环境，还要对企业自身的优劣势有一个明确的定位。因此，金融企业应当建立有关信息分析部门，其部门职能是既能分析外部信息以得到宏观环境的发展趋势，又能根据企业内部财务、人力信息建立企业核心优势。

（二）创造机会

环境总是在不停变化的，金融企业要善于发现这种变化背后所带来的商机，从而创造机会。当汽车技术日新月异的时候，人们对于汽车的需求越来越大，但是限于经济状况的约束，不是所有人都能购买汽车。这时一种新的消费观念"提前消费、按揭贷款"出现了，从而带动了信贷产业的蓬勃发展。技术环境的变化，带来了无限的商机。

【案例】加入世贸组织不仅让中国实体经济飞速发展，同时也使中国金融业踏上新的发展台阶。加入世贸组织后，中国金融业无论从数量上还是质量上都得到了长足进展。中国银行业的资产增长近10倍，证券市场与保险业同样突飞猛进。更重要的是，中国加入世贸组织后，国内银行业通过引进战略投资者、股份制改造、重组上市，不仅规模快速扩张，而且随着公司治理制度完善，整个国内银行业素质迅速改善。

目前，国内银行业许多指标不仅逐渐与国际银行业同行看齐，而且不少商业银行也成为世界上最为重要的银行。由于国内银行业经过世贸组织洗礼，当2008年下半年国际金融危机爆发时，国内很多银行不仅能够挺过危机，而且显示出较高的利润水平和经营业绩以及较强的抗风险能力。同样，国内证券市场及保险业也是如此。

那么，过去10年间，加入世贸组织为中国金融业带来了怎样的变化？

一是随着中国金融业改革开放，金融市场、金融机构及金融制度等各方面逐渐从计划经济体制中走出，迈上了市场化、制度化的道路，市场价格机制逐渐成为金融资源配置的制度性基础。世贸组织所倡导的改革开放仍然是当前中国金融业发展的基础之一。近年出现的高利贷现象也说明了当前中国金融改革的重点仍然应放在进一步放松对金融业管制上，只有这样才能加快银行信贷利率市场化步伐，化解当前民间信贷和高利贷危机。

二是现代金融业的公司治理机制逐渐替代计划经济下的管理方式。加入世贸组织后，国内不少银行顺势引入国际战略者，不仅解决了当时十分稀缺的资金问题，更重要的是让现代公司治理机制走进中国金融机构。通过引进金融机构公司治理机制，逐渐形成了中国金融机构新公司激励约束机制、经营与管理机制等，为整个国内金融业的繁荣与发展奠定了基础。尽管目前国内金融机构的运作机制仍然与国际上的金融机构或现代金融市场制度相差很多，或者被认为是"形似而神不似"，但仍代表了未来中国金融业发展的方向。

三是中国金融业的资产规模、运作机制及业绩等方面增长方式逐渐与国际金融业差距缩小。加入世贸组织后，大量国际资金和人才涌入中国，中国金融市场逐渐与国际市场对接，国际金融市场的产品、服务和经营方式也在中国实现同步发展。特别是金融全球化、网络全球化大背景下，中国金融业与国际市场的差距逐渐缩小。不过，目前中国金融业与国际市场最大的差距是信用制度基础不牢，整个金融市场的信用落后。如何来建立中国金融市场有效的信用制度，是未来需要作大文章、下大工夫的地方。

四是中国金融业的国际化程度得到长足发展。中国金融业国际化不仅表现在外国金融机构"引进来"，也表现在中国金融机构"走出去"，以及人民币的国际化。随着中国政府及金融机构持续对外的金融债权越来越多，中国银行业开始遍布世界各地，人民币逐渐成为不少地区与国家进出口交易的结算货币、投资货币和储备货币。

加入世贸组织后，中国大门进一步打开，成为中国金融业快速发展与繁荣的新起点。10年来，中国金融业站在这个起点上取得了巨大成绩，走向世界。同样，未来中国金融业改革开放的步伐会迈得更大，也将面临更多挑战。

（资料来源：http：//epaper. jinghua. cn/html/2011 – 12/07/content _ 738365. htm）

第二节　金融营销宏观环境分析

金融营销宏观环境是指影响金融企业营销战略制定、实施的各种社会力量。由此可见，分析宏观环境对于金融企业来说至关重要。一般使用 PEST 法，PEST 是分析宏观环境中比较重要的四大因素，即 P（Policy，政治）、E（Economic，经济）、S（Society，社会文化）和 T（Technology，技术）。而每一个因素又包含若干要素，如表 2 – 1 所示。

表 2 – 1　　　　　　　　　　　　　　宏观环境因素

因素	要素
政治、法律	国家的大政方针、政策法令（如《证券法》、《商业银行法》、《保险法》、《担保法》等）
经济	社会购买力、经济周期等
社会文化	人口构成、家庭单位、教育水平、诚信值、价值观等
技术	技术的进步、变化

一、政治法律环境

金融企业是在一定的市场经济体制中活动的，而这些活动要受到一定的法律法规的约束。因此，政治法律环境是指支配或限制金融企业进行营销活动的各种法律法规或政府机构的相关活动。由于我国金融市场正逐步向国际金融市场靠拢，所以政治法律环境包括国内外政治法律环境。

（一）政治环境

国内政治环境主要体现在两方面：国家政局的稳定和金融政策。国家政局的稳定会给金融企业带来重大影响。一个国家的政治动荡会影响到经济环境的变革，从而给金融企业带来不可想象的打击；相反，一个国家国富民强，政局稳定，使得经济快速发展，人民收入增加，从而为金融企业带来更多的商机。金融政策是指中央银行采用各种方式调节货币、利率和汇率水平来实现宏观经济调控目标。政府由监督、管理向协调、扶持的职能转换，并进行宏观调控，这为中小金融企业提供了良好的发展空间。如2004年国家为了控制经济过热的现象，颁布了金融相关政策，完全体现了国家宏观调控的巨大影响。而随着改革开放和经济发展的重大结构性调整，国家政策性银行和国有银行也纷纷加快了重组、改革的进程，这些都将引起银行客户结构和收入结构的改变。金融企业加大市场营销力度，股份制银行和一些中小型银行迅速崛起，同时一些非银行的金融机构如基金公司、证券发行商、保险公司等也通过金融创新间接或直接地抢夺商业银行的业务，这使得储蓄资金向资本市场转移，信贷也不再是企业融资的唯一渠道。更具吸引力的金融产品（如股票、债券、信托和保险等）正在瓜分商业银行的客户源。

自从我国加入世贸组织之后，国内金融市场逐步以国际金融市场为标准。我国对外资银行逐步全面开放和居民收入承诺的兑现，吸引了外资银行和金融机构纷纷进驻中国市场，这使得我国金融市场遇到了前所未有的巨大机遇和挑战。外资银行和金融机构凭借着强有力的资金支持和在信息、融资、结算等方面的先进技术所形成的核心竞争力获得了大量的金融业务（如实力雄厚的客户、外汇业务等），从而抢夺了国内金融企业的市场份额。这对我国金融企业构成了不小的威胁。

（二）法律环境

为了确保国家宏观调控能够得以实施，一个重要的手段就是法律法规。至今我国已经颁布的金融法律与法规相当多，如《中国人民银行法》、《商业银行法》、《证券法》、《保险法》、《票据法》、《担保法》等。法律法规为金融企业进行市场活动提供了依据和保障，金融企业可以凭借法律法规来维护自身权益，从而开展市场营销活动，因此法律法规对规范金融企业起到了重要作用。如商业银行上市发行股票时，就应该熟悉有关股票发行、上市等相关法律，以保障其上市的合法性。

中国加入世贸组织后，金融市场日趋国际化，因此在进行金融营销活动时就应加强对国际金融法律环境的分析。虽然有关金融方面的国际法律还没有一个统一的标准，但仍有一些被公认的国际惯例或几个国家签订的协定，如世贸组织所制定的关税及贸易总协定等。所以，在开展国际营销活动时金融企业应该更加认真地研究相关法律或协定。

虽然全球化的金融危机给金融行业带来了无法估量的损失，但同时金融动荡也促使我国的金融监管制度日趋完善。我国金融监管方针从以往的直接监管转变为现在的间接控制，并灵活运用利率、再贴现、公开市场业务等间接控制方式，使得金融监管更为有效。同时还要建立针对不同类型行业（银行业、证券业、保险业）进行不同经营管理的体系和制度规范，形成从市场进入、业务规范、风险控制到市场退出的全面监管系统，从而建立金融行业各个企业之间的协调、合作法规，使其形成金融行业的内部控制体系。另外，还应加大金融企业道德规范，让金融企业自律。总之，宏观监管和内部控制是金融法律环境的重要基础组成部分。《证券法》、《商业银行法》等相关法律的颁布标志着我国已经初步建立了较为完善的金融法律体系。其中《商业银行法》的修订使得商业银行进入保险、投资、资产管理等新业务领域成为了可能，然而这一改变不仅给商业银行带来了商机同时也使其面临着威胁。商业银行进入新的业务领域扩张了银行的目标市场和业务空间并有利于管理资产负债，然而这样会使商业银行放在其传统优势业务上的精力减少。我国的存贷款利差将随着利率日趋市场化而缩小，而存贷款利差在目前仍是商业银行主要的盈利来源。为了摆脱这一严重的依赖性，商业银行除了优化自身业务之外，还应提高自身的综合能力。

二、经济环境

经济环境是指金融企业进行营销活动时所处的外部经济状况，一般分为国内经济环境和国际经济环境两类，其中国内经济环境包括居民收入水平、经济周期等。

（一）国内经济环境

1. 居民收入水平。这是指居民各种收入的总和。居民是金融企业的主要营销对象。居民收入主要包括人均收入、收入分布和可任意支配收入等。

一般来说，人均收入越高，其消费能力也越大。收入贫富分布越大，市场总体购买能力越小，人们用于基本生活需求的费用较大，恩格尔系数大，用于投资、储蓄的资金就相对较小，因此金融企业的营销机会不多。可任意支配收入是指在可支配收入的基础上减去必需生活消费所剩余的货币收入。这部分收入既可以用来投资，也可以用来储蓄，因此可任意支配收入也是金融企业竞相争夺的部分。

20 世纪 90 年代开始，随着我国经济总量的快速增长，人们的收入不断提高，消费结构升级步伐加快再加上个人信贷、金融投资等多种政策的刺激，人们的消费观念发生了彻底性的变革，提前消费的观念深入人心，由此导致以个人信贷为主的个人银行业务得到了快速的增长，个人住房按揭贷款、汽车消费贷款、个人日常消费贷款和个人理财业务都同样得到了快速增长。这使得个人银行业务迅速成为与存贷款利差相媲美的商业银行利润的重要来源。调查数据显示，2% 的富裕个人客户贡献了个人银行业务一半以上的利润，20% 的富裕集团及个人客户贡献了超过 100% 的利润。因此，银行的金融产品及服务也应当紧随富裕客户群体的迅速扩大的脚步，争夺中、高端个人客户市场。

2. 经济周期。一个完整的经济周期包括危机、萧条、复苏和高峰四个阶段。特别是经济处于经济危机和经济萧条时，对于金融企业是致命的打击，因此金融机构要随时随刻做好应急准备。

1929～1933 年的全球经济大萧条，使得整个金融市场低迷。而 2008 年爆发的金融危机使得金融市场行情恶化，导致美国华尔街许多金融机构倒闭。我国也遇到了许多困难险阻，但这些都无法动摇我国经济发展的基石，我国的经济正向着宏观调控的指引方向前进，财政收入和企业盈利均保持着稳中有升的态势，因此我国 2008 年上半年经济仍增长了 10.4%，这使我国成为拉动全球经济增长的主要动力。伴随着经济的高速发展，我国的产业结构也将进一步完善，城乡一体化和工业化的逐步实现将加速区域经济的发展，而居民收入的增加也会促使消费结构升级，这些都将为商业银行拓展业务规模、优化业务性能提供有利条件。

【案例】2007 年、2008 年金融领域风云动荡，企业越来越多地倾向于借助银行的渠道参与到资本市场投资活动中，为此中国银行从 2007 年年初相继推出了多款人民币结构性理财产品，该类理财产品筹集的资金主要投资于银行间债券市场或票据市场，本金安全、其收益率高于同期的银行存款利率，到期还本付息（收益）。并且该产品灵活性较强，交易期限可以为 7 天、14 天、21 天、1 个月或 1 年，这可以满足客户各期限的理财需求。仅 2008 年中国银行山东省分行就累计为客户做结构性理财产品 260 多亿元，实现收益 2000 余万元。

（资料来源：http：//www.crbanking.com）

（二）国外经济环境

中国加入世贸组织后履行承诺实现我国金融市场的全面开放，这一举动意味着我国与其他国家的经济往来更为密切，与各国的经济相互影响、相互渗透。从我国金融企业的实际情况来看，对外开放带来的最大影响是，世界金融的动荡将影响国内金融行业的发展，由此我国金融业将受到更多的外部环境因素的影响，从而为金融业带来更多的不确定性。当然，有弊就有利，随着金融行业的全面开放，国内金融企业市场竞争将更趋国际化。这主要表现在四个方面：一是竞争标准的国际化，国内金融企业将更多地参与国际业务，这就势必要按着国际规则办事；二是竞争对手的国际化，随着我国加入世贸组织，许多外资银行进驻中国市场并与国内银行为抢夺市场份额展开激烈的竞争；三是资金价格的国际化，资金的流动性随着其在国内外的频繁交易而变得更强，这就使得国内资金价格正一步步趋于国际化；四是金融产品的国际化，这里的金融产品不仅是指金融企业所提供的有形的金融业务产品，也包括其提供的无形服务。外资金融企业不仅带来了优秀的经营管理理念，它们强有力的服务水平、创新能力也是国内银行所不能及的，因此只有加强金融企业自身的创新和服务水平，才能在竞争激烈的金融市场中占有一席之地。

三、社会环境

市场是由具有需求和购买力的全部实际和潜在顾客组成的。由此可以说人口数量越多，市场需求量也就越大。人口结构包括人口年龄结构、家庭结构和社会地位等。而对于金融行业来讲，社会环境中除了以上影响因素之外，还有一个最为重要的因素，即诚信值。

（一）人口年龄结构

不同年龄阶段的人有着不同的消费观念。受我国传统观念的影响，老年人更倾向于储蓄，而年轻人更注重消费。因此，金融企业应该根据不同的消费观念制定不同的营销策略，如银行针对年轻人提出创业基金等，保险公司为中老年人提供相应的保险业务等。

【案例】有关调查显示，妇女最喜欢的保险是健康险和养老险，经济基础好的会考虑理财险。女性处于不同的人生阶段，拥有不同的保障需求。

第一阶段：小女孩

18岁之前的孩子没有经济压力，没有社会责任，同时也缺少社会保险等保障。这个阶段应该考虑的是重大疾病保障、基本医疗保障以及教育保障（用分红型教育险或者万能险来保障教育金）。

第二阶段：单身年轻女性

这时候的女性关心身体健康以及未来的生活品质，应该选择妇科疾病保险、普通重大疾病保险、养老保险。由于单身女性最担心父母的养老问题，因此定期寿险或者意外险也是应该考虑的问题。

第三阶段：结婚后的女性

据科学论证，70%以上的已婚女性都有不同程度的妇科病，且女性得病的几率远远高于男性。她们应该选择生育保险、养老保险、妇科疾病保险、普通重大疾病保险、定期寿险。

第四阶段：中老年的女性

这个时候子女已经长大成人，自己也临近退休。奋斗了一生，这个时候也有了一定的财富积累。她们应该考虑补充一定的健康险，选择终身寿险（避免遗产税）、万能保险（作为老年生活的生活费或娱乐费用）。

（资料来源：http：//www.icbc.com.cn）

（二）家庭结构

家庭是消费购买的基本单元，家庭类型一般分为四种，即小家庭、直系家庭、联合家庭和单身家庭。在我国，随着社会进步、发展和社会观念的巨大变革，家庭规模出现日益缩小的趋势，这一趋势将影响金融行业的发展，同时也将影响消费者的购买行为。

【案例】根据中信银行有关人士介绍，国内高端富裕人士已经拥有了大量的财富，子女成长等因素已经成为了影响富裕人士幸福感的重要因素之一。中国有句俗话"富不过三代"，如何能使后代顺利继承财富并持续经营家族事业成为私人银行客户最为关心的问题。因此在2009年5月21日中信银行私人银行在北京召开新闻发布会，宣布启动一项专门针对高端富裕人士第二代的"未来领袖计划"。该计划的目标群体是富裕人士的第二代80后或90后的子女，为其提供财富传承、名校体验、领导能力培训、社交圈建立等综合服务。

（资料来源：http：//www.crbanking.com）

（三）社会地位

社会地位是指根据一定的分类属性（如职业、收入、教育程度等）将消费者分成几个等级。不同社会地位的人因其生活背景、教育程度和经济收入等因素的差异而存在不同的消费观念。近十几年来，我国大力发展教育事业使得高学历日趋年轻化，因此人们会进行合理理财，由此金融企业应运而生地向市场推出了各种各样的理财产品。有关研究指出，教育程度越高的人群，其观看电视的时间越少。因此金融企业在进行产品、服务的推广方式上应该采取相应的对策。如在农村等教育程度相对较低的地区，应该采取可视性强、容易理解的广告方式；而在发达城市中则应采取文字性强的广告方式。又如我国的民工和白领阶层，民工阶层更注重勤俭节约；而白领则偏向于生活的悠闲和享受。不同社会地位的人群对于金融服务和商品的要求也不一样，这就要求金融企业针对不同顾客采取差异化营销战略。在实际活动中，金融企业一般按消费者的收入高低进行社会地位的划分。

【案例】上市公司限售股解禁股东系列营销活动是农行山东省分行细分客户群体、加强联动营销、突破私人银行业务的重要举措。年初，私人银行部山东分部在春节客户拜访活动中搜集到解禁股东的金融需求。近期，又通过上下合力、公私联动，成功营销了某知名上市公司（以下简称"G公司"）。山东省分行上市公司限售股解禁股东营销实现新的突破。为顺利拓展G公司股东高管这样的高端客户，私人银行山东分部专程赴G公司对私人银行服务进行了详细阐述，通过与同业服务优势的分析比对和真诚的服务承诺，打消了企业高管的顾虑。此外，由山东省分行选择适合的个人贷款品种，解决了贷款种类适用及贷款审批额度问题，并及时将相关管理办法下发分行，推进各种配套规章制度的落地执行。私人银行部山东分部还协调资产负债管理部门落实贷款利率优惠和规模匹配，并确定最终营销方案内容，确保客户准入及业务操作符合相关规定。该部保持与相关分支行的联系，对业务进展情况及时向高管客户通报。

山东省分行资产负债管理部专门对私人银行客户放宽贷款利率优惠幅度进行批复，各相关条线鼎力支持，推荐满足客户需求的贷款品种。潍坊市分行开辟了专享信贷服务绿色通道，各部门分别负责利率政策、信贷规模等的沟通和协调。上下协调、同心戮力是此次营销活动成功的关键。

（资料来源：http：//www.crbanking.com）

（四）诚信值

诚信即广义的信用，是遵守和履行承诺事项的情况。古人云："人无信则不立，商无信则不兴"。一个地区的社会环境文化是否恪守信用、诚信经商是这一地区能否持续发展的重要影响因素。在金融领域，诚信则是狭义的信用，即债务人到期偿还债务的情况。一般来说，诚信值越高的地区，金融企业出现坏账、合同违约的概率越低，其金融环境越健康。

（五）价值观

人们所共同遵循的行为标准就是价值观，而价值观一旦形成就具有高度的持续性并长期、深刻地影响着人们的欲望和行为。因此，金融营销人员应针对性地了解处于不同文化价值环境的客户的主要行为特征和规律，这样才能使企业的营销活动不与该地区的文化价值观相冲突。

【案例】招商银行为重庆城市青年打造"我爱重庆"金卡，共有"重庆城市形象卡"和"重庆市直辖十周年珍藏版纪念卡"，两张卡面上均以"我爱重庆"来表达重庆青年关注重庆方方面面的成长，并欣赏、热爱这个成长的重庆。其中代表重庆城市形象标志的双人"人人喜庆"，寓含着"双重喜庆"之意。两个欢乐喜悦的人组成一个"庆"字，道出重庆名称的由来，展示着重庆以人为本的精神理念，传递出重庆人"广"而"大"的胸襟和"双人成庆，祝愿美好"的深远意义。

（资料来源：http://www.crbanking.com/BankCard/shoucang/200711/9439.htm）

四、技术环境

科学技术是第一生产力，科学技术的进步不但能给金融企业提供机遇，还会给金融企业带来致命的威胁。科学技术的进步在金融行业又体现在金融创新，包括金融制度创新、金融组织结构创新、金融市场创新、金融工具及金融产品创新、金融技术创新等方面。随着全球经济、信息化席卷而来，知识经济也进入金融企业的视线。金融企业巧妙地将电子商务运用到金融行业中，并推出了许多新的金融业务，如网上银行、网上购物等。技术进步同时也带来了许多便捷从而提高了金融企业的服务质量，如办公自动化加快了金融企业服务效率，ATM机的使用节省了银行的人力资源成本，全国联网使得各地区之间资金往来更加密切，POS机的普及增加了消费量等。随着我国3G时代的到来，手机银行的金融服务需求也在日益增长，在未来的一两年中，手机银行市场将成为银行争夺的重点。对于消费人群，技术进步改变了人们的消费观念，如科学技术推动了手机、汽车、电脑等行业的发展，使得人们的消费观念转变为"花明天的钱享受今天的生活"，提前消费的观念深入人心。这些都推动了消费信贷业务的大力扩张。

当然科学技术也有负面性。网络技术的进步和普及会使一些不法之徒利用网络进行非法活动，使得金融企业网上交易和企业内部系统安全性受到了很大的威胁，因此，如何建立金融企业安全系统尤为关键。

【案例】自2001年6月推出企业网上银行3.0版本以来，工行网上银行年交易金额从2000年的156亿元直线飙升到2003年的194000亿元，同期个人注册用户也从20万户增长到749万户，企业用户从不到1000户增长到6.9万户。

截至2003年11月底，工行电子银行业务累计实现交易额18.9万亿元，占全行结算业务量的16.5%，其中网上银行累计实现交易额16.3万亿元，是上年同期的4.08倍。随着企业网上现金服务平台"理财e站通"和个人金融理财业务平台"金融@家"在2002年和2003年的相继推出，工行在网上银行业务领域的领先地位进一步得到巩固和发展。

目前，招商银行超过50%的对私业务和约15%的对公业务实现了非柜台操作，网上企业银行每月完成的结算量占招行对公结算总量的22%（按金额）和15%（按笔数）。依托技术创新、体制创新特别是网上银行的推波助澜，招行在2000年初至2003年初，3年间对公业务交易量达29229亿元，交易笔数518万笔，收益高达10360万元；个人业务交易量高达1239亿元，交易笔数达714万笔，收益达6500万元，每年的综合成长率高达16%~30%。

（资料来源：http：//www.mie168.com/E-Business/2004-12/27481.htm）

第三节 金融营销微观环境分析

金融营销微观环境是由影响金融企业并与营销活动有关联的外部因素构成。其主要包括金融企业、生产商或供应商、营销中介机构、竞争者、客户以及公众六个因素。各因素间的关联如图2-3所示。

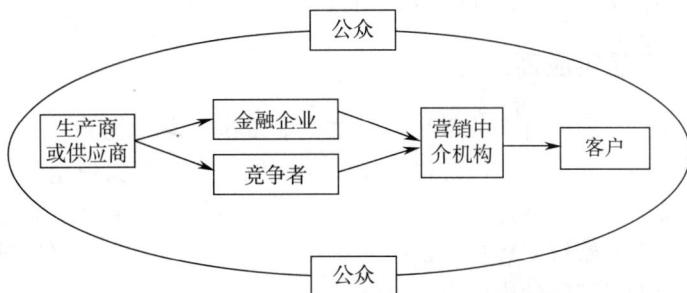

图2-3 金融营销微观环境因素

一、金融客户

金融企业的目标顾客主要是工商企业和消费者（个人和家庭）。它们不仅是资金的供应者，而且也是资金的需求者。企业客户又根据行业、规模、经营状态等标准划分成不同的层次；个人客户则根据收入状况、职业、年龄等指标进一步细分。不同细分市场的客户需求存在着很大的差异，这对金融企业的产品和服务提出了新的要求，因此金融企业要不断创新其金融产品和服务，推出各具特点的营销策略。在过去，大中型国有企业是商业银行的主要客户类型，然而现如今商业银行的客户主体更加多元化，除了大中型国有企业以外，还有三资企业、民营企业和个人理财等。随着客户主体的多元化，其金融产品也随之多元化。如招商银行会建立针对性的部门来服务公司客户和个人客户，并且该行根据职业和年龄的不同推出了专为学生设计的Young卡。客户的经济实力直接关乎金融企业的命脉，因此金融企业根据客户经济实力的大小将客户分为VIP和普通客户并进行差异化服务。客户的议价能力主要取决于产品差异性、转换成本及信息是否对称等。

【案例】2002年上半年，汇丰银行的卓越理财、花旗银行的贵宾理财等外资银行的理财品牌相继进入中国银行业市场，它们通过设置较高的进入门槛而把中低端客户拒之门外，从而为高端客户提供量身定做的专业服务，这使得国内银行开始重视高端个人客户的VIP理财业务。我国银行在提供VIP服务方面发展迅速，VIP客户所占银行业务份额直线上升。截至2004年年底，招行金葵花客户达到了5.8万户，户均存款余额110万元。金葵花理财客户以1.5%的客户占比，为招行创造了高达1/3的储蓄存款余额，高端客户的价值可见一斑。而光大1%的个人VIP客户贡献了将近90%的个人业务利润来源。因此，各家银行对富裕个人客户的争夺都是零售业务的重中之重。

VIP 客户有着严格的定位。如招商银行的金葵花账户门槛是 50 万元；中信银行的贵宾理财则分银卡、金卡、白金卡三个级别，门槛分别为 30 万元、60 万元和 100 万元；建行黑金卡的标准则是在该行月均金融资产 500 万元以上；花旗银行及荷兰银行的门槛为存款 10 万美元；恒生银行的标准为最低开户金额 50 万港元或等值外币；等等。中国银行的 VIP 门槛是 50 万元，设立高门槛是为了集中为这些优质客户提供最优服务。

（资料来源：http：//www. crbanking. com）

二、金融产品供应商

与供应商保持紧密的合作关系能给金融企业带来更多的优势。虽然金融企业提供的是无形服务而非制造品，但是也需要依赖于供应商才能实现企业目标。支票印刷商、金融系统运营商等均是金融企业的供应商。当然各个金融企业之间也会相互成为供应商，如有些银行向客户提供一些基金、经纪业务等，这些提供基金、经纪业务的金融企业就是银行的供应商。

【案例】邮政储蓄银行分别由中国邮政局、中国电信集团、中国联通集团公司等共同出资组建，由邮政局控股。该银行定位为自主经营、自负盈亏、自我发展、自我约束的全国性的股份制准商业银行，以提供公益性的服务为基础，兼顾盈利性的经营目标。它将通过办理集中批发性信贷业务，从而成为政策性银行和中小金融机构的资金供应商。

（资料来源：http：//www. bokee. net/company/note _ viewnote/36948. html）

三、营销中介机构

营销中介机构是协助金融企业推广、销售金融产品给最终客户的所有中介企业。金融企业不同于其他行业，如银行就不与传统的中介机构打交道。因此，金融企业的营销中介机构主要是指营销服务机构。

营销服务机构是指为金融企业提供所需要的各种营销服务，如市场调查公司、广告创作公司、营销咨询公司等。在金融领域，信用卡公司、ATM 机运营商以及自动清算系统等都是银行的营销中介机构。商业银行推出了网上银行、网上购物等新金融业务，网络运营商也成为银行的营销中介机构。

金融企业应当加强与营销中介机构之间的合作，使得双方达成"共赢"。2007年 9 月 25 日，德国邮政银行宣布，该银行储户在超市购物用银行卡付款的同时，也可以提取现金，这意味着德国各大连锁超市将成为邮政银行的"现金提款点"。虽然银行与零售网络的这种合作方式在英国等地已经存在，但在德国还是首次。从2007 年 9 月开始，德国邮政银行开始同当地著名咖啡连锁店 Tchibo 合作，消费者在其 1000 家店内喝咖啡的同时，可以开立德国邮政银行的汇划账户，并购买德国邮政银行的各类储蓄投资产品。如果消费者在 Tchibo 咖啡店开立账户并每月存入 1250欧元，那么账户将是免费的，否则汇划账户需缴纳 5.90 欧元的月费。2007 年 11月，德国商业银行选择了同拍卖网站 eBay 合作，个人消费者在 eBay 可以开立德国商业银行的免费汇划账户。

四、金融企业

金融企业要顺利开展营销活动，就应当设立相应的业务部门。一般来说，金融企业内部业务部门包括市场部、研发部、人力资源部、会计部、财务部等（见图2-4）。

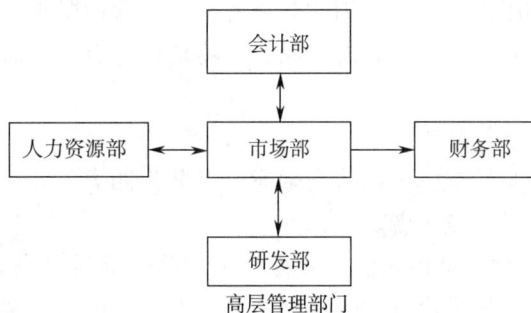

图2-4　金融企业各业务部门

市场部负责做市场调查、市场策划、市场公关活动，以及制定金融产品的促销方案等。

研发部根据市场部门所得到的市场调查结果分析市场需求变化，从而进行金融产品创新，向市场推出更符合客户胃口的新的金融产品。

人力资源部主要负责金融人才的招聘、培训、储备以及对金融企业人员的绩效考评、人事变动等。

会计部则是进行日常账务处理、现金收支平衡、制作财务报表、报税等。

财务部则是进行金融企业财务分析、制定企业营销等预算。

金融企业各个部门能否为市场部门提供所需要的人力、物力、财力是完成营销目标的基础条件，而各部门之间相互配合、协调一致则是完成企业目标的重要保障，也是金融企业兴衰的关键。若要使金融企业各部门能够各尽其能，金融高层管理部门则必须明确各个职能部门的职权范围，并尽可能协调、化解各个部门存在的问题、矛盾，这样才能形成一个高效的金融营销运转系统，即各部门为了企业同一目标作出自身应有的贡献：研发部按照市场需求发展趋势进行产品创新或新产品的开发，如金融危机的到来使得人们进行理财投资的信心降低，这时许多银行推出了短期理财产品，这就是根据市场需求的变化进行理财产品的创新；财务部尽力解决金融营销过程中的资金支持问题，并收集处理相关的成本、收益等财务数据，为营销活动提供数据支持；人力资源部则为营销活动招聘、培训营销人员，并对营销人员所作出的业绩进行考评，从而为金融企业储备优秀人才，剔除不合格人员，优化金融企业人员配置等。除了金融企业的"硬件"相互配合以外，金融企业还应当重视企业文化、企业行为准则等"软件"的建设。金融企业有着什么样的组织文化，员工就有着怎样的行为方式。如以前我国的四大国有银行，传统"论资排辈"的思想根深蒂固、奖励机制陈旧，这使得银行员工工作热情不高，无法调动员工积极性。而随着外资银行进驻我国，我国商业银行慢慢由"论资排辈"向"有能者居之"的企业文化过渡，银行服务水平得到了很大的提升，员工工作积极性增加。

五、竞争者

金融企业的竞争者是指提供与金融企业相似产品或服务来满足同一顾客群体的其他企业。企业与竞争者之间的利益是紧密相关的，但金融企业在进行营销活动时都会受到竞争对手的阻击和压力，因此竞争者是金融营销微观环境中最为重要的一个因素。分析竞争者可以对竞争者的产品、市场地位等有所了解，并根据这些信息制订出营销行动方案。

（一）金融竞争对手类型判别

根据顾客需求满足情况，可以将金融竞争者分为四类，即欲望竞争者、类别竞争者、产品竞争者和品牌竞争者。

1. 欲望竞争者。欲望是指人们想获得某种产品来满足自身需要的愿望。可见，欲望只是一种愿望。市场是由欲望、购买力和顾客三个因素组成的。可见，购买力也一样重要。在实际生活中，人们的购买力是有限的，顾客在选择金融产品时会进行比较，然后作出购买决策。因此，欲望竞争者就是为争取各自顾客而满足其不同消费欲望的企业。这一类属于不同行业之间的竞争，金融行业主要是为了满足顾客金钱欲望，其欲望竞争者可以是为了满足顾客娱乐休闲的旅游业等。虽然看似欲望竞争者与自身企业所处情况完全不一样，但是有远见的金融企业还是不能忽视这一类型竞争者。面对这一类型的竞争者，金融企业应当更多地采取合作而非抗争的营销策略。如招商银行便与易出行联合打造许多境内外优惠游等。

【案例】招商银行联手中国铁通集团、英泰美迪公司日前在京宣布正式启动信用卡电话服务。该项业务是国内电信行业和银行业的一次异业合作的创新，它使招商银行的信用卡持卡人不仅可以在国内享受质优价廉的国内、国际长途电话服务，还可以在全球超过 50 个国家漫游使用，话费支出从信用额度中自动扣收，真正实现了信用电话服务概念。

电信服务作为一个典型的信用消费产品，先天存在与金融信贷服务相整合的基础。银行业的激烈竞争，使得各家银行的信用卡的竞争要素也不再停留于信用幅度、理财套餐等货币范畴，功能多样化和外延化将是形成竞争优势的突破口，同时信用卡加载电信服务，弥补了电信服务的不足，满足了用户在支付方面的快捷需求，为电信业务的开发和拓展提供了新的空间和基础。

（资料来源：http：//www.crbanking.com.cn）

2. 类别竞争者。迈克尔·波特在 1980 年出版的《竞争战略》一书中提到，一个行业存在着五种基本竞争力量，即供应商的议价能力、购买者的议价能力、新进入者的威胁、替代品和同行业竞争者的竞争程度。其中所谓替代品是指处于两个不同行业的企业所生产的产品可以满足消费者同一需求因而能够互相代替。而这两个企业便称为类别竞争者。替代品的定义包含两层含义：第一，类别竞争者是属于两个不同行业的；第二，所提供的产品是满足同一需求的。因此，替代品的存在使得客户对于产品或服务有了选择的余地，如替代品在价格、性能等方面具有优势，那么客户就会转向替代品。金融行业中的保险业主要是满足顾客生命、财产安全需求，这与社会保障的基本功能一样，所以社保在某种程度上是保险企业的类别竞争者。

3. 产品形式竞争者。产品形式竞争者提供同样的金融产品，只是在金融产品的价格、品种等方面有所不同而已。值得注意的是，产品形式竞争者是同行业内部企业间的竞争，这会涉及本企业金融产品的销量和企业市场占有率，因此金融企业应该重视。

4. 品牌竞争者。相同的金融产品仍然有着不同的品牌。顾客依据金融产品的企业品牌进行购买决策时所考虑到的除本企业以外的同行业的其他企业都是品牌竞争者。在传统的竞争者选取时，金融企业往往将品牌竞争者视为主要的竞争对手而忽视了同行业的产品形式竞争者和不同行业间的欲望竞争者和类别竞争者。

产品形式竞争者和品牌竞争者的联系是，两类竞争者都是属于金融行业的；而两者的区别在于前者提供的产品有差异，而后者的产品是无差异性的。由此可以看出，金融企业在进行产品创新的同时还应当注意企业自身品牌的建立和维护。

（二）竞争强度

在分清企业竞争对手的类型之后，金融企业还应当对竞争强度进行分析，主要包括市场壁垒、竞争者总数量、市场份额、竞争者实力等。

1. 市场壁垒。市场壁垒主要包括资本需要和政府管制等方面，我国金融行业拥有较高的进入壁垒，从而导致了整个金融行业较高的利润水平。我国对于金融企业的注册资本都有严格的要求。高昂的注册资本将阻碍新的金融企业的进入。但是由于金融企业可以实行股份制形式，所以最低资本要求已经不再构成有效的障碍。金融行业除了资本要求壁垒外，还存在着严格的政府管制，即政府对新的金融企业的审批有着极为严格的要求，这才是阻挡潜在进入者最直接、最有效的措施。

【案例】在德国，银行业进入门槛相对较低，一些企业甚至也利用自身宝贵的客户资源试水金融业务，并且取得了不俗成绩。德国著名服装连锁店 CA 公司在全国有 400 家分店，在欧盟 15 个国家的分店已超过 1000 家，每天客户数达到 100 万。CA 公司利用其客户资源及电话销售、互联网销售等多种形式，在 2006 年年底取得金融业务执照后开始销售机动车保险，并提供分期和透支贷款等数十种产品和服务。2007 年德国纺织行业的平均增长率只有 1%，而 CA 公司则增长了 5%，这其中"金融部门功不可没"。

（资料来源：http://news.stockstar.com）

2. 竞争者总数量。如今我国已经初步建立了比较完善的以商业银行、保险企业和证券企业为主体的金融组织体系（见表 2－2）。截至 2008 年，我国银行业金融机构包括政策性银行 3 家，大型商业银行 5 家，股份制商业银行 12 家，城市商业银行 136 家，农村商业银行 22 家，农村合作银行 163 家，城市信用社 22 家，农村信用社 4965 家，邮政储蓄银行 1 家，金融资产管理公司 4 家，外资法人金融机构 32 家，信托公司 54 家，企业集团财务公司 84 家，金融租赁公司 12 家，货币经纪公司 3 家，汽车金融公司 9 家等（摘自银监会 2008 年年报）。

表 2 - 2　　　　　　　　　　我国金融组织体系的构成

中央银行	中国人民银行
政策性银行	国家开发银行、中国进出口银行、中国农业发展银行
大型商业银行	中国工商银行、中国农业银行、中国银行、中国建设银行、交通银行
股份制商业银行	中信银行、华夏银行、民生银行等
地方性商业银行	重庆、成都、北京等地区性商业银行
非银行金融机构	保险公司、信托公司、证券公司等

3. 竞争者市场份额对比。了解主要竞争者的市场份额，从而确定企业自身地位以制定出合适的营销策略。一般来说，根据企业所拥有的市场份额的大小，可以将金融企业分为四类：市场领导者、市场挑战者、市场跟随者和市场补缺者。而每类企业都会根据自身情况选择不同的营销策略。

根据银监会 2008 年年报可知，资产规模最大的三类机构为大型商业银行、股份制商业银行和农村合作金融机构，其资产规模占银行业金融机构资产的份额分别为 51.0%、14.1% 和 11.5%。尽管大型商业银行资产规模所占市场份额仍居第一，但较 2007 年仍下降了 2.22 个百分点，相比之下，其他类别金融机构（除外资银行）的资产份额都有所上升。

4. 竞争者实力。对于竞争者实力的分析可以从以下几个方面入手：资金实力、技术能力、创新能力、竞争反应模式等。

资金实力：所谓资金实力既指金融企业盈利能力、偿债能力，也包括其融资能力。从盈利能力和偿债能力可以看出一个金融企业的经营好坏，这也是金融企业资金的主要来源；而融资能力则是一个金融企业外部融资的资金主要来源。衡量以上指标有助于金融企业掌握竞争者的财务状况，以便制定合理的营销战略。

技术能力和创新能力：技术能力主要是指金融企业在提供其金融产品或服务的同时，所提供的一些技术支持。而创新能力不仅包括技术创新，还包括金融产品或服务创新等。

【案例】工行网银与用友软件的合作一直是基于软件包的模式。而 2009 年 7 月用友伟库网以产品和服务创新为切入点，双方共同开发，为客户提供应用服务，将在线财务软件直接部署在工行，从而使企业账务信息实现银行账户和企业账务系统的同步，为企业财务决策提供实时、准确、全面的账务信息支持。单点登录可以让企业财务人员无须重复录入指令信息，简化了手续，使客户使用起来更方便、更顺手。

（资料来源：http://www.crbanking.com）

竞争反应模式：常见的竞争反应模式有以下四种：

（1）从容型反应。当潜在进入者试图进入金融市场时，现有企业不作出任何行动、反应，任由企业进入。这种反应模式对于潜在进入者不构成威胁，但是潜在进入者必须弄清现有企业不作出任何反应的原因。

（2）选择型反应。现有金融企业只是针对某些进入者作出反应。新企业在进入金融行业时，应该分析金融企业反应原因，尽量避免受到阻击。

（3）进攻型反应。现有金融企业对于任何进入金融市场的企业都作出猛烈的反应，这种反应模式对于潜在进入者构成最大的威胁。

（4）随机型反应。现有金融企业对于进入者是随机进行反应，没有任何原因，进入者无法预见现有企业的反应。

六、公众

由图2-3可以看出，公众是影响其余五个因素的。公众是指影响企业营销能力的任何团体。在金融行业中，公众一般包括传媒、政府、民众、社团组织、内部员工等。

（一）传媒

传媒是指杂志社、电视台、报纸等大众传播媒介。传媒公众对于金融企业起着举足轻重的作用：（1）舆论监督作用。由于传媒会更客观、真实地报道金融企业的行为，因此金融企业首先应当树立良好的企业形象，接受社会舆论的监督。（2）宣传作用。俗话说"好事不出门，坏事传千里"，传媒宣传是一把双刃剑，利用得好能给金融企业带来长足的发展，利用不当则会给金融企业带来致命的打击。传媒针对某一事实发表对金融企业有利的新闻报道，就会为金融企业起到免费的宣传作用。由此可以看出，金融企业应和传媒保持良好的关系。

（二）政府

这里所指的政府是指与金融企业有关的政府部门，如银监会等。政府直接制定与金融营销环境有关的各种法律法规，为金融市场稳定、健康发展指引方向。金融企业在进行营销活动时应当遵循相关规定，这样才能得到政府的大力支持。如银行联合打击套现行为就得到了银监会的大力支持，银监会还为此出台《关于进一步规范信用卡业务的通知》来力挺银行打击套现行为。

（三）团体组织

团体组织是指邻近企业的各种民间组织，如街道委员会等。金融企业与这些社团组织保持良好关系，一方面建立了良好地方公众形象，另一方面团体组织具有群体效应为以后业务发展奠定了坚实的基础。

（四）内部员工

这一类公众是金融企业最应当重视的。金融企业是一个服务性质的行业，与客户的交易都是基于企业员工的，如果企业员工不满意，那客户是永远不会满意的，因此金融企业最应当建立内部营销，一来使员工树立服务意识，提高客户满意度，促进与顾客建立长期关系；二来通过激励管理，留住高素质员工。因此，内部营销是针对金融企业内部员工进行的一个全方面的管理过程，主要包括态度管理和沟通管理两方面。

态度管理。这是内部营销中最为关键的一个部分，金融企业必须通过有效的激励手段和管理方式使其员工具有"以顾客为导向"的服务意识和服务自觉性。

沟通管理。金融企业的沟通管理不仅包括熟悉各种金融产品、业务流程、金融企业规章等信息，也包括为金融企业内部员工之间信息沟通搭建良好的平台。

第四节 金融企业对策

金融营销环境分析的目的就是全面把握金融企业宏观营销环境信息，深入了解金融企业微观环境，以寻求市场机遇，规避市场风险。金融企业识别出市场机遇和市场风险之后，就应当制定出相应的对策。

一、机会威胁的识别

一般来说，金融营销环境给金融企业带来的影响有两种：机会和威胁。所谓机会是指对金融企业自身发展有利的条件；而威胁则是指不利于金融企业发展的条件。常用的金融环境评测方法有两种：事件权重法和矩阵法。

（一）事件权重法

所谓事件权重法是指金融企业通过环境分析，将环境中可能发生的事件进行罗列，并根据该事件对企业发展的影响程度和事件可能发生的概率进行打分，即可以得出潜在的机遇和威胁对于金融企业的重要程度。

【案例】我国某商业银行根据 2008 年金融危机这一经济因素，分析得出这一经济因素将引起与企业有关的事件，根据事件权重法则得到表 2-3。

表 2-3　　　　　　　　某商业银行经济事件重要程度分析表

事件	影响程度	发生概率（%）	潜在机会或威胁的重要程度
政府制定相应政策拉动内需	4	90	360
工商企业缩小规模	-3	80	-240
居民收入减少	2	60	-180
未来不确定性增加，居民储蓄增加	2	40	80

由表 2-3 可以看出，潜在机会和威胁的事件中最为重要的是事件 1 和事件 2，因此该商业银行应首先考虑这两个影响事件，其次应当考虑事件 3，在企业人力、物力和财力仍有余的情况下最后再考虑事件 4，否则就可以忽略。

（二）矩阵法

所谓矩阵法，就是对金融企业所面临的机会和威胁进行分析。主要分为三种：环境机会矩阵法、环境威胁矩阵法和综合矩阵法。

环境机会矩阵法就是将对金融企业发展有利的环境因素进行分析，分为机会影响程度和发生概率两个维度；而环境威胁矩阵法则是对金融企业发展不利的环境因素进行分析，分为威胁影响程度和发生概率两个维度。这两种方法是对事件权重法的分离，是将潜在的机会和威胁分开来进行讨论。运用这两个矩阵对事件权重法中案例的 4 个事件进行分析，如图 2-5、图 2-6 所示。

运用以上两种矩阵方法分析后，金融企业就应当进行综合矩阵分析。综合矩阵法是对金融企业所处金融营销环境进行一个综合的评估，分为机会程度和威胁程度这两个维度，而每个维度又分为高、低两个指标，从而成为一个 2×2 矩阵，从而将

发生概率

高　　　低

高

影响
程度

低

1

4

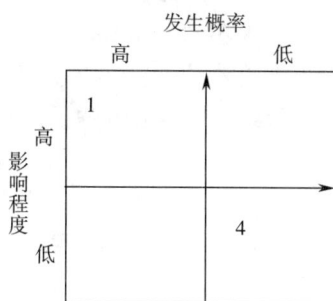

图 2－5　环境机会矩阵

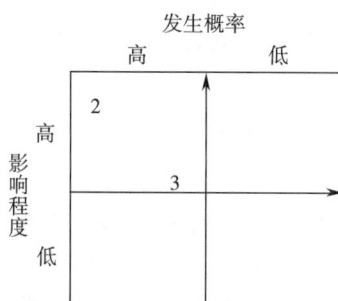

发生概率

高　　　低

高

影响
程度

低

2

3

图 2－6　环境威胁矩阵

金融企业分为 4 种类型，即理想型企业、成熟型企业、投机型企业和困难型企业。理想型企业是指有较高的机会和较低威胁的金融企业；成熟型企业是指市场机会和威胁均低的金融企业；投机型企业则是指市场机会和威胁均高的金融企业；而困难型企业则是面临的市场机会不高，但威胁却很大的金融企业。

二、金融企业对策

金融企业在对市场机会、环境威胁进行识别之后，就应当制定相应的对策来应付它们。虽然在很多情况下金融企业只是被动地适应环境变化，但是有一点金融企业应当明确：市场机会和环境威胁是一对矛盾统一体，在一定的条件下两者是可以相互转化的。以往的《商业银行法》中明确规定，银行不得从事证券、保险等其他业务领域，但随着经济全球化和混合经营在金融业中初现端倪，于是在 2003 年我国对《商业银行法》作出修订，增加允许商业银行综合化经营的规定，借此加快推进中国商业银行综合化经营，这无疑是将环境威胁转化为市场机会。银行可以进一步扩大经营规模和市场份额；而对于证券、保险企业来说，加强建立银企关系对于企业融资有很大的帮助。不仅如此，金融企业自身也可运用预测性环境管理法，通过一些积极的营销活动等来影响营销环境中的供应商、顾客等因素，从而变威胁为机会。金融企业可以利用某些新闻事件来间接影响有关金融业的立法；银行可以向银监会反映金融环境中存在的弊端从而引起银监会的重视而出台相应的行业法规来保护企业合法利益。

【案例】 如今网上交易盛行，许多人就利用网上交易的虚拟性进行信用卡套现。所谓信用卡套现，是指信用卡持卡人不通过 ATM 或银行柜台等正规渠道提取现金，而是通过一些非法中介机构以刷卡消费的名义提现。这已经严重影响信用卡业务的发展，许多银行对此头痛不已，纷纷向银监会反映。对此银监会在 2009 年 7 月下发的《关于进一步规范信用卡业务的通知》中明确，银行应落实特约商户管理，切实强化信用卡欺诈、套现等风险的防范责任，采取必要的监督管理和纠正措施。对银行与非银行机构合作的特约商户，由提供清算和结算服务的机构承担管理主体责任。针对涉嫌信用卡违规行为，鼓励银行实行负面名单制度，并在行业内信息共享。对特约商户，银行应事先就信用卡欺诈、套现风险防范和安全管理责任与其进行必要约定，对特约商户实行持续监测和定期现场检查。对涉嫌协助持卡人套现的特约商户应及时给予警告和纠正，情节严重的应立即停止该商户收单资格。经查发现特约商户有涉嫌套现行为的，承担管理主体责任的机构应暂停或停止为该商户提供清算和结算服务。

（资料来源：http://www.crbanking.com）

当不能将威胁转化为机遇时，如果金融企业不采取有效的应对措施，那么最终会导致亏损甚至倒闭。在这种情况下，金融企业应对威胁的方法有：反抗，即试图限制这一不利影响，争取消除这一威胁因素；缓解，即通过金融营销活动等一系列营销策略的实施来适应环境从而减轻威胁对企业的影响；抛弃，如果环境威胁是主要针对金融企业某一类产品或业务，且环境威胁无法缓解而这类业务对于金融企业来说又不是很重要时，则可选择放弃该类产品或业务来排除威胁。

【案例】 记者在走访佛山曾经为学生提供助学贷款的银行时，相关人士透露，这几年来，此项业务已经越来越少，佛山个别银行已经完全放弃了助学贷款的业务，主要原因是不少学生毕业后出现违约情况。高等学校的在读学生只要提供入学学生证、有效居民身份证以及两名同班同学或老师的身份证明等，就可从银行得到无担保（信用）助学贷款，因此学生毕业后贷款偿还问题变得较为复杂。由此可以看出，社会文化环境中的诚信值不高给银行带来了坏账威胁，然而助学贷款又没有担保要求，因此银行被迫抛弃这项业务。

（资料来源：http://news.sina.com.cn/c/edu/2007 - 06 - 19/110212050600s.shtml）

金融企业在面对复杂多变的金融营销环境时，其应对策略总结为两个字——"整合"，不仅要对金融企业自身业务进行整合，还要联合其他金融企业进行金融行业整合。随着金融市场环境的不断完善，金融企业不能单单着眼于技术和金融产品，而应当关注自身的资金流动性。资金是金融企业生存、发展的关键所在。通过分析资金流向，可以帮助金融企业分清各个业务的获利、亏损情况，从而进行金融业务整合优化，提高应对外界风险的能力。金融企业可以通过 BCG 法（波士顿咨询公司法）或 GE 法（通用电气公司法）对金融业务进行分析，以决定应建立、维持、紧缩和放弃哪些现有业务，然后再进行整合优化。金融企业不仅要对自身的资源进行优化，还要将整个行业的金融资源与政策性资源相整合。

【复习思考题】

1. 分析金融营销环境对金融企业有什么重要意义？
2. 什么是金融宏观环境，有哪些主要的因素？
3. 简述社会环境、经济环境对金融企业的影响。
4. 构成金融微观环境的因素有哪些？
5. 金融企业如何应对金融营销环境给其带来的影响？
6. 简述金融危机给金融企业带来的影响有哪些？金融企业应当如何应对？

【案例分析】

银行支付功能的延伸和扩展

指纹支付是现有支付功能的延伸和扩展。农业银行上海市分行此次与"立佰趣"合作，使上海率先在亚洲将生物识别技术应用于金融支付业务领域。该业务前两年已出现在西方发达国家，美国于 2005 年首推指纹支付。美国的一线零售商，如沃尔玛、Seven Eleven 等知名商户均支持指纹支付消费，且选择使用该方式结账买单的交易量所占商户收入比例呈不断上升趋势，商户和个人用户数量也在不断增长。

"立佰趣"相关人士介绍，指纹支付在国外被大量个人用户接受和使用，主要因其安全和便捷的独特优势。指纹被公认为个人独有的生物特征，指纹支付业务采用的是指纹特征点数据识别技术，即不使用个人的实际指纹图像，不侵犯隐私，而只在每一枚指纹中提取若干微小的特征点，并将其以矢量加密的方式转化为一组指纹数据信息，每次按压获得数据均不同，通过识别算法对不同组数据的内部逻辑关系加以判断，从而进行识别。

按中科院自动化生物特征认证与测评中心专家谭铁牛的说法，生物识别是目前最为安全与方便的识别技术，既不需要记住复杂的密码，也不需随身携带钥匙、智能卡之类的东西。由于不易伪造和假冒，利用生物识别技术进行身份认定，安全、可靠、准确。在"立佰趣"看来，指纹支付的前景非常广阔。

据了解，农行的持卡用户在长宁支行下属网点申办该业务，完成账户与本人指纹的绑定和身份识别码设置，即可免费开通并使用该业务。与第三方支付不同，在指纹支付中起到桥梁作用的"立佰趣"，不涉及现金流，其盈利来自于交易分成。据称，"立佰趣"在支付上收取的费用，是与各家银行单独谈判的结果。除与农业银行紧密合作外，民生银行、兴业银行、中信银行 2007 年年底开通了指纹支付业务，其他各银行也在紧锣密鼓地准备中。

从理论上说，指纹支付创造了在没有银行卡和现金的条件下，依然可以消费的独特优势，可有效避免钱包遗失、银行卡被盗等隐患，也能消除人们在日常购物中未带钱包的尴尬窘境。但在试运营初期，指纹支付的使用受到环境的制约。这样的问题在国内银行卡的推广中同样遭遇过，银联卡跨境使用的软肋就在于支付环境不及外卡。

分析人士认为，指纹支付发展的瓶颈不在于使用观念和技术障碍，而是支付环境的满足。据"立佰趣"称，咨询指纹支付的有大量中年客户。第三方专业调查公司在全国范围内的市场调查数据显示，在所有接受市调的人群中，有87.27%的受访者表示对指纹支付方式认可，愿意开通并使用该业务。

可如果指纹支付没有"用武之地"，就会影响使用者的兴趣。据悉，目前支持指纹支付方式的沪上商户，已有百盛百货、Foxtown、运动100、可的、光明便利店、DQ冰激凌、一茶一座、威尔氏健身、如家酒店等，涵盖了百货零售、超市卖场、餐饮娱乐等不同消费行业的千余家商户。但在试运营初期，使用者无法随心所欲地用指纹支付替代银行卡或现金消费。一些商户也反映，每天使用指纹支付的消费者极少，有的只有一两笔交易。

从1995年开始的金卡工程至今，银行卡业务实现了跨越式发展。目前上海的刷卡POS机总数在6万台左右。相比之下，作为新生事物的指纹支付，还只能"遍及"较小范围。目前沪上仅设置3000台指纹终端，"立佰趣"计划到明年一季度在沪设置5万台左右，涉及除跨地消费较多的宾馆外的各行业。

银联打造银行卡支付环境，依托其特殊背景及各大银行作为股东的实力。"立佰趣"已获银监会认可，并得到润盛和麦顿两家投资机构投资。上半年又获得联想和鼎晖等几家机构数千万美元投资。但对"立佰趣"来说，打造指纹支付环境成本不低，仅每台终端机就要1000美元投资，若要实现2年投放50万台设备，对于资金的持续要求将非常巨大。

（资料来源：http：//www. hqew. com/tech/news/610081. html）

【参考文献】

［1］ 王晓春：《银行营销就是经营"价值"》，载《现代金融》，2006（12）。

［2］ 唐小飞、周晓明：《金融市场营销》，北京，机械工业出版社，2010。

［3］ 徐晟：《金融企业营销理论与实务》，北京，清华大学出版社，2008。

第三章

金融营销战略与规划

【本章概要】

本章通过对金融营销战略与规划的定义，进一步介绍战略规划与步骤，并阐述战略规划的实施与控制。

【要点提示】

1. 理解并能区别金融营销战略与战略规划的含义；
2. 了解金融营销战略与规划的特点、作用；
3. 理解金融营销战略与规划的层次；
4. 掌握金融营销战略规划的原则、步骤与方法；
5. 了解知识经济时代背景下的新型金融营销战略。

【案例导入】

导入信贷营销战略　提升金融服务水平

——冷水江市农村信用合作联社信贷营销工作开展情况纪实

中国农村金融网讯：冷水江市农村信用合作联社下辖 12 个社部、18 个分社储蓄所，278 名员工。在省联社、娄底办事处以及地方党政的正确领导下，班子成员精诚团结，全体员工积极努力，一步一个脚印，一年一个台阶，各项工作取得了一定的成绩。到 2009 年 4 月，各项存款余额 132359 万元，比年初增加 13487 万元；各项贷款余额 83860 万元（其中贴现余额 17993 万元），比年初增加 19646 万元（其中增加贴现 8102 万元）；不良贷款余额按五级分类 20640 万元，比年初下降 4002 万元，占比 25%；总收入 2620 万元，其中贷款利息收入 2454 万元，同比多收 738 万元；经营利润 1474 万元，同比增盈 811 万元；历年亏损 16947 万元。2006 年被评为省联社先进单位，2007 年、2008 年连续两年被省联社评为进步奖。

冷水江市是一座资源型工业城市，面积 439 平方公里，人口 36 万。随着冷水江市经济的发展和工业化进程的推进，金融竞争也开始延伸到各行各业。冷水江市商业银行、政策性银行在完全占有大型企业资源等先天优势的同时，转变经营战略，瞄准县（市）域市场的优质项目，拓展中小企业服务领域，并把触角伸向了农村，重新与农村信用社争夺优质客户群。农业银行、农业发展银行、邮政储蓄银行和该市的近 20 家投资公司，市场定位与农村信用社基本相同，争夺的是同一范围、同一层次、同一性质的客户。这一变化，对处于弱势竞争群体的农村信用社是一个巨大的挑战。该联社在认真研究市场动态的基础上，改变传统的经营管理观念，导入先进的市场营销理念，结合实际制定并实施严密的信贷营销战略，积极应对激烈的金融竞争。

冷水江市农村信用联社通过导入信贷营销战略，有力地支持了冷水江经济发展，进一步强化了信用社内部管理，服务质量得到了明显的改善，服务水平得到了显著的提高，效益和信誉日渐攀升，实现了各项业务超常规、跨越式发展。以近三年为例，该联社各项存款由6.7亿元增长到13.2亿元，三年增长了97%；各项贷款由3.1亿元增长到8.4亿元，三年增长了171%，贷款累放由年3.9亿元增加到年20.4亿元；贷款利息收入由2135万元增加到6255万元，经营利润由亏损670万元增加到盈利1310万元。

对该案例的评析如下：

面对日益激烈的市场竞争，金融机构要生存、发展并在竞争中取得优势，就必须学会认识环境、并适应不断变化的环境。而冷水江市农村信用社正是在这种激烈竞争的大环境中，认识到随着城市经济的发展和工业化进程的推进，金融竞争开始延伸到各行各业，各大商业银行、政策性银行开始和农村信用社争夺农村市场，农村信用社则面临着巨大的挑战。所以冷水江市农村信用社在认真研究市场的基础上，开始转变经营战略，导入先进的营销理念和管理理念，重新制定经营战略，根据实际制定严密的信贷战略，来抗争和应对激烈的金融竞争，正是在这种营销战略的指导下，该信用社没有在激烈的金融市场竞争中被淘汰，而是得到了跨越式的发展。从以上案例中，我们看到，金融企业在营销活动中，必须学会如何从总体上规划一定时期内金融企业的营销活动，即制定并规划营销战略。而营销战略需要按照一定的原则、步骤与方法进行设计，并需要制订出金融企业营销工作具体方案的整个管理过程，因此，在目前的激烈竞争环境中，金融营销战略与规划金融机构营销活动的开展具有重要意义。

（资料来源：《导入信贷营销战略　提升金融服务水平》，2009 - 05 - 21。http：//www. zgncjr. com/index. asp？xAction = xReadNews&NewsID = 57017）

第一节　金融营销战略与规划的概念

一、金融营销战略的概念

（一）金融营销战略的含义及特点

1. 金融营销战略。金融营销战略（Financial Marketing Strategy）是指金融企业在进行市场营销活动时，为求得企业长期发展，完成企业任务和目标，依据外部环境和内部条件而制定的总体性、长远性规划。

金融营销战略制定的目的是明确三个问题：一是指明金融企业"做什么"（What）；二是"如何做"（How）；三是"由谁做"（Who）。所以，有效的营销战略要具备三个要素：营销目标、达到目标的手段以及执行的部门或人员。只有三者结合，金融企业才能明确营销所要解决的问题有哪些、解决的方法是什么、所需资源如何配置，同时对于变化的金融市场环境作出系统有效的反应，保持企业能力与环境的长期动态性平衡，从而保证金融企业快速持续地发展。

作为决策者，在制定金融营销战略时，必须回答这样的六个问题：企业服务的对象是谁？企业面临的市场机会与威胁有哪些？同竞争对手相比，自己具有哪些竞争优势和劣势？企业在规定时间内能达到什么样的目标？通过哪些措施实现目标？所需资源如何配置？只有回答以上六个问题后，才能够有制定战略的框架。

2. 金融营销战略的特点。金融营销战略着眼于整个金融企业发展的全局，力图解决那些对企业发展起着长期决定性作用的问题，是所有金融营销活动的最高纲领。作为金融营销活动中最高层次的营销决策，金融营销战略具有以下特点：

（1）长远性。金融营销战略是企业实现长远发展目标的策略与布局，指导企业未来长期内的营销活动。它的作用不是维持企业现状，而是实行企业自我发展、自我超越，创造企业的未来。

（2）全局性。金融营销战略是决策者在市场经营中作出的事关全局和把握企业未来发展的关键性决策，它决定着整个金融企业的生存与发展。

（3）对抗性。金融市场的激烈竞争，导致了许多金融营销战略产生。特定的环境与对手需要匹配特定的金融营销战略，一套有效的营销战略不仅可以提升企业资源的利用效率，而且可以弥补资源的不足，达到以弱胜强。反之，若营销战略失误，则会导致金融企业资源浪费，甚至丧失优势，最终只能是失败。

（4）风险性与应变性。金融营销战略的长远性决定了其风险性，企业未来营销活动的规划能否适应环境的变动在一定程度上是不确定的。一旦战略决策失误，会给整个企业带来灾难性后果。因此，成功的金融营销战略应当具有一定的应变性，也称战略柔性，即战略所假定的环境条件没有实现，战略执行受阻时，要有应对的备用方案，使金融企业具有对营销战略调整的机会和措施。例如，面对2008年突如其来的全球金融危机，商业银行应该加强风险的防范和控制，减少金融衍生品投资，加速资金回流，适当延迟企业发展目标的实现时间，在平稳度过危机的前提下，捕捉发展机会。

（5）特殊性。一家金融企业的营销战略是由市场环境与企业内部条件共同决定的，因此不能通用。然而，制定战略的原则与方法是有规律可循的，在金融营销战略管理活动中掌握并遵循这些规律，才能更有把握地制定出成功的营销战略。

（6）稳定性。金融营销战略通过审批后，就不能轻易地改动。在战略执行过程中通常会出现客观条件的变化，首先应该在战术层面寻找应对措施，不能随意改动企业发展的方针和目标。

（7）科学性。金融企业并不是凭空制定营销战略，而是利用科学的分析工具和方法研究环境和企业，并在此基础之上制定出严谨合理的长期发展方案。

（8）艺术性。金融营销战略的制定基础虽然是科学的研究分析，但是战略最终是人的主观产物，因此要取得出奇制胜的效果，还要求决策者必须具有战略意识和决策头脑。如招商银行"因势而变"的经营理念和"因您而变"的服务理念不是统计分析软件得出的结果，而是决策者创造性思维的产物。

（二）金融营销战略的层次

市场经济条件下，金融企业决策者与管理者应将眼光投向市场，用市场需求来指导企业的经营与管理。因此，金融营销战略已不仅仅是营销部门的独立决策，而是上升到企业总体战略高度，决定着企业的长期发展方向；同时指导与协调各业务单位、各部门的战略决策，使得企业所有经营活动与市场接轨，满足客户需求，从而实现盈利。所以，我们把金融营销战略划分为以下三个层次：

1. 金融企业总体战略。金融企业总体战略是营销战略中最高层次的决策，它明确了企业的使命和业务范围，并对各项业务进行了资源配置。金融企业总体战略主要是回答企业应在哪些领域进行活动，使得业务与市场机会、业务与业务直接相互支持、相互协调。

2. 金融业务战略。金融企业每个业务单位是根据市场类型来划分的，不同业务单位对应的市场需求与竞争对手各不相同。因此，每个业务单位都必须在总体战略的指导下，分别制定发展战略，以便有效利用企业资源，取得良好的经济效益。如中国银行主营传统商业银行业务，包括公司金融业务、个人金融业务和金融市场业务。公司金融业务基于银行的核心信贷产品，为客户提供个性化、创新的金融服务。个人金融业务主要针对个人客户的金融需求，提供基于银行卡之上的系统服务。金融市场业务主要是为全球其他银行、证券公司和保险公司提供国际汇兑、资金清算、同业拆借和托管等全面服务。

3. 职能战略。职能战略又称职能层战略，是金融企业各职能部门的发展战略。金融业务战略的有效执行需要各职能部门的通力配合，而职能战略可以使部门工作人员更加清楚地知道本部门在实施总体战略中的位置，以及在执行业务战略过程中的任务、责任和要求，从而有效行使部门职能，实现企业目标。如中国农业银行"三农"业务战略规划的有效执行离不开"三农"业务风险管理中心、财务会计部、信息管理中心、软件开发中心等职能部门的支持与配合。

（三）金融营销战略的作用

金融企业是经营货币资金的特殊企业，有效的金融营销战略可以显著降低经营风险和竞争压力。从一定程度上讲，营销战略是整个企业经营活动的灵魂和核心。相对于西方发达国家，我国市场经济发展起步较晚，金融业体制改革任重道远。我国众多传统型金融企业仍没有真正接纳"以顾客为中心"的经营理念，员工工作态度与方式无法达到现代服务型企业应有的标准。因此，面临我国金融业进一步对外开放的发展趋势，传统金融企业营销理念与工作改革迫在眉睫，而营销战略对于金融企业改革能否成功具有决定性意义。对于现代金融企业来讲，金融营销战略主要有以下作用：

1. 指导作用。金融企业所有营销活动的目标和行动方案都要服从于营销战略，它是企业营销工作的最高纲领。营销战略的制定是建立在对现实情况科学分析基础之上的，对未来环境的变动具有一定的预见性，明确了企业未来的发展方向和途径，可以有效控制营销风险。在变化无常的市场环境下，金融企业必须依赖于正确的营销战略，在每个关键的时刻和环节上快速、正确地作出反应，在激烈的竞争中求生存、求发展。

2. 协调作用。在市场经济条件下，营销活动已成为金融企业各项业务活动的核心。它涉及人、财、物等各种资源的配置与产出，同时需要多个部门的配合，如机构网点的设置、人员结构的调整、金融市场的开发、营销渠道的拓展、组织制度的安排、金融产品的创新等。金融营销战略可以明确业务范围和重点，衔接各个部门的工作，强化不同部门、不同层次之间的信息交流，并形成共同的企业营销文化理念。

3. 调动员工积极性。有效的营销战略可以帮助员工建立美好的企业发展愿景，同时增强营销理念，明确工作责任与要求，意识到自身差距，从而充分调动工作与学习的主观能动性，不断提升营销知识与技能水平，并将"以顾客为中心"的现代营销理念植入企业内部，生根发芽。

4. 塑造品牌形象。现在，金融企业之间的竞争已经由过去的价格竞争上升为高端的品牌竞争。通过不断增加企业品牌价值，塑造良好的品牌形象来获得较高的顾客忠诚度和盈利水平，将是金融企业赢得竞争的必然选择与发展趋势。而制定有效的营销战略可以高效使用企业资源，整合营销活动，形成建立长期稳定品牌优势的合力。

（四）知识经济时代下的新型金融营销战略

在现代社会生产中，知识已成为生产要素中一个重要的组成部分，以此为标志的知识经济已经成为 21 世纪的主导经济形态。知识经济是促进人与自然协调、持续发展的经济，以无形资产投入为主的经济，世界经济一体化条件下的经济，以知识决策为导向的经济，科学决策的宏观调控作用在知识经济中有日渐增强的趋势。根据知识经济时代的基本特征，新时代背景下的市场营销战略可归结为如下几种：

1. 创新战略。创新是知识经济时代的灵魂。知识经济时代为企业创新提供了极好的外部环境。创新作为企业营销的基本战略，主要包括以下几个方面：

（1）观念创新。知识经济对人类旧的传统观念是一种挑战，对现代营销观念同样是一种挑战。为了适应新的经济时代，使创新战略卓有成效，必须树立新观念，即以观念创新为先导，带动其他各项创新齐头并进。

首先，要正确认识和理解知识的价值。知识不仅是企业不可缺少的资源，也是企业发展的真正动力源。同时，在市场经济条件下，知识本身又是商品，也具有价值。其次，要有强烈的创新意识，自觉地提高创新能力。不创新或没有创新能力的金融企业最终的结局只有一个，那就是被时间、竞争对手所淘汰；创新是提高企业市场营销竞争力的最根本、最有效的手段。营销创新不是企业某个人的个别行为，而是涉及企业全体员工的有组织的整体活动。如活期存款，在过去的传统模式下，我国的金融机构仅仅把它看作是一种服务手段，而很少会从追求盈利的角度去思考；而现在，一旦要视其为"金融产品"，就必须考虑它的盈利能力，并且应该有一整套相应的业务流程及支持体系来做相应的管理和支持，包括要做好客户文档的规范化。

（2）组织创新。营销工作的开展依托于组织结构与管理制度，因此创新型营销战略的实施需要新型的组织形式、管理体制、机构设置、规章制度的配合。目前我国金融企业组织结构还比较落后，如组织形式上，许多金融企业业务流程过于复杂，增加了顾客的时间和精力成本；还有一些机构设置不合理，分工过细，这些都不利于创新。因此，组织创新必定是未来金融企业改革的一个重要方面。

（3）技术创新。随着科技进步的加快，新技术不断涌现，技术的寿命期趋于缩短，技术创新是企业营销创新的核心。如随着电子计算机技术的发展，我国国有商业银行以及股份银行都在积极拓展"虚拟银行"业务。这项业务使顾客可以在网上接受提存款、投资证券、购买保险等多种金融服务。网络服务内容丰富、营业时间长、使用便捷，大大降低了顾客成本，满足了顾客多元化需求；另外，有助于银行等金融企业迅速创新产品、开拓销售渠道与市场，弥补专业人才不足的短板。然而，技术上的创新与应用也给金融企业带来了新型的经营风险。如金融企业业务流程中计算机网络技术被普遍应用，一旦企业遭到黑客攻击或者系统自身出现功能障碍会给经营造成灾难性后果。因此，金融企业在实行技术创新战略的同时应制定详细完善的风险控制方案，从而真正驾驭这把"双刃剑"。

（4）产品创新。技术创新最后要落实到产品创新上，所以产品创新是关键。金融市场需求日益呈现多元化、个性化的发展趋势，金融企业也在不断创新产品与服务，两者相互促进，不可分离。金融企业通过提供新型的产品与服务来满足不断变化的市场需求，同时企业通过技术与产品创新主动挖掘顾客的潜在需求，引领改革风潮，占据竞争先机。因此，产品创新既是市场发展的要求，又是企业赢得竞争的必然选择。

（5）市场创新。金融企业各项工作的创新最终要诉诸市场需求的满足，因此，寻求最佳的目标市场，捕捉不断更新的市场机会是一切营销创新工作的前提和基础。市场是复杂多变的，顾客需求也是不断更新的，金融企业要在科学细分的基础上，认识到消费需求的差异性，并从差异中寻求创新点，从而在起跑时就领先于竞争对手。

2. 人才战略。知识经济时代的创新必然依托于具有创新精神与能力的高素质人才；知识经济时代的竞争必然聚焦于人才的知识、智力、智慧的竞争，以及创新能力、应变能力、管理能力等综合素质的竞争。因此，人才战略是创新战略的基础与保证，主要包括以下两大观念：

（1）人才资源观念。营销者要牢固树立人才本位思想。知识经济时代，知识和能力是重要的企业资源，而这些资源的根本来源与载体只能是人。金融业是高度发达的服务型行业，人才的竞争是金融业竞争的核心与本质，人力资源是金融企业持续竞争力的根本保障。

（2）终身学习观念。今天，知识更新速度极快，高等教育系统化的知识体系也无法满足现实商战的需求。因此，从管理者到普通员工都要树立终身学习的观念，培养学习型组织文化与企业人才。金融业是知识密集型的高智能、高创造、高技术、高风险行业，即便经验丰富、身经百战的金融高手也要不断学习充电，终身学习能力已成为金融人才的核心竞争力。

3. 文化战略。企业文化战略在知识经济时代显得尤为重要，因为企业所依赖的知识与智慧是深埋于人类大脑中的宝贵资源。知识与智慧的分享与创造是无法监督与强迫的活动，只有发挥员工主观能动性，他们才会贡献这些大脑资源。而企业文化是指企业将自身形成的价值观念、行为准则、道德规范以文字或者活动等多种形式对员工的思想、行为施加影响与控制。从这个角度来看，企业文化战略可以培养员工对企业的认同感、归属感以及奉献精神，促使员工通过为企业服务感知到自身价值，从而进一步加强对企业文化的认同与依赖，形成良性互动的循环。

4. 形象战略。在信息爆炸的知识经济时代，金融企业向消费者传递的不仅仅是产品与服务的销售信息，而是升级为品牌形象的传播。大量干扰信息的存在，使得消费者更倾向于依靠对品牌印象来选择商品和服务。在此情形下，金融企业间的竞争必然集中到品牌形象的竞争，而品牌形象战略可以整合各种营销资源，以塑造企业个性鲜明的正面品牌形象。如我国四大商业银行之一的农业银行，以"伴我成长，中国农业银行"为品牌战略定位，以统一的品牌形象、统一的品牌理念、统一的品牌内涵和统一的"四金"产品系列面向社会和公众，鲜明地凸显出"与客户共同成长"的现代商业银行新形象。

二、金融营销战略规划

（一）金融营销战略规划的含义

金融营销战略规划是指具体制定长期战略目标和实施方案的正式过程。它是一种动态的管理过程，总体分为三个阶段，第一阶段是确定目标；第二阶段是制定实施方案，即用什么手段、什么措施、什么方法来实现战略目标；第三阶段是将规划形成文本，以备评估、审批，如果未通过审批，则需多个迭代过程，对规划作出修改。

（二）金融营销战略规划的演变

从历史角度看，随着金融市场环境的日趋复杂化以及金融企业经营管理逐步规范化，金融营销战略规划得到了不断发展，并大致经历了四个阶段：无计划阶段；年度计划阶段；长期计划阶段；战略规划阶段（见图 3-1）。

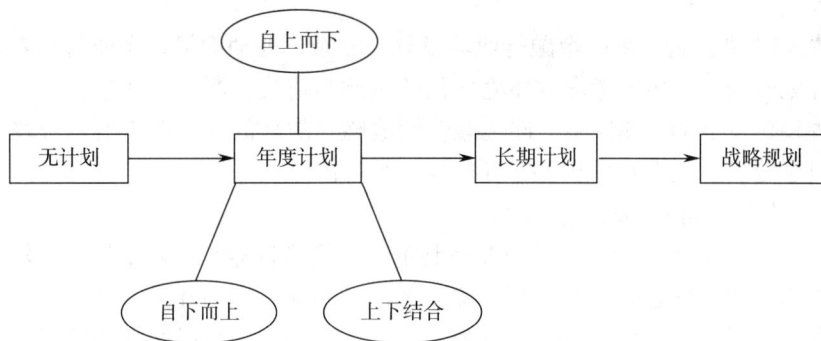

图 3-1 战略规划演变

1. 无计划阶段。金融企业新建初期或者经营的初级阶段，管理者通常没有制定长期计划的习惯，而是将大部分时间和精力用于组织筹建、资金募集、寻找客户等比较急切的事务上。除此之外，一些金融企业经营者认为现时环境变化太快，长期计划毫无意义。

2. 年度计划阶段。随着经济形势的复杂化，一些金融企业的管理者开始意识到，对于企业经营的业务需要提前作出全面安排，从而开始编制季度和年度计划。

编制计划采用的方法主要有自上而下法、自下而上法和上下结合法。

（1）自上而下的方法，即由最高层的管理者制定目标计划，下层各部门、单位执行与服从上层管理者制定的计划。这种方法基于传统管理理论。传统管理理论认为，组织中由于人员看待问题的角度、立场不同，制定的决策也各不相同，如果各自执行自己的决策必然导致组织的涣散。因此，自上而下的方法可以保证组织行动的一致性，但是下层人员在执行计划时缺乏责任感。

（2）自下而上的计划方法，即由基层管理者根据实际情况先制定目标计划，然后报送上级管理者，最后经高层管理者审批修改后贯彻执行。这种方法的理论基础是"参与管理"与"Y理论"。该理论认为人们厌恶别人的控制，更愿意进行自我指导和自我控制，因此在适当的激励下，人们都愿意主动完成某种特定的目标。自下而上计划方法的优点是在执行计划时各级人员有较强的责任感和积极性，缺点是基层上报的计划往往相互间有矛盾，目标难以统一，使整体战略计划制定变得十分困难。

（3）上下结合法，即前两种方法的结合。即先由最高层管理者根据对客观形势的研究分析年度目标，基层管理者根据上级下达的目标并结合实际情况制定具体的行动计划，最终呈报最高级管理者审批。此种方法虽然更加合理，但是过于复杂，实际操作时会花费更多的成本。

3. 长期规划。随着金融企业的不断发展和规模的壮大，管理者们发现金融企业不仅需要年度计划，更需要长期计划，因为金融业务需要在一个正确的大方向的指导下实现持续发展，才能形成稳定的竞争优势。长期计划可以保证年度计划的连续性，而年度计划又可以保证长期目标的逐步实现。长期计划的编制一般采用滚动式，即管理者根据经营环境的变化和年度计划的完成情况适度调整长期计划，并制定新的年度计划。

4. 战略规划。近年来，金融行业环境日益复杂，变动频繁，企业管理者们在制定长期计划时需要更多地考虑对环境变化的预测与适应，制定出能够保证企业在一定时期内稳定发展的总体决策，即金融营销战略。战略的规划既需要对环境和企业情况的科学分析，又需要最高管理者独特的经营智慧。

（三）金融营销战略规划的原则

1. 顶尖原则。实战中，金融企业在制定营销战略目标时不仅要保持市场份额第一，还要力争在客户心中留下"第一位"的品牌形象，因为在品牌林立的消费环境中，消费者只对"第一位"的品牌有较深的印象。因此，金融企业制定战略规划时应该着重塑造企业"第一位"的品牌形象。例如：

（1）资产规模第一。资产规模是实力的象征，信用的保证，可以给予客户高度信任感。

（2）品牌价值第一。如由世界品牌实验室和世界经济论坛共同举办的2008年（第五届）"中国500最具价值品牌排行榜"评选中，中国人寿品牌价值以668.72亿元高居第5位，并居金融行业首位，比上一年增长80亿元。中国人寿已连续五届入选并位列前十位，品牌价值逐年提升，从2004年（第一届）的427.67亿元，提升到了2008年（第五届）的668.72亿元，是我国保险行业的第一品牌。

（3）金融产品创新第一。2006 年 5 月，招商银行在国内首次推出对公理财产品"点金理财"，之后在 2008 年 4 月又推出来一个对公理财产品体系——"财富立方"，为企业提供量体裁衣的财富顾问式服务。"财富立方"拥有领先的财富理念，"智者乐水、活水为财"。"财富立方"是多维、多面、多彩的立方，充分运用"周期、投资回报率、风险、币种、投资对象、资金规模"这 6 个维度的客户基本需求，提供了稳健、平衡、成长、避险、点金池、单一理财 6 个平面的不同立方结构，实现了从简单的理财产品组合到顾问式服务的全面提升。

2. 客户保持力原则。金融市场竞争日益激烈，忠诚顾客对于金融企业变得至关重要，主要有以下原因：

（1）吸引新顾客的成本远远大于维持老顾客的成本；

（2）顾客需求日益多元化，金融企业对现有客户交叉销售的机会日益增多；

（3）顾客呈现大型化发展趋势，单个客户为企业带来的经济效益增加；

（4）面对信用缺失较为严重的市场环境，企业品牌信任的塑造成本上升。

忠诚顾客的口碑效应是建立良好品牌形象、提升品牌信任感的有效途径。因此，金融企业营销战略规划需要具备一定的顾客保持能力，为企业赢得更多的忠诚顾客。其中关系营销策略的制定尤为重要，它可以满足顾客情感需求，与客户建立长期稳定的良好关系，是增强顾客忠诚度的重要营销方法。但是有一部分顾客永远都是一种交易型顾客，很难建立顾客忠诚，他们更多地关心商品的价格，在作出购买决策之前，他们会首先比较哪家商店的商品便宜，从而作出最终的购物选择；当他们进行重复购买时，会进行同样的购买决策过程，权衡自己的利益得失，选择价格最低的那家商店，因此关系营销需要在客户细分的基础上进行。

3. 价值原则。价值原则包括两个方面：品牌价值和价值创造过程。

（1）品牌价值。金融企业价值的第一个推动力是品牌，因为品牌是企业价值的外在标志。品牌作为一种无形资产之所以有价值，在于它能为其创造主体带来更高的溢价以及未来稳定的收益，能满足使用主体一系列情感和功能效用。所以品牌价值是企业和消费者相互联系作用形成的一个系统概念。它体现在企业通过对品牌的专有和垄断获得的物质文化等综合价值以及消费者通过对品牌的购买和使用获得的功能和情感价值。企业只有建立了品牌，才可以从供求曲线和价值平衡点中解脱出来，成为价格的制定者，而不是价格的接受者。只有建立了良好的品牌，金融企业的价值才可以真正得到体现。因此，金融企业的营销战略规划需要塑造鲜明的品牌形象，建立丰富的品牌文化，增强消费者对品牌的喜好感和依赖感，从而增加品牌价值。

（2）价值创造过程。创造过程是价值实现的手段。一个金融企业的供应链和价值网的构成通常有股东、员工和客户。在这个网络中，只有让员工满意了，才可以让客户满意，让客户满意才可以让股东满意，然后股东再把利益分配给员工，这是一个良性的循环，最终实现总体价值的提高。因此，营销战略规划需要平衡企业价值网中各方的利益，实现价值转移与循环过程。

4. 整合原则。金融营销战略规划基本整合功能有：

（1）统一分配企业的人力、财力、物力等企业资源，提升资源利用效率。

（2）统一制定各种营销策略，达到互相配合、相得益彰的战术效果。

（3）统筹协调各个部门的具体工作计划，避免时间与利益冲突，增强组织凝聚力。

如今，金融企业的营销竞争不再是单一的对抗，而是需要企业内部各种营销资源、营销工具匹配使用，甚至有时需要对企业外的乃至整个产业链的资源进行整合。例如，大型银行与二级城市或者农村市场中的小型金融机构结成战略联盟，大型银行为小型金融机构提供资金、技术、管理经验等方面的支持，同时利用小型金融机构的地理优势、客户资源开拓新型市场。因此，制定金融营销战略规划时，应该"站得高、看得远"，充分调动各方资源，统筹相关营销活动，实现战略目标。

5. 前瞻性原则。金融营销战略规划是对企业未来很长一段时间内营销工作的综合计划，它必须具备一定的前瞻性，能够在一定程度上预见未来的环境变动，并提前制定应对策略，使企业赢得竞争的先机。在现代营销理念下，金融企业不能一味地被动适应环境的变化，而要具有引导环境变动的能力，先于竞争对手进行营销理念、产品、服务、渠道等各项创新工作，成为改革的推动者，掌握竞争的主动权。没有任何一项营销活动能够一劳永逸，企业必须在不断的自我否定、自我改善中获得生存与发展。因此，营销战略规划的内容需要适当超越当下的市场环境与企业条件，为企业发展提供动力与方向。

（四）金融营销战略规划的影响因素

金融营销战略种类繁多，各有优缺点。我们无法否认借鉴吸收成功企业经验的必要性，但仅靠于此是远远不够的，特别是一些成功企业总结的成功技巧不具有复制性。因为成功者所处的内外部环境无法重现，还有些鲜为人知的微妙因素无法模仿，所以管理者不能仅仅依靠模仿成功案例去规划金融企业的营销战略，而是要客观分析企业内外部环境因素，创造性地规划金融企业特有的营销战略。影响金融企业营销战略规划的因素有很多，主要包括两个方面：

1. 内部因素。

（1）市场地位。金融营销战略具有一定的对抗性，如何针对竞争对手制定出有效的竞争战略是整个营销战略规划的重要组成部分。金融企业在整个行业市场中的地位决定了其营销战略的类型。简单地说，充当市场领导者的大型金融企业完全可以采用进攻型营销战略，进一步扩大市场影响力，维护市场领导地位。一些实力稍弱的大型金融企业，可以扮演竞争者的角色，同样采取进攻型营销战略向市场领导者挑战。而那些处于市场弱势地位的小型金融企业只能充当市场追随者，往往"随波逐流"，根据大型金融企业的营销战略来选择本企业的经营方针，而且制定的营销战略多以防御为主。

（2）经营管理水平与企业资源。任何一种金融营销战略都需要企业资源的支撑才能被有效执行，因此金融企业应根据自己的人力、财力、物力、技术水平、反应能力及工作效率等方面的实际情况来规划营销战略，否则战略目标只能成为一纸空谈。但是，营销战略规划要适度超越企业现在的承受能力，使完成战略目标具有一定的难度，从而转化为企业发展的动力。

（3）发展潜力。由于金融市场在不断地发生变化，市场中的金融企业要着力打造应对环境、市场不断变化的能力，因此高层管理者应该具有远见卓识，看到企业发展的前景，并选择匹配的战略。从人的方面来讲，企业发展潜力主要决定于员工的素质，尤其是高层管理者的决策和组织能力。从物的方面讲，主要是资产规模、资本来源、技术优势等。

2. 外部因素。金融企业是一个环境复杂的服务性行业，金融企业在规划营销战略时不得不考虑众多的外部因素，如政策法规、市场需求、经济环境、竞争者状况等。只有对外部环境各种因素有了清醒认识，才能为企业选择正确的营销战略。

总之，金融营销战略规划不能由管理者拍脑袋来决定，而是要充分研究企业内外部因素，结合大的经济环境和企业的实际情况，选择合理的营销战略，才能最终实现战略目标。

第二节　战略规划的步骤与方法

一、金融企业总体战略规划

金融企业总体战略是最高管理层指导和控制企业行为的最高行动纲领，是金融企业营销战略中最高层次的战略。金融企业总体战略规划是指根据外部市场机会不断选择、组织和调整企业的业务，合理配置业务经营所必需的资源，在机会、业务、资源三者之间建立与保持一种可行的适应性的管理任务。它主要包括四项战略规划活动：确定金融企业的使命、划分战略业务单位、规划投资组合、新业务战略规划。

（一）确定金融企业的使命

使命是指企业对自身和社会发展所作出的承诺，是企业存在的理由和依据。企业使命主要表现在：企业在社会经济领域中所经营的活动范围和层次，以及在社会经济中的身份或角色，它包括企业经营哲学、企业宗旨和企业形象。

要充分理解金融企业的使命需要回答以下几个问题：我们的事业是什么？我们的顾客群是谁？顾客的需要是什么？我们用什么特殊的能力来满足顾客的需求？如何看待股东、客户、员工、社会的利益？

例如，荷兰银行的企业使命是：通过长期的往来关系，为选定的客户提供投资理财方面的金融服务，进而使荷兰银行成为股东最乐意投资的标的及员工最佳职业生涯的发展场所。浙商银行是经中国银监会批准设立的全国第 12 家股份制商业银行，它的企业使命是：让每个客户从我们的金融服务中得到更多价值。

确定金融企业使命，主要有以下五个影响因素（见图 3 - 2）。

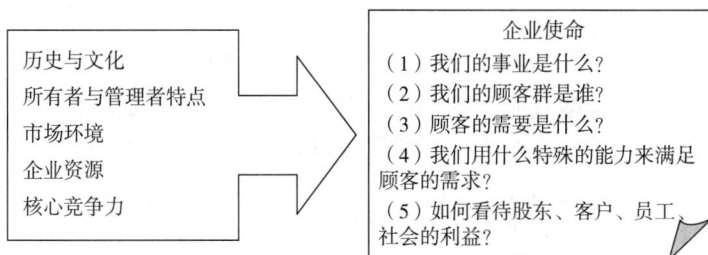

图 3 - 2　企业使命影响因素及内容

1. 企业历史与文化。每家金融企业都有自己的历史积淀并形成独特的企业文化，这些是企业宝贵的无形资源，在一定程度上奠定了未来发展的基础，同时也影响着企业的走向。因此，确定企业使命时应当充分考虑企业历史文化特点，继承企业的优良传统和竞争优势。

2. 所有者与管理者特点。成功的企业投资者和经营者都有着鲜明的个性、特长和工作风格，甚至形成一种企业文化，对经营活动和员工个人都有着深远的影响。为了保证金融战略实施的有效性，确定企业使命时应当考虑其能否被所有者和管理者认同，是否能充分发挥这些优秀人才的优势与潜能。

3. 市场环境。金融市场错综复杂，不断变化，它在为金融企业提供发展机会的同时还带来了威胁。企业使命应当顺应时代潮流，与"市"俱进，才能使金融企业趋利避害，朝着正确的方向、为了正确的目标而前进。

4. 企业资源。资源决定着企业的经营领域和范围。金融企业要完成使命必须要具备足以支撑其完成使命的资源，特定的使命需要特定的资源。企业资源不仅包括人、财、物等有形资源，还包括品牌形象、企业文化、研发能力等无形资源。

5. 企业核心竞争力。金融企业在履行使命的时候会不可避免地遭遇来自竞争对手的阻挠与攻击，所以只有将使命与企业特长结合起来，才能够扬长避短，披荆斩棘，完成任务。

（二）划分战略业务单位

一般金融企业会同时经营多种业务，如中国农业银行的主营业务就有"三农"业务板块、对公业务板块、个人业务板块三大业务（见图3-3）。企业使命在大范围上规定了金融企业的经营领域，为便于企业进行战略规划，有必要对组成其活动领域的各项业务从性质上进行区分，划分为若干战略业务单元。

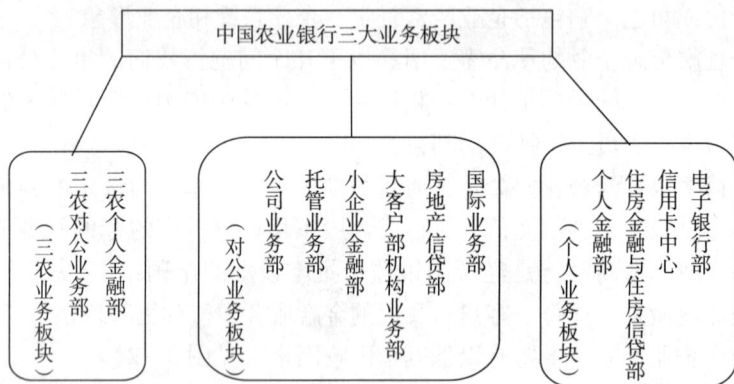

图3-3 中国农业银行业务单位

战略业务单位是金融企业值得为其专门制定经营战略的最小经营管理单位。有时，一个战略业务单位是企业的一个部门，或者是一个部门中的某类产品，甚至某种产品；有时，又可能包括几个部门、几类产品。我们在前面提到的职能层战略只是职能部门内部根据需要来决定是否进行战略规划。职能部门有时只是根据企业战略和业务战略制定出本部门的短期工作计划。

一个战略业务单位具有以下特征：

1. 一个战略业务单位可以是一项业务，也可以是几项业务的集合，但是独立于其他业务单位进行经营与管理。如中国农业银行个人业务板块包括个人金融、住房金融与个人信贷、信用卡中心、电子银行四个业务部门。

2. 一个战略业务单位内的业务应该具有共同的任务、性质和要求，因此可以为其专门规划经营战略。

3. 有专属的企业资源，并且资源属性与业务特点相匹配。

4. 有自己的竞争对手。

5. 有专职的管理团队负责该战略业务单位的战略规划与管理工作。

金融企业一个独立的战略业务单位可以从以下三个方面进行确认：

1. 金融企业所要服务的顾客群，即明确市场类型。

2. 金融企业所要满足的顾客需要，即明确市场需求类型。

3. 金融企业用以满足顾客需要的技术和技术方法，即明确产品类型或服务形式。

（三）规划投资组合

金融企业资源的有限性决定了有必要对战略业务单位进行资源分配，以保证充分、高效地利用有限资源保障重点业务的发展需要。金融企业需要对战略业务单位进行评估和分类，确定建立、维持、发展和收缩的业务类型，从而确定投资结构。介绍一种常用的对战略业务单位进行投资规划的有效方法：波士顿矩阵法。

1. 波士顿矩阵法的含义。波士顿矩阵法（Boston Consulting Group Model，BCG）是 20 世纪 60 年代美国著名咨询公司波士顿咨询公司首创和推广的一种成长—份额矩阵（Growth – Share Matrix），用以对公司现有业务进行评估和分类。

波士顿矩阵图（见图 3 – 4）中的横坐标为相对市场占有率。它是指本企业该战略业务单位的市场份额与最大竞争对手同类业务单位的市场份额之比，反映了企业对该业务的经营能力和市场控制程度。用公式表示为：相对市场占有率 = 企业某业

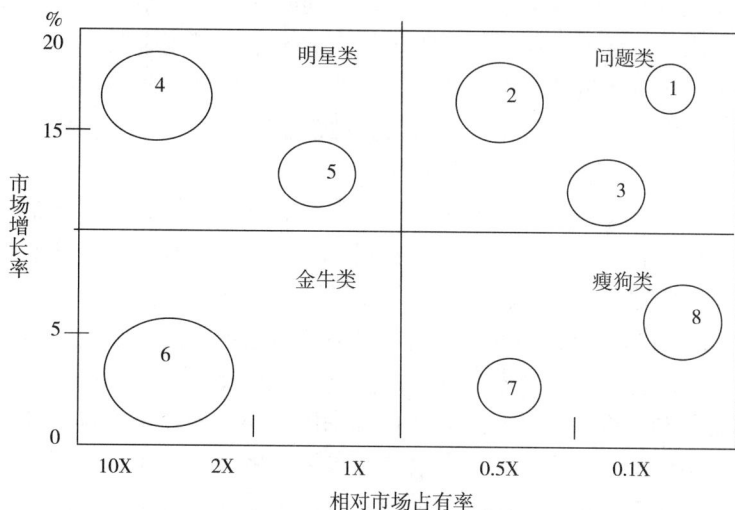

图 3 – 4 波士顿分析矩阵

务单位市场份额/最大竞争对手该业务单位市场份额。如果相对市场占有率>1，表示本企业在该业务单位的目标市场中处于领导者地位；如果相对市场占有率<1，表示本企业在该市场中处于相对落后的地位；如果相对市场占有率=1，则表示本企业与最大竞争对手实力相当，同为该市场领导者。纵坐标为市场增长率。它是指金融企业该业务单位的销售额的增长率，通常以年为单位。市场增长率高低的划分标准可依具体情况而定，一般以10%为分界线，大于10%说明市场增长率高，小于10%说明市场增长率低。图中每一个圆圈代表一个业务单位，圆心位置由金融企业该业务的相对市场占有率和市场增长率共同决定，即由横纵坐标数值决定；直径由该业务单位的销售额来决定。

波士顿矩阵将金融企业所有业务单位分为四大类型：

（1）问题类（Question Marks）。该类业务相对市场占有率低、市场增长率高，大多数业务单位都是由问题类业务发展而来的。金融企业存在问题类业务主要有两种原因：一是企业过去在该类业务上的投资无法满足市场快速增长的需求，造成市场份额较低；二是企业在该类业务上缺乏核心竞争力，无法从竞争对手那里夺得更多的市场份额。如果要进一步发展该业务，需要大量投入资金满足市场快速增长的需求，同时提升业务竞争力。一旦大量投资无法使企业获得更有利的市场竞争地位，投入的资源就很难有乐观的回报，甚至导致资金无法收回。因此，金融企业应该理性分析并预测市场前景，慎重考虑对问题类业务追加投资还是维持现状甚至淘汰。

（2）明星类（Stars）。如果问题类业务的相对市场占有率得以提升就可以转化为明星类业务。明星类业务具有较高的市场份额和市场增长率，是金融企业经营较好的业务单位。由于企业需要大量的资源投入来满足不断增加的市场需求量以及维持较高的市场竞争地位，因此，明星类业务通常不是高盈利业务项目。但从长期看，它能为金融企业发展提供较强的发展后劲，是企业未来盈利的主要来源。

（3）金牛类（Cash Cows）。如果明星类业务市场增长率降到10%以下，该业务可以转化为金牛类业务。这类业务具有较高的市场份额、较低的市场增长率，金融企业不必投入大量资源来满足市场发展需求，同时又可以利用较强的市场竞争地位来增加收益，因此，金牛类业务可以为金融企业带来大量现金收益，用以支持其他类型业务需要。一定数量的金牛类业务是企业生存与发展的基本保障，一旦该业务丧失竞争优势或者市场环境恶化，就会给金融企业带来严重的财务危机。

（4）瘦狗类（Dogs）。如果金牛类业务市场份额降到很低，处于相对落后的竞争地位，该业务可以转化为瘦狗类业务。瘦狗类业务是市场占有率和市场增长率都很低的业务单位，它们的盈利甚少或有亏损，一般很难再有转机。除非企业对市场前景好转或者竞争地位上升有较大把握，建议放弃该类业务，节省企业资源。

2. 业务组合分析。利用波士顿矩阵将金融企业现有业务单位进行分类以后，便可以对它的业务组合是否合理进行分析，从而为企业未来投资决策打好基础。

（1）静态分析。在现有业务组合中，如果问题类业务或者瘦狗类业务太多，说明金融企业负担过重，企业资源存在浪费现象。如果金牛类业务或者明星类业务太少，说明金融企业财务状况不健康，现金流匮乏，缺乏发展后劲，应当使企业资源对该类业务有所倾斜。

（2）动态分析。任何一个战略业务单位都是有生命周期的，一般从问题类业务开始，沿着明星类、金牛类、瘦狗类业务的轨迹而发展。因此不同时期内，战略业务单位在分析矩阵中的位置是变动的，企业应当将当期的矩阵图和过去的矩阵图进行比较，从而预测业务的发展潜力，为投资决策提供依据。如经过企业追加投资，上期矩阵中的问题类业务在当期矩阵图中位置并没有发生预期的变化，则企业应该认真分析投资失误的原因，并进一步对该业务单位发展前景作出预测，从而指导未来的投资决策（见图3－5）。

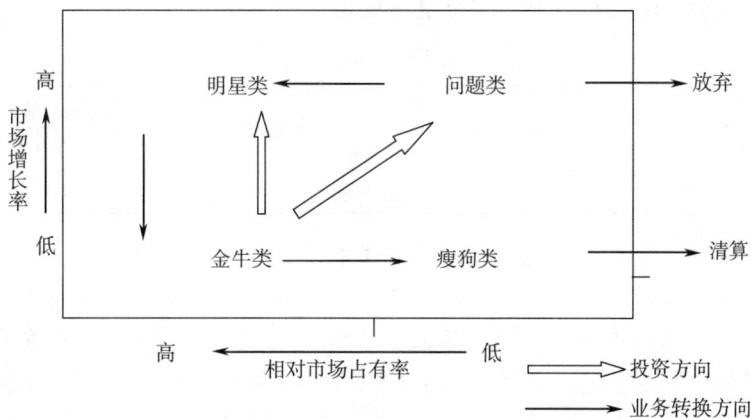

图3－5　业务组合分析

3. 投资组合决策。通过分析现有业务组合中的问题与机会，金融企业需要进一步为每个战略业务单位确定发展目标和投资决策。有四种战略决策可以选择：

（1）发展（Build）。该战略决策目的在于提升业务单位的相对市场占有率，适用于问题类业务向明星类业务的转化。这意味着金融企业要对该业务追加大量投资，导致近期收益降低。

（2）维持（Hold）。该战略决策目的在于维持业务单位的相对市场占有率，适用于金牛类业务。这会使企业近期内获得较高的投资回报率。

（3）收割（Harvest）。该战略决策目的在于增加业务单位的短期现金收入，不考虑市场需求和市场份额的未来变动。它适用于前景不佳的金牛类业务，或者还有利可图但无发展前景的瘦狗类和问题类业务。

（4）放弃（Divest）。该战略决策目的在于尽可能地回收资源，用于投资其他业务单位。这意味着企业要对该类业务进行清理或出售。它适用于无利可图也无发展前景的瘦狗类和问题类业务。

BCG法的局限在于相对市场占有率和市场增长率高低的划分标准过于单一，不同业务单位对于相对市场占有率和市场增长率的要求不尽相同，使用统一标准来衡量可能会导致某些发展前景较好的业务单位被视为瘦狗类或者问题类业务而被淘汰。

（四）新业务战略规划

金融企业对现有业务单位进行分析并制定了相应的战略规划后，有些业务单位会被收割甚至放弃，导致总体销售额和盈利潜力无法达到预期目标，从而出现战略计划缺口。为了弥补这一缺口，决策者需要创造性地制定一些新型业务战略规划，为企业创造新的利润来源。

制定新业务战略规划时一般遵循"三部曲"：首先，从现有业务单位范围内进一步寻找发展的机会；其次，分析建立和发展与现有业务单位相关的新型业务的可能性；最后，考虑寻找和发展与现有业务不相关的全新业务。由此形成三种新业务发展战略：密集型增长战略、一体化增长战略、多元化增长战略。

1. 密集型增长战略。密集型增长战略是指在金融企业现有的业务范围内进一步寻找发展的机会，主要有以下 3 种类型（见表 3 – 1）。

表 3 – 1　　　　　　　　　　密集型增长战略

	现有产品	新产品
现有市场	市场渗透	产品开发
新市场	市场开发	多样化

（1）市场渗透。它是指在现有市场上增加现有金融产品的市场占有率，关键在于利用自身的竞争优势和竞争对手的弱点进一步扩大市场份额。具体有三种方法：一是增加现有顾客的购买量；二是争取竞争对手的顾客；三是尽力争取新的顾客。如中国银行为争取更多的高端客户，在客户增值服务上大做文章。中国银行私人银行可根据客户需求，在全球范围内搜寻产品，甚至量身定制，这些产品普通市民在市场上很难获得。除此之外，其让人心动的增值服务还包括税务规划、子女教育、家庭财产分配以及在全球范围内获得登机、医疗、艺术品投资、高尔夫等服务，服务区域面向全球，甚至还可以为客户提供租飞机的服务。这些增值服务使得该行高端客户的持有率得到了显著提高。

（2）市场开发。它是指为现有产品寻找新型市场。主要有两种方法：一是寻找新的细分市场；二是扩大现有市场范围，即采取增加销售渠道或者采用新的营销组合扩大销售区域。例如，上投摩根通过携手快消品巨头来实现基金跨界营销。2011年 7 月，上投摩根基金公司与快速消费品巨头之一的百事集团七喜品牌实现跨界合作，在全国大范围推广"喝超值七喜，赢超爽基金"活动。上投摩根在业界首开先河，与百事集团展开跨界合作，源于双方对市场需求的准确把握。由于两者的用户群体相近，同时对财富及时尚又都志在追求，所以通过借力彼此品牌深挖客户需求，扩大客户群体。

（3）产品开发。它是指向现有市场提供新型产品。如推出不同价格、功能、包装的产品来满足市场不同层次的需求。例如，招商银行，借力大运会研发新产品来抢占年轻客户群体。2010 年末，招商银行发行大运会一卡通，以年轻族群和热爱体育赛事的族群为中心。与此同时，招商银行借助深圳大运会特许授权的规定，推出"招运金"系列产品，借赞助大运会、参与大运会之机，招商银行发行新型的银行产品来抢占年轻人这个客户群体，占据了银行业务拓展的制高点。

2. 一体化增长战略。如果金融企业某项业务单位所在行业具有发展前景，可以考虑通过整合产业链来拓展新业务，增强企业对产业链的控制力。具体有三种战略：

（1）后向一体化，即收购、兼并金融企业上游的供应商，增强对供应系统的控制力，降低经营风险和成本。

（2）前向一体化，即收购、兼并金融企业下游的经销商，增强对销售渠道的控制力，提升企业对市场的反应速度和盈利能力。

金融企业一般渠道较短，以上两种战略很少被使用。如银行的主要销售渠道是营业厅和网络，这两种渠道都是直接销售渠道。又如保险公司产品销售主要是靠庞大的代理人团队，属于直接销售渠道，而新兴的银行保险渠道属于间接销售渠道，而且现阶段双方以产品代理关系为主，但是银行主营业务是存贷款、投资理财等金融服务，对其实施并购并不是单纯的一体化战略，而是实现保险公司的混业经营，经营风险巨大，而且违背我国当前金融机构分业经营的政策法规。基金公司和证券公司也面临着同样的情况。

（3）水平一体化，即收购、兼并同类业务的竞争对手，实行联合经营，增强经营规模和实力，提升市场占有率和话语权。

3. 多元化增长战略。多元化增长战略是指金融企业在从未涉及的经营领域和业务范围内拓展新型业务。实行该战略的金融企业需要具备雄厚的实力，而且在现有业务范围内很难再找到较好的发展机会或是为了规避业务领域过于集中带来的经营风险。多元化增长战略有三种类型：

（1）同心多元化，是指金融企业利用现有的技术、渠道、经验等资源来开发与现有产品与服务类似的新型产品和服务。它不需要企业重新进行重大的技术研发，也不需要建立新的营销渠道，而是在原有优势的基础上拓展新业务，因此该战略投入成本低、经营风险小，是多元化增长战略中最易成功的一种。如在我国香港，保险公司逐渐从单纯销售保险产品发展为提供多元化的理财服务，与基金公司的合作也在增加。

（2）水平多元化，是指金融企业为了满足现有市场需求，采用不同技术开发出的新型业务。新业务在技术上进入了一个新型领域，具有一定的经营风险。如1999年6月，中国银行正式推出网上银行系列产品。2000年5月15日中国银行又率先开通通过有线电视提供网上银行服务的业务——"家居银行"，它是在有线电视视讯宽带网的基础上，以电视机与机顶盒为客户终端实现联网、办理银行业务。"家居银行"的服务对象主要包括使用了广州地区中国银行电话银行及申请了广东视讯宽带网的用户，并逐步推广到其他地区用户。"家居银行"已经逐步建立为由企业银行、个人银行、网上证券、网上商城、网上支付组成的较为完善和成熟的网上银行体系。

（3）复合多元化，是指金融企业开发与现有业务市场、技术没有丝毫联系的新型业务，也称"多角化经营"或"跨行业经营"。由于我国近年来一直实行分业经营的金融政策，金融企业混业经营阻力较大。但1998年花旗集团混业模式的诞生和1999年美国《金融服务现代化法案》的推出动摇了中国分业经营的思想。在普遍认同"金融混业趋势论"的舆论背景下，中国许多金融机构以花旗集团为样板，形成争先恐后申办或试办金融控股公司的热潮。2007年8月初，光大集团在其财务重组方案获批的同时还获得了国内第一张金融控股集团牌照，该集团的金融子公司有光大银行、光大证券、光大永明人寿和光大保德信基金等，类似的还有中信集团、平安集团。就在光大获准成立金融控股集团之后，上海金融控股集团（新国际集团）已经开始运行；邮政集团在成立中邮人寿保险公司后，也正快速搭建集银行、保险等多项业务于一体的金融控股平台。此外，一些金融机构如商业银行在境内外以合资或独资形式设立投资银行、保险公司、基金公司、信托公司等机构。

二、金融业务战略规划

金融业务战略规划是指在金融企业总体战略的指导下，各战略业务单位制定开展业务、进行竞争、建立优势的具体战略安排。业务战略规划的关键是战略分析和战略选择。

（一）明确任务

在金融企业总体战略规划的企业任务范围内，各战略业务单位需要对本单位的任务作出更为详尽的界定，因为规划始于明确的任务。首先应该明确业务的发展方向，如果本业务单位属于明星类业务，则应以企业总体战略规划中的发展方针为主题。其次应该明确界定业务活动范围，可以从三方面入手：一是需求，即本业务单位准备满足哪些市场需求；二是顾客，即本业务单位重点服务于哪些顾客；三是产品或技术，即本业务单位打算利用什么产品、什么技术来完成任务。

（二）分析战略环境

对战略环境的分析从外部环境和内部环境两个角度进行，使用的工具为 SWOT 分析矩阵。SWOT 分析是指对金融企业的优势（Strength）、劣势（Weaknesses）、机会（Opportunities）、威胁（Threats）进行全面分析和评价，是业务战略规划的重要步骤和分析方法。

1. 外部环境分析。外部环境分析就是对金融企业所面临的机会与威胁进行分析。企业外部环境包括宏观环境因素（人口、经济、技术、政治与法律、社会和文化等）和微观环境因素（顾客、竞争者、分销渠道、供应商等）。金融企业对外部环境分析的目的在于发现和辨别环境变动给企业带来的发展机会和威胁，增强业务战略对环境的适应性。

环境威胁（Marketing Treat），是指一种对金融企业发展不利的环境因素变动趋势，如果不采用适当的战略加以规避，将会导致企业利益受损。

环境机会（Environment Opportunity），是指能够为企业发展创造有利客观条件的环境因素和变动趋势，其实质是人们尚未满足或没有得到很好满足的需要和欲望。

外部环境分析可以通过威胁和机会矩阵图进行（见图3-6）。

环境威胁可按严重性和发生概率两个指标来衡量，横坐标代表问题发生的概率，纵坐标代表问题严重性。矩阵图第一象限表示业务面临的环境问题可能造成较为严重的损失，而且该问题发生的概率较高，因此企业面临较大的环境威胁；矩阵图第二象限表示业务面临的环境问题严重性依然较高，但是该问题发生的概率较小，因此相对于第一象限，企业面临的环境威胁较小；矩阵图第三象限表示业务面临的环境问题可能不会造成严重的损失，但是该问题发生的概率较高，因此企业面临的环境威胁依然不可小觑；矩阵图第四象限表示业务面临的环境问题严重性较低，同时该问题发生的概率也很小，此时企业面临的环境威胁较小。

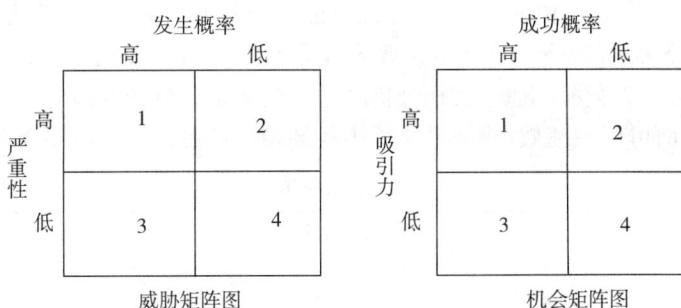

图 3 - 6　威胁与机会矩阵

环境机会可按吸引力和成功概率两个指标来衡量，横坐标代表企业成功利用机会的概率，纵坐标表示该机会对企业的吸引力。矩阵图第一象限表示业务面临的环境机会可能给企业带来高利益，吸引力较大，同时该机会被成功利用的概率较高；矩阵第二象限表示业务面临的环境机会可能给企业带来的利益较小，吸引力较低，但是该机会被成功利用的概率较高；矩阵第三象限表示业务面临的环境机会吸引力较大，但是被成功把握的概率较低；矩阵第四象限表示面临的环境机会吸引力较小，而且被成功把握的概率较低。对于第一象限的环境机会，企业应该积极把握；对于第二、第三象限的环境机会，企业应当密切注视，慎重对待；对于第四象限的环境机会，企业应当坚决放弃。

将机会和威胁矩阵合二为一，便可以得到"威胁—机会"组合矩阵（见图 3 - 7）。那么本业务单位必然会落到其中一个象限中。有四种可能的结果：理想的业务、冒险的业务、成熟的业务、困难的业务。

图 3 - 7　威胁—机会矩阵

对本业务的机会和威胁进行确认后，金融企业会采取一些必要的决策来规避环境威胁，通常有三种策略：

第一种，反抗，即试图限制或扭转环境对企业不利的发展趋势，从根本上化解这些威胁；

第二种，减轻，即通过战略决策来增强金融企业对环境的适应能力，减轻环境威胁的严重性；

第三种，转移，即在前两种策略行不通的情况下，决定放弃该业务，将企业资源转移到其他业务领域。

2. 内部环境分析。内部环境分析就是对金融企业经营某项业务的优势与劣势的分析，其目的在于找到环境机会对企业经营能力的要求与企业现有能力之间的差距，并制定相关措施加以弥补。对金融企业内部环境的分析可以通过等级评分来进行，分析指标如表3-2所示。通过表格分析之后，金融企业对经营该业务的优势与劣势一目了然，从而可以在绩效/重要性矩阵中找到相应位置，确定需要采取的措施。

表3-2　　　　　　　　　　　　　内部环境分析

能力因素		现有能力的绩效					所需能力的重要性		
		强	较强	中	较弱	弱	高	中	低
营销能力	1. 企业的知名度与信誉								
	2. 市场份额								
	3. 产品质量								
	4. 服务质量								
	5. 定价效果								
	6. 分销效果								
	7. 促销效果								
	8. 销售人员								
	9. 创新能力								
	10. 市场覆盖区域								
资金能力	11. 资金成本								
	12. 现金流量								
	13. 资金的稳定性								
服务能力	14. 辅助设备								
	15. 规模经济								
	16. 服务提供量								
	17. 员工素质								
	18. 按时提供服务的能力								
	19. 技术支持								
组织能力	20. 领导者的能力								
	21. 员工的风险精神								
	22. 适应能力和应变能力								
	23. ……								

（三）制定目标

完成对外部和内部环境分析之后，各业务单位的战略任务还需进一步转化为具体的目标。金融企业营销活动常设定的目标主要是关于盈利能力和市场地位两方面的指标，如利润率、投资收益率、每股平均收益、销售利润总额以及市场份额、销售量、销售额等。

金融企业制定的战略目标应当符合以下要求：

1. 重点突出。对于业务单位来说，想要实现的战略目标通常不止一个，但在一个周期内，由于内外部环境条件的限制，所有目标不可能都实现，而且有些目标同时实施会互相冲突，因此，金融企业应当选择一个当前最重要、最迫切，或是对实现战略任务最有利的目标作为本战略周期的规划目标。

2. 层次化。金融企业在营销战略规划中设定的目标通常是一个目标体系，各子目标是对总目标的层层分解，逐步落实。子目标的分解结构可以依托于不同的营销活动环节或者不同部门和人员，同时注意要有轻重缓急之分，突出重点目标。

3. 数量化。为了保证工作人员对战略目标正确、清晰地理解，对于能够定量的战略目标要定量化表达，对于不能定量的目标，也要严谨、清晰地阐述。此外，将战略目标定量化，还有利于战略实施过程中的监督与控制，保障目标的实现。

4. 现实性。战略目标是在具体分析金融内外部环境的客观条件上提出的，它是金融企业经过奋斗与发展可以最终实现的愿景，而不是不切实际、天马行空的主观愿望。同时战略目标要适度超越企业现有资源与能力的承受水平，具备一定的挑战性。如此一来，战略目标才能为金融企业提供强劲的发展动力，激发企业与员工的潜能。

5. 协调性。金融企业制定的战略目标体系中，总目标与各子目标之间、子目标与子目标之间都要协调一致，互相补充，避免目标之间的冲突，如缩减营销成本与提升市场份额两个目标一般很难同时实现，因为只有加大营销投入才有可能提升市场占有率。又如同时追求较高的市场份额和盈利率也是很难达到的，因为市场份额的提升需要加大宣传、促销、市场维护等各方面的营销成本，从而降低盈利水平。因此，在市场开拓时期，企业一般要牺牲高盈利率换得较大的市场份额。

6. 时间性。金融企业要对战略目标的完成时间进行明确规定，以便工作人员制定具体的工作计划，同时有利于对战略目标完成情况的监督与控制。

（四）制定战略

目标明确方向，战略创造途径。每个战略业务单位都必须在目标的指导下制定自己的战略决策。以下介绍三种基本战略类型：

1. 成本领先战略。该战略的核心在于金融企业不断降低产品成本，达到业务领域内的成本领先地位，从而获得价格上的竞争优势，夺得较大的市场份额。

实现该战略需要具备四个条件：

（1）规模经济效益，产品的边际成本随着生产规模的扩大而降低；

（2）市场发展潜力巨大，增长率较高，给予金融企业充足的扩大市场份额的空间；

（3）较高的管理水平，在保证质量的前提下，能不断降低产品成本；

（4）不断更新技术，提升效率，降低服务成本。

2. 差异化战略。该战略的核心是对顾客需求作全面深入的分析，集中力量开发具有鲜明特色的业务，比竞争对手更有效地满足顾客某一方面的需求。

实行该战略的主要条件是：

（1）在产品和服务上具有较强的创新能力；

（2）对于新型技术具有较高的适应能力和应变能力；

（3）具有较强的营销能力，能够将企业在产品和服务上的创新转化为经济效益。

3. 集中战略。成本领先战略和差异化战略都是以整个业务市场领域作为自己的目标市场，而集中战略则是将经营资源集中投放到整个市场中某一个或几个较小细分市场中，通过提供高效优质的产品与服务建立起自己在成本和差异上的竞争优势。实行该战略的前提是金融企业能在这一特定的市场上建立起产品与服务差异性或低成本的竞争优势，从而取得较高的市场地位，获得良好的经济效益。同时，金融企业应该能够采取有效措施规避经营领域过于集中而带来的风险。

第三节　战略规划的实施与控制

一、实施与控制的基本含义

金融营销战略的实施是指金融企业在营销战略的指导下开展具体的营销活动，并最终实现战略目标的过程。在战略实施的过程中，为了使营销活动适应内外部环境的变化并及时纠正执行与目标的偏差，保障顺利完成战略任务，金融企业还应及时衡量营销活动绩效，制定应变计划，实施补救活动，即营销战略实施的控制。

将金融企业总体战略和业务战略转化为实际的营销行动，还需要通过一个个详细、具体、操作性强的短期营销计划来逐步实现。

二、金融营销计划

对于一个战略业务单位来说，只有将营销战略规划转变为可执行的营销计划，才可以在预期的环境和竞争条件下完成战略任务，实现战略目标。一个完整的金融营销计划需要对营销活动预算及分配、营销工具组合作出决策，保障营销战略的顺利实施。

（一）金融营销活动预算

营销活动离不开资源的支持，在具体开展活动之前要对所需要的资源进行估算和分配。制定预算的方法很多，一般的做法是根据营销活动经费和销售额比值的历史数据来推测完成当期销售目标所需的费用。然而，由于内外部环境的变动以及营销目标的多元化，历史数据只能作为参考依据。金融企业要根据战略目标，结合经验数据和理性分析确定最终的营销活动预算，然后依托于营销组合中的各种工具进行预算分配，即金融企业要决定如何将营销资源分配给不同的产品、渠道、促销媒体等营销工具。

（二）营销组合

营销组合（Marketing Mix）就是金融企业对可以控制的、对营销活动有影响的营销变量进行组合运用，形成与特定目标市场相适应的营销方式。简单地说，就是金融企业为实现营销目标所使用的一整套营销工具。它包括以下三个要点：

1. 它是营销变量的集合，而且企业可以控制变量的组合方式。

2. 对变量进行组合的意义在于使企业营销活动主动适应外部环境的变动。

3. 变量的组合方式构成了金融企业的营销模式。

市场营销组合这一概念首先由美国市场营销学者、哈佛大学的尼尔·波顿教授在 20 世纪 50 年代提出，随后美国著名市场营销学家杰罗姆·麦卡锡教授在 1960 年将之归纳为著名的 4P，即产品（Product）、价格（Price）、地点（Place）、促销（Promotion）。4P 概念在现代市场营销活动中被学术和企业界高度重视并得到广泛应用。金融企业可以通过调整 4 个 P 的内容和组合方式制定出多样化的营销组合策略，丰富竞争的资源和手段。但是，4P 是从卖方即企业角度提出的，而罗伯特·劳特伯恩从顾客角度提出了与 4P 相对应的 4C，即顾客需求（Customer）、顾客成本（Cost）、方便性（Convenience）、沟通（Communication），它能更加直接有效地反映顾客需求。金融企业可以通过详细的市场需求分析来确定 4C 的组合方式，然后转化为 4P 组合，从而指导企业的营销决策。

三、执行控制

金融企业必须对营销战略和计划实施过程进行连续性控制，其主要有以下几个原因：

1. 营销战略和计划的实施需要金融企业不同层次、不同业务、不同职能的部门通力合作，一个环节上出现差错可能会给全局带来严重影响，而较多部门、人员的涉入必然会给工作衔接上的失误带来更多的空间，因此需要对每个工作环节进行动态监控。

2. 营销战略规划是指导金融企业未来行动的，它能否使企业的营销活动达到预期的效果是不确定的，一切皆有可能，只有战略真正变为实际行动以后，企业才能根据效果进行调整，但调整后的战略对企业进一步的营销活动的指导作用同样无法确定，因此战略实施控制是动态连续的过程。

3. 外部环境的变动是不确定的，战略规划实施所依附的客观环境条件不一定能够实现，因此金融企业要根据环境的变动适时适度调整战略。

金融企业需要制定战略实施控制计划，主要包括对各项任务完成情况、完成质量、计划执行质量、执行偏差的检测方法、时间和频率。营销战略控制计划主要有三种类型。

（一）年度控制计划

年度控制计划主要对金融企业年内的销售、盈利和其他目标的实现情况进行控制。主要包括四方面内容：

1. 明确规定年度计划每月、每季的目标；

2. 明确规定检查计划执行情况的手段；

3. 确定执行过程中出现严重问题的原因；

4. 确定最佳修正方案，弥补损失。

（二）利润控制计划

金融企业需要对不同业务、产品、渠道、客户群的销售盈利率进行定期分析和检查，及时发现营销活动中存在的问题。对盈利率的分析是衡量营销活动效率的最有效和最直接的方法。

（三）战略控制计划

金融企业直接对总体战略和业务战略进行分析和检查，测定其是否仍然具有预期的战略意义和功能，主要是检测战略是否适应当前金融企业面临的内外部环境，并及时作出调整。

【关键词】

波士顿分析矩阵　　新型金融营销战略　　营销组合　　威胁—机会矩阵

【重要概念】

金融营销战略　　金融营销战略规划　　金融业务战略规划　　战略业务单位

【复习思考题】

1. 简述金融营销战略与战略规划的含义。
2. 金融营销战略包含哪些层次？
3. 简述金融营销战略规划的步骤与方法。
4. 金融营销战略规划应遵循哪些原则？
5. 简述金融营销战略规划的实施与控制的含义。
6. 金融营销战略的作用有哪些？
7. 金融营销战略规划的影响因素有哪些？

【案例分析】

中国银行差异化竞争战略

国内商业银行领域的差异化战略正在上演，把高端私人客户作为私人银行的细分市场单独提供服务，正是最典型的表现之一。

所谓的私人银行业务，一般指银行向高净值人士（ High Net Worth Individual, HNWI）提供的包括投资建议、现有资产保值增值、退休养老计划及财富传承等服务。从国际标准来看，高净值人士可用于投资的资产在5万~50万美元以上。中行为私人银行客户设置的门槛是100万美元。早在2006年1月，中行就曾借助国内外汇业务量最大的业务优势，面向个人中高端投资者推出"全国及亚太区中银理财统一服务"，帮助投资者在内地即可获得海外财富管理、财富投资管理和全球商旅管理等服务，试水高端理财业务。自2007年3月中国银行宣布与苏格兰皇家银行（RBS）合作开展私人银行业务、首开国内商业银行之先河以来，2008年7月，中行又宣布其英国子行以6000万元的价格购得瑞士和瑞达基金管理公司30%的股份，未来将继续增持至70%。该行声称，希望通过此举迅速充实其私人银行的业务平台。这也意味着，中行正在着力打造私人银行业务，以实现它和国内其他商业银行的差异化竞争，从而获得领先地位。

（资料来源：http://finance.sina.com.cn）

问题：中国银行所采取的差异化战略是什么，结合案例具体描述。

【参考文献】

[1] 王方华、彭娟：《金融营销》，上海，上海交通大学出版社，2005。

[2] 唐小飞、周晓明：《金融市场营销》，北京，机械工业出版社，2010。

[3] 徐晟：《金融企业营销理论与实务》，北京，清华大学出版社，2008。

[4] 梁昭：《金融产品营销与管理》，北京，中国人民大学出版社，2010。

第四章

金融营销的目标市场策略

【本章概要】

本章通过对金融市场的细分方法介绍，进一步阐述目标市场的选择及市场定位。

【要点提示】

1. 理解并掌握金融市场细分的概念及其标准与方法；

2. 掌握金融目标市场的概念与策略并了解目标市场选择的意义、条件与方法；

3. 掌握金融市场定位的概念、策略并了解、理解其定位步骤及方式；

4. 掌握金融市场细分、金融目标市场以及金融市场定位三者之间的关系，并理解其异同点。

【案例导入】

银行个性化金融服务方案大受企业青睐

A银行贴现业务的主要客户H公司每次在A银行申请贴现的票据都达到数百张。按照A银行原来的操作方式，每办理一次贴现业务，贴现凭证和回单的数量都非常庞大，客户和A银行相关的工作量可想而知，再加上单据在传递过程中容易出现遗失，给客户的账务工作带来了极大的不便。为此，A银行S分行简化了一次性大批量贴现业务的流程，并向总行提出申请在新的信贷系统中增加借据列表Excel表格输出的功能，彻底地解决了这一问题。由于业务流程的优化，客户的工作量大大降低，很大程度上促使H公司几乎将所有的贴现业务放在A银行办理。

同样是H公司，由于其近年来经营情况良好，资金状况不断改善，对银行的融资需求持续降低。如何维持和深化其与A银行的资产业务，是A银行一直在苦苦思索的问题。A银行在与该公司财务人员的接触中了解到该公司在销售中回收的银行承兑汇票数量不断增加，存量已经达到相当可观的水平。A银行立刻意识到这是一个富矿，蕴藏着巨大的机会。但公司由于现金余额十分充足，并无办理贴现的打算。A银行首先与该公司财务保持沟通，指出大量的票据存在会降低企业的资金收益，企业应该想办法盘活这笔资产。经过反复交流，公司财务逐渐接受了A银行的观点。A银行根据公司的特点，向其提供了一份资金增值建议书。该公司经过论证，认为方案可行，最终顺理成章地在A银行办理了贴现业务，双方的合作得到了有效的扩大。

案例评析：

随着我国金融体制改革的深入和金融市场的开放，我国银行业已基本上实现了从卖方市场向买方市场的转变，市场竞争日益加剧，产品同质化日趋严重。在这种形势下，提供有特色的金融产品和服务，树立与众不同的银行形象，实施差异化营销战略已成为我国商业银行在激烈的市场竞争中获得竞争优势的关键所在。

商业银行差异化营销是指银行在提供金融服务时，针对不同的细分市场和不同客户的金融需求，提供独特的金融产品和服务以及不同的营销组合策略，在最大限度地满足顾客需求的同时，获得独特的市场地位和竞争优势。

一般来说，银行可以从客户、产品、服务和人员四个方面着手实施差异化。一是客户市场差异化。客户根据经济效益状况可以分为景气企业、一般企业和亏损企业，根据客户资产资本规模大小可以分为大型企业、中型企业和小型企业。不同的客户有不同的金融需求，差异化营销就是要求商业银行通过市场细分，"有所为有所不为"，根据自身的历史、规模、实力、经营管理特色等选择适合自身的目标顾客群。二是金融产品差异化。金融产品和服务具有无形性、易模仿性、趋同性的特点，差异化营销所追求的差异是产品的"不完全替代性"，有差异才能有市场。因此，要求银行根据不同客户的不同需求，及时推出"适销对路"的金融产品和服务，以不同应不同，以变应变，获得差别优势，从而赢得市场。三是银行服务差异化。在银行间竞争日趋激烈的情况下，依靠提供优质服务与竞争对手拉开差距已成为获得竞争优势的关键所在。优质服务不仅包括表层的"微笑服务"、"延时服务"等，还包括对顾客更深层次的服务。银行与客户之间经常会存在信息不对称的现象，这就要求银行和客户保持很好的信息交流和沟通，使顾客充分了解银行以及银行产品和服务。在保证资金安全的前提下，银行应加快信息传递速度，对客户在资金和服务上的需求尽快作出反应，及时满足客户多样化的金融需求，向客户提供全方位、立体化的业务与服务。四是服务人员差异化。营销队伍的好坏是营销战略成败的关键。商业银行必须培养和造就一支过硬的营销人员队伍，重视员工素质的培养。营销人员必须具备全面性和综合性素质，具体表现在基本素质好、专业知识全面、熟悉相关金融产品的特征和操作规程、社交能力强等方面。

对于我国商业银行来说，要想取得较好的差异化营销效果，必须认真考虑如下几个方面的问题：一是商业银行要在哪些方面突出自己的差异？是部分差异，还是产品、服务、客户、人员、渠道、形象等全部差异？二是差异化能给顾客带来较高的让渡价值。三是商业银行推出的差异是其核心竞争力，是竞争对手难以模仿的。四是商业银行推出的差异应当是适合自身特点的，能够体现自身的优势所在。五是商业银行必须通过各种营销工具传播其差异，以便真正能够确立其在顾客心目中与众不同的地位。六是商业银行通过差异化必须能获得相应的利益。七是商业银行必须对其差异化营销实施全过程的管理和控制，不断提高其差异化水平，并能真正获得竞争的差别优势。

（资料来源：http://bank.jrj.com.cn/2007/02/000002019562.shtml）

第一节　金融市场细分的标准与方法

市场细分是目标市场营销策略的基础与必要前提。金融业中金融机构的客户成千上万，对金融产品与服务的要求千差万别，而金融机构的资源总是有限的，任何一家机构都不可能在所有业务上齐头并进，需要选择一个或几个目标市场作为重点，而这些都建立在金融市场细分的基础上。金融市场细分是金融机构进行目标市场策略的第一步，只有完成了这一步骤，才能为进一步选择目标市场和市场定位打好基础。

一、金融市场细分的概念、意义及原则

（一）市场细分的概念

1956 年，美国市场营销学家温德尔·斯密（Webdell R. Smith）提出了"市场细分"的概念，极大地推动了营销理念的更新。所谓市场细分，是指金融机构通过市场调研，依据客户需求的差异性和类似性，把整个市场划分为若干个客户群，区分为若干个子市场的过程。它是金融营销战略的核心内容之一，是决定金融营销成败的一个关键性问题。市场细分是基于客户需求的两个特征提出来的。

1. 客户需求的差异性。无论是个人客户市场还是企业客户市场，客户对金融产品和服务的需求总呈现出一定的差异性，不同的细分市场表现出不同的客户需求、消费特点和行为模式。

2. 客户需求的相似性。由于客户的居住环境、文化背景、年龄及其消费倾向相似，对产品和服务会现出类似性，因此，在同一细分市场内，客户又具有相似的消费需求特点和行为模式。

正是由于这两个特点，金融机构可以结合环境分析将市场细分为不同的客户群。每个客户群可以称为子市场、分市场。这样可方便金融机构采取特定的营销战略来满足这些不同客户群的需要，从而完成经营目标。

农村信用社的市场细分可分为存款客户、贷款客户和中间业务客户群。他们对农村信用社的服务有不同的需求。农村信用社面对的客户大多数是农民，农民的金融需求是小额的非正规的金融需求，没有业务数据，大多数没有资产抵押。一部分客户是专业化和农业产业化龙头企业，还有个体工商户和一些小企业，有固定的营业场所和业务数据，属正规的金融需求。

（二）金融机构进行市场细分的意义

市场细分是客户金融产品需求多样化的条件下产生的，也是市场竞争日益激烈后对金融机构提出的基本要求，它在金融营销活动中具有相当重要的意义。

1. 有利于金融机构发现新的市场机会。在金融市场上经常存在着这样的矛盾：一方面是金融产品滞销，另一方面客户的一些合理需求却得不到满足。由于客户的需要是多方面的，这些未满足的需求便蕴涵着市场机会，而金融机构的资源与能力有限，不可能满足整个金融市场的所有需求，这就要求它们通过市场细分，了解不同客户的需求满足程度和市场竞争状况，从而抓住市场机会。

2. 有利于金融机构制定科学的营销战略。在不同的细分市场上，客户对金融产品有着明显的需求差异，这就为金融机构制定科学的市场营销战略提供了依据。利用市场细分，金融机构可以确立适于自身发展的目标市场，并根据特定的市场开发和提供不同种类的产品，采用不同的价格、促销手段和分销渠道，以适应不同的细

分市场。

3. 有利于金融机构开展创新活动。金融机构通过市场细分，对不同目标客户的市场需求进行研究，可以找到新的市场机会，为营销活动的创新提供现实性。只有不断进行产品创新、服务创新和经营手段创新，才能在更大程度上满足客户的需求。

4. 有利于金融机构发挥竞争优势。在金融市场竞争日趋激烈的情况下，要想克敌制胜，金融机构就必须确定能为客户提供最有效服务的细分市场，向其提供特色服务和差别化服务，从而领先一步。市场细分后，金融机构可在有针对性的子市场开展营销活动，把握客户需求的特点和变化，并及时调整策略，提供特色产品和特色服务，增强竞争力。

5. 有利于金融机构提高经济效益。建立在细分市场基础上的金融营销，可使金融机构优化资源配置，集中有限的人力、物力和财力，以最小的投入获取最大限度的产出。仅在若干个目标市场中展开经营，金融机构更易于了解、掌握竞争的优势和劣势，从而避实就虚，降低竞争成本，提高经济效益。

例如，农村信用社可以利用市场细分的方法去发现市场机会。农村信用社面临的市场是形形色色的客户，他们有着不同的需求和特性，既有共同性又有显著的差异。根据客户的异质性，选用一定的可衡量的标准，将市场细分为更小的子市场，这样在农村信用社面前的就是明晰的有不同特征的市场，农村信用社就可从中发现未满足的需求，发现市场机会。

（三）金融市场细分的原则

1. 易于识别且可测量。进行有效市场细分最重要的标准是，细分出来的各个市场的客户群体对营销战略有不同的反应，但同一细分市场的消费者对某种营销变量的反应应该尽可能地相似，并能明显地区别于其他客户群，而且，各个细分市场的规模、购买力大小等特征必须能够被识别且被测量子市场的容量大小可以有效衡量，从而为选择营销策略提供基础。

2. 可进入性。细分市场应具有可进入性。用于细分市场的变量还须明示进入该市场的方向，使企业有能力进入被选择的细分市场，其营销组合也达到或影响被选择的细分市场，即可以利用一定的人力、物力和财力，通过合理的营销组合，进入并占领细分的市场，为之提供有效的服务，否则，细分的市场就无效。

3. 可充足性。如果过度地进行市场细分，则所形成的市场板块会过分狭窄，以至于每个板块的服务成本超过所产生的收益。因此，市场的规模应该足够大，有足够客户容量吸引金融机构去经营，即细分市场要足够大，潜在顾客要足够多。

4. 稳定性。被细分的市场必须在一定时期内保持相对稳定，以便对其进行合理的规划，制定较长期的市场营销组合战略，有效地占领目标市场而避免短期行为。如果细分市场变化太快，则不利于金融机构制订长远的营销战略方案。

5. 可反馈性。细分市场能对金融机构的不同营销组合活动作出及时迅速的反应，如有的客户满意，有的客户则不满意。通过对客户的反应得到不同的反馈信息，金融机构可以调整营销策略。如果细分市场的客户对金融机构的反应相同，说明细分无效。

6. 可盈利性。在市场细分时，要依据目标市场和获利程度合理进行规划，使其实现合理的利润，即细分的市场必须有可盈利性，并且具有一定发展潜力。

二、金融市场细分的标准

市场细分的核心是区分消费需求的差异性，为金融机构选择适合自身优势的客户群作为营销目标，其关键在于正确运用一定的标准进行有效细分。金融机构营销应该根据自身的性质和市场特点，选用不同的标准细分市场。金融市场细分的标准很多，如客户、区域、环境、文化程度、个性、经营规模、经营方向和经营方式等都可以成为细分市场的标准。对于金融机构来说，最常见的做法是先区分个人客户和企业客户，再按不同的标准对两大市场作进一步细分。

（一）个人客户市场细分

个人客户是金融机构的大类客户。由于个人的需求具有较大的差异性，并会因不同环境条件、不同时期而变，因此可以有多种细分市场的做法。可主要依据地理因素、人口因素、心理因素和行为因素对个人客户市场进行细分，如表4-1所示。

表4-1　　　　　　　　　　　　个人客户市场细分

细分标准	依据	特点	具体标准
地理因素	客户所处地理位置	相对静态	国界、地域、行政区划、人口规模、城市密度、交通状况等
人口因素	人口变量	相对稳定	年龄、性别、收入、职业、受教育程度、社会阶层、宗教等
心理因素	心理状态及其变化	相对动态	风险偏好、生活方式以及兴趣、爱好、性格、气质与能力等
行为因素	购买金融产品的行为变化	复杂多变	对金融产品的不同利益追求、品牌的忠诚度、使用频率、购买状况、对价格的态度、对服务质量的敏感程度等

1. 地理因素。处在不同地理位置的客户对金融产品的需求有很大不同。

（1）按国界细分为国内市场和国际市场。

（2）按地域细分为东北、华北、华南、中南、西南、西北以及港澳台地区。

（3）按行政区划细分为省、自治区、直辖市、特别行政区以及地、市、县等行政区。

（4）按城市人口规模细分为特大城市、大城市、中等城市、小城市。

（5）按市场密度细分为城市、城郊、农村及边远地区等。

2. 人口因素。金融机构可根据个人客户的年龄、性别、收入、职业、教育、种族和宗教等因素为标准划分不同的子市场。

（1）按年龄细分。

①18岁以下未成年个人客户。在经济上不完全独立，完全依赖于父母。

②18～23岁个人客户。接受高等教育或辍学待业或开始工作，可能已经有一定的收入来源。

③23～28岁的个人客户。有自己的收入来源，准备结婚或购买耐用品，对金融产品有一定的需求。

④28～45 岁的个人客户。家庭收入稳定，养育子女，对金融需求极大。

⑤45 岁至退休前的个人客户。子女离开家庭单独生活，社交和度假支出的比重不断扩大。对金融也有较大的需求。

⑥退休后的个人客户。对金融产品的需求要么很复杂，要么非常简单，度假、保健、养身等支出可能占较大比重。

（2）按收入细分。各地区的经济发展程度不同，因此这一标准有不同的分界值。比如在上海市，可根据家庭一年总收入水平将客户分为低收入（小于 1.5 万元）、中低收入（1.5 万～2.5 万元）、中等收入（1.5 万～5 万元）、中高收入（5 万～10 万元）、高收入（10 万元以上）等。

（3）按职业细分。将客户按职业细分为事业单位工作人员（公务员、教师、医生等）、企业管理人员、企业生产人员、个体经营和私营业主等。一般来说，事业单位工作人员有稳定的经济收入，不太喜欢冒险，较为关注金融机构的品牌；企业管理人员收入较高，阅历较为丰富，对各类金融产品的需求较大；生产人员人数众多但收入相对较少，对金融产品有一定的需求；个体经营、私营业主对信用卡、结算业务、私人理财以及小额抵押贷款等金融产品的需求量大。

（4）按受教育程度分。客户受教育程度可分为小学及以下、中学、大专院校、研究生等不同市场。一般来说，学历越高、文化修养越高的客户，对金融机构的品牌形象、信誉、文化品位需求越高，而且他们也具有较大的传播扩散力。

（5）按阶层细分。如 2002 年 1 月，中国社会科学院"当代中国社会阶层结构研究"课题组发表的《当代中国社会阶层报告》，将中国社会由上至下划分为十大阶层：国家与社会管理者、经理人员、私营企业主、专业技术人员、办事人员、个体工商户、商业服务业人员、产业工人、农业劳动者、城市无业或失业半失业者。不同阶层对组织资源、经济资源、文化（技术）资源的占有与控制是完全不同的，也有着不同的金融需求。

3. 心理因素。金融机构可以按客户的风险偏好、生活方式和个性等心理因素来细分市场。

（1）按风险偏好细分。按此标准可将客户分为风险厌恶型与风险喜好型。前一类客户比较保守，选择金融产品时，总是以安全、可靠和风险小的品种为主；而后一类客户则以冒险为主要特征，往往更注重投资收益，愿冒风险，追求较大利益。

（2）按生活方式细分。具有不同生活方式的客户对金融产品的需求也存在较大差异，有的客户属于经济实惠型的，他们较多地关心金融产品的成本和收益；而有的客户较崇尚时髦，他们更注重金融产品或金融机构的品牌形象，容易接受新品种。

（3）按个性细分。个性即人格，是决定个体心理和行为的普遍性和差异性的那些特征和倾向的较稳定的有机组合，包括性格、气质等不同方面特征和属性。

性格是一个人比较稳定的对现实的态度和习惯化的行为方式，人的性格有不同类型：按人的心理机能分为理智型、情绪型和意志型；按人的心理活动倾向性分为外向型和内向型；按人的独立性程度分为顺从型和独立型等。

气质是个人与神经过程的特性相联系的行为特征，表现在人的心理活动和行为的动力方面的、稳定的个人特点。这些特点不受个人活动的目的、动机和内容等的影响。气质分为多血质、胆汁质、黏液质和抑郁质四种。胆汁质的人黄胆汁占优势，他们情感发生迅速、强烈，动作迅速、强而有力。这种类型的人热情、直爽、精力旺盛，但脾气急躁、易变化，容易冲动，具有外向性，属兴奋型。多血质的人血液占优势，他们大都活泼好动，反应快且灵活，喜欢与人交往，但注意力易转移，志趣易变，具有外向性，属活泼型。黏液质的人黏液汁占优势，情感发生缓慢、平静，动作迟缓、稳重，易于抑制，偏向这种类型的人大都安静、稳重，情感不易外露，沉默寡言，善于忍耐，具有内倾性，属安静型。抑郁质的人黑胆汁占优势，一般情感体验深而持久，反应迟缓，善于觉察他人不易觉察的细节，具有内倾性，属抑制型。

4. 行为因素。

（1）根据客户对金融产品的不同利益追求细分。客户使用金融产品与服务可以得到的利益包括满足融资、获得资产保障、积累与分配资产、资产增值、方便与高效和彰显身份地位等。

（2）根据客户对不同金融产品品牌的忠诚程度细分。如坚定的忠诚者（指那些始终购买某一金融机构产品的客户群）、若干品牌忠诚者（指同时忠诚于若干个同类金融机构的客户群）、变化的忠诚者（指偏爱某个机构转移到偏爱另一机构的客户群）和非忠诚者（对任何机构都不忠诚的客户群）。

（3）根据客户对某种金融产品的不同购买频率，细分为少量购买客户群、中量购买客户群和大量购买客户群。

（4）根据对金融产品购买状况的不同，细分为从未购买者、曾经购买者、潜在购买者、首次购买者和经常购买者等客户群。

由于个人客户需求的差异性往往是由多种因素的共同作用形成的，在细分市场时应采取综合分析方法，对地理、人口、心理和行为等各种因素多方面考虑后将客户细分成不同的客户群。

（二）企业客户市场细分

影响企业客户对金融机构产品和服务需求差异的因素也有很多，其中最主要的是企业的规模、企业性质和企业所处的行业（见表4-2）。

表4-2　　　　　　　　　　　　企业客户市场细分

细分标准	具体分类
企业规模	小型企业、中型企业、大型企业
企业性质	生产型企业、贸易型企业、政府机关与事业单位、社会团体等
行业因素	农、林、牧、渔，制造业，建筑业，交通运输，批发和零售业等门类；"朝阳行业"或"夕阳行业"

1. 企业规模。根据企业的年营业额、职工人数和资产规模等方面的衡量标准，可以把企业市场细分为不同的类型，分析客户对金融产品的不同需求。例如，小型企业（一般年产值或营业额在500万元人民币以下）的金融需求可能集中在个人金融服务、房产购买计划、开业贷款、小企业贷款担保和租赁等方面，而大型企业（一般年产值或营业额在1亿元人民币以上）、中型企业（一般年产值或营业额在

500 万元至 1 亿元人民币之间）的金融服务需求可能更多地集中在结算支付、代理业务、信用卡与长期资金贷款、进出口服务等方面。

2. 企业性质。不同经济活动性质的企业有着不同的经济行为，从而产生很大的金融需求差异。从总体上说，企业客户可分为生产型企业、贸易型企业、政府机关与事业单位和社会团体等。

（1）生产型企业。生产型企业通过运用现代生产技术进行社会化生产，从事工业、农业生产经营活动，为社会提供产品，独立核算并获取利润，其产品特点是经过物理变化或化学变化后成为新的产品。这种活动具有广泛的外部联系和灵活的适应性，内部一般要进行明确的分工，并要求紧密协作，同时受到技术装备水平与资金的限制。

（2）贸易型企业。贸易型企业主要涉及商品流通领域，主要从事贸易活动。贸易活动包括批发、零售、贸易经纪与代理等活动，也包括采购、存储、运输、配送和销售等。这类企业必须实时地、精确地掌握整个贸易活动中的商流、物流、信息流和资金流的流向与变化，协调一致、相互配合，才能取得最大的经济效益。

（3）政府机关与事业单位。政府机关与事业单位往往是金融市场的大宗客户。它们可能作为金融市场的资金供应者，也可能是资金的需求者。当然，政府在金融市场上也起到调节者的作用，通过颁布某些限制性的政策法规，或通过一定的金融工具来影响与调节金融活动。

（4）社会团体。社会团体包括研究机构、党群组织和各种具有活动经费的协会、基金会等。它们一般是社会资金的盈余部门，主要的金融需求是如何实现财产的保值与增值。

3. 行业因素。企业根据不同产业特点可以分为不同的市场。对于经济中的行为分类，各国标准不一，联合国也制定了《国际标准产业分类》。我国的国家标准《国民经济行业分类标准》于 1984 年首次发布，2002 年 5 月进行第二次修订，并于当年 10 月 1 日起正式启用。它将国民经济中的行业分为 20 个门类、98 个大类。这些行为主要包括：农、林、牧、渔；采矿业；制造业；电力、燃气及水的生产和供应业；建筑业；交通运输、仓储和邮政业；信息传输、计算机服务和软件业；批发和零售业；食宿和餐饮业；房地产业；租赁和商务服务业等。

金融机构也可以按行业生命周期将不同的行为划分为"朝阳行业"或"夕阳行业"。"朝阳行业"产品的市场需求量大，盈利能力强，企业所需的资金量也大，需要金融机构提供更便利、更快捷的资金周转服务；而"夕阳行业"的产品市场需求增长潜力小，盈利前景不乐观，需要金融机构提供大量资金，帮助其实现转产。

三、金融市场细分的方法

金融市场细分可结合单一因素法、综合因素法以及系列因素细分法（即市场涉及的因素多且按一定的顺序排列时，可由粗到细、由浅入深的细分方法）等一般的市场细分方法，具体按照如下方法和步骤进行：

（一）市场调查

金融市场细分首先要进行市场调查，掌握大量关于金融市场环境以及个人客户的年龄、收入、教育、职业、个性、消费购买行为和企业客户的性质、规模与行业等方面的资料。为了收集到充足的信息，达到精确地细分市场的目的，假如是采用抽样调查的方法，那么抽样的人数应该尽可能多。调查的内容包括：对金融机构重要性的认识程度；金融机构的知名度与信誉；实现金融需求的方式；调查对象的人口变数、心理变数以及宣传媒介变数等。

（二）分析资料

金融机构在收集了大量资料的基础上，了解不同消费者的需求，分析可能存在的细分市场。在分析时，金融机构应考虑客户的地域分布、人口特征、个性、购买行为、企业与行业状况等方面的情况。此外，金融机构还应该根据自己的经验作出估计和判断。确定细分市场所考虑的因素时，金融机构应分析并弄清楚哪些需求是需要的。

（三）细分市场

金融机构应根据有关市场细分的标准对市场进行细分，还应根据各个细分市场客户的特征，确定这些细分市场的名称，然后把各个细分市场与人口地区分析和其他有关资料联系起来，分析各细分市场的潜力和规模，以帮助选择目标市场。这些方法和步骤可以用图4-1表示。

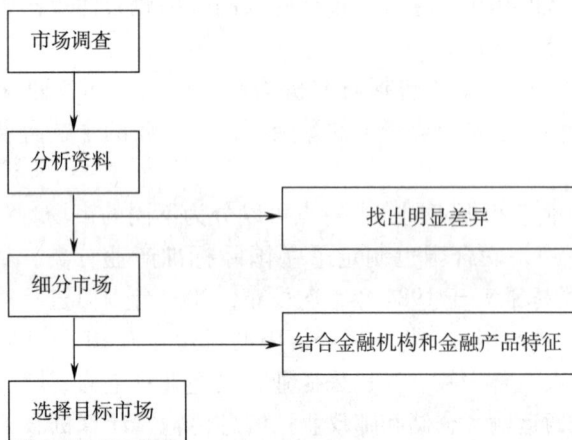

图4-1　金融市场细分的方法与步骤

例如，作为农村的金融机构——农村信用社，就应以增加农民收入和实现信用社利润最大化为目标开展广泛调查与分析，深入了解辖区农户的生产生活情况，了解农户的资金需求状况，依照每户不同的生产模式进行市场细分，把农户的家庭财产、个人信用程度、资金需求数量、需求规律等立卷归档，建立农户资信档案，从中发现优良客户，对其在资金、结算、信息咨询等方面的需求逐步加大扶持力度。

第二节　金融目标市场的选择

市场细分的目的在于正确地选择目标市场，如果说市场细分揭示了金融机构面临的市场机会，那么目标市场选择则是金融机构根据自身的条件和特点选择一个或几个细分市场作为营销对象从而决定为多少个细分市场提供服务的过程。

一、目标市场的概念及其选择的意义

（一）目标市场的概念

目标市场指金融机构在市场细分基础上确定的将要提供重点服务的客户群，也是金融机构为满足现实的或潜在的产品和服务需求而开拓的特定市场。如何选择目标市场并占领这一市场是金融机构制定和实施营销组合策略的基本出发点，可以说金融机构的一切营销活动都是围绕目标市场展开的。

目标市场的选择因不同的金融机构和经营环境而不同，如有的金融机构把中高层收入者作为目标市场，有的金融机构把社区居民作为目标市场，有的则把房地产作为目标市场等。能否选择合适的目标市场将对金融机构的经营活动产生极大的影响，并且关系到金融机构的获利与发展。

例如，现在的农村信用社大多存在营销意识淡薄、目标市场不明确等问题，这极大地影响着农村信用社的生存与发展。因此，针对这些突出问题，应该在市场细分的基础上正确地进行目标市场的选择，以明确重点服务的对象。农村信用社所选的目标市场不仅要有充足的客户源，而且还要有能实现盈利的客户量。

（二）金融目标市场选择的意义

金融目标市场选择的重要意义与作用主要体现在：能够系统地考察每一个金融细分市场，更好地发掘金融市场机会，避开风险和威胁。具体分析如下：

1. 目标明确，有利于经营。无论是银行等金融机构还是保险公司、证券公司、投资公司，每个金融机构都有它的经营战略目标，而这个战略目标应建立在满足顾客需要与欲望的基础上。但是任何一个金融机构的资源是有限的，营销目标不明确，全线出击，必导致力量分散，从而处于被动地位。目标市场策略的重要意义在于金融机构经过选择细分市场后，能够充分认识并分清客户的需要与欲望，从而明确目标，有利于经营，使有限的资源更好地满足客户的需要。

2. 针对性强，便于调整市场营销组合。开发什么样的金融产品、价格应如何确定、建立和培育什么样的金融产品销售渠道及需要运用何种促销手段等一系列问题都需要金融机构不断进行调查、分析和研究并作出决策。在经过金融市场细分后，目标市场一旦明确，即可有针对性地进行调查研究、制定营销组合等策略。只有这样的决策才有可能符合客观实际，或者比较接近实际，才会给金融机构带来切实的收益。

3. 发挥优势，有助于竞争。无论规模大小，一个金融机构总有它的长处和短处，如何扬长避短是每个金融机构应该经常探讨的重要课题。通过金融目标市场的选择，金融机构可以将自己有限的资源充分利用，从而有利于其优势的发挥，进而有利于提高其竞争地位、水平。

4. 分析细致，易于发掘市场机会。一个成功的金融机构必定善于发掘金融市场机会，进而创造市场机会。选择金融目标市场实际上就是在市场细分的基础上深入地发掘市场机会并避开风险与威胁。

二、目标市场选择的条件与方法

（一）理想的目标市场应具备的条件

由于自身资源的制约，金融机构一般不可能将所有的细分市场作为自己的目标市场。理想的目标市场应具备以下三个条件：

1. 所选定的目标市场上必须有未被满足的现实的或潜在的顾客需求，必须有足够大的容量来吸收本企业提供的产品或服务，必须能为企业带来最大的经济效益。

2. 必须有足够的实力去满足其所选择的目标市场的需求。有利可图的细分市场很多，在资源约束情况下，企业必须要放弃部分有利可图的细分市场，而选择能发挥其有限的资源优势，又能获取最大收益的细分市场作为目标市场。

3. 所选择的目标市场必须有竞争优势。在这样的市场上，本企业所面临的竞争对手很少或没有，其竞争不十分激烈，或者在该市场上有足够的竞争优势击败对手。

（二）选择目标市场的方法

1. 密集单一市场。最简单地选择一个细分市场营销，如针对某个行业的某地区的企业进行贷款。银行通过密集营销，更加了解细分市场的需要，并树立特别的声誉。但这种战略的风险较大，如果这个企业规模趋向紧缩，那么银行将面临巨大的风险。

2. 产品的专门化。向各类客户推出相同产品，这样有利于银行降低自己的成本。但在市场被细分后，银行将面临其他银行的产品与服务的威胁，一旦对手的这种威胁压倒了你的成本优势，那么银行将面临更多的威胁。

3. 有选择的专门化。选择若干细分市场。每个市场在客观上都有吸引力，并符合银行的目标与资源。虽然每个市场之间联系并不大，然而每个市场都有可能盈利。这种战略有利于银行降低经营风险，但对银行的管理与控制提出了较高的要求。

4. 市场专门化。向同类客户提供各种服务。这对银行的实力和人员素质要求较高。

5. 完全市场覆盖。即覆盖所有的细分市场。这对银行的实力要求很高，在市场趋向细分的今天，这样的战略逐渐失去可行性。

在选定细分市场以后，银行就必须制定各个市场的目标。其市场目标主要包括利润、增长速度与规模和市场占有率。

三、目标市场选择的策略

一般来说，金融机构选择目标市场有以下三种策略。

（一）无差异性市场策略

这种市场策略是以一个最大的细分市场作为目标市场，针对个人客户和企业的共同需要制定统一的营销计划，以实现开拓金融市场、扩大金融产品销售的目的。该策略的特点是在营销活动中往往强调客户需求的共同性或相似性，而忽视其差异性。采用这一策略的金融机构往往实力强大，有广泛而可靠的分销渠道，以及统一的广告宣传方式和内容。

在实际操作中，只需推出单一的标准化服务，设计一种营销组合策略即可。其优点是比较方便，可节约大量的调研、开发、广告等费用，降低管理成本和营销支出，易取得规模效益。但这一策略也存在缺点，即金融机构可能会忽略同一客户群的不同需求层次，提供的产品与营销手段过于单一，不一定能适应复杂多变的市场需要以及追求个性化产品和服务的需求趋势，而且当几家同类大规模金融机构都同时采用这一策略时，会形成异常激烈的竞争。

（二）差异性市场策略

这种策略是根据消费者不同类型、不同层次的需求特点细分金融市场，并从中选择两个或两个以上细分市场为目标市场，针对不同的目标市场制定和实施不同的营销组合策略，满足不同客户的需要。金融机构可以从客户、产品、服务和人员等方面着手实施差异化。以美国花旗银行为例，它在根据客户不同情况提供多层次服务方面，一直处于领导地位。对于大众市场，花旗银行提供各种低成本的电子服务，如信用卡和邮购银行业务等；对于高收入的客户，提供广泛的私人银行业务；对于富有的、中上阶层的客户，提供更加个人化的服务。其结果是，花旗银行已经成为世界最大的金融超市。其差别市场营销策略值得我们的银行包括农村信用社等金融机构学习和借鉴。

采用该策略的优点是多品种、针对性强，金融机构比较注重客户需求的差异性，并通过实施多种产品、多种促销方式和多种分销渠道的营销组合策略，在很大程度上满足客户的不同需求，多方位或全方位地开展有针对性的营销活动，特别是能繁荣金融市场。其缺点是经营的金融产品品种较多，需投入较大的费用进行客户需求的调研、产品的开发促销等活动，增加了营销成本。

（三）集中性市场策略

集中性市场策略也称密集性市场策略，是金融机构集中力量进入一个或几个细分市场，进行高度专业化服务。相对而言，该策略是从较为微观的角度来着手的，其目标市场更加具体而细化，它是指金融机构既不面向整个金融市场，也不把力量分散到若干个细分市场。采用该策略的金融机构不是在若干个较大市场上占有较小份额，而是在较小的细分市场上占有较大的份额甚至居于支配地位。其做法是通过对那些需求量大、有潜力的子市场实施专业化经营，集中精力开发一种或几种有特色的服务，扩大产品市场占有率。实力有限的中、小金融机构一般可以采用集中性市场策略。

采取这种策略的金融机构可集中有限的人力、物力和财力，实行专业化服务，从而在目标市场上占据优势地位，大大节约成本和营销支出。但实施这种战略所选择的产品和市场较为集中，一旦该市场发生不利变化，金融机构将受到较大损失，因此具有较高的风险。

目标市场选择是否正确，对金融机构的经营关系重大。一家金融机构究竟采用哪一种目标市场选择策略，应综合权衡其实力、产品和服务特点、市场特性、竞争者策略以及其产品所处生命周期的不同阶段等多种因素。

例如，对农村信用社而言，明确目标市场、进行针对性的目标市场差异化策略非常重要。应牢固树立农村信用社服务"三农"的企业形象，积极实施差异营销，努力扩大产品新用途，以小额农业贷款为重点，不断培养新的客户群，扩大市场规模，提高其绝对市场占有率进而提高其经济效益。

第三节　市场定位

金融机构在选择和确定了目标市场之后，还须进一步对自己进行准确的市场定位，以在客户心目中确立一个独特的位置。在金融机构欲进入的目标市场中往往存在一些捷足先登的竞争者，有的在此市场中已占有一席之地，并树立了独特的品牌形象。新进入的金融机构如何使自己的产品与现存的竞争者产品在市场形象上有所区别，这就是市场定位的问题。市场定位能否成功，关键在于能否比同类竞争者更好地了解客户的需求与提供更好的服务。目标市场的竞争迫使金融机构及其产品必须具有一定的特色，否则就没有出路。

一、金融市场定位的概念与意义

（一）金融市场定位的概念

目标市场定位是指对金融机构的产品（服务）和形象进行设计，从而使其在目标客户心目中占有一个独特位置的行动。这里所指的"位"是产品在客户感觉中所处的地位，是一个抽象的心理位置的概念。目标市场定位的实质在于对已经确定的目标市场，从产品特征出发进行更深层次的剖析，进而确定金融机构营销策略，最终要落实到具体产品的生产和推销过程中。定位这个词是由两位广告经理艾·里斯（Al Ries）和杰克·屈劳特（Jack Trout）于1972年提出后流行的。他们把定位看成是对现有产品的创造性实践，认为："定位起始于产品，但其范围可以无限拓展到一件商品、一项服务、一家公司、一个机构或者甚至是一个人……然而，定位并非是对产品本身做什么行动，而是要针对潜在客户的心理进行的创造性活动，即要将产品在潜在客户的心目中确立一个适当的位置。"为了使自己的产品获得竞争优势，金融机构必须在客户心目中确立自己产品相对于竞争者产品而言的独特的品牌利益和鲜明的差异。简言之，就是要使客户感到自己的产品与众不同，与竞争者有差异，并且偏爱这种差异。这就是金融机构的重要任务。

例如，立足社区，服务"三农"是农村信用社的服务宗旨和市场定位。农村信用社的市场定位就是满足客户的多样化需求，重点支持农村经济的发展，打造服务县域的主力银行、立足社区的零售银行、农民喜爱的农村银行。当前要重点下好"小额农贷"这盘棋，要注意确立和筛选一批重点客户，同时寻找潜在的重点的客户。在支持重点客户的同时，积极扶持一般客户。

（二）金融市场定位的意义

金融机构在确立目标市场策略的过程中，首先要进行市场细分，而后开始寻找适合自己发展的目标市场。长期以来，我国的金融机构往往就止步于此，没有进行深一步的挖掘与拓展。然而，客户越来越高的要求以及金融市场日趋激烈的竞争并不意味着金融机构可以在目标市场中游刃有余，它们还要受到各种环境因素的影响，因此，很难在目标市场中始终处于领先地位。那么金融机构怎样抓住客户的心呢？

一方面，随着定位理论的日益成熟，金融产品定位正逐渐成为金融机构目标市场策略中的一个重要环节，这就意味着金融机构在选择完成目标市场后，必须为自己的金融产品、为自己的企业在市场中定位；另一方面，选择目标市场和客户只是对客观金融市场的一种选择，即使金融机构再主动，依然要受到众多客观因素所限制，而市场定位作为一种主动出击的策略，要求金融机构主动地为产品和企业定位。

成为一个国家或者地区实力最强、最有名的金融机构或许是我国目前很多金融机构的目标，这并没有错，然而能被称得上"最"的可能只有那么几家，更多的企业只可能处于相对较低的地位。我国的金融机构往往处于这样的处境之中：无论是银行、保险公司还是证券公司，无一例外地想"做大"，只要有可能就想在所有的业务范围内取得最好的成绩。这固然是一个不错的定位，但却未必适合每一个金融机构。如何为自己寻找一个真正适当的定位是每个金融机构所面临的一个重要问题。如对立足于"三农"的农村信用社而言，如何在与众多农村金融机构的竞争中进行恰当的定位对于其生存、发展都显得尤其重要。

金融机构在目标市场中恰当的定位不仅能够创造差异使自己和产品为更多的客户所接受和认同从而更好地满足客户的需求，而且可以充分利用和发挥自己的优势和资源，针对竞争者的弱势和缺陷，扬长避短，有利于塑造金融机构特有的形象并形成竞争优势。通过将产品定位在目标市场客户所偏爱的位置上，并通过一系列的营销活动向目标客户传达产品特定的定位信息，让客户注意到这一品牌，并感觉到它就是他们所需要的，这样就能真正占据客户的心，使所选定的目标市场真正成为自己的市场，从而品牌就可以留驻在客户心中。而且金融机构的目标市场定位一旦得到客户的认可，就能够形成巨大的竞争优势，且这一优势往往并非产品质量和价格所带来的优势可比。

在泰国的曼谷，有一家银行被称为"水上银行"，由于曼谷河道纵横，被誉为"东方的威尼斯"，该银行便将自己定位为在水上的移动银行，每天定时起航为湄南河以及运河沿岸的居民提供金融服务，不仅因为其别出心裁，同时也因为其独特的市场定位，赢得了泰国人民的认可，获得了巨大的成功。又如花旗银行，由于其巨大的实力，花旗银行不仅将其整个金融集团定位为"金融超市"，意在能够为客户提供全面快速的综合性金融服务，而且对自己的一些金融产品也都进行了独特的定位，其个人理财业务和信用卡业务在客户心中都处于领导者的地位，这与其公司的整体定位是处处相关的。无数的例子都证明了市场定位对于金融机构的重要性，大机构可以将自己定位成行业领导，小机构同样可以将自己定位成某一领域或某一市场的领导者，只要能够扬长避短、发挥自身优势，同时在客户心目中取得一个明确的位置，那么金融机构就有可能获得成功，但有一个前提是能够提供优质的金融产品，这同样也是一切营销活动的关键。

二、金融市场定位策略

金融市场定位的基础是差异化。每个金融机构必须制定相应策略，为它的目标客户推出一定的差别化服务，而这种差别包括客户的利益和金融产品的特色。"第一名"的定位包括"最高的收益"、"最佳的服务"、"最合理的价格"等；"专业者"的定位则包括"最专业"、"最有效"等。如果一个金融机构能够坚持不懈反复强调这些定位中的一个，并且令人信服地进行传播，它就可能成名并获得成功。但是，并不是每个金融机构都适合这种单一的定位原则，也可以尝试双重甚至三重利益定位，也即同时将自身定位为两个或者三个方面的服务模式或角色。差异化发展战略是定位的基础，同时也是现代金融机构经营过程中一种常用的、有效的理念和方法。在差异化发展战略的基础上，金融市场定位策略主要包括以下几种：

（一）金融产品定位

金融产品定位首先要确定具体的产品差异，为实现这一点，金融机构要对目标市场竞争者和企业自身情况进行竞争优势分析。对于所设计的金融产品，要考虑产品的差异对目标客户的重要性、金融机构实施产品差异的能力（比如对于银行而言，我国实行利率统一化就阻碍了银行实行利率差异化的策略）、所需时间、竞争者的模仿能力，等等。进行了这些分析以后，金融机构就能作出对所设计的差异应采取的决策，选择那些真正能够增强其竞争优势的产品差异。

确定了可以利用的产品差异之后，金融机构就可以为自己的产品定位并进行推广。即使金融产品存在着较强的同质性，各个金融机构依然可以根据自身优势进行产品定位，比如交通银行利用自己在外汇业务上的优势，开发出了"外汇宝"，招商银行利用自己在网络方面的优势推出了"一卡通"，中国太平洋保险公司推出了"神行车保"汽车保险等，都是金融产品定位的例子。

金融产品定位的侧重点在于它的独特性和专业性，金融机构一般都通过产品在某一方面的专业特长进行定位，使得产品能够在市场中找到一个生存和发展的细分市场，同时通过这种产品定位巩固这一市场。根据金融机构自身及产品的特征从产品的相关属性、客户购买产品时追求的利益以及质量—价格（强调质价相符、质高价低）、使用者、竞争等方面进行定位。总之，我们很难看到进行全面优势定位的金融产品，这样的定位既花费巨大的成本，而且达不到相应的效果。

例如，金融产品在农村信用社的客户开发中占有十分重要的地位，它是农村信用社开发客户的基础与支柱，是联系农村信用社与客户的纽带。农村信用社只有不断进行产品创新，努力推出有吸引力的名牌产品，才能满足客户不断变化的需求和维持农村信用社的存续。

（二）金融服务定位

鉴于金融业的特殊性，在价格和产品的竞争中要实行差异化发展并进行定位，一般是不可能像其他行业那样简单和有效。

金融机构进行市场定位，往往最终要在提供其他同业提供不了的服务上下工夫。具体来说，就是金融机构的定位要体现在其提供金融产品的方式、方法与同业的不同上。但这些差别具体要落实在金融机构的销售渠道和服务渠道的设计、组织机构设置、企业品牌形象、员工服务态度、产品及服务价格策略以及各种公关活动的开展等方面。花旗银行作为世界最具盛名的银行之一，它的定位策略往往体现在服务上，由于它将自身的个人客户定位于高端客户上，因此，它也相应地提高了服务的质量，与同业银行拉开了距离：客户无须在营业厅等待，可以边喝咖啡边与客户经理商谈业务，此外花旗银行还会定期为这些高端客户提供酒会等聚会以促进相互之间的业务关系。

金融机构虽然比其他行业更难赢得客户，但是一旦赢得了客户就会比较容易保持长期、稳定的关系。金融服务定位正是金融机构与客户保持长期业务关系的重要手段，而这恰恰也是金融机构应该进行定位的主要方面。

金融服务定位的侧重点在于它的优质性和差异性，与产品定位有所不同，客户更容易对金融机构的服务水平进行评价和比较，因此将其服务水平定位于优质和差异性强的服务比利用金融产品来征服客户更为有效。

例如，农村信用社要适时推出符合实际需要的金融服务品种，满足客户对金融服务的需求，实现农村信用社良好的经济效益。对于客户来说，能够体现购买差异的也只能是产品销售服务。农村信用社必须加快完善服务体系，创造优质服务：一是创造环境良好的营业场所。在撤并低效网点的基础上，建设一批精品网点，有条件的地方要积极开办金融超市，发展一批有特色、专业化网点。二是条件好的地方建立分层次服务体系，逐步对高价值客户提供理想的服务设施、服务功能和业务产品，为其带来超值享受。三是建立客户信息系统和客户关系管理系统。挖掘客户深度价值和潜在需求，更好地实施分层服务。

（三）金融机构定位

金融机构定位是综合了金融产品定位和服务定位之后，金融机构为自己在行业中、在个人和企业客户心目中所确定的位置。金融产品定位和金融服务定位可以与金融机构的整体定位有所区别，因为对于一些品牌效应过于庞大的金融产品，顾客似乎已经忘记了它是属于哪个金融机构的。但是金融机构的整体定位，确实是从这两者的定位中提炼出来的，并根据机构的整体经营战略确立的。

金融机构的定位可以是行为领导者，也可以是一个细分市场的领导者，甚至可以是行业的"老二"等。金融机构可以采取拾遗补阙的定位策略，分析金融市场中现有产品的定位状况，从中找出尚未占有但又为许多客户所重视的空缺位置；金融机构同样可以根据自身的实力与竞争者展开竞争性的定位策略，争夺同一个细分市场。因此，定位策略有许多，关键是要抓住定位的实质，在客户心目中形成一个强有力的形象。金融市场定位主要有针锋相对式定位、避强定位、重新定位等方式。

三、金融市场定位的步骤

金融市场定位的主要任务就是通过集中其若干竞争优势，将自己与其他竞争者区别开来。市场定位要求明确其潜在的竞争优势，并选择最大竞争优势作为其市场定位。策略具体实施过程是准确地传播企业市场定位的过程。

（一）明确金融机构潜在的竞争优势

明确金融机构潜在竞争优势的内容主要包括：调查研究定位的影响因素，了解竞争者的定位状况，如竞争者向目标市场提供了何种产品及服务，在客户心目中的形象如何，对其成本及经营情况作出评估，并了解目标客户对此类产品的评价标准。企业应致力于解决客户最关心的问题，以作为决策的依据，并要确认目标市场的潜在竞争优势是什么。金融机构通过与竞争者在产品、促销、成本、服务等方面对比分析，了解自身的长处和不足，从而认清本金融机构的竞争优势。

（二）选择金融机构自身相对的竞争优势和市场定位

相对的竞争优势是金融机构能够胜过竞争者的地方。有的是现有的，有的是具备发展潜力的，还有的是可以通过努力创造的。简言之，相对的竞争优势是金融机构能够比竞争者做得更好的工作。金融机构可以根据自己的资源配置通过采用不同的营销方案突出自己的经营特色，使消费者能从中得到价值最大的产品及服务。

（三）准确地传播金融机构的市场定位

这一步骤的主要任务是金融机构要通过一系列的宣传促销活动，将其独特的市场竞争优势准确传播给客户，并在客户心目中留下深刻印象。因此，金融机构首先应使目标客户清晰地了解金融机构的市场定位，并在客户心目中建立与该定位相一致的形象。其次，金融机构保持对其目标客户的密切关注，稳定目标客户的态度并加深目标客户的感情，来巩固金融机构的市场形象。最后，金融机构应注意目标客户对其市场定位理解出现偏差或由于金融机构定位宣传失误而造成目标客户的模糊、混乱和误会的现象，及时纠正与市场定位不一致的市场形象。

【关键词】

购买力　金融需求的相似性　金融需求的差异性　金融市场定位策略

【重要概念】

金融市场细分　目标市场选择　差异性市场策略　金融机构定位　集中性市场策略　目标市场　金融市场定位　差异化发展战略

【复习思考题】

1. 什么是金融市场细分？农村信用社如何进行市场细分？
2. 金融市场细分的意义何在？有效的市场细分必须遵循哪些原则？
3. 个人客户和企业客户的市场细分标准是什么？如何按这些标准进行细分？
4. 如何理解目标市场？目标市场选择的条件与方法是什么？
5. 金融机构选择目标市场可以采取的策略主要有哪些？它们之间有何区别？
6. 什么是金融市场定位，如何理解金融市场定位的策略与方法？
7. 农村信用社如何进行市场定位，其市场定位策略是什么？
8. 如何理解金融市场细分、目标市场选择与金融市场定位之间的关系？

【参考文献】

［1］胡月英：《市场营销学》，合肥，合肥工业大学出版社，2009。

［2］王家传：《中国农村金融：观察与思考》，北京，中国农业出版社，2009。

［3］叶伟春：《金融营销》，北京，首都经济贸易大学出版社，2009。

［4］何冯虚：《金融营销》，北京，电子工业出版社，2009。

［5］武志：《中国地方金融体系的改革与重构》，大连，东北财经大学出版社，2006。

［6］葛文芳：《保险营销管理理论与实务》，北京，清华大学出版社，2006。

［7］王方华、彭娟：《金融营销》，上海，上海交通大学出版社，2005。

［8］周英、赵凡：《金融营销学导论》，北京，中国商业出版社，2003。

［9］张丽明：《农村信用社目标市场营销分析与探讨》，载《金融理论与实践》，2006（12）。

［10］汪腾：《浅论农村信用社的市场营销策略》，载《农村经济》，2006（8）。

［11］赵祺：《对加强农村信用社贷款营销的思考》，载《金融理论与实践》，2006（7）。

［12］常嘉亮：《农村信用社贷款营销策略》，载《金融理论与实践》，2004（8）。

［13］豆玲玲：《梁园区农村信用联社信贷营销策略研究》，西北大学硕士论文，2009。

［14］欧勇：《农村信用社市场营销策略的几点认识》，大象金融网，http：//www. dxjr. com/newsshow. asp？nInforid＝732318&mj＝4，2009－12－23。

［15］姚小军：《擦亮农村信用社市场营销中的"三只眼"》，江西省农村信用社（合作银行）网，http：//www. jxnxs. com/newweb/show _ message. asp？id＝2858，2009－07－21。

第五章

金融营销的购买行为分析

【本章概要】

在现代市场经济条件下，金融企业要想有效地提供市场所需要的金融产品与服务，就必须研究金融市场中的客户，分析其消费行为，从而为金融企业开发金融产品、改进金融服务、发展客户关系、制定营销方略、决定营销渠道以及加强促销宣传提供基本的理论依据。

【要点提示】

1. 了解需要、欲望和需求的区别；
2. 理解购买者市场的特征；
3. 掌握影响金融产品购买者行为的因素；
4. 理解购买者决策过程。

【案例导入】

认真的女人最美丽——台新银行玫瑰卡品牌个性塑造

台新银行玫瑰卡在上市的短短一年半时间里突破了 10 万张的发卡量，并以独特的诉求建立了其女性的、认真的品牌个性，一跃成为台湾女性信用卡的领导品牌。

长久以来，玫瑰即代表女性对爱情浪漫的憧憬，尤其在女人最重要的日子"情人节"中，玫瑰花更代表爱情永恒的誓言。玫瑰好听、好记，是日常生活中经常购买的花种，除了女性喜爱之外，男性也非常欢迎。因此台新银行将产品命名为玫瑰卡，为其品牌个性的建立预埋了管线。

在台新银行加入发卡行列之前，台湾的信用卡市场几乎是花旗与中信的天下：它们以雄厚的财力及大笔媒体预算为后盾建立了很高的知名度并迅速地占领大部分市场。但在当时的状况下，所有的发卡银行都将整体市场视为单一市场经营。然而经由资料显示，女性持卡人拥有较好的信用历史，工作稳定，发生呆账的情形少，女性消费者较容易被感性诉求打动，进而产生认同。加上女性消费能力的不断提升，台新银行预测女性的信用卡市场将有很大的发展空间，因此将女性区隔为台新银行信用卡的主要目标市场。

她们的个性写真是：喜欢煮咖啡，不喜欢煮饭；工作全力以赴，表现一流，男人开始习惯；渴望有女强人成就，又渴望如小女人般受宠；热情、爱冒险，却又心思细密；喜欢出国旅游，会赚钱，也会花钱，高兴就好；有自己的生活品位，有自己的消费主张，有专属于女人的信用卡——台新银行玫瑰卡。她们就生活在你我的四周。

玫瑰卡第一阶段的定位是："最女人的信用卡"，清楚地表达了玫瑰卡的属性。广告以展现玫瑰卡的气质并且塑造玫瑰卡独特的个性来取得目标群的认同，让目标消费群接触到广告时会被诉求所感动，相信自己便是那一位拥有玫瑰卡的独特女人。

第二阶段则对"最女人的信用卡"进行升华，以"认真的女人最美丽"为个性写真，因为"认真"是一种生活态度、消费主张；"美丽"则是女人热衷追求，喜爱被赞美的心理。

由于一系列的卓越策划，台新银行玫瑰卡成功地在信用卡市场绽放，成为女性信用卡第一品牌。"认真的女人最美丽"更成为广告流行语，被人们广泛引用，成为台新银行玫瑰卡最重要的品牌资产。

（资料来源：赖丹声：《银行营销实战案例》，北京，清华大学出版社，2006）

问题：从影响金融消费者行为和态度的内、外在因素分析台新银行"玫瑰卡"的成功之处。

第一节　金融客户

一、金融客户的含义

金融客户是指使用金融企业所提供的金融产品与服务的个人或组织，即金融企业的服务对象。无论是在货币市场还是在资本市场，参与各种金融交易的主体或中介，甚至某些金融机构本身，在不同的时间、场合以及不同的交易过程中，都有可能会成为金融客户。

二、金融客户的需求

（一）需要、欲望和需求

需要就是个体缺乏或期望获得某种满足时所产生的一种主观状态，是客观需求的反映。

欲望是个体对满足需要的目标事物的心理渴求状态，即个体的内在需要在一定环境条件下因目标事物的刺激而形成的一种心理紧张与焦虑状态。

需求是个体有能力满足的欲望。欲望是形成个体需求的前提，但个体仅有欲望还不能形成需求，还需要具备满足这种欲望的相应能力。

（二）金融客户需求的特征

1. 需求的层次性。购买者的需求往往表现出一定的层次性。根据马斯洛的需求层次理论，需求一般可分为五个层次。

（1）生理需求。这是人类维持自身生存的最基本需求，如果这些需求得不到满足，人类的生存就成了问题。从这个意义上说，生理需要是推动人们行动的最强大的动力。马斯洛认为，只有这些最基本的需要被满足到维持生存所必需的程度后，其他的需要才能成为新的激励因素，而到了此时，这些已相对满足的需要也就不再是激励因素了。

（2）安全需求。要求劳动安全、职业安全、生活稳定、希望免于灾难、希望未来有保障等。马斯洛认为，整个有机体是一个追求安全的机制，人的感受器官、效应器官、智能和其他能量主要是寻求安全的工具，甚至可以把科学和人生观都看成是满足安全上的需求的一部分。当然，这种需要一旦相对满足，也就不再成为激励因素了。

（3）社交需求。这一层次的需求包括两个方面的内容：一是友爱的需求，即人人都需要伙伴之间、同事之间的关系融洽或保持友谊和忠诚；人人都希望得到爱情，希望爱别人，也渴望得到别人的爱。二是归属的需求，即人都有一种归属于一个群体的感情，希望成为群体中的一员，并相互关心和照顾。感情上的需要比生理上的需要来的细致，它和一个人的生理特性、经历、受教育程度、宗教信仰都有关系。

（4）尊重需求。人人都希望自己有稳定的社会地位，希望个人的能力和成就得到社会的承认。尊重的需求又可以分为内部尊重的需求和外部尊重的需求。内部尊重是指一个人希望在各种不同情境中有实力、能胜任、充满信心。总之，内部尊重就是人的自尊。外部尊重是指一个人希望有地位、有威信，受到别人的尊重、信赖和高度评价。马斯洛认为，尊重需求得到满足，能使人对自己充满信心，对社会满腔热情，体验到自己活着的用处和价值。

（5）自我实现需求。这是最高层次的需求，它是指实现个人理想、抱负，发挥个人的能力到最大限度，完成与自己的能力相称的一切事情的需要。马斯洛提出，为满足自我实现需要所采取的途径是因人而异的。自我实现的需要是在努力发挥自己的潜力，使自己越来越成为自己所期望的人物。

2. 需求的发展性。随着科学技术的进步、社会经济的不断发展和消费水平的不断提高，人们的需求也由低级向高级发展。

3. 需求的可诱导性。金融产品客户购买什么产品，如何购买，一方面取决于自己的购买能力，另一方面又受周围环境和他人的影响，因此需求具有可诱导性。

4. 需求的理智性。金融产品购买者的需求并非随意、感性、冲动的，而是具有理智性的。与生活消费品的购买不同，金融产品购买者决定参与某种金融产品交易是有明确目的的，并且是在进行认真对比分析计算的基础上选择的最佳方案，力求趋利避害。

5. 需求的衍生性。金融产品购买者的需求一般是由其他各种复杂的需要衍生而来的，或是为了满足不同的需要。例如，投资者购买国债以求保值增值，其真实的需要可能是为了积攒孩子未来的教育费用；政府发行公债筹集资金既可能是为了投资于国家基础设施建设，也可能是为了弥补财政赤字。

6. 需求的波动性。受外界因素的影响，人们的金融需求既可以被成倍放大，也可以被成倍缩小。国家宏观经济金融政策的变动、政局的演变、战争的爆发、自然灾害的出现等，都会对人们的金融需求产生显著的影响。金融需求的波动性，使得金融交易呈现出较大的弹性，容易滋生泡沫，从而潜伏着极大的风险。由此引发的金融动荡，不仅会影响一国经济的健康发展，还可能引发金融危机乃至经济危机。

三、金融客户的分类

（一）按金融交易主体划分

1. 个人或家庭。个人或家庭是金融市场中的基本客户。从整个社会各部门的资金供需状况来看，由于个人或家庭的收入一般大于支出，因而个人或家庭通常是社会资金的盈余部门。尽管个人或家庭也会成为金融市场的资金需求者，如购买住房、开办企业或因短期资金需求而在二级市场抛售证券等，但就总体而言，个人或家庭大多是金融市场的资金供给者和长期投资者。个人或家庭参与金融交易的动机是多种多样的，如准备学费、婚丧嫁娶、生老病死等，而其投资活动的领域也相当广泛，既有短期投资，也有长期投资，既涉足货币市场，也光顾资本市场。由于个人或家庭的可运作资金量较小，投资活动在金融市场上受到很大限制，如某些金融交易限制最低成交单位金额等，因此相当多的个人或家庭只能从事间接投资，成为银行和机构投资者的资金供给者。

2. 工商企业。工商企业主要包括生产性企业、流通性企业和非金融服务性企业。在现代市场经济中，工商企业是金融服务的主要对象，作为金融企业的客户，工商企业既可能是资金的供给者，也可能是资金的需求者。在资本市场上，除了极少数企业外，多数企业以一定的方式筹集所需要的资本金，如股份有限公司的资本金可以通过资本市场以公募或私募等方式筹集，这时企业是资金的需求者。同时，企业也可以通过产权交易、投资或持有其他企业股票、债券等形式而成为资本市场的资金供给者。

在货币市场上，企业的金融需要主要与以融通为目的的资金余缺密切相关。当企业有闲置资金时，为了充分利用资源，它可以通过存入银行或购买有价证券等形式而成为资金的供给者；当企业缺乏周转资金时，则可以通过向金融企业短期借款等形式融通资金，这时企业就成为资金的需求者。

3. 政府。政府通常是金融市场的大宗客户，它虽然可以作为金融市场的资金供给者，但更主要的是资金需求者。作为资金供给者，政府部门的预算收入和各种经费在短期内所形成的闲置资金一般需要存入金融机构，从而成为金融机构进行短期运作的资金来源；作为资金需求者，中央或地方政府为了弥补财政赤字或开展基础建设，经常通过发行政府公债的方式募集所需资金。政府的资金募集活动主要在一级市场进行，而无论是在货币市场还是在资本市场，政府都是重要的发行主体。在国内金融市场上，政府则一般具有双重身份，它不仅是金融市场的客户，而且是金融市场的调控者。为了规范金融市场交易，引导市场资金的流向，除了直接颁布某些限制性的政策法令外，政府可以通过一定的产业政策以及财税政策，尤其是通过发行政府公债的方式，影响资金分配结构，同时，还可通过中央银行的货币政策以及公开市场业务调节市场货币的供应量。在国际金融市场上，政府的金融交易身份有所不同，它既可能是主要的资金需求者，也可能是主要的资金供给者。一些国家的政府之间还通过相互合作、签订各种协定等方式制定国际金融市场的行为准则和权利义务关系，这也是政府双重身份的重要体现。

4. 金融企业与机构投资者。由于金融企业大多在金融市场上发挥中介作用，而金融企业之间交易十分频繁，并且金融业务也相互涉及，因而一些金融企业也常会是另一些金融企业的客户。金融企业主要包括银行和非银行金融机构，诸如商业银行、专业银行（如储蓄银行、外汇银行等）、政策性银行、保险公司、信托投资公司、证券公司、投资银行、金融租赁公司、财务公司以及各种金融合作机构（如信用社）等。这些金融机构中有些是在间接融资领域从事经营，有些则是在直接融资领域开展业务，或者两者兼而有之。除了少量从事自营业务的金融机构以外，金融企业主要是发挥中介作用，即既不是资金的初始供给者，也不是资金的最终需求者。金融企业的主要资金来源为实收资本和储蓄资金，此外，同业拆借、发行金融债券、向中央银行再贷款或再贴现等都是扩大资金来源的重要渠道。而从事间接融资业务的金融机构，则既是资金的供给者，也是资金的需求者，其主要发挥将储蓄转化为投资的传导作用，以使社会资金从盈余部门转向短缺部门。当然，资金的这一转移也可以不通过金融机构，而是以直接融资的方式进行，从事直接融资业务的金融机构如证券公司、投资银行等，通常是在资金余缺双方之间发挥牵线搭桥的作用。

机构投资者主要是在资本市场从事大宗投资交易的金融机构，如保险公司、信托投资公司、财务公司、投资基金公司、养老基金以及其他各种允许在金融市场运作以实现保值增值目的的基金等。机构投资者参与金融交易的资金数额较大，对于金融市场的影响也较大，其投资对象主要是公司股票、企业债券和政府公债。

5. 事业单位与社会团体。事业单位与社会团体是指诸如研究机构、医院、学校、党群组织以及各种具有活动经费的社会团体等。由于上述组织一般是社会资金的盈余部门，因而会把闲置资金用于银行储蓄或在证券市场购买股票或委托信托投资公司参与中长期投资。

（二）按金融交易需求划分

1. 头寸需求者。主要指实行存款准备金制度的金融机构，如商业银行等。货币头寸是银行同业拆借市场的主要交易工具，当商业银行实际存款准备超过法定准备时，便形成"多准备金头寸"，可以借出这多余的头寸，以增加利息收入；反之，当其实际存款准备不足法定准备时，则出现"少准备金头寸"，需要拆入头寸以补足法定准备额度，避免受中央银行处罚。

2. 筹资者。指通过金融机构在金融市场筹资的资金使用者，主要包括生产与流通企业、其他非金融性服务企业、政府等，也包括某些机构投资者、急需资金的社团组织和个人等。

3. 投资者。指金融市场上以一定报偿为前提而出让资金使用权的资金供给者，包括各类存单持有人、政府公债持有人、企业债券持有人、信托或基金受益凭证持有人等。他们尽管投资回报率不同，所承担的风险程度也不同，但都是以获取一定收益为目的的出资人。

4. 套利者。指金融市场上的投机者，一级市场与二级市场都有，并以二级市场最常见。在发达的金融市场尤其是二级市场上，投资者与投机者只是动机不同，其金融行为一般难以分辨，并且受各种因素的影响，相互之间还会转化。金融市场上的投机难以避免，但如果超过一定程度而出现过度投机则不利于市场的健康发展，金融监管部门应主要依靠完善法治、提高管理水平从而达到抑制过度投机的目的。

5. 保值者。指因担心金融资产贬值而持有具有保值性质的金融产品的客户，如参与保值储蓄者、黄金珠宝购买者等。

6. 信用中介者。指在投资者与筹资者之间发挥信用保证作用的机构。投资者为了能够在约定期限内收回投资资金和回报收益，一般要求筹资者以有效可信的形式提供保证，于是第三者采取抵押担保便成为一种重要的信用保证方式。信用中介者往往是具有良好信誉或较强担保偿付能力的机构，如银行、大企业、专业的担保公司等。

7. 投保者。指保险公司的客户或保险受益凭证的持有人。在与保险公司签订保险合约后，投保者通过承担依约交纳保费的义务，就有权要求保险公司按保险凭证约定对其保险标的（如财产、人寿等）履行保险责任。

8. 经纪者。指在金融交易中以获取佣金为目的的客户，主要指发挥代理、承销、经纪、咨询等作用的金融中介机构，如货币经纪人、证券经纪人、证券承销商、外汇经纪商、金融咨询公司等。

（三）按金融交易量划分

1. 大户。指交易相对集中、交易量较大的客户，其既可能是大宗资金的需求者，也可能是大宗资金的供给者，诸如企业、政府、金融机构、机构投资者等。大户交易集中、交易量大，易于管理且收益可观，因而成为金融企业竞相争取的对象，但同时大户对于金融企业所提供的服务质量要求也较高。

2. 散户。指交易量小、交易相对分散、交易次数频繁的客户，主要为社会公众。尽管散户人群中既有资金供给者，也有资金需求者，但从总体而言，散户大多为资金供给者，是社会中的一般投资人。由于散户人群量大面广，需要金融企业广设网点，并且不断增加服务人员，因而营销成本较高，然而只要金融企业积极开发散户人群所需要的金融产品与服务，善于经营与管理，还是可以达到"薄利多销"的效果，获得营销成功。

第二节　购买决策的影响因素

金融客户购买决策的影响因素分析是金融营销管理的一项重要任务，是金融企业开发金融产品、改进金融服务的基础性工作。金融客户参与金融市场交易的行为具有一定的内在规律，并受到诸多外部因素的影响，我们将从外部和内部两个方面分析影响金融客户购买决策的因素。

一、外部因素

（一）经济因素

购买者对金融产品的选择受其所在的经济环境的影响极大。购买者的经济环境包括可支配收入、储蓄和资产、负债能力以及消费和储蓄的态度。一般而言，收入较低时，购买者的消费倾向大于储蓄倾向，其有限的储蓄行为在本质上是出于安全保证；反之，收入越高，购买者的储蓄倾向则会越大，并且此时的储蓄常被购买者作为一种低风险投资手段来利用。宏观经济形势对金融购买行为的影响也较为明显。

经济繁荣时，购买者会增加储蓄，减少当期消费；而出现通货膨胀时，人们担心货币贬值会减少储蓄，增加当期消费。

（二）文化因素

文化是一个广泛的概念。从广义上讲，文化是指人类在社会历史实践中创造的物质财富和精神财富的总和；从狭义上讲，文化是指社会的意识形态，以及与之相适应的制度和结构。广义的文化与文明同义，它将社会的经济、政治、科技、法律包含在内；狭义的文化也非仅指人们的文字运用能力和对基本知识的掌握，而是包括语言、文学、艺术、信仰、态度、风俗习惯、教育方式以及社会组织等各方面。

1. 文化的影响。文化作为一种社会氛围和意识形态，无时无刻不在影响着人们的思想和行为，当然也必然影响人们对商品的选择与购买。文化对人们行为的影响有着这样一些特征：

（1）具有明显的区域属性。生活在不同的地理区域的人们文化特征会有较大的差异，这是由于文化本身也是一定的生产方式和生活方式的产物。同一区域的人们具有基本相同的生产方式和生活方式，能进行较为频繁的相互交流，故能形成基本相同的文化特征。而不同区域的人们由于生产与生活方式上的差异，交流的机会也比较少，文化特征的差异就比较大。比如西方人由于注重个人创造能力的发挥，因此比较崇尚个人的奋斗精神，注重个人自由权的保护；而东方人由于注重集体协作力量的利用，因此比较讲究团队精神，注重团体利益和领导权威性的保护。这种文化意识往往通过正规的教育和社会环境的潜移默化，自幼就在人们的心目中形成。然而，随着区域间人们交流频率的提高和交流范围的扩大，区域间的文化也会相互影响和相互交融，并可能对区域文化逐步地加以改变，如中国自 20 世纪 80 年代实行改革开放以来，已融入了相当多的西方文化，像牛仔裤、肯德基快餐等，都已成为中国当代文化不可忽略的组成部分。

（2）具有很强的传统属性。文化的遗传性是不可忽略的。由于文化影响着教育、道德观念甚至法律等对人们的思想和行为产生深层次影响的社会因素，所以一定的文化特征就能够在一定的区域范围内得到长期延续。对某一市场的文化背景进行分析时，一定要重视对传统文化特征的分析和研究。此外，必须注意的是，文化的传统性会引发两种不同的社会效应：一是怀旧复古效应，利用人们对传统文化的依恋，可创造出很多市场机会；二是追新求异效应，即大多数年轻人所追求的"代沟"效应。这提醒我们在研究文化特征时必须注意多元文化的影响，也可利用这两种效应创造出新的市场机会。

（3）具有间接的影响作用。文化对人们的影响在大多数情况下是间接的，即所谓的"潜移默化"。其往往首先影响人们的生活和工作环境，进而再影响人们的行为。比如一个长期在农村生活的农民，在家乡时会放任不羁地大声说笑，随地吐痰，进城到某外资企业办事，马上会变得斯斯文文，彬彬有礼，这就是由于外资企业的文化环境对其产生了影响。一些企业注意到了这一点，首先通过改变人们的生活环境来影响人们的消费习惯，这种做法往往十分见效。20 世纪 80 年代中期，一些外国家电企业首先在中国举办"卡拉 OK 大奖赛"、"家庭演唱大奖赛"之类的民间自娱自乐活动，形成了单位或家庭自娱自乐的文化氛围，进而在中国成功引进了组合音响、家庭影院等家电产品就是利用文化影响间接作用的典型范例。

2. 亚文化的影响。亚文化是指存在于一个较大社会群体中的一些较小社会群体所具有的特色文化。所谓的特色表现为语言、信念、价值观、风俗习惯的不同。人类社会的亚文化群主要有三大类：

（1）国籍亚文化群。国籍亚文化群是指来源于某个国家的社会群体。在一些移民组成的国家中，国籍亚文化现象尤为明显。例如，在美国等西方国家的大城市里都有"唐人街"，那里集中体现了中国的国籍文化，但是由于"唐人街"是在美国等国，总体上受着所在国地域文化的影响，所以只能是一种亚文化。

（2）种族亚文化群。种族亚文化群是指由于民族信仰或生活方式不同而形成的特定文化群体，如中国是一个统一的多民族国家，除了占人口 90% 以上的汉族以外，还有 50 多个少数民族，由于自然环境和社会环境的差异，不同的少数民族成为不同的亚文化群，这些亚文化群在饮食、服饰、建筑、宗教信仰等方面表现出明显的不同，如回族人戒食猪肉，男子戴白帽，大多数信伊斯兰教；藏族人信佛教，男子穿的长袍有两个袖子，但只穿一个等等。

（3）地域亚文化群。同一个民族居住在不同的地区，由于各方面的环境背景不同，也会形成不同的地域亚文化。我国的汉族人口众多，位居祖国辽阔的土地上，汉族人都讲汉语，但各地都有各自的方言。我国北方的汉语比较统一，但到了南方方言就十分复杂了，江南人讲吴语，广东人讲粤语，闽南人讲闽南话，各地人在一起，不讲普通话而讲方言也是无法沟通的。我国各地的饮食文化也有着明显差异，西南和北方人喜欢吃辣，江南人偏爱甜，广东人对食品特别讲究新鲜。

对于亚文化现象的重视和研究能使企业对市场有更为深刻的认识，对于进一步细分市场，有的放矢地开展营销活动具有十分重要的意义。

3. 社会阶层的影响。社会阶层也属于文化的范畴，其主要是由于人们在经济条件、受教育程度、职业类型以及社交范围等方面的差异而形成的不同社会群体，并因其社会地位的不同而具有明显的等级差别。

中国在实行计划经济体制时，因经济条件而形成的社会层次并不明显，但由社会职业和职务而形成的社会层次同样存在，如工人阶层、农民阶层、干部阶层以及知识分子阶层等。改革开放以后，中国开始走向市场经济，经济条件也逐渐成为形成社会阶层的重要因素，中国也有了百万富翁和亿万富翁，也出现了白领阶层和蓝领阶层之分，同时以职业、职务、教育程度划分的社会阶层也依然存在，从而使中国的社会阶层划分也变得越来越复杂。同样，中国不同社会阶层的消费习惯与购买行为也有很大差异，其不仅体现在衣着打扮、饮食起居方面，甚至在家庭摆设和兴趣爱好方面也会有明显不同。

社会阶层作为一种文化特征具有这样一些特点：一是处于同一阶层的人的行为比处于不同阶层的人的行为有更强的类似性；二是当人的社会阶层发生了变化（如工人考上了大学，个体户发展成为私营企业家），其行为特征也会随之发生明显变化；三是社会阶层的行为特征受经济、职业、职务、教育等多种因素的影响，所以根据不同的因素划分成的社会阶层会有所不同，因此个人社会阶层的稳定归属，有时要依据对其最具有影响的因素来定。

社会阶层对人们行为产生影响的心理基础在于人们的等级观和身份观，人们一般会采取同自己的等级、身份相吻合的行为。等级观和身份观又会转化为更具有行为指导意义的价值观、消费观和审美观，从而直接影响人们的消费特征与购买行为。

（三）社会因素

1. 参考团体。人生活在一定的社会群体之中，其思想和行为不可避免地要受到周围其他人的影响。从主动的意义上讲，人们会经常向周围的人征询决策的参考意见；从被动的意义上讲，人们所处的特定社会群体的行为方式会不知不觉地对其产生引导和同化作用。我们把对人们的行为经常产生影响的社会群体称作"参考团体"。

参考团体一般可以分为以下三种类型：

（1）成员资格型参考团体。人们从事各种职业，具有不同的信仰和兴趣爱好，因此分属于不同的社会团体。由于社会团体需要协同行为，作为团体的成员的行为就必须同团体的行为目标相一致。各种团体具有不同的性质，因此它们对其成员行为的影响程度也是不同的。军人必须穿着军装，严肃风纪，这时候带有强制性；文艺工作者穿着打扮比较时尚，其并不是文艺团体对其成员硬性规定的结果，而是一种职业特征的体现；国外有各种球迷协会，其成员佩戴相同的标志，经常在某一个咖啡馆聚会，甚至购买某种相同品牌的商品，这种行为显然也是出于自愿的行为。

（2）接触型参考团体。人们能够参加的团体数目是有限的，但是人们接触各种团体的机会却是很多的，人们都有自己的父母、兄弟、亲戚、朋友、同事、老师、邻居，这些人分属于各种社会团体，人们可以通过他们对各种团体有所接触。接触型参考团体对消费者行为同样会产生一定的影响。某人的亲戚、朋友是医生，受他们的影响，此人的生活也会比较讲究卫生，对食物更注重其所提供的营养；某人的邻居是一位体育工作者，他就有机会更多地了解国内体育市场的发展动态，观看各种体育比赛，甚至受邻居的影响而参加各种体育活动。

（3）向往型参考团体。除了参与和接触之外，人们还可以通过各种大众媒介了解各种社会团体。所谓向往型的参考团体是指那些与消费者没有任何联系，但对消费者又有很大吸引力的团体。人们通常会向往某一种工作，羡慕某一种生活方式，甚至崇拜某一方面团体的杰出人物。那些对未来充满憧憬的青年人，这种向往的心理就尤为明显。当这种向往不能成为现实的时候，人们往往会通过模仿来满足这种心理需求。女孩子会模仿歌星、影星；男孩子会模仿著名的运动员。向往型团体对消费者行为的影响也是间接的，但由于这种影响与消费者的内在渴望相一致，因此效果往往是很明显的。

产品生命周期的不同阶段，参考团体的影响作用是不一样的。在产品刚刚进入市场的时候，参考团体主要会在产品本身的推荐上对消费者产生影响；在产品已被市场普遍接受的情况下，消费者则会在品牌的选择方面更多地受参考团体的影响，产品本身的参考需要会逐渐减弱；而在产品已进入成熟阶段时，激烈的竞争会使得品牌的参考需求达到最高的程度。因此，企业应当根据不同的时间和阶段，利用参考团体的影响来实现自己的营销目的。

2. 家庭。家庭是社会最基本的组织细胞，也是最典型的消费单位，研究影响购买行为的社会因素不能不研究家庭。家庭对购买行为的影响主要取决于家庭的规模、家庭的性质（家庭生命周期）以及家庭的购买决策方式等几个方面。

不同规模的家庭有着不同的消费特征与购买方式。三代或四代同堂的大家庭消费的量大，但家庭设备与耐用消费品的数量却不会很多；两口之家或三口之家人虽然不多，但"麻雀虽小，五脏俱全"，对生活质量的要求更高；单身汉的消费方式更是别具一格，对商品的要求更有其独特之处。一段时期内某一特定市场上不同规模家庭的比例直接影响着产品需求的类型与结构，如中国城镇家庭从 20 世纪 90 年代起随着住房条件的改善，家庭规模出现小型化的发展趋势，从而导致家用电器等耐用消费品的销售量明显上升，而家庭厨房炊具等却出现小型化、精致化的需求；孩子一大群的家庭教育费用并不太多，而独生子女家庭的教育费用却与日俱增。家庭规模的变化会对整个市场带来很大的影响。

家庭也有其发展的生命周期，处于发展周期不同阶段的家庭由于家庭性质的差异，其消费与购买行为也有很大的不同。一般来说，家庭的生命周期可划分为八个主要阶段。

（1）单身阶段：已参加工作，独立生活，处于恋爱、择偶时期。处于这一阶段的年轻人几乎没有经济负担，大量的收入主要花费在食品、书籍、时装、社交和娱乐上。

（2）备婚阶段：已确定未婚夫妻关系并积极筹备婚事。处于这一阶段的人们会为构筑一个幸福的小家庭购置成套家具、耐用消费品、高级时装和各种结婚用品，装修新房等成了他们除了工作以外的基本生活内容，从而使此阶段成为家庭生命周期中一个消费相对集中的阶段。应当指出的是，备婚阶段在中国等东方国家比较明显，而在西方国家却不太突出，因为西方人的习惯是婚后才逐步添置家庭生活用品，所以此阶段的消费并不十分集中。在西方营销学的著作中一般不将此单独列为一个阶段。

（3）新婚阶段：已经结婚，但孩子尚未出生。这一阶段家庭将继续添置一些应购未购的生活用品，如果经济条件允许，娱乐方面的花费可能会增多。

（4）育婴阶段（满巢 1）：有 6 岁以下的孩子。有孩子的家庭才是完整的家庭，故称"满巢"。孩子诞生后将成为家庭消费的重点，因此此阶段家庭会在哺育婴儿的相关消费上作比较大的投资。

（5）育儿阶段（满巢 2）：有 6 至 18 岁的孩子。这一阶段家庭的主要消费仍在孩子身上，所不同的是，此阶段孩子的教育费用将成为家庭消费的重要组成部分，除学费之外，各种课外的学习与娱乐的开支也会大大增加。

（6）未分阶段（满巢 3）：有 18 岁以上尚未独立生活的子女。此时子女已经长大成人，但仍同父母住在一起。此阶段家庭消费的主要特点是家庭的消费中心发生了分化，父母不再将全部消费放在子女身上，也开始注重自身的消费；而子女随着年龄的增大，在消费方面的自主权开始增加，有些子女参加了工作，有了一定的经济来源，消费的独立性会更为明显。

（7）空巢阶段：孩子相继成家，独立生活。这一时期的老年夫妇家庭，由于经济负担有所减轻，消费数量将减少，消费质量将提高，保健、旅游将成为消费的重点，社交活动也会有所增加。在中国，一些老人经常会毫不吝啬地将钱花在第三代身上。

（8）鳏寡阶段：夫妻一方先去世，家庭重新回到单人世界。此时最需要的消费是医疗保健、生活服务和老年社交活动。

对家庭生命周期的研究，主要涉及对一个地区或市场的家庭结构与性质的分析，其对于市场总体性质的研究具有十分重要的意义。

家庭购买决策的方式对于购买行为的研究同样十分重要，其涉及对购买组织和营销对象的认识，因为各个家庭在进行购买决策时决策方式会有较大差异。

首先是集中决策与分散决策的差异。一些家庭进行购买决策时集中度较高，购买大多数东西都要商量一番；另一些家庭则习惯分散决策，大多数购买决策由当事人自己来做。一般收入水平较高的家庭，分散决策的倾向比较明显；而收入水平较低的家庭则倾向于集中决策。当然，家庭民主气氛的浓厚与否也会影响决策的集中与分散。

其次是独断决策与协商决策的差异。对一些重要的购买行为（如选购大件耐用消费品），有的家庭是由家庭首要成员一人拍板决定的，有的则由全家进行协商后决定。独断决策还是协商决策一方面看家庭的民主气氛是否浓厚，另一方面也取决于家庭成员对所购买的商品的知识普及程度。

最后是男主型与女主型的差异。一些家庭购买决策主要由男主人拍板决定，而另一些家庭则主要由女主人拍板决定。由谁决策除了要看各种家庭的习惯之外，主要还要看购买何种类型的产品，一般情况下家庭日用消费品的购买决策通常由主妇来作，而耐用消费品的购买决策则通常由男主人作出。

二、内部因素

（一）个人因素

除了文化和社会的差异之外，消费者的个人因素在其购买决策中也发挥着重要的作用。我们可以看到，在相同的社会和文化背景下，消费者的购买行为也存在着相当大的差异。生活在同一个家庭中的姐妹，有的喜欢看书，有的喜欢跳舞；在同一个单位工作的同事，有的花钱大方，有的十分节俭。这说明除了文化与社会的因素之外，消费者的个人因素对于其购买行为起着更为明显的作用。个人因素中包含年龄与性别、职业与受教育程度、个性以及生活方式等。

1. 年龄与性别。年龄与性别是消费者最为基本的个人因素，具有较大的共性特征，如追求时髦的大都是年轻人，因为年轻人热情奔放，容易接受新事物；老年人一般比较稳健，不会轻易冲动，但相对也比较保守。男女之间在购买内容和购买方式上的差异也特别明显。例如，购买大件耐用消费品及技术含量较高的商品往往由男士出面，而购买家庭日用消费品则多数是女士的专利。夫妇俩逛街时，女士爱看服装与化妆品，男士却关心音响设备、图书等。购买商品时，大多数男士不挑不选，拿了就走；而大多数女士则要反复挑选，甚至还要讨价还价。

只有了解不同年龄层次和不同性别消费者的购买特征，才能对不同的商品和顾客制订准确的营销方案。

2. 职业与受教育程度。职业与受教育程度实际上是社会阶层因素在个人身上的集中反映。从事一定的职业以及受过不同程度教育的人会产生明显的消费行为差异，这主要是由于一种角色观念的作用。例如，一个大学生，在学校期间喜欢穿运动衫，背着登山背包，骑一辆山地跑车，显得青春焕发，朝气蓬勃；而毕业以后，进入大公司当了白领，立刻就换上了西装，夹起了公文包，坐上了出租车，从衣着打扮到言谈举止都发生了很大的变化。这就是因为运动衫、登山包是大学生的身份象征，而西装和公文包则是公司白领的角色标志。这些在消费者的购买行为中会有强烈的表现。

3. 个性与生活方式。个性是指对人们的行为方式稳定持久地发挥作用的个人素质特征。人的个性在不同的场合会通过自己的行为表现出来，因此它是消费者行为研究的重要内容。对于人的个性，我们必须用辩证的观点指导分析。首先，个性是差异性和类似性的统一。每个消费者的个性都是由特定的心理条件和社会影响促成的，因此，我们可以说世界上不存在两个个性完全相同的消费者。但是，一个消费者不论其个性多么独特，总是有一些地方与其他消费者相似。具有相似个性的人可能是一群，甚至一大群。正因如此，我们可以通过细分市场来开展营销，不必面对成千上万的个人。其次，个性是稳定性和发展性的统一。人的个性是在长期生活过程中逐渐形成的。个性一旦确定就会显示出其稳定性的特征。个性的稳定性正是我们区别不同消费者个性的依据。但个性又不是一成不变的，它随着人的生理变化和外部条件的变化而变化。例如妇女进入更年期，会暂时失去以往的乐观、理智；一个人受到较大挫折后会变得谨小慎微，等等。

消费者的个性可以从能力、气质、性格三方面进行分析。

（1）能力。消费者在购买商品时需要注意、记忆、分析、比较、检验、鉴别、决策等各种能力。由于个人素质、社会实践、文化教育等方面不同，每个人的能力也有很大差别。这些能力的不同使得有些消费者对购买活动比较自信，能比较迅速地对商品作出评价，从而作出相应的决策。有些消费者则由于能力较差，缺乏主见，对购买犹豫不决。

（2）气质。心理学认为人们的气质有多血质、胆汁质、黏液质和抑郁质四种。属于多血质的人好动、灵敏，对某一事物的注意和兴趣容易产生，但也容易消失，他们一般易受宣传影响；属于胆汁质的人直率、热情、精力充沛，购买商品时愿意花时间进行选择比较；黏液质的消费者冷静，善于思考，自制力强，他们讲究实用，不易受宣传影响；抑郁质的消费者多虑、谨慎，对新产品反应迟钝，购买决策迟缓。

（3）性格。性格与气质既有区别又有共同之处。两者相比较性格带有更多的社会因素，气质则带有更多的生理色彩，性格更能反映一个消费者的心理特征。

人的性格大致可分为五种：外向型。具有这种性格的消费者愿意表白自己的要求，喜欢与售货员交谈。内向型。内向型消费者少言语，感情不外露，丰富的思想集中于内心。理智型。这类消费者善思考，作决策时要反复权衡。意志型。这类消费者的特点是比较主观，购买目的明确，决策比较果断。情绪型。情绪型的消费者容易冲动，购买商品往往带有浓厚的感情色彩。

人的个性对生活方式和消费方式会有很大影响，或者说，人的个性往往是通过其生活方式和消费方式而表现出来的，所以企业往往可以通过对消费者生活方式的调查来了解目标市场消费者的主要个性特征。

（二）心理因素

心理是人的大脑对外界刺激的反应方式与反应过程。正如我们一开始就指出的，消费者的购买行为模式在很大程度上就是建立在其对外界刺激的心理反应的基础之上的。但我们可以发现，人们之间的心理状况是大不相同的。这是因为除了天生就有的无条件反射之外，人的绝大多数心理特征都是在其生活经历中逐步形成的。而由于人们的生活经历千差万别，所以人们的心理状况也就千变万化，各不相同了。这是使得消费者购买行为变得十分复杂的重要原因。影响购买行为的心理因素主要包括购买动机、认知、学习方式、态度和信念等各个方面。

1. 购买动机。动机是一种无法直观的内在力量，它是人们因为某种需要产生的具有明确目标指向和即时实现愿望的欲求。动机是购买行为的原动力。需要是产生动机的基本原因，但需要并不等于动机，动机有其固有的表现形态。动机是激励和引导人们采取行动满足某种需要的心理驱动力。在金融产品营销中，一方面要善于识别购买者购买时的主要满意因素，并努力在产品、服务或广告宣传中充分体现出来；另一方面要尽量避免产生不满因素或努力减少不满因素的影响，对客户来说这种不满因素可能是贷款审批手续过于繁琐，也可能仅仅是银行柜员无意间流露出来的一点消极情绪。目前，国内商业银行普遍开始改变内部装饰、降低柜台高度、增设贵宾理财室等，较好地改变了"冷漠"的形象，创造出了友好、温暖的气氛，从而较好地增进了客户关系，促进了金融产品的销售。

从商业的角度思考，人们的购买动机又可分为两种类型：

一是本能动机。本能动机又是原始动机，它直接产生于本能需要，如"饥思食、渴思水、寒思衣、困思眠，孤单思伴侣"等等。本能动机是基本的，也是低层次的。

二是心理动机。心理动机是人们通过复杂的心理过程形成的动机。

心理动机又可分成三类：

一是情感类心理动机。人们有高兴、好奇等等情感和情绪，表现在购买动机上常有以下特征：（1）求新——注重新颖，追求时尚；（2）求美——注重造型，讲究格调，追求商品的艺术欣赏价值；（3）求奇——追求与众不同。

二是理智类心理动机。经过客观分析形成的心理动机，称为理智型心理动机。这种理智型购买动机在购买行为上表现为以下几个特征：（1）求实——注重质量，讲究效用；（2）求廉——注重商品的价格；（3）求安全——希望商品使用顺利，有可靠的服务保障。

三是惠顾类动机。消费者基于经验和情感，对特定的商品、品牌、商店产生特殊的信任和偏爱，从而引起重复购买的动机，便称为惠顾类动机。

2. 认知。认知是人们的一种基本心理现象，是人们对外界刺激产生反应的首要过程。人们不会去注意其没有认知的事物，不可能去购买其没有认知的商品，只有觉察和注意到某一商品的存在，并与自身需要相联系，购买决策才有可能产生。

认知是一种人的内外因素共同作用的过程，它取决于两个方面：一是外界的刺激，没有刺激认知就没有对象；二是人们的反应，没有反应刺激就不能发挥作用。然而在实际生活中真正能使两者完全结合的并不多，原因是人们认知能力的局限，对外界刺激的接受只能是有选择的。具体而言，反映在三个方面，即选择性注意、选择性理解和选择性记忆。

（1）选择性注意。人们对外界的刺激源不会全都注意，有许多可能是视而不见、听而不闻。引发人们注意的因素主要有两个：一个是人们的需要和兴趣，这是引发人们注意的内在因素；另一个是刺激的力度，这是引发人们注意的外在因素。

（2）选择性理解。人们对所接受的刺激和信息的理解会有一定的差异，这是由于人们在接受外在刺激和信息前，已经形成了自己的意识和观念，人们会以自己已有的意识和观念去理解外来的刺激和信息，从而产生不同的认识，如对于"红豆"这样一种标志物，大多数中国人可能都会联想到"相思"这样一种情感，因为他们熟知"红豆生南国，春来发几枝，愿君多采撷，此物最相思"的诗句；但对于大多数外国人来讲，"红豆"可能最多只意味着是一种好看的植物，而不可能产生爱情之类的联想。

（3）选择性记忆。记忆在商业活动中是很重要的，消费者能否对企业的广告和品牌记忆深刻，关系到企业的产品销路和市场竞争力。而人们在记忆方面同样是有选择的。强化记忆的因素有三个方面，除了人们的兴趣、刺激的强度这两个引发注意的因素对于强化记忆同样能发挥作用以外，"记忆坐标"的因素也是很重要的。所谓"记忆坐标"，是指当人们接受某一信息的同时接受的另一信息，它可成为人们记住某一信息的"坐标"，如利用某种谐音可使人们记住难记的电话号码，利用某种有特征的环境因素能让人们记住在此环境下发生的事情。积极创立各种记忆坐标是促使消费者记住企业和产品特征的重要方法。

从购买者行为角度来看，唤起认知的主要是销售刺激。销售刺激分为两种：第一种是商品刺激，刺激源是商品本身，它包括商品的功能、用途、款式和包装等；第二种是信息刺激，即除商品外各种引发消费者注意和使消费者产生兴趣的信息，包括通过广告、宣传、服务及购物环境等表现出来的语言、文字、画面、音乐、形象设计等。

3. 学习方式。消费者的大多数行为都是通过学习得来的，通过学习消费者获得了商品知识和购买经验，并用之于未来的购买行为。

消费者的学习方式大致有四种类型：

（1）行为学习。人们在日常生活中，不断学得许多有用的行为，包括工作、读书、与人交往等等。作为一个消费者，要不断学习各种消费行为。行为学习的方式就是模仿。通过模仿，人们学会了吃饭、喝水、喝咖啡、听音乐、看电视、用洗衣机洗衣服、唱卡拉 OK、跳舞等。模仿的对象是众多的，孩子模仿父母、学生模仿老师、观众模仿影视人物，还有人们之间的相互模仿等。

（2）符号学习。借助外界的宣传教育，人们了解了各种符号，从而通过广告、商标、装潢、标语、招牌与生产商和制造商进行沟通。

（3）解决问题的学习。人们通过思考和见解的不断深化来完成对解决问题方式的学习。思考就是对各种消费行为和各种符号进行分析，从而形成各种意义的结合。

思考的结果便是见解，见解是对问题中各种关系的理解。消费者经常思考如何满足自身的需要，思考的结果常被用于指导消费者的行为。

（4）情感的学习。消费者的购买行为带有明显的情感色彩，如偏爱某个公司、某家商店、某种商品或劳务、某种品牌等等。这些来源于消费者的感受，这种感受包括消费者自身的实践体会和外界的鼓励、支持、劝阻、制裁等因素。购买者这种感受的积累和定型便是情感学习的过程。

购买者的基本学习模型由内驱力、提示、反应、强化四个部分组成。内驱力是指人们的心理紧张状态。内驱力分为原始驱力和衍生驱力。原始驱力是由生理需求造成的，如饥饿、口渴。衍生驱力是后天学来的，如寻找面包是因为面包能够充饥，购买饮料是因为饮料能够解渴。提示又称为线索，是引导人们寻求满足方式的一种启示，如人们饥饿的时候常会被饭店的招牌、食物的香味所吸引，因为以往学习的知识和经验告诉他们那里是解决饥饿的去处，而且一些著名饭店的招牌或广告更能给人们以美味佳肴的提示。反应就是对提示采取的行动。反应有不同的层次，如婴儿饥饿时的反应是啼哭或作吃奶的动作，成年人饥饿时会买各种自己喜欢吃的食品。强化就是使某种反应强化并稳定下来。强化的结果是对某种行为加以肯定，并能不断重复这一行为，如人们对某一品牌的商品产生"品牌忠实度"，就是刺激不断强化的结果。

4. 态度和信念。购买者的态度是购买者对有关事物的概括性评估，是以持续的赞成或不赞成的方法表现出来的对客观事物的倾向。态度带有浓厚的感情色彩，它往往是思考和判断的结果。信念是在态度得到不断强化的基础上所产生的对客观事物的稳定认识和倾向性评价。在信念指导下的行为往往不再进行认真的思考，而成为一种惯性。

态度具有以下三个明显特征：

其一，态度具有方向和程度。态度具有正、反两种方向，正向即购买者对某一客体感到喜欢，表示赞成；反向即购买者对某一客体感到不喜欢，表示不赞成。所谓的程度就是指购买者对某一客体表示赞成或不赞成的程度。

其二，态度具有一定的结构。购买者的态度是一个系统，其核心是个人的价值观念。各种具体的态度分布在价值观念这一中心周围，它们相对独立，但不是孤立存在的，而是具有一定程度的一致性，都受价值观念的影响。它们的向心性参差不齐，离中心较近的态度具有较高的向心性，离中心较远的态度则向心程度低。形成时间较长的态度比较稳定，新形成的态度则比较容易改变。

其三，态度是学来的。态度是经验的升华，是学习的结果，包括自身的学习和向他人的学习。购买者自身的经历和体会（如得到过的好处和教训）都会建立和改变人们的态度，家人、朋友以及推销人员所提供的意见和看法也是一种间接的经验，同样会对人们的态度产生正面或反面的影响。

相对态度而言，信念更为稳定。使购买者建立对自身产品的积极信念应当是企业营销活动的主要目标。而购买者如果对竞争者的产品建立了信念，则会对本企业构成很大的威胁。从某种程度上讲，建立和改变购买者的信念就是对市场的直接争夺。

可采用以下两种策略来建立或改变购买者的态度和信念：

一种是适应策略。适应策略是通过适应消费者的需要来建立消费者的态度和信念，这种策略具体有四种做法：（1）通过不断提高产品质量、改进款式、完善售后服务、不间断地做广告不断增强现有消费者的积极态度；（2）为现有消费者提供新产品、新牌子，以满足他们的要求，增加现有消费者对企业的好感；（3）强调现有产品的特点，吸引新顾客；（4）及时了解市场新动向，为新的消费者提供新的产品。

另一种是改变策略。改变消费者的态度和信念远比适应消费者的态度和信念困难得多，这种策略的做法主要有：突出强调企业产品的优点；尽量冲淡产品较弱属性的影响，如可以告诉消费者产品的某些不足并不像他们想象的那么严重；采取一些必要的补偿措施，如降低价格、实行"三包"等等使消费者心理得到平衡。

第三节　购买决策过程

一、金融决策及其参与者

（一）金融决策的含义

营销学者霍华德和谢斯认为，消费者的购买行为可以分为三种类型：

1. 常规习惯行为（RRB）。主要用于品牌差异不大、价格低廉、使用频繁的日常生活用品，如味精、食盐、牙膏、香烟等的购买。这些购买行为并不需要消费者花费大量的时间和精力进行学习、比较和了解。

2. 有限问题解决（LPS）。消费者对于产品品牌及其功能仅有有限的认识，因而期望在作出购买决策时学习和了解更多的相关知识，或者因长期使用某类产品感到厌倦而希望试用其他产品时所表现出的寻求变化的消费行为状态。

3. 复杂问题解决（EPS）。消费者对于未知的产品或服务作出消费决策，即购买那些不常购买的产品或价值很高的需要慎重考虑的产品时，就要通过学习以增进了解，从而使其购买行为趋于复杂化。

金融消费通常属于复杂问题解决，其原因在于：金融交易涉及金融资产的安全性，客户必然要考虑能否收回投资或有否足够的偿债能力；金融资产运作方案的可选择性广泛，在发达的金融市场，可供选择的投融资方案会有很多，收益则很不一致，因而需要客户作广泛的了解、仔细的评估和慎重的选择；金融市场具有风险性，在金融资产运作期间，各种风险有可能会给客户带来损失，因此，客户在金融决策过程中，需要广泛地了解情况、收集信息，并进行认真计算、分析和评估，仔细权衡收益与风险。

（二）金融决策参与者的类型

由于金融交易是复杂的决策行为，因而无论对家庭、企业或政府而言，都会有许多个人或部门参与金融行为的决策过程，并以各种方式直接或间接地影响金融决策。通常根据所发挥作用的不同，金融决策参与者可以划分为以下五类角色：

1. 倡议者。最初提议进行某项金融交易活动的人。

2. 影响者。提供信息或对金融资产运作方案进行分析计算，从而直接或间接影响最终决策的人。

3. 决定者。对金融交易作出最后决定的人，即决定是否交易、为何交易、交易什么、何时交易、在哪里交易、如何交易的人。

4. 操作者。金融交易活动的实际操作者。

5. 评价者。对金融交易后果进行评估比较的人。

金融企业必须认识到上述不同角色对于金融营销工作所产生的影响，认真做好金融产品与服务的研究开发、宣传促销、营销安排等。

二、金融客户购买决策过程

金融客户参与金融交易的过程中有一系列的心理活动变化，这一过程可以概括为五个阶段，分别为：（1）注意，即意识到市场所存在的可操作性；（2）兴趣，通过初步了解而发生兴趣；（3）欲望，对某种方式产生采取行动以满足自身需要的愿望；（4）行动，决定采取适当的行动达到目标；（5）反映，对实际行为效果的感觉。与之相应，金融客户的决策过程亦可分为图 5 - 1 所示的五个阶段。

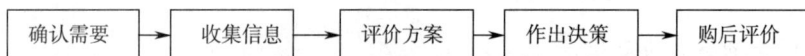

确认需要 → 收集信息 → 评价方案 → 作出决策 → 购后评价

图 5 - 1　金融客户购买决策过程

由图 5 - 1 我们可以看出，金融客户的决策过程早在交易行为发生之前就已经开始，并且影响着事后的感受和评价，所以，金融营销者应当把注意力集中于金融营销的全过程，而不仅仅局限于金融客户所参与的交易环节。

以下分别就图 5 - 1 所示的五个阶段进行分析。

（一）确认问题

这里问题是指消费者所追求的某种需要的满足。因为需要尚未得到满足，就形成了需要解决的问题。满足的需要到底是什么？希望用什么样的方式来进行满足？想满足到什么程度？这些就是希望解决的问题。确认问题是购买决策的初始阶段，因为消费者只有意识到其有待满足的需要到底是什么，才会发生一系列的购买行为。

需要的满足根据其性质的不同可分为几种不同的类型，如按照问题的紧迫性和可预见性两个指标可将需要解决的问题划分为四种类型：

1. 日常问题。日常问题属预料之中但需要立即解决的问题。事实上消费者面临大量的日常问题，如主副食品、牙刷和牙膏、毛巾和肥皂等天天要消费，经常要购买。在解决日常问题时消费者的购买决策一般都比较简单，而且容易形成品牌忠诚性和习惯性的购买。但是，如果消费者感到前一次购买的商品不能令其满意，或发现了更好的替代品，他也会改变购买商品的品牌或品种。

2. 紧急问题。紧急问题是突发性的，而且必须立即解决，如自行车轮胎爆破、眼镜镜片被打碎、钢笔遗失等等。紧急问题若不立即解决，正常生活秩序将被打乱。紧急问题一般难以从容解决，这时消费者首先考虑的是如何尽快买到所适用的商品，而对商品的品牌，销售的商店，甚至商品的价格都不会进行认真的选择和提出很高的要求。

3. 计划解决的问题。预期中要发生，但不必立即解决的问题便是计划解决的问题。计划解决的问题大多数发生在对价值较高的耐用消费品的购买上，如一对开始筹备婚事的恋人准备年内购买一套家具，一个已有黑白电视机的家庭准备一年后购买一台彩电等。由于计划解决的问题消费者从认识到实际解决的时间比较长，因而对于这种类型的购买活动，消费者一般都考虑得比较周密，收集信息和比较方案的过程比较完善。

4. 逐步解决的问题。逐步解决的问题即非预期之中的，也无须立即解决的问题。它实际是消费者潜在的有待满足的需求。例如，一种新面料的服装出现在市场上，大部分消费者不必立即购买它，当然也无须计划过多长时间去购买它，然而随着时间的推移，这种面料的服装的优点日益显示出来，这时购买者便会逐渐增多，一旦该种面料的服装得到社会的充分肯定，原先的逐步解决的问题很可能就演变成了日常问题或计划解决的问题。

在购买人寿保险与健康保险的过程中，消费者可能会被许多因素影响，这些因素能够使消费者看到他的现状与其理想状态的差距。例如，一个人的教养会影响其对问题的认知，如果他相信为他的家庭提供经济上的保障是他的责任，便会很快认识到需要保险。反过来说，如果他接受的教育或受到的影响一直使其认为保险毫无必要，那么保险公司极难说服其通过保险达到他的理想状态。

（二）收集信息

消费者一旦对所需要解决的需要满足的问题进行了确认，便会着手进行有关信息的收集。所谓收集信息通俗地讲就是寻找和分析与满足需要有关的商品和服务的资料。

消费者一般会通过以下几种途径去获取其所需要的信息：

个人来源——家庭、朋友、邻居、熟人；

商业来源——广告、推销员、经销商、包装、展览；

公共来源——大众传播媒体、消费者评价机构；

经验来源——产品的检查、比较和使用。

消费者所要收集的信息主要有三个方面的内容：一是恰当的评估标准。例如，某消费者欲购买一块手表，他首先要确定他所要购买的手表应具有哪些特征，这些特征便是评估的标准。消费者一般先根据自己的经验判断一块理想的手表应具备哪些特征，一旦他感到自己经验有限，就会向朋友打听，查阅报纸杂志，或向销售人员询问。二是已经存在的各种解决问题的方法，如目前有多少种手表在市场上出售。三是各种解决问题的方法的特征，如目前市场上各种手表的款式、功能、厂牌信誉、价格等方面的情况。

消费者所面临的可解决问题的信息足够多时，他们一般会对各种信息进行逐步的筛选，直至从中找到最为适宜的解决问题的方法。消费者一般不可能收集到有关产品的全部信息，他们只能在其知晓的范围内进行选择，而对于其所知晓的信息进行比较筛选后，他们会挑出其中一部分进行认真的选择，最终又会在它们中间选出两三个进行最后的抉择，直至作出购买决策。在这逐步筛选的过程中，每进入一个新的阶段都需要进一步收集有关产品更为详细的资料和信息。如果某一产品在这一选择过程中首先被淘汰，除其不适应消费者的需要之外，很大程度上是由于所提供的信息资料不够充分。因此，积极向消费者提供产品和服务的有关资料在消费者收集信息阶段是十分重要的。

（三）评价方案

消费者在充分收集了各种有关信息之后，就会进入购买方案的选择和评价阶段。该阶段消费者主要对所收集到的各种信息进行整理，形成不同的购买方案，然后按照一定的评估标准进行评价和选择。

根据消费者进行评价和选择的评估标准和评估方法的不同，评价方案的阶段会有以下五种情况：

1. 单因素独立评价。单因素独立评价的原则就是消费者只以一个评估标准为依据挑选商品（或品牌）。例如，某些消费者选择某一商品时可能会以价格作为唯一的评估标准，在所有同类商品中购买最便宜的。实际上商品成千上万，消费者个性及环境差异也很大，因此在具体进行单因素独立评价的过程中，形式是多种多样的。不同的消费者对同一种商品会采用不同的评估标准，同一个消费者对不同的消费品也会采用不同的评估标准。单因素独立评价是一种绝对的形式，实践中并不多见。

2. 多因素联合评价。多因素联合评价的原则就是消费者在购买商品时同时考虑该商品的各方面特征，并规定各个特征所具备的最低标准。例如，消费者购买耐用消费品时要考虑它的价格、款式、功能、操作方式、售后服务；购买和租赁房屋时要考虑房屋的价格、结构、地段、层次、朝向、内部设备等等。

3. 词典编辑式评价。词典编辑式评价的原则实质是单因素独立评价原则的扩展，即当消费者用他认为最重要的评估标准选购商品，但未能选出令其满意的商品时，便用他认为第二重要的标准进行挑选；如用第二重要的标准仍然不行，则采用第三重要的标准进行选择，依此类推。事实上，在消费者心目中商品各种评估标准的重要性是不同的，因此在进行方案评价时客观上会有一个逐次按不同标准进行筛选的过程。

4. 排除式评价。排除式评价原则就是消费者在选择商品时逐步排除那些不具备最低要求的品牌。例如，消费者购买服装首先考虑知名度高的，杂牌的服装不在考虑之列；其次预定价格的大致范围，超出这一范围不予考虑；再次是款式；最后是色彩。消费者会不断地把不符合其基本指标的商品一一排除，直到满意为止。但采用这种评价方法的消费者往往会发现，最后没有一件商品能使其感到满意，于是或是放弃购买，或是修改标准，重新选择。

5. 互补式评价。它不是根据几个因素决定取舍，也不是按照最低标准决定取舍，而是综观商品的各个特性，取长补短，综合利用，在考虑信息集或选择信息集中挑选一个最满意的商品。如果可以给各个商品的各个评估标准分别打分的话，互补式评价是以总分最高作为购买方案选择的原则。

（四）作出决策

消费者在进行评价和选择之后，就形成了购买意图，最终进入作出购买决策和实施购买的阶段。但是，在形成购买意图和作出购买决策之间，仍有一些不确定的因素存在，会使消费者临时改变其购买决策。这些因素主要来自两方面：一是他人的态度；二是意料之外的变故。其他人如果在消费者准备进行购买时提出反对意见或提出了更有吸引力的建议，会有可能使消费者推迟购买或放弃购买。他人态度影响力的大小主要取决于两点：反对的强烈程度以及其在消费者心目中的地位。反对越强烈，或其在消费者心目中的地位越重要，其对消费者购买决策的影响力也就越大；反之，就比较小。在消费者准备进行购买时所出现的一些意外变故也可能会使消费者改变或放弃购买决策，如消费者家中突然有人生重病，需要大量的治疗费用；消费者突然失去工作或稳定的收入来源等都是一些有可能改变消费者购买决策的突变因素。

影响消费者进行最终购买决策的根本问题是消费者对购买风险的预期，如果消费者认为购买之后会给其带来某些不利的影响，而且难以挽回，消费者改变或推迟购买的可能性就比较大。所以企业必须设法降低消费者的预期购买风险，这样就可能促使消费者作出最终的购买决策。

消费者在决定进行购买以后，还会在执行的问题上进行一些决策，大体上包括以下五个方面：

1. 到哪里去购买；

2. 要购买多少；

3. 什么时候去购买；

4. 购买哪种款式、颜色和规格；

5. 现金、支票或分期付款。

（五）购后评价

消费者购买了商品并不意味着购买行为过程的结束，因为其对于所购买的商品是否满意，以及会采取怎样的行为对企业目前和以后的经营活动都会带来很大的影响，所以重视消费者买后的感觉和行为并采取相应的营销策略同样是很重要的。

满意还是不满意是消费者购买商品之后最主要的感觉，其买后的所有行为都基于这两种不同的感觉。而满意还是不满意一方面取决于其所购买的商品是否同其预期的欲望（理想产品）相一致，若符合或接近其预期欲望，消费者就会比较满意，否则就会感到不满意；另一方面则取决于他人对其购买商品的评价，若周围的人对其购买的商品持肯定意见的多，消费者就会感到比较满意，持否定意见的多，即使他原来认为比较满意，也可能转为不满意。

感到满意的消费者在行为方面会有两种情况：一种是向他人进行宣传和推荐；另一种是不进行宣传。当然，消费者能够对企业的产品进行积极的宣传是最为理想的，企业要设法促使消费者这样去做。

感到不满意的消费者行为就比较复杂，有采取行动和不采取行动之分。一般而言，若不满意的程度较低或商品的价值不大，消费者有可能不采取任何行动；但是如果不满意的程度较高或商品的价值较大，消费者一般都会采取相应的行动。

不满意的消费者所采取的一种是个人行为，如到商店要求对商品进行退换，将不满意的情况告诉亲戚朋友，以后再也不购买此种品牌或此家企业的商品等等。消费者的个人行为虽然对企业有影响，但是影响的程度相对小一些。消费者另一种可能的做法就是将其不满意的情况诉诸公众，如向消费者协会投诉，向新闻媒体披露，甚至将企业告上法庭。这样的行为就会对企业造成较大的影响，企业应当尽可能避免这样的情况出现。

事实上，即使出现消费者不满意的情况，企业若能妥善处理，也是能够使消费者转怒为喜的，如妥善处理好退换商品的工作；耐心听取消费者意见并诚恳道歉；公开采取积极的改进措施；在必要的情况下，主动对消费者进行赔偿等等。

现代营销观念认为稳定的市场份额比高额的利润更为重要，所以认真对待消费者买后的态度和行为是企业营销活动中的重要一环。

【复习思考题】

1. 金融客户的含义是什么？具体有哪些分类？
2. 金融客户行为的影响因素有哪些？
3. 金融决策参与者可以划分为几类角色？
4. 金融客户在决策过程中其主要评价依据有哪些？

【案例分析】

把脉中国保险消费心理

随着经济的发展，保险业作为第三产业的重要服务行业，在社会生活中扮演着越来越重要的角色。分析保险消费心理，可以为保险商品的研发和营销提供更加可靠的依据，也可以使消费者定位于更加合理的消费。

消费行为的直接原因是其心理动机。它是人体内在的主动力量，能够驱使、促使消费者为了达到一定的目的而进行消费活动。投保人参与保险活动，同样也是受一定心理支配的。我国的保险消费有保险消费的共性，但是又由于我国的特殊国情，又表现出了一些特殊性。保险心理类型大致可分为一般保险心理和中国保险消费的特殊心理。

一般保险消费心理：

1. 求平安心理。由于保险具有风险补偿特性，可以为投保人的风险暴露进行补偿，从而衍生出了保险消费的求平安心理。美国的心理学家马斯洛认为，人类具有五种需求。一是生理的需求；二是安全的需求；三是社交的需求；四是被尊重的需求；五是自我实现的需求。一般一个层次的需求相对满足了，会向另一个较高的层次发展。保险需求以生理需求为基础，是安全需求的一种延伸。具体而言，人们对保险这种特殊商品的需求，是源于人们对安全、稳定和秩序的需求。

2. 储蓄心理。保险本身具有储蓄基金功能，可以为投保人的预交保费进行储蓄。比如，当前的子女教育婚嫁保险、养老保险等都有投资储蓄的特点。一些人在经济条件允许的情况下，就会考虑这类保险。这类险种一方面具有安全保障的作用；另一方面还有储蓄保值的作用。这种心理对于保险消费也有积极的促进作用。

3. 自私取利心理。保险消费具有个人性，因为保险标的发生危险的可能性以及发生危险的程度，在很大程度上受保险消费者自身行为的影响。而投保过程中，投保人和保险公司之间存在显著的信息不对称。有自私取利心理的保险消费者十分清楚保险公司的职能、经营方法以及有关的规定，他们把保险当成了牟利的工具。他们或超额投保或隐瞒投保条件，故意把预计必定要发生的危险转嫁给保险公司。甚至有一些人会故意制造保险事故来骗取保险公司的"赔偿"。这种心理虽然促成了部分保险消费行为，但是不利于保险业发展。随着保险相关法规的健全以及经营的规范化，这种心理也会趋于减少。

4. 运气、侥幸心理。保险消费的不确定性导致了消费者的运气、侥幸心理。一部分人认为危险可能发生，他们指望交纳较少的保费得到一笔丰厚的赔款。但是如果经过一段时间后，没有保险事故发生，便自认为投保不必要，最终导致退保。这类人的投保动机不稳定，这种心理不能持久地促进保险消费，对保险消费有着阻碍作用。

5. 比较选择心理。与其他消费行为一样，消费者在保险消费时也有着比较选择的心理。他们会根据能够获得的市场信息，对各种保险产品及其可能的替代品（比如投资型的险种和储蓄之间有一定的替代作用）进行比较，通过分析其价格和质量，从而选择对他们来说效益最大的产品。

中国保险消费的特殊心理：

1. 利益驱动性。需求是投保行为的最初原动力，投保动机则是投保行为的直接驱动力。在中国保险消费者（尤其是寿险消费者）中将保险作为转嫁风险的手段的微乎其微。绝大多数消费者买保险是为了赚取投资收益，从目前我国的新型寿险占比可见一斑。

2. 投保人的投保心理活动过程简化性。按照心理学的原理，消费者的心理活动过程是一个动态过程，可分为三个步骤，即认识过程—情绪过程—意志过程。在这个过程中，还直接反映出消费者个人的心理特征，即个性表现。据此，保险消费过程中，投保人的投保决策也要经历这样一个动态过程。保险消费的认识过程是消费者通过收集有关信息对保险产品的认识过程；情绪过程是指消费者在认识保险产品时所持的态度体验，是由于人的保险需求能否得到满足而引起的内心变化；意志过程则是消费者在投保活动中表现出来的有目的地、自觉地支配调节自己行为的心理活动。正如本文在多处所论，限于中国消费者获取和甄别保险信息的能力，使其保险消费的心理活动过程一跃跨向了最后一步，即直接就进入了意志过程实施投保行动。

3. 从众心理。从众心理在保险消费中也是普遍存在的，受社会风气、消费阶层、社会群体等因素的影响，产生某种与其职业阶层、群体保持一致的心理。一些人听周围的人说保险是件好事就投保。这种人投保具有盲目性，他们往往并不清楚保险的内涵和意义，这种由从众心理导致的保险消费往往不是持久的。

1997年底，保险出现了几近"脱销"的火暴场面。在"抢购风"中，有大批一哄而上、人云亦云的盲目跟风者，到第二年续交保费的时候，才发觉自己的经济实力没有办法承担如此高额的保费，年复一年地续交下去会力不从心，不少人被迫退保。退保给双方带来损失，一些退保者还因费用损失与保险公司争论或投诉。因此，从众心理尽管在一定时期内对于保险消费会起到促进作用，但是这种促进作用并不持久。

4. 依赖心理。影响保险消费的还有依赖心理。这类心理部分受到了过去计划经济的影响，他们认为发生了意外，个人可以靠单位，单位可以靠国家财政或是民政部门救济。同时，中国人传统的朋友互相依靠、父母靠子女、子女靠父母心理也很大程度上促进了人们的依赖心理增长。在这种心理影响下，一部分人不是采取保险的方式防备风险，而是依赖于亲人、朋友或是单位、国家。这种心理导致了部分人对于保险消费的淡漠态度。

（资料来源：http://www.howbuy.com/news/343309.html）

【参考文献】

［1］蒋丽君：《金融产品营销》，大连，东北财经大学出版社，2009。

［2］唐小飞、周晓明：《金融市场营销》，北京，机械工业出版社，2010。

［3］徐晟：《金融企业营销理论与实务》，北京，清华大学出版社，2008。

［4］陆剑清：《行为营销学》，上海，立信会计出版社，2009。

第六章

金融营销的产品策略

【本章概要】

本章首先介绍金融产品的概念和特征。其次，讨论各金融企业对单个产品和产品组合所采用的营销策略。由于金融企业的产品组合策略是动态的，所以最后讨论对各现有产品的营销策略（即对处于不同生命周期的产品采用不同的策略），以及对新产品的开发和推广。

【要点提示】

1. 了解金融产品的概念、特性；
2. 掌握金融产品满足顾客需求的三大价值；
3. 了解金融产品组合的定义；
4. 了解新产品开发原则；
5. 了解金融产品在不同生命周期的营销策略；
6. 单个产品的营销策略；
7. 金融产品组合策略。

【案例导入】

中国银行新推"理想之家·双享贷"

在用不动产抵押向银行申请贷款时，抵押物的评估价值和贷款人的资金需求很可能仍有一定的差距。记者昨日从中国银行四川省分行了解到，中国银行四川省分行近期在个人贷款领域推出的个人贷款产品"双享贷"就很好地弥补了这种遗憾，能高效、快捷地满足客户更高的投资经营和生活消费信贷资金需求，且该产品最长贷款期限 5 年，最高贷款金额近 9 成。

据介绍，"理想之家·双享贷"指借款人提供一定的抵押物，并同时投保保证保险作为担保向贷款人申请贷款，贷款额由两部分构成，一部分是以抵押物为担保的抵押贷款，另一部分是以保证保险为担保的"保险加成贷款"，比如说正常的房产抵押可贷款 100 万元，通过保证保险有可能获得 125 万元贷款。

"双享贷"贷款用途可以分为两类：一是用于借款人合法经营的项目投资或资金周转，二是用于购买汽车、大额耐用消费品或用于家居装修、度假旅游、教育助学等消费需求。以经营为目的的"双享贷"抵押物包括住房、商铺、写字楼、标准厂房；以消费为目的的"双享贷"抵押物仅限于住房、商铺。

只要您是具有完全民事行为能力的自然人，并能够提供中国银行认可的抵押物并投保保证保险，就可以申请"理想之家·双享贷"。贷款期限1年期以内的可按月（季）付息，每半年或到期一次还本付息；1~3年期贷款根据客户资质可采用按月（季）付息，半年还本的灵活还款方式；3年期以上须采用按月还本付息。

（资料来源：http://www.zgjrw.com/News/2011517/home/427479567300.shtml）

问题：我国银行为满足客户需求应如何进行新产品的开发和推广？

第一节　金融产品整体概念

一、金融产品的概念

我们几乎每时每刻都会使用金融产品，例如在银行存款，使用信用卡消费，购买股票、基金，每年缴纳保费。虽然金融产品与我们的生活联系紧密，但我们对金融产品的理解却不尽相同。

金融产品首先是一种产品，然后才是一种金融产品。市场营销学大师科特勒曾指出："产品是能够提供给市场以满足需要和欲望的任何东西。产品包括实体商品、服务、体验、事件、人物、地点、财产、组织、信息和创意。"这个定义对市场上形形色色的产品进行了高度的抽象和概括，同时也奠定了金融产品概念的基础。对产品这种观点的理解暗含三层含义：一是产品是提供给市场的。这也就意味着在市场中能够满足人们金融需要的东西都可以被称为金融产品。二是产品所包含的类型是丰富的，这就意味着金融产品可以是商品、服务、信息，甚至还可以是创意。三是金融产品也必须满足顾客的需要和欲望。

第一层含义告诉我们，所有在市场中交易的能满足我们金融需要的产品都是金融产品。因此，商业票据、银行承兑汇票、短期政府债券、大面额可转让存单以及债券、股票、保险等都属于金融产品。第一层含义有助于提升我们对金融产品的感性认识。

第二层含义告诉我们，金融产品的表现形式可以是多样的。金融产品表现形式的多样也让人们对金融产品的认识变得多样。

其中一种认识是将金融产品视为一种工具。这种认识主要来源于金融学。大多数金融学教材并无金融产品这一概念，而我们所熟知的银行存款、债券、房屋抵押贷款等都被称做金融工具。在金融学中，金融工具是指一方在将来一定时间、在一定条件下，向另一方转移有价物品的合法书面合同。金融学对金融工具的表述体现了金融产品的金融特征。同时这个定义也与契约经济学对金融产品的定义相契合。从契约经济学的角度看，金融产品是一份记载金融交易各方权利和义务的契约，包括收益率、期限、流动性以及承受的价格和信用风险等。当然，这个契约的效力是被法律保护的，当事的双方必须遵守契约上的规定。因此，银行存款是一种金融工具。尽管存款人去银行存款时并没有与银行签订合同，但银行给存款人的凭证（存折、存单等）本身就包含了合同的效力。由于金融工具规定了合同各方的权利和义务，因此，将金融产品视为金融工具体现了对金融产品具体形式的把握。但是，金融产品并不完全等价于金融工具，如银行提供的一些支付结算类服务和咨询顾问类服务等，就并不属于金融工具。因此，尽管很多时候金融产品都需要以金融工具为载体，但金融产品的内涵却远大于金融工具的外延。

另一种认识是将金融产品视为一种服务。美国市场营销协会（AMA）对服务的定义是："一种无形或至少大部分无形的产品，包含了不可分离的无形因素，常常需要顾客的参与，难以进行所有权的转移。服务产品常常让人难以发觉，因为它们将在出现时被购买和消费。由于现在大多数产品是有形和无形的结合，商品中主要的部分则可用以区别它们到底是产品还是服务。"一些金融产品确实具有有形部分，如银行存款，存款所有人就会持有银行卡、存折等。然而，银行存款的主要部分并非是银行卡或存折，银行存款的主要部分是银行为顾客提供的资金保管和升值服务。另一些金融产品却缺乏有形部分，如券商为企业提供的承销服务。在承销过程中，券商会运用自身对资本市场运作机制、法律法规的通晓以及定价和风险控制等专业素质，参与证券发行的设计与研究，从而为企业量身定制证券工具。因此，这些证券工具都是企业提供的，券商在此仅仅提供服务。由此看出，金融产品实质上是一种以金融工具为载体的服务。

第三层含义告诉我们，金融产品也同其他产品一样，必须满足顾客的需要。金融产品能够满足的顾客需要主要包括转移资金、付款、增值、延迟付款或提前消费、风险管理以及提供专业帮助等。顾客的这些需要也可以简明地概括为金融需要。

综上所述，我们可以将金融产品定义为满足顾客金融需要的金融服务。这种服务可能依托于某种金融工具，也可能完全独立于金融工具而存在。

二、金融产品的特性

金融产品是由金融企业提供的为满足顾客需求的服务。作为一种服务，金融产品同样具有服务所特有的四个特征，即无形性、不可分离性和易逝性、异质性。

（一）无形性

虽然金融产品的提供常常需要某种介质作为凭证，如存折、银行卡等，但人们在金融产品中的获益却并非是该种介质本身。这当然是因为金融产品的无形性所决定的。由于缺乏实物形态，顾客在购买某金融产品时更多的是感受到风险而非获益。因此，为了减少顾客的感知风险，金融企业需要通过一系列的营销活动帮助顾客树立起对金融产品和金融企业的信心。

【案例】2007 年 12 月 1 日起至 2007 年年底，中信银行以年末到期产品收益全面超预期为切入点（如中信理财之"新年计划 2 号"产品成立不到一年，实现了21.68% 的绝对收益），重点突出"中信理财"专家理财、稳健获取较高收益的特点。同时，结合"中信理财"品牌及其所倡导的理念，总行与分行联动，媒体宣传与推介会活动相结合，全面推出了一系列满足顾客不同风险偏好和收益要求的十几款理财产品，取得了良好的营销效果，在年末理财产品市场上获得了巨大成功。

（资料来源：http://finance.sina.com.cn/hy/20080616/17014986960.shtml）

（二）不可分离性和易逝性

不可分离性即金融产品的购买和持有都离不开顾客的参与。不可分离性强调了顾客在金融产品销售中的重要性，即以顾客为中心的理念。如银行将业务分为个人业务和公司业务而非存款业务和贷款业务，这就体现了以顾客为中心的观念。

易逝性是由金融产品的不可分离性引出的。金融企业只有在顾客需要时才能提供金融产品，不能自主安排产品提供的时间。因此，我们常常看到银行里有时排着长队，有时又极其冷清。ATM 机、网上银行等为这类问题的解决提供了技术支持。

（三）异质性

一方面，异质性是指不同的顾客需要不同的产品。这就要求金融企业的雇员被充分授权，以便于更好地为顾客提供定制化服务。另一方面，异质性是指不同的顾客所获得的金融产品是不同的，或某一个顾客在不同时间获得的产品不同。这种异质性是由顾客与企业员工互动的不稳定性造成的。因此，金融企业需要一方面鼓励雇员提供周到一致的服务，另一方面需要帮助顾客清晰地表达自己的需要。

此外，金融产品作为一种特殊的服务还有它自身的特性。

第一，金融产品的使用价值归结于价值。金融产品不能像一般物质产品那样直接满足人们的需求（如衣服的使用价值是御寒，食物的使用价值是充饥）。金融产品只能在换成货币后才能通过商品和劳务的购买来满足人们的需求。因而，人们并不关心自己所持股票的企业是生产汽车还是汽水，人们关心的是它们股票价值在市场中的提升和实现。

第二，同质性。这包括两方面的含义：一方面，由于金融产品不像其他产品那样具有专利保护，任何一项新的金融产品都可能在短期内以较低的成本被其他金融企业模仿和提供，因而不同金融企业提供的同类金融产品大多趋于一致；另一方面，由于人们仅仅关心的是金融产品的成本、收益和风险，因此具有相同成本、收益和风险的不同金融产品对顾客而言是无差异的。这两种同质性都加剧了各金融企业以及各产品之间的竞争。

【案例】在 2008 年 4 月 22 日举办的金融创新（深圳）高层论坛上，国务院发展研究中心金融研究所副所长巴曙松谈到了金融产品的单一化、同质化问题。巴曙松认为国内股市的金融产品单一化、同质化现象非常普遍，同时基金产品的同质性也很强。"目前，国内有五六十家基金，但各个基金的操作流程、基金的股票池等基本相同，所以，虽然市场中有许多基金，但其实产品间还存在很大的同质性。"另外，他谈到目前国内居民可选择的投资品种有限，大体算来只有银行储蓄、债券投资、股市投资和房屋投资。

（资料来源：http://news.hexun.com）

第三，金融产品的提供促使金融企业与顾客建立长期的关系。金融企业与顾客的关系具有持续性。如银行向企业提供贷款服务，之前需要进行信用评估，之后需要监测回款情况，而整个过程可能长达好几年。通过长时期的合作，金融企业将与顾客逐步建立起信任，从而为金融企业扩大顾客份额奠定基础。

与顾客长期关系的建立需要企业考虑以下两个问题：

第一，企业需要判断顾客是否能让企业盈利。为此，企业需要首先对顾客的生命价值作出估计。顾客生命价值是指企业未来从某一特定客户身上通过销售或服务所实现的预期利润。一般情况下，只有预期利润大于零的顾客企业才应该为其提供产品或服务。对预期利润小于零的顾客，企业有两种选择。一种是通过提价等方式抛弃这种顾客，二是通过对这类顾客开展营销提升其对企业的利润贡献。为了评估顾客的生命价值，企业需要通过建立数据库来研究各个顾客所带来的利润及其在总利润中所占的比例。按顾客对金融企业的利润贡献的大小，可将顾客分为白金顾客、黄金顾客、铁顾客和铅顾客，企业应对白金顾客提供最具竞争力的产品。这里，最具竞争力产品的意思是该产品能极大化地满足顾客的需要。同时，企业也应将最多的资源用到白金顾客的身上。

根据二八法则，20%的顾客为企业带来了80%的利润。因此，企业也应选择与顾客生命价值（利润贡献）相匹配的资源投入。

第二，企业与顾客长期关系的建立意味着企业的多个部门都会与顾客发生联系。在此过程中，各个部门需要对同一顾客进行识别以提供更趋于一致的服务。如对于白金顾客，无论该顾客办理何种业务，金融企业都应提供最具竞争力的服务。

三、金融产品的价值和层次

为了转移资金、付款、获得回报、延迟付款或提前消费、风险管理以及获取信息和专业建议等，顾客购买金融产品。金融产品通过以下三大价值来满足顾客的需求。

（一）核心价值

能为顾客解决最基本、主要问题的产品价值被称做核心价值。正如购买手机最核心的价值，就是良好的通话效果。因此，企业可以通过提供高清晰、高质量的通话效果来提升手机这个产品的核心价值。对于一些顾客而言，他们知道什么金融产品能够满足他们的需求，因此他们能够进行自主选购。可是，在金融产品日益复杂的今天，很多顾客对金融产品并不一定非常了解。这就需要金融企业在与顾客进行充分沟通后，运用其专业能力将顾客的需求与现有的金融产品进行匹配，从而帮助顾客选择合适的金融产品。对金融产品核心价值的关注要求金融企业关注顾客主要需解决的问题，提升其对顾客需求的解读能力，从而避免营销近视。

（二）形式价值

金融产品可以通过物质介质（如银行卡的颜色）或间接的物质介质（如员工的服装）来有形地体现产品的特征。赋予金融产品一定的形式价值将有利于该产品区别于其他产品。

（三）延伸价值

核心价值和形式价值的提供都是由生产和销售某产品所付出物化劳动和活劳动的消耗所决定，而延伸价值则是由技术附加、品牌附加以及服务附加三部分所构成。在当今日益激烈的竞争环境下，围绕产品物耗和社会必要劳动时间的活劳动消耗在价值构成中的比重正逐步下降，而高技术附加价值、品牌附加价值以及服务附加价值在价值构成中的比重却日益上升。就金融产品而言，高技术附加价值意味着产品提供过程中先进技术的运用。品牌作为一种无形资产之所以有价值，不仅在于品牌形成与发展过程中蕴涵的沉淀成本，而且在于它能为顾客提供一系列的情感和功能效用。而服务附加价值，在这里是指与金融产品的提供无必然联系的服务。

延伸价值在金融产品中的体现比比皆是。招商银行推出的"优 KEY"即是高技术附加价值的具体表现。"优 KEY"是招商银行为提高网上个人银行的安全级别，采用精尖加密技术，运用在网上个人银行中的新型移动数字证书（即数字证书存放在 USB Key 上）。与国内金融机构当前发放的 USB Key 相比，招商银行"优 KEY"的优势体现在"免驱动"，即客户从招商银行成功申领到"优 KEY"之后，不必专门下载驱动程序安装"优 KEY"，消除了 USB Key 安装失败的困扰。目前，国内各家金融机构发行的 USB Key 均需要专门的驱动安装步骤，这不仅对客户的计算机系统配置有一定的要求，而且需要客户具备一定的计算机系统知识，在一定程度上限制了网上个人银行 USB Key 的应用。"优 KEY"因省略了驱动安装步骤，从而充分降低了客户使用 USB Key 的门槛，极大地提升了客户体验，提高了客户使用移动数字证书的积极性，为网上个人银行的安全提供了保障。

而万事达卡则是一款通过提供品牌附加价值与服务附加价值而大获成功的产品。"万事皆可达，唯有情无价。"迄今屡获殊荣的万事达卡真情无价系列广告已经超过430 支，在 110 个国家和地区以 51 种语言播放，使万事达卡的品牌形象家喻户晓、风靡全球。通过"总有些东西是金钱买不到的，而万事达信用卡与你相伴"的宣传，万事达卡成功塑造了一个与 Visa、美国运通及其他信用卡组织区别开来的品牌形象。2009 年，在"无价"主题的统领下，万事达在中国的营销将专注服务于三个支柱业务：女性消费者、旅行和万事达卡的独享服务。针对女性消费者这一重要的市场，万事达频频赞助零售和时尚活动，举办女性论坛，设立女性奖学金计划和发卡计划，满足现代女性消费者追求品质、时尚、健康、理财的诉求。除此之外，为迎合中国消费者将出国旅游看作是经济实力和社会地位的象征这一心态，万事达顺势推出了"亲身体验世界无界限：无价"主题广告，彰显中国人逐渐成为"世界旅行家"的荣耀。最近万事达又推出了升级中文专属网站"梦想时刻"（Mastercard Moments），旨在为持卡人提供独享服务。"梦想时刻"网站是一个在线资讯库，为万事达卡持卡人提供旅游、休闲、美食、购物、健身、娱乐等方面的独享优惠信息。访问者可以使用"愿望列表"搜集自己最爱的梦想时刻，并与朋友们分享无价时刻。在回答为什么万事达要花大力气打造专属网站时，万事达卡国际组织亚太区、中东和非洲市场部副总裁娜塔莉·洛克伍德女士解释说："本地区的消费者越来越依赖网络进行购物、寻找富有特色的产品和服务。万事达卡做了大量研究了解消费者的诉求，更好地迎合持卡人的生活方式需求，为持卡人提供获取大量独享优惠的便捷渠道。"万事达清楚地知道，产品的延伸价值将大大提升产品的竞争砝码。

在产品的三大价值中，核心价值居于中心地位，若没有核心价值，形式价值和延伸价值都将不复存在。形式价值和延伸价值的创新都是金融企业提高区别度、提升竞争力的有效手段。因此，金融企业需要以顾客为核心，在把握金融产品特征的基础上，通过对产品核心价值、形式价值和延伸价值的挖掘，与竞争者展开更为广泛的竞争。

（四）金融产品的层次

依据三大价值，可以将金融产品划分为五个层次：核心产品、基础产品、期望产品、附加产品、潜在产品。

核心效益或服务是产品提供的一个基本层次。就金融产品而言，现金提取、资产安全、资金划转、延期支付、财务咨询是基本的金融需要，所有的金融产品都要至少满足其中一种核心需要。

基础产品是指产品的基本属性及其特征。此外，还要考虑产品的性能、质量及耐久性、设计和样式等。比如金融产品的基本属性就是提供保存和增长资金的手段。

期望产品指的是购买者通常期望从产品中获得的一组属性和条件。比如客户期望银行的自动取款机处于工作和可使用的状态，分支机构在规定时间开放。

附加产品旨在满足超出客户期望值之外的需要，包括增加的服务和利益。比如信用卡消费的短信通知。

潜在产品包括所有产品附加和产品在将来可能经历的改动。比如，客户希望银行提供更多的分支机构。

我们的身边就存在着很多与我们生活息息相关的金融产品。信用卡是我们大家再熟悉不过的一款金融产品，就让我们来看一看，一款信用卡是如何满足顾客的核心效益的（见表6-1）。

表6-1　　　　　　　　　信用卡满足顾客核心效益的手段

顾客的核心效益	信用卡满足核心效益的手段
现金提取	为客户提供"每月第一笔取现免手续费"的优惠；在所有银联 ATM 机上方便地取现
资产安全	"24 小时异常消费监控"系统；消费短信提示
资金划转	网上银行实现网上快速转账和支付
延期付款	指定商品免息分期付款
财务咨询	及时提供账单和财务健康状况分析

资料来源：招商银行网站，http://www.cmbchina.com。

第二节　单个金融产品的营销策略

一、金融产品的分类

随着社会劳动分工的推进，金融产品也从单一到多样、从简单到复杂。根据不同的划分标准，金融产品的类别有多种划分方法。

根据服务对象的不同，可将金融产品划分为零售类金融产品和公司类金融产品。

根据提供产品者的不同，可将金融产品分为银行金融产品、保险金融产品和证券金融产品。

二、可供金融企业选择的产品营销策略：产品差异化策略

对于同质化十分严重的金融产品而言，差异化无疑是金融产品营销策略的首选。产品差异化是指企业以某种方式改变那些基本相同的产品，从而使消费者感受到这种产品与其他产品存在差异。对金融产品而言，企业对产品的改变既可以体现在金

融产品的载体——金融工具上,又可以体现在产品的本身——服务上。无论企业选择在哪一方面进行改变,这种改变都需要带来足以区别于其他同类产品的特殊性。而这种特殊性也会为企业赢得消费者的偏好和忠诚。

产品差异化分为垂直差异化和水平差异化。垂直差异化是指提供比竞争对手更好的产品;水平差异化是指提供较竞争对手而言具有不同特性的产品。

（一）垂直差异化

顾客会对购买产品而获得的价值和需要耗费的成本进行比较以作出购买决策。因此,提供比竞争对手更好的产品意味着企业一方面需要提升产品的价值,另一方面需要降低顾客的成本。提升金融产品的价值最主要的是提升其核心价值。而提升其核心价值要求金融企业以顾客为中心,以市场为导向,用高质量、多样化的服务来满足顾客的多种需求。因此,企业需要改变旧的服务模式观念,即企业单项实施、顾客单纯接受的观念,并树立起一种全方位、双向互动的观念。这种观念关注的是顾客在金融产品的选购和使用过程中自我表达的重要影响。因为只有顾客最了解自身的实际需要,所以顾客对金融产品提供过程的参与将有助于金融企业迅速了解顾客的需求,同时也有利于顾客对企业提供的金融产品产生合理的预期。而且,顾客在决策过程中的参与本身也将让顾客产生对金融企业的归属感和认同感。另外,由于服务是由金融企业的多个部门共同提供的,因此金融企业内的每个员工都应该树立以顾客为中心的理念。这种理念的建立一方面需要通过岗位规范、业务具体服务标准和业务操作规程的制定来保障,另一方面需要企业建立与此相适应的绩效考核机制。此外,企业还应加强培养员工的业务素质。顾客的成本包括顾客的货币成本和非货币成本。顾客的货币成本主要是产品的价格,顾客的非货币成本则主要包括顾客的时间成本、体力成本和精力成本。

降低顾客的货币成本,提升金融产品的价格竞争力就要求金融企业加大对金融产品成本的管理力度。对成本的管理需要遵循以下几个原则:

1. 战略思考原则。企业应站在发展的中、长期战略高度进行成本管理,避免节省小成本,丢失大收益,节省现在的成本,丢失未来的发展。有助于企业持续稳定发展的投入在任何时候都是不能节省的。

2. 系统实施原则。成本管理的实施,必须打破单位、部门封闭的界线,把企业作为一个整体进行分析。企业既要看到各个部门产生的成本,又要看到在部门之间产生的成本。

3. 不断改进原则。成本控制是没有止境的,无论你现在成本控制工作做得如何好,都仍有挖掘的空间。在成本控制上,必须与时俱进,不断地改进成本管理办法,从而不断地降低成本。

4. 全员参与原则。成本的形成是发生在企业组织运行的每一个活动上,因此每一个员工都能成为一个成本控制点。而企业也应发动全员,让每一名员工都参与到成本控制的探索和实施中来。为此,企业应构建有效的激励机制,让努力降低成本、增加产出的员工得到鼓励,以激励更多的人参与到成本控制中来。此外,有利于成本控制的氛围也应在企业中建立起来。

为降低顾客的非货币成本,应从流程上考虑顾客在产品购买中产生的消耗,如顾客到银行花费的时间和精力以及顾客在银行的排队等候时间等。降低顾客的非货币成本可以通过六西格玛方法的运用来实现。

六西格玛管理法是一种统计评估方法。σ（西格玛）是希腊文的一个字母，在统计学上用来表示标准偏差值，用以描述总体中的个体离均值的偏离程度，测量出的σ表征着诸如单位缺陷、百万缺陷或错误的概率性，σ值越大，缺陷或错误就越少。六西格玛是一个目标，这个质量水平意味着所有的过程和结果中，99.999 66%是无缺陷的，这也就是说，做100万件事情，其中只有3.4件是有缺陷的，这几乎趋近到人类能够达到的最为完美的境界。六西格玛管理既着眼于产品、服务质量，又关注过程的改进。当过程能用σ来度量后，σ越大，过程的波动越小，从而过程的成本损失就越小、过程的时间周期就越短，而过程满足顾客要求的能力就越强。6σ理论认为，大多数企业在3σ~4σ间运转，也就是说每百万次操作失误在6210~66800之间，这些缺陷要求经营者以销售额的15%~30%的资金进行事后的弥补或修正，而如果做到6σ，事后弥补的资金将降低到约为销售额的5%。

为了达到6σ，企业需要制定标准，在管理中随时跟踪考核操作与标准的偏差，不断改进，最终达到6σ。六西格玛管理方法的实施首先需要企业界定需要改进的目标及进度。界定前，需要辨析并绘制出流程（见图6-1）。其次，企业需要以灵活有效的衡量标准测量和权衡现存的系统与数据，了解现有质量水平。接着，企业可以利用统计学工具对整个系统进行分析，找到影响质量的少数几个关键因素。之后，企业可以运用项目管理或其他管理工具，针对关键因素确立最佳改进方案。最后，企业需要监控新的系统流程，采取措施以维持改进的结果，以期整个流程充分发挥功效。

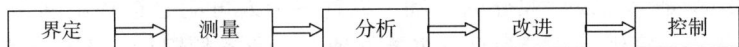

图6-1　六西格玛管理方法的实施步骤

【案例】2006年9月底，建行湖北省分行运用六西格玛方法启动了"省分行营业部江汉支行专柜试行弹性排班制流程改进项目"。该项目是为了减少客户等候时间，并解决一线员工工作超时等问题而运行的。通过1个月的数据收集整理，六西格玛运作小组发现造成客流高峰排队现象的原因是银行没有根据客流量高峰期弹性设置服务柜台，同时，该小组还总结出了该支行业务量波动的规律。找到问题症结后，建行负责该项目组的专家决定实施弹性排班方案，调整网点间及柜员间的忙闲不均，在客流量高峰期弹性设置服务柜台。根据湖北江汉支行专柜业务量的变化，建行设计了工作日夏季3窗口、春秋季4窗口、旺季5窗口以及节假日淡季2窗口、旺季3窗口共5类排班模型。专柜负责人根据排班模型及要求，制定具体到柜员的排班表。同时，按照岗位职责要求，明确专柜经理、大堂经理、个人客户经理和高低柜柜员对客户严重排队问题所应承担的责任。原则上，大堂经理对客户当时能够但没有在存款机、存取款机、查询机和网上银行终端办理的业务承担一定的引导责任，个人客户经理对客户可以但没有办理相关手续导致客户不能通过自助和网银渠道交易承担一定的营销责任，高低柜柜员对未完成定额交易量（按30分钟或更短时间划段）承担一定的效率责任，专柜经理承担内外部协调等管理责任。同时根据江汉支行专柜业务量的变化，大胆创新了一系列工作措施，如根据业务量的变化灵活设计窗口数量等。该支行专柜试行弹性排班新流程制后，取得了明显的成效，97%的客户排队等候时间将不会超过5分钟。顾客排队等候时间的缩短也提升了该行的业绩——该网点存款余额由项目开始启动时的3.76亿元增至2007年3月底的5.06亿元，名列武汉城区零售网点一季度旺季营销存款时点和存款日均新增第一。

（资料来源：李梅影：《建行武汉江汉支行有效解决排队难》，http：//www. gf. com. cn）

（二）水平差异化

水平差异化主要表现为产品的创新。产品的创新是金融企业抢占市场先机、获取市场份额从而占据市场主导地位的基础。具有创新能力的金融企业可以在市场上获得更多的认可和美誉，从而提升该企业的品牌价值。然而有创新就有风险，同时创新需要足够的人力、物力和财力作为支持，因此并非所有企业都可以选择此产品策略。

三、单个金融产品的营销策略

（一）银行提供的金融产品

根据银行服务对象的不同，可将金融产品分为零售类金融产品和公司类金融产品。

1. 零售类金融产品。零售类金融产品包括储蓄、结算、银行卡、贷款、理财和网上银行业务。

储蓄和结算是个人银行业务的基础。尽管一个人可能会选择不同银行的产品，但人们偏向于将一家银行认定为自己主要办理个人业务的银行，类似于公司的基本账户。通常，顾客主要账户所在的银行也是顾客主要存款的银行。由于我国目前的存贷款利率是由国家调控，各银行不可能通过提高利率来吸引顾客，因此只能通过提供附加价值的营销活动来吸引顾客。

银行卡营销，银行需要对顾客有选择性地发放银行卡，避免将卡发放给没有偿还能力的人。此外，银行应采取措施确保已经发放的银行卡不会成为"睡眠卡"，如主动为顾客办理银行卡自动扣款缴纳水电费等业务。

对于贷款而言，银行需要通过与各中介机构建立联系而获取顾客，如房屋中介、留学培训学校等。同时，银行需要挖掘贷款顾客的潜力，在与顾客培养关系的同时促进交叉销售。

一般银行涉及的理财产品主要有债券、基金、保险、外汇理财产品等。在对理财产品进行营销时，找准顾客非常重要。对顾客风险承受能力、理财目标的把握有助于银行员工有针对性地向顾客推荐理财产品。在向顾客提出建议时，银行员工应从顾客的需求出发帮助顾客做好理财规划，而不应以推销为目的。

对于网上银行，顾客最关心的还是安全性和便利性。银行在做好安全技术保障的同时，还需要让顾客了解如何安全使用网上银行。银行可以通过在登录页面提供相关链接、发放操作说明书等方式加强顾客的安全意识，增强顾客的安全感。同时，银行应不断优化用户的操作流程，减轻顾客负担，处处体现人性化的服务。

2. 公司类金融产品。银行公司类金融产品包括银行存款、贷款、票据、结算、信用证和保理。

银行存款是银行的基础业务。银行存款保障了银行资金的流动性，而公司存款是银行最廉价的资金来源之一。首先，银行可以将为公司顾客提供信贷、结算业务作为切入口，与顾客建立全面、紧密的合作关系，从而为其提供包括存款在内的多项服务。如争取与在本行开立基本账户的顾客签订银企协议，将保持账户一定的余额作为贷款定价的参考，主动营销如代发工资等其他金融产品。其次，银行应针对顾客的特点展开营销，尽量为顾客提供个性化的服务。为此，银行需要首先将顾客按照其贡献价值的大小进行分类，以作为提供个性化服务的依据。另外，银行应搜集信息，探究资金主要是由总部管理还是由各分部自主支配，从而抓住资金源头进行营销。最后，银行应主动研究影响公司顾客发展的新问题，并利用银行各方面的优势为其提供解决方案，进一步深化银企关系，增加顾客存款。

贷款既是银行利润的主要来源，又是经营的高风险来源，因此选择优质顾客成为了贷款业务的重中之重。行业良好的发展前景、财务真实性以及公司的合规经营都是判断优质顾客的重要条件。但在此过程中，银行需提高效率并注重维护与发展与顾客的关系。

由于银行的票据、结算、信用证和保理业务相对较为复杂，所以需要银行员工在对产品有充分了解的基础上，帮助顾客选择金融产品，以达到降低顾客财务费用、提升顾客业务效率的目的。这就要求银行员工对各金融产品的优势、劣势、办理流程、可能出现的问题有所掌握，并在与顾客联系过程中展示出专业的水平。

(二) 保险金融产品

保险公司提供的金融产品也包括个人保险与团体保险。一方面，保险公司应对个人保险与团体保险在产品个性化、自主化方面进行提高；另一方面，保险公司应对保险销售人员进行专业化的培训。在进行保险销售前，保险销售人员在对自身产品有充分了解的同时，还应把握竞争产品的理念并知晓自身产品与竞争产品在理念、保费及赔付等方面的差异。由于个人保险大多是标准化的产品，因此保险销售人员应掌握该产品的理念，通过推销理念而推销产品。团体保险与个人保险有很大不同，主要表现在顾客对保险产品比较了解，顾客需要保险公司提供专业定制化的产品。这两方面都要求保险公司具备较高的专业能力和协商能力。

而今，保险金融产品呈现出了两种趋势，一是银行保险的蓬勃发展，二是保险电子商务的发展。

银行保险发源于20世纪70年代法国等国家顾客申请抵押贷款时的信用保险业务。我国的银保业务始于1996年保险公司借助于银行的销售渠道代理销售保险产品。因此，在我国，银行保险的主体是保险公司，银行通过向保险公司收取保险代理手续费获得收入。2003年以来，国有保险公司和国有商业银行的股份制改革促进了银保业务的蓬勃发展，2007年大多数保险公司银行渠道的业务占比已经超过其保费收入的50%，截至2008年年底，全国通过银行渠道代理销售的保险保费收入已达到2900亿元，占比达到70%。尽管如此，银保产品的结构仍不合理，同质化现象较为严重。以保费收入计量，分红、万能、投连三大投资型险种已经占到寿险公司总保费的79.09%。另外，很多银保产品与银行提供的理财产品功能类似，这对银保产品将来的发展也提出了挑战。因此，银保产品一方面需要强调与理财产品的区别，另一方面也应体现与银行产品的结合。

保险电子商务的起步也很早，始于2000年。2000年3月，太平洋保险北京分公司开通首家保险营销网站，在支付上支持用户通过网上银行付款；8月，平安保险的PA18网上交易平台正式开通，其中包括了保险、证券、银行、个人理财等产品；紧接着，泰康人寿宣布推出全国性的大型保险电子商务网站——"泰康在线"；2002年11月，中国人保的网上保险平台投入了运营。2007年，"泰康在线"网上交易总额达5.5亿元、日均交易额158万元，顾客进行网上交易和网上服务达32万余人次，日均近900人次。由于网民结构的影响和网上支付手段的欠发达，直至今日，个人、银行和团体仍旧是各家公司最为主要的销售渠道。近年来，随着收入较高上网人群的数量大幅上升和使用互联网支付人群的不断增多，保险公司也纷纷在电子商务方面加大了力度。2009年5月，独立的第三方支付企业快钱公司正式宣布，与9家保险公司达成战略合作伙伴，为保险公司提供针对网销、店销、理赔、续保、财务集中管理等不同业务领域的支付解决方案。6月，泰康人寿宣布和国内某大型网站联手打造的在线保险销售平台正式开张，销售产品涵盖意外保险、旅游保险、健康保险、少儿保险、养老保险、投资保险等各个品种，用户可以实现在线投保、支付与理赔。

由于保险产品的复杂性，大多数人在没有专业人士面对面的演示计算下还是难以搞懂产品，因此保险电子商务的推广本身就包含了一定的局限性。但由于网络渠道收取的保费无保单管理费等诸多费用，网上保险相较于其他渠道的保险就具有了一个不可忽视的竞争优势。所以，网上保险对那些手续简单的险种仍不失为一种良好的渠道。

（三）证券金融产品

证券公司的金融产品主要包括承销、证券经纪、证券私募、收购与兼并、资产管理等。顾客在选择这些产品时，更多关注的是公司的品牌价值、实力和员工的专业能力。因此，证券公司应在细分顾客群体、挖掘顾客需求的同时，提升自身的服务水平和服务质量，最终实现为顾客创造价值的目标。

对券商而言，证券经纪业务仍是非常基础和重要的业务。近年来，证券经纪业务营销模式已经有了些改变。以往，券商对每个员工都有开户数量的要求，员工在没有广泛资源的情况下只得找自己的亲戚、朋友帮自己完成任务，券商则通过不断向员工下达指标、把员工的工资奖金与指标的完成情况挂钩来提升经纪业务的水平。这种营销模式更多的是一种硬性销售，同时这种方法只有员工单兵作战，员工之间缺乏竞争而团队配合也没有形成。随着证券市场的发展和行情的逐步深入，券商为了提高自身的业绩，都各自在经营策略和营销模式上进行了相应的变革。其中最主要的营销模式有站点式营销、保险式营销以及户外促销模式等。站点式营销是一种较为常见的模式，这种营销模式将目标锁定在了到银行办理业务的顾客。它充分利用了银行的渠道关系，依靠银行的信誉吸引这批顾客，并争取将他们发展成为银证通顾客。这种模式主要依托银行网点，在每个网点配备一台电脑和一两名工作人员对前来咨询的银行顾客进行接待。该模式通过对券商提供的优惠条件的宣传促使顾客去券商处开户和交易。保险式营销模式是近几年银证通市场营销中出现的、由保险营销人员转行后摸索出的一种新型模式。保险式营销在将工作流程向专业化靠近的同时，还对营销模式进行了改革，将经营重点放在了顾客的集中发展上。当然，这种方式对营销人员的营销专业素质、证券专业知识素质要求较高，且要求营销人员有一定的人脉关系以及丰富的阅历。户外促销模式，实际上是站点促销模式的延伸，是为了配合站点式营销而开展的。这种模式通过员工在人流量较多或者潜在顾客常经过的写字楼、居住小区进行展业活动，主动向潜在顾客介绍公司、发放宣传资料。这种方式的效果现在还不确定。

证券承销业务对券商而言是不容忽视的。对于证券承销业务而言，我国目前实行的是核准制。核准制是指发行人在申请发行股票时，不仅需要提供公开详尽的可以供投资人判断的材料，还要符合证券发行的实质性条件。证券主管机关有权依照《公司法》等相关法律的规定，对发行人提出的申请以及有关材料进行实质性审查。发行人在得到批准以后，才可以发行证券。对不符合有关法律和证券监管机构规定的必要条件，证券监管机构有权否决不符合规定条件的发行申请。因此，企业需要向证监会提交自身的营业情况及其他相关信息，而证监会则会对申报文件的全面性、准确性、真实性以及及时性进行审查。这些实质性条件包括发行公司所属行业是否符合国家产业政策；发行公司的经济效益如何，有无发展潜力；发行公司的资本结构是否健全合理；发行公司的高级管理人员是否具备了必要的资格；发行公司公开的资料是否充分、真实；发起股东出资是否公开等。审查后，证券监管机构会据此作出发行人是否符合发行条件的判断以及是否核准申请的决定。核准制意味着只有满足实质性条件的企业才能发行股票。核准制要求券商由被动追随指标转变为主动对企业是否达到发行与上市的实质性条件进行认定。因此，核准制意味着发行的市场化，即对企业发行资格的市场筛选。发行权的获得实质上是一个市场选择的结果。

在对企业进行市场化的过程中，券商实质上承担了市场选择主体的角色。券商需要在对市场进行深入研究和分析后发掘具备发行条件的企业，因为并不是每个企业都具备成熟的发行条件。更多的时候，券商需要发现潜在具备条件的企业，依托企业的资源优势，培养自己的发行对象。也就是说，券商在市场中发现业务机会的能力对最终创造业务机会是至关重要的。发现了业务机会后，券商还必须具备培育企业成为符合条件的企业的能力。因此，券商在证券发行市场的业务及其市场占有率与其企业培育能力有着密切的关系。为了使企业达到市场可接受的投资价值和有关标准，券商需要逐步培养企业。最初，企业可能具有良好的发展前景但缺乏完善的组织管理规范和组织架构，但通过券商的组织结构再造，企业就将逐步具备上市的实质性条件。当然，并不是任何项目都可以培养成为具有可投资价值的项目，这就需要券商有以下几方面的能力：一是券商对潜在价值的发现能力；二是长期资金的支撑能力，也就是对项目投入的承受能力；三是券商的管理咨询能力。因此，为了培育证券承销项目，券商需要首先对项目的潜在价值作出科学合理的判断，这也是券商决定是否承接项目的前提。其次，由于项目的成长需要相当长的时间，因此要求券商具备一定的资金实力。

第三节　金融产品组合营销策略

一、金融产品组合的概念

一个金融企业通常销售多种金融产品。一方面，这有利于金融企业促进销售、分散风险、获取顾客份额；另一方面有利于金融企业满足顾客多方面的需求。某个金融企业为满足顾客特定需求而提供的全部产品线、产品类型和产品项目的有机组合，我们称之为产品组合。

产品线也称产品大类、产品系列，是指由金融企业提供的为满足顾客某一类需求的具有类似功能的一组产品，如向顾客提供的各类存款就组成了一条存款产品线。产品类型是指能满足顾客某一特定需要的金融产品，如定期存款。产品项目是指每个产品类型下能以尺寸、价格、外形或其他属性明确加以区分的各个产品，如3年期定期存款、5年期定期存款。所有功能近似而特征不同的产品类型便组成了一条产品线。所有的产品线则构成了企业的产品组合。

二、产品组合策略

产品组合可通过深度、宽度、长度和相关度四个维度来描述。

产品组合的深度即产品线中每一产品类型包含的产品项目多少。包含的产品项目越多，则产品组合越深，可供顾客选择的范围就越大，也就越容易满足顾客的个性化需求和占领更多的细分市场，从而增加在细分市场中的销售和利润。如某银行提供的单位定期存款期限分为三个月、半年、一年三个档次，因此单位定期存款的深度就为3。当然，对产品组合深度还可以从产品组合的平均深度来认识。利用下面这个公式

　　　产品组合的平均深度＝所有产品类型的产品项目数÷产品类型的数目

可以得到产品组合的平均深度。

产品组合宽度是指产品组合中包含产品线的数量。产品组合包含的产品线越多，则表示产品组合越宽。如某银行除了提供储蓄、贷款业务还提供信用卡、个人理财产品，则此银行的产品组合较宽。产品线越宽就越有利于金融企业分散风险、提高利润。但产品组合的宽度并不完全是由企业管理层决定的，它还受到金融企业实力的影响和制约。

产品组合长度是指单个金融企业提供的所有金融产品的数目。因此，产品组合的长度是产品组合深度和宽度共同作用的结果。产品线越深、产品组合越宽，则产品组合越长。产品组合的长度体现了该金融企业的实力和竞争力，同时也为金融产品的交叉销售奠定了基础。

产品组合相关度是指产品组合中产品线内和线间产品的功能、顾客和渠道等方面的密切相关程度。尽管每种金融产品与顾客之间是一一对应的关系，但对金融企业而言，可能是为某一顾客提供多种产品；而对顾客而言，虽然自己购买了多种产

品，但都可能是由某一金融企业提供的。这种情形的出现与金融企业产品组合的相关度是分不开的。通过某一渠道，金融企业可以对顾客进行交叉营销；而在与金融企业的长期合作中，顾客也倾向于使用某金融企业的多种产品。

在实际中，产品组合策略的选取会受到相关法律法规的限制，因而金融企业对政策趋势的把握是必要的。除此之外，金融企业还需对市场环境、行业前景及发展方向进行综合考虑，同时结合自身的规模、实力、管理水平以及战略等对产品组合策略作出有前瞻性的战略抉择。

可供金融企业选择的产品组合策略主要包括：

（一）功能齐全型

这种策略要求金融企业在覆盖尽可能多产品线的同时兼顾细分市场中顾客的需求。这种策略大多适用于规模大、实力强的企业。在此产品组合策略下，顾客就可以在某一个金融企业得到一站式服务，从而增强顾客对该金融企业的信赖，而金融企业也可以在有效增大顾客份额、提高销售和利润的同时分散风险。但金融企业提供的多种产品是否能被顾客更多地使用，是否能形成规模效应，某个产品线的成本是否太高而不能达到盈亏平衡……这些问题都是采用功能齐全型策略的企业需要考虑的。

（二）市场专业型

该策略主要为某专业市场提供产品。这种策略是以专业市场中顾客的需求为导向，因此强调产品组合的相关度，同时，对产品组合的深度也有所要求。在此种策略下，金融企业的风险可能增大，但为某专业市场提供产品的定位却为该金融企业的品牌营销带来优势。

（三）产品专业型

采用此策略的金融企业专注于提供某几类产品。这种策略强调产品组合的深度和相关度。这种策略的采用有利于发挥企业的特殊资源和优势资源，在提升专业性的同时降低成本，从而为顾客提供更个性化的产品。采用这种策略的企业由于更易受到外部环境的影响而具有较高的风险。

当然，产品组合策略并非是一成不变的，产品组合策略的选择也并非是一劳永逸的。由于市场需求和竞争形势的变化，产品组合中有的产品获得了较快的成长，有的产品获得了较高的利润，而有的产品则趋于衰落。鉴于此，企业需要对产品组合建立甄别机制，适时增加应开发的新产品和淘汰应退出的衰退产品，不断优化产品组合，实现产品组合的动态均衡。

三、产品线策略

一个产品组合是由多个产品线组成的，对产品线的调整主要分为产品线扩展策略和产品线削减策略。

超出其原有经营范围而增加其产品线长度的策略被称为产品线扩展策略。按照扩展的方向，产品线扩展策略可以分为向下、向上和双向三种扩展方式。向下扩展意味着企业打算引进低价产品。向上扩展意味着企业打算引进高价产品。双向扩展是指企业既可能采用向上扩展的方式又可能采用向下扩展的方式。企业采用产品线扩展策略，大多是受到高价产品市场或低价产品市场的吸引而决定引入新的产品。

根据市场环境的变化，适当剔除某些技术手段落后、获利较小且无发展前途的产品线即被称为产品线削减策略。产品线削减策略的采用是为了集中资源发展获利较多、市场占有率也较高的产品。如商业银行剔除了电报电汇等技术落后的产品而改用电子汇兑等技术先进的产品。

第四节　金融产品生命周期及营销策略

金融产品同其他产品一样，也会经历从进入市场到被市场淘汰退出的整个过程。我们称这个过程为产品的生命周期。产品生命周期理论是美国哈佛大学教授雷蒙德·弗农 1966 年在《产品周期中的国际投资与国际贸易》一文中首次提出的。弗农认为产品和人的生命一样，要经历形成、成长、成熟、衰退这样四个阶段。根据销售额和销售增长率的变化情况，我们可以把金融产品的生命周期分为导入期、成长期、成熟期和衰退期四个阶段（见图 6 - 2）。针对金融产品生命周期的每个阶段，我们采用的营销策略是不同的。

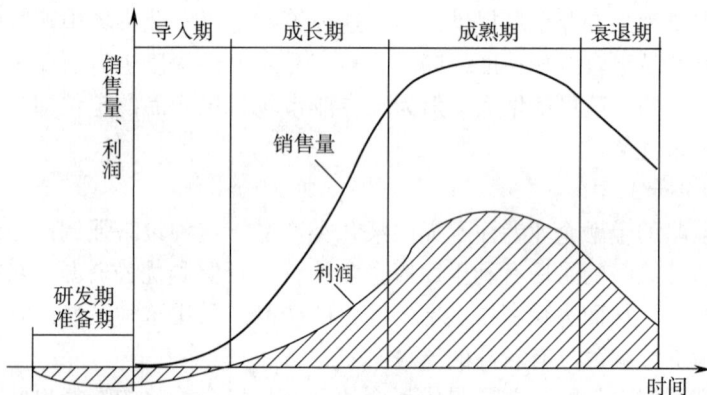

图 6 - 2　产品生命周期图

第一阶段：导入期。

导入期即金融产品投入市场的初期。在这一阶段，消费者需要了解、认识和接受该金融产品。此时，该金融产品的销售量低，销售增长缓慢，竞争者少。为了让人们尽快了解和接受该产品，企业需要对该产品进行大量的宣传和推广。此时，产品的营销费用较高，企业通常不能获利反而会出现亏损。尽管首先进入市场的产品风险和成本都较高，但长期来看，这些企业却能获得高报酬、技术优势和品牌优势。这一方面是由于早期使用并感到满意的顾客在将来会偏好该企业的产品，另一方面是因为该企业的产品将成为评判其他产品的参考依据。

为了获取这些优势，在导入期，企业应对该产品进行合理的定位，找准目标市场并进行有针对性的宣传营销。企业采用的价格策略也应与市场的竞争环境、市场潜力相匹配。

第二阶段：成长期。

新产品经过导入期后，由于消费者已对该产品有所认识和接受，销售量开始迅速增长。迅速增长的销售量标志着该产品进入了成长期。受该产品的前景和销量所吸引，竞争者纷纷进入市场。此时，金融企业为了获取竞争优势和培育市场，不得不保持高额的营销费用。尽管如此，由于产品销量的激增，营销费用相对于销售额的比例在不断下降，企业也开始获利。

由于竞争者的增加，企业市场占有率随时面临被瓜分和蚕食的危险，因此企业需要采取以下措施以维持其市场增长率：

增加特色。通过开发金融产品的形式价值，让顾客切实感受到该产品的独特性。

细分市场。企业需要通过市场细分，找到新的、尚未被满足的细分市场。

增加分销途径。一方面，企业可以扩大现有的分销网点；另一方面，企业可以考虑通过新的途径进行分销。

广告宣传的转变。广告宣传从以产品介绍为主的营销策略转移到提升产品知名度、建立品牌形象上来。

第三阶段：成熟期。

当产品的销售增长率呈现逐渐放慢的趋势时，标志着该产品就进入了成熟期。在成熟期，销售增长率边际递减使得金融产品供大于求、竞争加剧。此时企业可以通过市场改进、产品改进和营销组合改进等措施设法改变现状。

市场改进是指企业在增加产品销售量的同时，注意挖掘产品新的用途。

产品改进是指增加产品的功能、增加产品的特点以及对产品的式样进行改进。

营销组合改进主要需考虑以下几个方面：价格、分销渠道、广告费用、促销方式和人员使用的营销组合方式都是不同的。

第四阶段：衰退期。

由于新技术的出现以及消费习惯的改变等原因，原有的金融产品销售量和利润持续下降，产品已不能适应市场的需求，此时无利可图的金融产品就需要退出市场。现实生活中，受个人情感因素的影响，原本应该淘汰的产品仍然被保留下来，因此，企业需要建立辨认和淘汰处于衰退期产品的机制。

当然，并非所有选择保留此产品的企业都是出于非理性的思考。对坚持保留此产品的企业而言，其他企业的退出就意味着获得退出市场企业原来顾客的可能性。因此，在对形势判断不清时，企业往往采取的是保留原有投资水平的策略。如果企业一旦决定要淘汰该产品，则应迅速处理与之相关事宜，如迅速收回投资和应收账款等。

作为一个计划和控制的工具，产品的生命周期是一个重要的概念。它与企业营销策略和产品策略的制定有着非常紧密的联系。为了使新产品在更长的时间获得更多的利润，管理者必须认真研究和运用产品的生命周期理论。对于营销人员而言，产品的生命周期理论能帮助他们理解和把握市场环境。由于战略是产品生命周期的原因和结果，因此人们几乎无法运用产品生命周期理论进行战略决策。此外，产品生命周期理论也几乎没有预测能力。

第五节　金融企业新产品的开发与推广

一、金融产品开发的必要性

金融产品的开发是顾客和竞争环境共同作用的结果。随着社会经济的发展，顾客的需求越来越呈现出多样化和个性化的特点。同时，顾客对金融产品的要求已从单一目标向多重目标发展，即对功能性和便捷性都有一定的要求。另外，某些进入衰退期的金融产品需要金融企业通过开发新产品来代替，这些都迫使金融企业加强对金融产品开发的重视。

新产品的开发不仅仅是顾客和市场的需求，还是金融企业本身的需求。随着竞争的加剧，各个金融企业纷纷加大对新产品的开发力度，一方面可以借此增强竞争优势、提高利润率，另一方面可以借此挖掘市场和树立具有创新性的品牌形象。

二、金融产品开发的原则

（一）满足顾客需求

金融企业应在对顾客现有需求进行监测的同时在第一时间发现和捕捉顾客新的需求，提升对顾客需求的把握和预测能力，从而在未来满足顾客的潜在需求。

（二）服务于自身战略

新产品的开发应充分利用自身的资源和优势，在开发的过程中不仅要考虑产品的功能，还应考虑新产品的目标市场、将来的推广方式等。新开发的产品也必须服务于金融企业的整体战略。

（三）具有前瞻性

新产品的开发需要考虑到顾客需求的趋势以及技术进步对新产品的影响，如ATM机、网上银行和手机银行的广泛使用。

（四）合规性

金融产品的开发必须符合法律法规以及各监管机构的要求。这也要求各金融企业关注各项法律法规的出台以及加强与相关监管机构的沟通，以便更精准地把握法律法规的要义。

三、金融产品的开发程序

第一步，构思。新产品的构思可能来自于与顾客直接接触的一线员工，也可能来自于对顾客行为的数据分析，还可能来自于对顾客投诉的分析。由于对这些信息的掌握和思考需要企业内各方面员工的参与，金融企业内部应建立对现有产品和流程不断改进的激励机制，并逐步形成不断创新的氛围，让企业内的所有员工都为产品的提升和开发作出贡献。

第二步，筛选构思。筛选之前，应建立适当的评价体系以更科学地对各种构思进行比较和分析。该筛选体系应着重考虑：（1）与自己的经营范围、目标市场是否一致；（2）是否服务于公司的战略规划；（3）是否遵从现行的法律法规；（4）是否能结合将来的技术发展方向以及公司是否能承担此产品开发的成本和风险，等等。

第三步，产品概念的形成。开发者需要对筛选出的构思进行详尽描述。描述可以通过文字或模型的方式，其内容包括新产品的功能、运作过程、目标市场、如何盈利、进入壁垒以及与市场现有产品的区别和优势等。

第四步，制定营销战略规划。企业需要在对目标市场的规模和结构进行分析后，对该产品的定位、定价和分销策略的选择作出规划。

第五步，可行性分析。该分析主要包括财务方面的可行性分析和技术层面的可行性分析。财务分析是指对该产品的开发成本、现金流占用、回报率以及何时收回成本等进行预估，从而得出企业是否有实力进行开发的结论。技术分析是指分析企业现有的技术支持或市场上已有的、可使用的技术能力是否能满足新产品的开发和提供。只有在财务和技术两者都可行时，新产品才能继续开发，否则企业需要对新产品进行重新审视。

第六步，市场测试。测试可通过小规模的试销来检验，也可通过对顾客进行调查的方式来取得该产品的回馈意见。在此过程中，企业需要对成本进行控制，同时应考虑该测试对企业品牌等方面的影响。企业需要将此回馈与之前的产品概念进行对比，发现该产品概念与顾客对该产品认识的异同。同时，企业对顾客是否接受此价格，是否愿意使用该产品所需的技术支持等都需要有所把握。市场测试一方面是为了研究该产品的市场反应，另一方面是对之前的营销战略等进行修正。

第七步，正式推出。在正式推出之前，企业需安装相应的技术设备并对员工进行培训。一切准备就绪后，企业需要考虑新产品上市的时间和地点。

第八步，产品的维护和监测。建立一个顾客反馈系统，及时解决顾客在购买金融产品时和购买后遇到的问题。

【复习思考题】
1. 金融产品的同质性对营销人员的启示是什么？
2. 企业应对处于成长期的产品采取什么策略？
3. 金融产品的开发需要遵从什么原则？

【案例分析】
浙商银行前身为浙江商业银行，是一家于 1993 年在宁波成立的中外合资银行，2004 年 6 月 30 日，经中国银监会批准，重组、更名、迁址，改制为现在的浙商银行。由于当时大型、特大型的企业顾客以及高端的个人顾客是中资大银行和外资银行的竞争焦点，浙商银行在这些方面并无太大胜算。而信用卡用户已经被各大银行所瓜分，即使进入这个领域，浙商银行可能几年后才会有所成。当发现广大的中小企业群体对贷款的需求非常大，而这方面的竞争刚刚开始时，浙商银行迅速利用了后发优势，避开主战场，在中小企业的贷款业务中不断探索、创新，进入了广阔的"蓝海"。为此，浙商银行在具体业务上投入了大量精力以研究小企业业务的风险管理，并成功开发了"小企业信用评级模型"和"小企业融资授信安全线"，初步解决了小企业信用评级和授信额度控制的问题。同时，在小企业统一授信、单笔业务流程和表格设计等方面，浙商银行充分考虑了小企业"急、小、频"的特点，简化了贷款的调查、审查、审批、放款和贷后管理手续，优化了审批流程，提高了审批效率。2006 年，该行还推出了多方联保、会员制担保，以至抵押加信用的贷款方式；还根据生产型企业和商贸型企业的不同需求，分别推出了定贷零还和随借随还的还款方式。

按照"以公司业务为主体，小企业银行和投资银行业务为两翼"的"一体两翼"经营思路，浙商银行逐步实现了资本、规模、特色、质量和效益的协调与快速发展。截至 2008 年年末，已在天津、上海、南京、成都、西安、杭州、宁波、温州、绍兴、义乌等地设立 31 家分支行。2009 年 7 月 8 日，位于北京市金融街 1 号的浙商银行北京分行正式开业，标志着这家定位于服务中小企业、以浙商精神为基石的全国性股份制商业银行"服务全国"的布局基本形成。

按照"一体两翼"经营思路和"专业化经营、近距离设点、高效率审批、多方式服务"的小企业银行业务经营方针，该行致力于探索和培育小企业业务，已连续荣获 2006、2007 年度全国小企业金融服务先进单位；并成功发行了全国第一单中小企业信贷资产支持证券，同时也是国内第一单基础资产池完全由抵押企业贷款构成的资产支持证券，丰富了中小企业金融服务方式。除了给予企业信贷支持，浙商银行还会为企业提供一些信息和建议。如浙商银行温州分行会给民企作些宏观形势的分析，微观上为它们提供如原材料价格走势、产品市场等方面的信息和建议。

（资料来源：http：//finance. qq. com/a/20091202/007750. htm）

【参考文献】

［1］王晓春：《银行营销就是经营"价值"》，载《现代金融》，2006（12）。

［2］唐小飞、周晓明：《金融市场营销》，北京，机械工业出版社，2010。

［3］徐晟：《金融企业营销理论与实务》，北京，清华大学出版社，2008。

第七章
金融营销的价格策略

【本章概要】

本章在介绍金融产品的基础上，阐述金融营销的定价基本策略，并进一步介绍金融营销的定价方法。

【要点提示】

1. 了解金融产品定价的基本步骤及定价的影响因素；
2. 掌握金融产品定价的基本策略；
3. 了解并掌握金融产品定价的方法。

【案例导入】

当前农村信用社利率定价模式及问题

农村信用社的贷款利率一般统一由各县（市）联社确定和管理，长期采取"一浮到顶、一个标准"的固定利率方式。近年来，适应差别化经营需要，在贷款利率定价上有所改变，利率定价的基本方法是采用"基准利率 + 浮动幅度"的方式，即在人民银行规定的各期限的基准利率的基础上，结合辖区内经济发展状况、人均收入水平及贷款需求情况，确定浮动幅度。这应该是一种差别化的利率定价方法，但由于受人员素质、旧有经营模式等多种因素的制约，在实际执行中暴露出诸多问题：一是分类简单，不利竞争。或者按期限分类，或者按贷款额度分类，或者按有无担保分类，对同一类客户没有进一步细分，不能体现区别对待、市场调节的功能。二是定价僵化，缺乏弹性。对同一类贷款客户执行一个利率标准，不是遵循贷款定价的成本效益、面向市场和风险溢价原则合理定价，利率水平不能体现资金的供求关系，缺乏弹性。三是随意性大，滋生违规。由于缺乏有效的监督和复核机制，加上具体经办人难以正确理解浮动利率的形成和确定，容易出现利率定价时人情定价、指令定价、随意定价、主观定价现象，进而引发道德风险。并且同类客户出现不同利率，相同时期出现不同利率，易引发客户不满。这些问题，充分反映出农村信用社贷款利率定价机制仍不健全，定价方式还不够科学和规范，不能适应市场竞争和业务经营的需要。

案例评析：

通过以上案例我们看到，作为金融机构的农村信用社，信贷产品的价格策略制定得不合理，贷款利率定价机制不健全，定价方式不科学、不规范，在实际运行中就会暴露出诸多问题，不仅严重影响金融机构的信誉、服务等问题，更重要的是不利于当前激烈的市场竞争。可见，金融产品价格是金融企业市场营销的关键因素之一，金融产品价格策略的正确与否，将直接影响到金融企业的竞争力和收入水平，尤其在当前的激烈竞争环境下，金融产品定价策略显得更加重要。本章通过对金融产品定价基本内容的介绍，来阐述定价的基本策略以及具体的定价方法。

（资料来源：《关于农村信用社利率定价方法的探讨》，中国金融界网，2010 - 03 - 12）

第一节　金融产品定价概述

和市场上许许多多的产品一样，金融产品的价格也会因产品的不同而不同。金融产品的定价问题，关系到金融产品是否受到消费者青睐，也关系到金融机构在推销金融产品后，能否获得相关利益和一定的市场，是决定金融机构盈利和发展的重要问题。

一、金融产品定价的基本内容

金融产品的价格构成包括两大部分：利率和各种手续费用。

（一）利率

利率是利息率的通常称呼，是金融机构在一定时期内收取的利息额与借出本金款项的比例，是资金的使用费用，即借出资金而获得的报酬。最基本的利息计算方式包括单利计算和复利计算两种形式。利率是金融产品价格的重要组成部分，是金融机构收益的主要来源。

专栏 7 - 1　利率计算公式

单利计算公式

$$C = P \div i \times n \qquad S = P \times (1 + i \times n)$$

复利计算公式

$$S = P (1 + i)^n$$

式中，C 为利息额，P 为本金，i 为利息率，n 为借贷期限（期数），S 为本金和利息之和（简称本利和）。

---

1. 利率的划分。各种利率可以按不同的划分法和角度来分类，以便更清楚地区分不同种类利率的特征。

（1）按利率的期限单位来划分，利率分为年利率、月利率与日利率；

（2）按利率的决定方式来划分，利率分为官方利率、公定利率与市场利率；

（3）按借贷期内利率是否浮动来划分，利率分为固定利率与浮动利率；

（4）按利率的地位来划分，利率分为基准利率与一般利率；

（5）按信用行为的期限长短来划分，利率分为长期利率和短期利率；

（6）按利率的真实水平来划分，利率分为名义利率与实际利率；

（7）按借贷主体不同，利率分为中央银行利率（包括再贴现、再贷款利率等）、商业银行利率（包括存款利率、贷款利率和贴现利率等）、非银行利率（包括债券利率、企业贷款利率、金融市场利率等）；

（8）按是否具备优惠性质来划分，利率分为一般利率和优惠利率。

利率的各种分类之间是相互交叉的，例如，目前3年期的居民储蓄存款利率为3.85%，这一利率既是年利率，也是固定利率、长期利率与名义利率。

2. 影响利率的因素。利率变化的影响因素主要有经济因素、政策因素和制度因素。经济因素包括经济周期、通货膨胀、税收等对利率的影响，政策因素一般指国家的货币政策、财政政策、汇率政策等，制度因素主要指利率管制下的利率状况。

专栏7-2 中央银行降息

目前，2012年年内已经两次降息。

2012年6月8日，中央银行决定自该日起降息。金融机构一年期存款基准利率下调0.25个百分点，一年期贷款基准利率下调0.25个百分点。同时存贷款利率浮动区间扩大。这也是近三年半以来中央银行首次降息（上次降息是2008年12月23日）。

2012年7月6日，中央银行再次决定，自该日起下调金融机构人民币存贷款基准利率。金融机构一年期存款基准利率下调0.25个百分点，一年期贷款基准利率下调0.31个百分点；其他各档次存贷款基准利率及个人住房公积金存贷款利率相应调整。自同日起，将金融机构贷款利率浮动区间的下限调整为基准利率的0.7倍。个人住房贷款利率浮动区间不作调整，金融机构要继续严格执行差别化的各项住房信贷政策，继续抑制投机投资性购房。

2007年为应对流动性过剩和通胀压力，中央银行曾先后6次上调存贷款基准利率。2008年9月份起，为应对国际金融危机，中央银行又开启了降息空间，5次下调贷款利率，4次下调存款利率。自2010年10月20日起，上调金融机构人民币存贷款基准利率0.25个百分点，这也是金融危机之后，中国首次加息。金融机构一年期存款基准利率上调0.25个百分点，由之前的2.25%提高到2.50%；一年期贷款基准利率上调0.25个百分点，由之前的5.31%提高到5.56%；除活期存款利率未调整外，其他各档次存贷款基准利率均相应调整。

（二）费用

各类金融产品的费用是金融产品价格的重要组成部分，是金融机构进行产品定价时需要考虑的重要方面。业务费用收入是金融企业利润的重要来源，主要由传统业务收费和创新业务收费构成。

1. 传统业务收费。传统业务收费包括汇费、账户费、兑换费、结算费、保管费、担保费、咨询费等。其特点是：

（1）相对稳定。银行与客户的关系比较稳定，收入比较稳定，既可发挥优势，又无风险。

（2）潜在竞争性。银行之间在暗中争夺客户的竞争日益激烈。

2. 创新业务收费。创新业务收费主要表现在日益花样翻新的金融衍生品。其特点如下：

（1）险惠并存性。金融衍生品应用高新技术手段在金融市场上利用时间差、地区差、利率差、汇率差等获利，往往是高收益高风险并存。

（2）技术依赖性。金融衍生产品要想获利，必须依赖尖端的现代理论与方法和高级的金融专家来论证。

（3）新旧结合性。金融创新业务必须以现有业务为基础，两者有机结合在一起，重新组合获取收益，如远期外汇买卖、货币期权等。

（4）快速发展性。发展快速，且多样化、系统化、综合化。

通过前面的介绍，我们知道利息是金融企业向贷款人借出资金而获得的报酬。手续费是金融企业通过为顾客办理支付结算、基金托管、咨询顾问及担保等服务而收取的。保险费是保险公司向投保人提供的为其提供保险保障而收取的费用。以上价格是金融企业向顾客收取的，而股票佣金是证券公司为客户提供股票代理买卖服务收取的费用。金融产品的价格还可以简单地分为由金融企业收取的和非金融企业收取的两大类。本章对金融产品价格的探讨只涉及由金融企业向顾客收取的价格。

二、金融产品的定价步骤

企业在对产品定价时一般会按照以下几个步骤进行（见图7-1）：

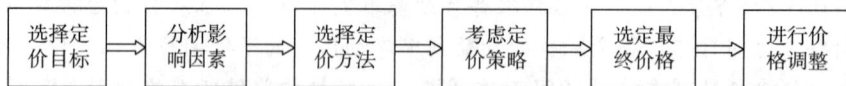

图7-1　金融产品价格制定的流程

第一步，选择定价目标。金融产品定价的目标是指金融企业通过对金融产品价格的制定和调整以达到预期的目标。金融产品定价的目标主要有以下几种：

1. 生存目标。在市场条件不利的情况下，舍弃期望利润，只为确保生存而定价。

2. 利润最大化目标。定价是为了保证一定时期内的最大利润水平。利润最大化目标包括长期利润最大化和短期利润最大化。金融企业要做到不片面追求眼前利益，忽视长远利益，必须建立一种能促进各分支机构愿意在必要情况下牺牲眼前利润、追求将来更大收益的考核制度，即金融企业应兼顾企业长期利润与短期利润的协调平衡。

3. 市场份额最大化目标。为占领最大的市场份额而定价。优化金融产品，提升产品的附加值，不断满足顾客变化的需求才能使企业最终占有较大市场份额。

4. 信誉目标。通过定价来确定本银行的信誉。

5. 投资回报目标。基于实现所期望的投资回报来定价。

第二步，分析影响价格的因素。对金融产品价格的影响因素的分析是必要的，定价必须考虑这些影响因素对价格的制约。

第三步，选择定价方法。在考察了定价的影响因素后，我们需要选择一种定价方法以制定出一个具体的价格或价格范围（后两节中会介绍）。

第四步，考虑定价策略。定价策略是对由定价方法得出的价格的调整。定价策略的选择体现了企业的战略抉择（下一节介绍）。

第五步，选定最终价格。

第六步，价格的调整。相较于产品的特征、渠道等，价格是一个更容易调节的因素。企业需要考虑主动地对价格进行调整以及被动地应对竞争对手的价格调整。

三、金融产品定价的影响因素

产品的价格是由价值决定的。由于受到供求关系等多方面因素的影响，产品的价格会围绕价值上下波动。因此，价格本身就包含了一定的信息，如较低的价格就在一定程度上反映了市场中供大于求的状况。

同样，金融产品的价格也包含了产品的供求等相关信息。除此之外，金融产品使用价值归结于价值的特性让金融产品的价格也有其自身的特点。大部分产品的使用价值会在使用中实现，如企业通过使用购买的各种机器设备实现产品的生产，因此这些机器设备购买以后的价格对该企业几乎没有影响。而金融产品的使用价值就在于其价值的实现，如存款利息、股票资本利得的获取。因此，该金融产品未来的价格就会对该产品使用价值的实现产生影响，而持有人的财富也会随之变化。这种变化会对金融产品的买进和卖出产生压力，最终又通过供求的变化影响价格。

影响金融产品定价的因素是多样的，主要有以下五个因素。

（一）成本

成本是人们为了达到生产经营活动的一定目的而耗费资源（人力、物力和财力）的货币表现。由于成本是商品价值的组成部分，所以成本应从销售收入中得到补偿。可以这样说，成本是制定产品价格的基础。就金融企业而言，成本主要包括：

1. 资金成本。资金成本是企业为筹集和使用资金而付出的代价。资金成本主要是指因占用他人资金而应支付的费用，如个人和公司通过银行存款向银行提供资金从而收取存款利息。资金成本在成本中占很大的比例。

2. 手续费及佣金支出。这是金融企业使用其他金融企业服务所付出的成本。如保险公司利用银行的零售柜台销售保险产品，则会向银行缴纳保险代理手续费。

3. 人工成本。人工成本包括工资及其他相关费用。工资是以货币形式支付给员工的劳动报酬。其他费用包括社会保险费、劳动保护费、福利费、计划生育费用等。

4. 管理成本。管理成本是金融企业为组织和管理生产经营活动而发生的各项费用。

5. 固定资产投入成本。这些成本是金融企业为提供服务所花费的基本耗费，在短期内变化不大，但从长期来看却会发生变动。如土地、建筑物的购置等。

按照是否受业务量增减而变化，成本可以划分为固定成本和变动成本。固定成本是指不受业务量增减变动影响而保持不变的成本，如管理费用和固定资产投入成本。固定成本的特征在于它在一定时间范围和业务量范围内其总额维持不变。变动成本则是指那些随着业务量变动而呈线性变动的成本。手续费支出就是典型的变动成本。

对金融企业而言，成本核算是十分重要的，因为只有完善成本核算体系，才能确定产品的最低价格，确定自身的竞争优势或劣势，有效地降低成本，从而增强核心竞争力。当然，成本越低，金融产品定价的幅度也就越宽，金融企业对金融产品定价的自主性就越强。

（二）市场需求

金融产品同样受供求规律的制约，即会因为市场需求的增大（减少）而价格上升（下降）。因为市场中不同顾客对价格的敏感程度是不同的，如价格敏感者会对银行利率的调整作出投资规划的调整，所以，金融企业还需要了解顾客的需求价格弹性，即了解价格变动所带来的顾客需求量的变动，以避免小幅度的提价而失去大量的顾客，或降价却对产品销售没有影响这两种情况的发生。

1. 影响顾客价格敏感度的因素。影响价格敏感度的产品因素主要包括产品替代品的多少、产品的重要程度、产品的独特性、产品本身的用途、产品的转换成本和品牌以及一些情境因素。

（1）替代品的多少。替代品越多，顾客的价格敏感度越高，反之越低。替代品是指同样能够满足顾客某种需要的产品，包括不同类产品、不同品牌的产品和同一品牌的不同价位的产品。如汽车、火车、轮船和飞机都能满足顾客旅行的需要，因此相互之间都是替代品。

（2）产品的重要程度。产品对顾客越重要，顾客的价格敏感度越低。尤其是生活必需品，与人们的生活息息相关，顾客对这些产品的需求受到价格变动的影响不大。

（3）产品的独特性。顾客对越独特的产品价格敏感度越低；反之价格敏感度越高。新产品的独特性为产品带来溢价，因此厂商在推出新产品时，往往制定一个很高的价格，当类似产品出现时，再进一步降价。这种情况经常发生在 IT、医药和金融行业。同时，产品的独特性会让产品与竞争产品的价格难以比较，此时，顾客的价格敏感度也会降低。

（4）产品本身的用途。顾客对用途越广的产品价格敏感度越高；反之价格敏感度越低。用途广是指该产品能满足顾客的多种需求，而有些需求是必需的，有些却是可有可无的，因此，价格的变动将引起需求量的变化。

（5）产品的转换成本。转换成本是指顾客从一个产品或服务的提供者转向另一个提供者时所产生的一次性成本。这种成本不仅仅是经济方面的，还包括时间、精力和情感方面的。它是构成企业竞争壁垒的重要因素。顾客对转换成本高的产品价格敏感度低，反之价格敏感度高。当转换成本低时，顾客可以更随心地选用新产品。转换成本门槛的高低将对顾客的敏感度产生最直接的影响。

（6）品牌。品牌定位将直接影响顾客对产品价格的预期和感知。顾客往往认为，高档知名品牌应当收取高价，使用高档品牌是身份和地位的象征，同时高档品牌会有更高的产品和服务质量。此时，品牌成为了顾客购买的首要因素。而顾客对品牌的依赖和忠诚也会降低顾客的价格敏感度。

此外，以下情境因素也会影响顾客对价格的敏感度：

（7）价格变动幅度。顾客对价格的感受更多取决于变化的相对值而非绝对值。如一辆自行车降价200元与一辆汽车降价200元对顾客感受的影响是不同的。另外，价格在上下限内变动不会被顾客注意，而超出这个范围顾客会很敏感。在价格上限内分次提高价格比一次性提高价格更容易被顾客接受，相反，如果一次性将价格降到下限以下，比连续几次小幅度的减价效果更好。

（8）参考价格。参考价格能为顾客提供一个参照以从心理上影响顾客的感知价格公平。参考价格通常作为顾客评价产品价格合理性的内部标准，也是企业常用的一种价格策略。上次购买价格、过去购买价格、顾客个人感知的公平价格、钟爱品牌的价格、相似产品的平均价格、推荐价格、预期价格都能影响参考价格的形成。另外，购物环境、购物地点、宣传力度、公司形象，以及品牌价值也会对参考价格产生影响。对参考价格的运用是比较普遍的。如通过提高某种产品或服务的价格而提高整个产品线的参考价格，从而让顾客对该产品线中其余产品的价格感到实惠。

（9）数字的影响。不同的数字对顾客的心理影响是不同的。如以小数位定价与整数定价相比，虽小数位定价的实际价格与整数相差无几，但感觉上却有很大的差别，例如99元显得比100元便宜许多。同时，对于价格变动的不同形式顾客也会有不同的反应。如对两组下降数额相同的价格而言，从99元降至85元与从103元降至89元相比，从103元降至89元的价格变动会让顾客感觉到更多的实惠，因为顾客对价格的比较首先从第一个数字开始的，只有当第一个数字相同时才会依次比较后面的数字。

2. 需求的价格弹性。需求的价格弹性是用来衡量一单位价格的变动所引起的需求量变动的幅度。假设 Q 为某个商品的需求，P 为该商品的价格，则需求的价格弹性 E_d 为

$$E_d = \frac{\Delta \dfrac{Q}{Q}}{\Delta \dfrac{P}{P}} = -\frac{\Delta Q}{\Delta P} \cdot \frac{P}{Q}$$

当 $1 < E_d < \infty$ 时，说明需求量变动幅度大于价格变动幅度，即价格每变动1%，需求量变动大于1%。这时，产品被认为富有弹性。对富有弹性的产品，1%的降价将会引起大于1%的销售量增加。

而当 $0 < E_d < 1$ 时，说明需求量变动幅度小于价格变动幅度，即价格每变动1%，需求量变动的百分率将小于1%。这时，产品被认为缺乏弹性。产品缺乏弹性的一般情况：（1）没有替代品或替代品很少；（2）顾客对价格不敏感；（3）产品的价格很低，顾客认为没有关注的必要。

（三）竞争状况

顾客会在购买某金融产品前比较各金融产品的价格，所以企业也需要在制定价格时研究市场中竞争者的价格。首先，企业应将自身产品与竞争者产品进行比较。若产品相似，则可考虑制定与竞争者相近的价格；若自身的产品在收益、风险控制以及便捷性等方面有优势，则可考虑制定较高的价格。另外，企业的总体战略和产品在市场上的定位也会对该产品的价格产生重要的影响。

以上三个因素中，成本是金融产品定价的基础，成本决定了价格的最低界限，低于此界限则没有企业愿意提供该产品。市场需求决定着产品价格的上限，单个顾客通过购买还是不购买的抉择同所有顾客一起与产品提供者进行博弈。这种博弈表达了大多顾客对该产品价格的认识。而市场竞争状况，即产品提供者之间的博弈情况则使价格在上限和下限之间不断波动。

（四）宏观经济

通货膨胀将迫使存款利率上涨以继续吸收存款，而贷款利率也会随物价的上涨而上调以实现投资收益。在市场环境不利的情况下，对可能出现流动性困境的担忧将迫使金融企业采用舍弃利润、确保生存的价格。

（五）政策法规

政策法规的影响包括两方面：一方面，政策法规会给予企业一定的定价自主权；另一方面，政策法规会对企业产品的定价进行限制。随着我国利率市场化的推进，我国金融企业定价的自主权也随之增大。利率市场化是指金融机构在货币市场经营融资的利率水平由市场供求关系决定，它包括利率决定、利率传导、利率结构和利率管理的市场化。实际上就是将利率的决策权交给金融机构，由金融机构自己根据资金状况和对金融市场动向的判断来自主调节利率水平，最终形成以中央银行基准利率为基础，以货币市场利率为中介，由市场供求决定金融机构存贷款利率的市场利率体系和利率形成机制。利率市场化的推进要求我国的金融企业提升自身定价的能力。

当然，金融产品的定价并非完全是自由的。如 2010 年 9 月 30 日，贷款购买首套商品住房的首付比例调至 30% 及以上，而在此之前，首次购买 90 平方米以下普通住宅的贷款最低首付为 20%，并且第二套住房利率全部上调 10%，第三套房子禁止发放贷款。在通知发布后，所有商业银行的所有网点都必须立即执行此规定，不能在此规定外定价。因此，金融企业需要高度关注各项金融政策的出台。

第二节　金融产品定价的基本策略

金融产品定价的基本策略主要有高价策略、低价策略、高低组合策略、产品组合策略。金融产品的价格还要随着金融市场环境的变化而及时调整，所以我们还要了解价格的调整策略。

一、高价策略

高价策略又被称为撇脂定价策略。顾名思义，撇脂即撇去市场表面的那层奶油。因此，这种策略将价格定得很高以获取较高利润。这种价格策略一般适用于下述情况：一是顾客购买力很强且对价格不敏感，同时这样的顾客很多。二是该产品的品牌在市场上有较大的影响力。

顾客不会也不愿意对市场中各产品的价格加以比较，有些情况下产品信息的搜索成本可能会远远超出顾客在所购产品中节省的成本。一些银行对部分个人业务收取高价即是考虑到这个因素。如在境外提取 1 万元现金，工商银行手续费要 62 元，建设银行、农业银行则要 112 元。可是广发银行、民生银行只收取 15 元的手续费。同样业务收费的巨大差距就是因为顾客大多不会对产品价格进行比较。

竞争对手还未推出同样的产品，而本产品具有明显的竞争优势。对于一些新推出的产品，企业往往会制定一个很高的价格，待满足了愿出高价的顾客需求之后，再逐步降低价格，使产品进入有更大弹性的市场。

利用高价策略，企业可能以更快的速度收回开发新产品的投资，短期内获得高额利润，高额的利润必然会吸引新竞争者进入，因此，对于易于模仿的产品，这种价格策略只是暂时的。若企业希望获得长期的高额利润，一方面企业需要建立产品的品牌，另一方面企业需要不断对产品进行提升。

二、低价策略

低价策略又称为渗透策略。低价策略是以单个产品利润的牺牲来获得高额销售量和市场占有率的策略。因此，低价策略一方面可以促使"薄利多销"，另一方面可以对现有竞争产品带来冲击和阻止潜在竞争产品进入市场。

适用低价策略的条件是：足够大的市场需求、消费者对价格敏感且不具有强烈的品牌偏好，以及大量生产能带来的规模效益。另外，低价策略下的产品销售较快，资金周转迅速，资金占用少。低价策略可能导致投资回收的时间过长。当然，低价策略仍是很多产品打开销路的重要策略。

三、营销投入与高低价组合策略

不同的金融产品具有不同的潜在市场规模和顾客群体特征，因此企业需要对不同的市场采取不同的营销策略。营销策略包括对价格的决策和对营销支出投入的决策。

根据价格与营销支出的配对，可以得出以下四种策略：

1. 快速撇脂策略，即高价格、高营销支出策略。可以在以下两种情况下看到此种策略的运用。一是处于导入期的产品。当市场需求潜力大，顾客接受新产品的能力较强，而产品面临较大竞争威胁时，企业可以采用此营销策略。通过制定高价，企业可以尽快回收成本；而高营销支出将在促进销售的同时帮助企业建立品牌。二是高端定位的产品。只有高质量和高营销支出的产品才能产生高价。

2. 缓慢撇脂策略，即高价格、低营销支出策略。这种策略适用于针对细分市场推出的产品。只有当产品已经有一定知名度，潜在竞争威胁不大而市场规模又较小时，企业可以在营销方面尽可能降低支出。为了在小规模的市场中获利，企业不得不一方面提高价格，一方面降低费用。而企业对价格的自主性源自于对细分市场的把握。较低营销支出的投入是因为企业已在该细分市场获得品牌认可。

3. 快速渗透策略，即低价格、高营销支出策略。这种策略的目标是迅速占领市场。这种策略的理念是通过销售量的扩大而取得规模效应。因此，只有当市场的规模很大并且顾客对价格十分敏感时，企业才能够采取这种低价策略。低价的同时加大营销支出的投入会给企业的生存和发展带来巨大的考验，而能够经受住这种考验的企业将最终获得持久的利润和市场主导地位。

4. 缓慢渗透策略，即低价格、低营销支出策略。低价格适用的市场都是规模较大的市场。在大规模市场只进行少量的营销，一方面是因为产品有较高的知名度，另一方面是因为企业拥有某稀有资源而在此市场占有绝对的优势；或者，此产品与其他所有竞争产品的区别不大，没有必要提高营销支出，如银行存款。

四、产品组合定价策略

企业的营销策略和利润目标引导各个金融产品的定价，当企业将整体利润最大化作为目标时，并非企业产品组合内的所有产品实现了最大化的利润就能使企业整体的利润最大。也就是说，各个产品利润的简单相加不一定等于企业的利润。如当产品之间存在互补性需求关系时，某个产品价格定得低一些，甚至可以起到招徕顾客、带动其他产品销售、提高总体利润水平的效果。如英国一银行以较低的贷款利率作为引子和杠杆向大公司推销收益率较高的现金管理、支票清算和衍生工具合约等服务。这种情况的出现是因为企业将获取整体利润最大化作为目标，合理规划产品定价体系，而不是把各个产品分割开来，单独追求某个产品收益的最大化。所以，我们要站在企业产品组合的高度，用全局的观点来看待企业内所有产品的定价。

通常，产品组合定价有以下几种方法：

1. 产品线定价法。产品线是指由于金融机构提供的为满足顾客某一类的具有类似功能的一组产品，如在存款业务方面，金融企业提供活期存款、一年定期存款、三年定期存款。尽管这三种金融产品都是为了顾客提供存款服务的，但是这三种产品的价格是不同的。顾客根据三种产品的不同从而能更好地针对自己的需要选购金融产品。

2. 特色定价法。企业常常提供各种可选择的产品，如餐厅在提供饭菜的同时提供酒水。很多餐厅的饭菜价格比较实惠而酒水的价格非常高，这就是采用了特色定价法。因此，将什么产品作为可选择的产品以及如何对该产品定价会对企业的利润产生重要的影响。

3. 产品捆绑定价法。捆绑是指将产品组合在一起定价销售。如化妆品厂商对一整套化妆品按套销售，其价格将比顾客分别购买要低。这种定价方法将有利于新产品的接受和推广，如顾客在开通专业版网上银行时将同时开通该账户的炒黄金功能。此外，捆绑产品还将帮助产品共享销售队伍、降低广告费用、降低销售成本、拓宽销售渠道。

并不是所有产品都能进行捆绑。只有具备以下三个实施条件的产品才能进行捆绑定价和销售：首先，捆绑定价产品需要具备相当的市场竞争力，从而可与竞争产品进行价格差别竞争。如购买文字处理程序（Word）时，同时还必须购买电子表格（Excel）和演示文档（PowerPoint）等程序。其次，捆绑定价产品之间需要一定的关联性，如产品在销售渠道等方面相近。典型的例子是2004年惠普推出购买指定机型，该机型除了装备操作系统外，还会送音箱及照片打印机，进行三合一整合捆绑销售。最后，捆绑定价产品之间要有相似的市场定位。顾客在职业、收入、社会地位等方面存在很大差别，忽视这些差别通常很难获得成功。

五、价格的调整策略

价格调整分为主动调整和被动地应对竞争对手的价格调整两种。

（一）主动调整

主动调整包括主动降价策略和主动提价策略。

所谓主动降价策略是指企业将原有产品的价格调低。主动降价的原因主要有：

1. 在强大的竞争压力下，企业市场占有率的降低迫使企业降低价格来维持原有市场份额；

2. 企业的生产能力过剩而又不能通过改良产品和加大促销来扩大销售；

3. 企业为了控制市场而发动降价；

4. 受环境因素影响主动降价，如宏观经济不景气，需求不振，企业若不降低产品价格有时会危及企业的生存。

由上可知，降价有时是企业的自主选择，有时却是企业被迫作出的决策。降价的方式主要有两种：一是直接降价，即直接降低产品报价。二是间接降价，即企业保持价格目录表上的价格不变，但通过送货上门、免费安装、调试、维修、赠送礼品等方式，在保持名义价格不变的前提下，降低产品的实际价格。

主动提价是指将原有产品的价格提高。主动提价的原因主要有：

1. 产品成本上涨，企业只能通过涨价来转嫁成本上涨给企业带来的压力。这也是企业提价的最主要原因。

2. 由于产品供不应求，企业必须通过提价来抑制部分需求，以缓解市场压力。

3. 政策影响。例如，2010 年，由于人民银行上调了人民币存贷款利率并于当年10 月 20 日起开始实施，浮动利率住房按揭贷款和消费按揭贷款将按照新的利率水平计算利息，在加息后，月供将相应增加。

主动提价的方式主要有两种：一是直接调高，即直接提高产品价格；二是间接调高，即企业采取一定方法使产品价格表面保持不变但实际隐性上升。如银行在提供贷款时，提升贷款客户的最低存款额度。如正常情况下 1000 万元贷款的最低存款额是 100 万元，贷款年利率为 10%，贷款人实际支付的利息就为 $1000 \times 10\% = 100$ 万元。由于最低存款额是企业为获得贷款而必须存入银行的资金，因此贷款人实际可支配使用的资金为 $1000 - 100 = 900$ 万元。那么贷款人实际所承担的利率就为：$100 / (1000 - 100) = 11\%$。若银行将顾客的最低存款提升至 200 万元，那么顾客实际支付的利息仍为 100 万元，但贷款人实际所承担的利率却变为了 $100 / (1000 - 200) = 12.5\%$。

（二）被动调整

当竞争者提高价格时，作为竞争对手要考虑一下这个问题：对方提高价格的根本原因是什么？由于提价常常导致顾客需求下降，因此竞争者的提价对企业来说是获取竞争者顾客的机会。如果竞争者是因为成本的压力而提价，企业则可能考虑与竞争者同步提价以保证企业利润的实现。如果提价是因为产品价值的提升，企业则需要研究竞争者究竟对产品做了什么改进。

第三节　金融产品定价的方法

按照影响金融产品价格因素的不同，定价的依据不同，金融产品的定价方法也就不同，可以分为成本导向、需求导向、竞争导向和顾客导向几种定价方法。

一、以成本为导向的定价方法

这种定价方法主要将成本作为定价依据。这是因为成本需要在产品的销售中得到补偿。这类方法首先需要企业对成本作出合理的估计，但实际很多情况下金融企业很难对成本作出估计，因此这种方法具有一定的局限性。

1. 成本加成法。成本加成法是最基本的定价方法。金融企业在完全成本（直接成本加间接成本）的基础上加一定比例利润制定价格。此种方法关注的是成本的回收和利润的获取。其计算公式为

产品总价 =（直接和间接）成本 + 加成

产品单价 =（成本 + 加成）/预期销售量

成本加成定价法没有考虑产品本身的价值，也没有考虑竞争对手和市场情况等，它假设企业设定的价格能够准确产生预期的销售量。由成本加成定价法，贷款价格可以通过下列公式计算：

贷款利率 = 资金成本 + 非资金性成本 + 风险成本 + 成本加成

其中非资金性成本即手续费、佣金成本、人工成本以及管理成本等。当企业贷款给他人时就会承担一定的风险，因而需加入风险成本，如信用风险等。信用风险是借款人因各种原因未能及时、足额偿还债务而违约的可能性。发生违约时，债权人因未能得到预期的收益而承担财务上的损失。对于这种可能的损失，债权人会收取一定的费用作为补偿。另外，风险成本因顾客而异。有的顾客风险成本较高，因此相应的贷款利率也会提高。

对贷款价格采用成本加成法进行计算，一方面需要企业能够对成本进行核算，另一方面需要企业能够充分评估贷款的风险以确定风险成本。

成本加成定价法的优点在于，金融企业必须明确其各项业务的成本，从而有利于金融企业较好地控制成本、提高竞争力；而其缺点在于，仅从企业自身角度出发，忽略了需求和竞争等因素的影响。尽管如此，该定价方法由于比较简单和方便，仍被广泛地使用。

2. 盈亏平衡定价法。盈亏平衡定价法也叫保本定价法、均衡分析定价法或收支平衡定价法，是指金融企业在销量既定的条件下，金融产品的价格必须达到一定的水平才能做到盈亏平衡、收支相抵。既定销量称为盈亏平衡点，如果价格低于这一界限，就会亏损；如果价格高于这一界限，就会盈利，即

销售收入 = 总成本

销售收入 = 预计销售量 × 价格

总成本 = 变动成本 × 销售量 + 固定成本

为了使企业达到盈亏平衡，价格应该为

价格 = 变动成本 + 固定成本/销售量

盈亏平衡点是销售收入线与总成本线的交点，如图 7 - 2 所示。

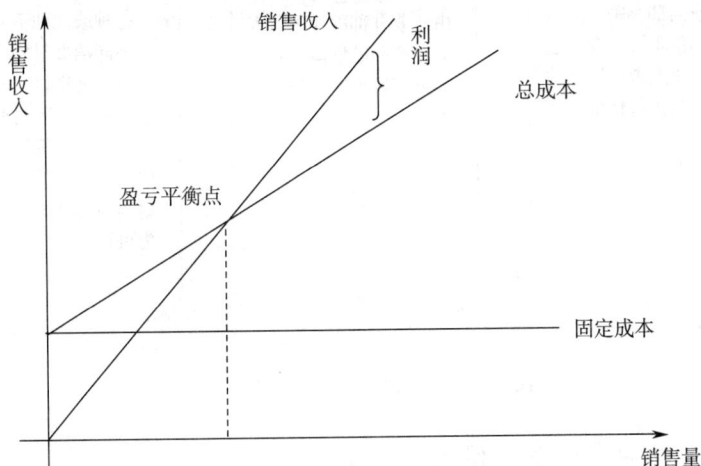

图 7 - 2　企业的盈亏平衡

当然，企业并不仅仅是希望实现盈亏平衡，还希望实现利润。为此，企业可以将目标利润计入价格中，可得下式

价格 = 变动成本 + （固定成本 + 目标利润）/销售量

这种将目标收益加成到成本上的定价方法，被称作目标收益法。与成本加成法相比，两者的计算公式几乎是相同的，都没有考虑需求和竞争的因素。另外，尽管成本加成法与目标收益法一样，都要求或假设企业在一定的价格下达到既定的销量，但两种方法关注的角度是不同的：目标收益法关注的是按照既定的价格完成预计的销售量而达到目标利润；而成本加成法关注的是在既定价格下完成预计销售量而回收的成本以及获得的加成。

二、以需求为导向的定价方法

需求导向定价是指企业在定价时不再以成本为基础，而是以顾客需求强度为依据。以顾客需求强度为依据的定价方法主要有反向定价法。

反向定价法是一种根据市场需求决定产品价格的方法。由于此方法的定价程序与一般成本定价法相反，故称作反向定价法。运用反向定价法的企业首先通过价格预测和试销评估确定顾客可接受的零售价格，而后根据产品的市场需求状况倒推出批发价和出厂价格。

反向定价法意味着，在市场需求强度增大时，企业可适当提高价格；当市场需求强度减小时，企业应适当降低价格。

采用反向定价法的关键在于如何正确测定市场可接受的销售价格水平。对这个价格进行评估的方法主要有主观评估、客观评估和试销评估三种方法（见图 7 - 3）。

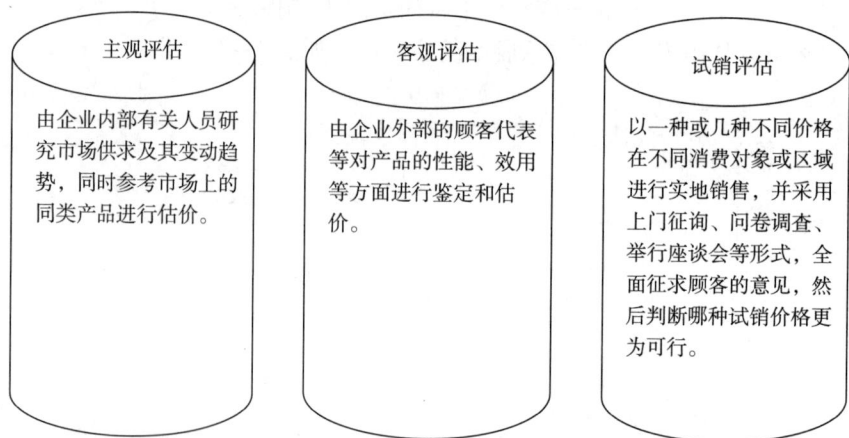

图7-3 产品价格的三种评估方法

三、以竞争为导向的定价方法

在竞争十分激烈的市场上，企业可通过对竞争对手的生产条件、服务状况、价格水平等因素的研究，参考成本和供求状况，并依据自身的竞争实力，来确定产品的价格。这种盯住竞争者价格的定价方法就是通常所说的竞争导向定价法。竞争导向定价法主要包括随行就市定价法和差别定价法。

1. 随行就市定价法。随行就市定价法又称作通行价格法。采用这种方法的企业主要根据同类产品在市场中的价格来定价。随行就市定价法适用于以下情况：企业难以估算成本；竞争对手不确定；产品差异很小、同质化严重；市场竞争激烈、产品需求弹性小；企业希望得到一种公平的报酬和不愿打乱市场现有正常次序。

随行就市定价法的优点有：（1）它是一种比较稳妥的定价方法；（2）这种定价方法避免了产品价格过高而影响销量的损失和价格过低而降低应得利润的损失，因此采用它能为企业带来适度利润；（3）这种方法避免了同行之间的价格战；（4）这种方法适用于任何产品的定价。当然，随行就市定价法也有一定的缺陷。若竞争者突然降低其产品价格，企业的产品出售则会立即陷入困境。另外，长期对市场价格的追随也不利于金融企业自身定价能力的培养。

2. 差别定价法。随行就市定价法是一种更偏防御性的定价方法，它在避免价格竞争的同时，也抛弃了价格这一竞争的"利器"。而差别定价法则是一种进攻性的定价方法。差别定价即对同一种产品采用不同的定价。采用差别定价法的企业需要根据自身的特点制定出低于或高于竞争者的价格作为该产品的价格。

但是，并非所有企业都可以使用差别定价法。差别定价方法的运用必须满足以下条件：

（1）市场必须是可以细分的，而且各个细分市场表现出不同的需求程度；

（2）各个细分市场之间必须是相互分离的；

（3）在高价的细分市场中，竞争者不可能以低于企业的价格竞争；

（4）细分市场和控制市场的成本不得超过实行差别价格所得的额外收入；

（5）差别价格不会引起顾客的厌恶和不满；

（6）差别价格策略的实施不应是非法的。

差别定价有三级。在一级差别定价中，企业对每一顾客收取不同的价格。在二级差别定价中，企业会根据顾客需求量大小的不同收取不同的价格。在三级差别定价中，企业通过细分市场，对不同顾客群收取不同的价格。差别定价又可分为顾客细分定价、产品形式差别定价、形象差别定价、地点差别定价、时间差别定价和渠道差别定价。

（1）顾客细分定价。企业把同一种商品或服务按照不同的价格卖给不同的顾客。如公共汽车对学生的票价收费往往要低一些。按照顾客细分进行的差别定价不属于竞争导向定价，严格地说属于顾客导向的定价范畴。

（2）产品形式差别定价。企业按产品的不同型号、不同式样，制定不同的价格，尽管不同型号产品价格之间的差额与成本之间的差额是不成比例的。如一件成本50元，卖70元的衣服，再绣上一朵花可将价格提高到100元，而绣花所花费的追加成本仅仅只有5元。又如工商银行提供两种汇款方式：一是灵通卡汇款，手续费为汇款金额的1%，最低汇款手续费为1元，最高为50元；二是牡丹卡汇款，没有汇款的手续费用。

（3）形象差别定价。产品的形象差异化将有助于根据形象的不同制定不同的价格。通过不同形象的塑造，企业会避免让顾客感到不同细分市场上的商品实质不存在差异。采用不同的包装或商标都可以帮助产品实现形象差别化，如将白酒灌入一只普通瓶子中售价为50元；若将同样的白酒灌入一个包装华美的瓶子并赋予不同的名称、品牌和形象，则这瓶白酒的定价将可能高达200元。

（4）地点差别定价。企业对处于不同位置或不同地点的产品和服务制定不同的价格，即使每个地点的产品或服务的成本是相同的。如影剧院不同座位的成本费用都一样，却按不同的座位收取不同价格。

（5）时间差别定价。价格随着季节、日期甚至钟点的变化而变化。如一些旅行社在旅游淡季推出低价路线，而电信公司制定的夜间电话资费可能只有白天的一半。这样的定价能促使消费需求分布趋于均匀，避免企业资源的闲置或超负荷运转。

（6）渠道差别定价。渠道差别定价，一方面可能是某渠道让企业付出的成本更少，另一方面可能是企业希望增强某渠道的销售量。如某银行汇款手续费用的收取：如果选择快速汇款，最低手续费5元，超过1000元，按0.5%收取费用，适合1万元以内汇款金额。若是电子汇款，最低手续费10元，汇款手续费为汇款金额的1%，最高为50元，适合1万元以上汇款金额。若顾客通过网上银行，则每笔汇款收费5元，跨行汇款收取10元。

实现差别定价需要做的准备工作有：

第一，顾客信息调查。用问卷调查、电话访问、直接观察等方式来搜集顾客的相关信息。搜集内容包括：一是顾客群体的基本信息。基本信息包括年龄构成、性别构成、职业构成、教育构成和地区构成等。二是顾客的行为模式，如顾客的消费习惯、生活方式、兴趣爱好、消费偏好等。三是顾客的收入情况。顾客收入的高低决定了其购买力的大小，并影响到市场规模的大小。了解这些信息有利于选择顾客细分的标准，尤其是对顾客收入水平、产品价格承受能力的掌握。对顾客信息的把握，一方面会方便金融机构为差别定价策略的实施做好准备，另一方面有助于金融机构认识顾客的价格敏感度和需求价格弹性。

第二，市场状况调查。首先，要研究市场的供求状况以及未来的发展趋势如何；其次要对市场竞争程度、范围及其变化趋势进行分析，如判断该产品市场结构是完全竞争市场还是完全垄断市场、垄断竞争市场以及垄断寡头市场。最后，企业需要对竞争者进行分析，主要包括竞争对手的技术、资本、人才和成本特点，价格变动的速度和幅度以及竞争者的产品策略、渠道策略、促销策略、市场拓展策略等。

第三，企业产品分析。对本企业产品的分析主要包括产品同质性的高低、有无替代品以及产品所处的生命周期阶段等。若企业在某产品上有一定的技术、资本、人才或成本优势，且该产品具有差异性而又缺乏替代品，那么差别定价策略便是该产品的首选。

四、以顾客为导向的定价方法

1. 认知价值定价法。利用顾客对产品价值的理解来定价的方法被称为认知价值定价法。认知价值定价法是一种以顾客为导向的定价方法。认知价值定价法认为，顾客会根据他们对产品认识、感受或理解的价值水平而对产品的价格作出评判。当产品的价格水平与顾客对产品价值的理解和认识程度大体一致或者更低时，顾客就很容易接受这种产品；反之，顾客就不会接受这种产品，产品就很难销售出去。此时，定价的关键就不再是产品的成本费用而是顾客对该产品的主观认知。

由于顾客对产品价值的认知是受多种因素影响的，如购物经验、对市场行情和同类产品的了解等，因此企业可以利用多种方式来影响甚至改变顾客对产品价值的认知。

认知价值定价法需将预期利润与企业的目标利润进行比较。若预期利润小于目标利润，企业则需要考虑用何种方式来改变顾客现在对产品的价值认知。因此，一方面，企业需要估计产品现在的顾客认知价值，另一方面，企业需要估计和测量企业采取的新举措在目标市场中将要建立起来的认知价值。图7-4对成本加成法、盈亏平衡法和认知价值法三种定价方法的步骤进行了对比。

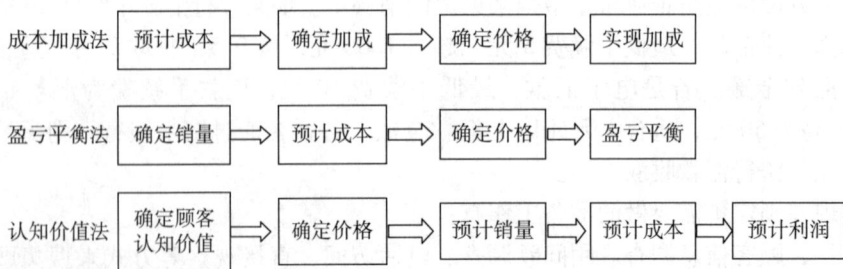

图7-4　三种定价方法步骤的对比

2. 差别定价法（依据细分顾客）。差别定价是基于企业为满足不同顾客的需求而构建的价格结构。顾客需求的不同，具体体现在顾客对产品各个方面的重视程度是不同的。有的顾客重视产品的价格，有的顾客重视提供该产品企业的品牌和声誉，而有的顾客重视产品提供者表现出来的专业控制风险的能力。

对价格敏感的顾客，企业应在提供精简服务的同时保持价格的低廉。对重视品牌和声誉的顾客而言，拥有品牌和声誉的企业可以制定一个相对较高的价格，而价格本身也会增强这类顾客对该企业的信心。对重视专业能力的顾客而言，企业需要与他们建立良好关系，并可以根据技术和智力投入的多少制定价格。

金融企业可以将顾客按照以下方式细分：

（1）按经营风险划分，可分为高风险顾客、中度风险顾客、低风险顾客。对这三类顾客，在贷款利率上一般是借款人风险度越高，贷款利率也越高，借款人风险度越低，贷款利率也越低。

如银行在确定合适的基准利率基础上，加上一定价差或乘上一个加成系数的方法来反映特定顾客的风险水平。这种方法又被称为基准利率定价法。

基准利率可以是国库券利率、大额可转让存单利率、银行同业拆借利率、商业票据利率等货币市场利率，也可以是优惠贷款利率，即银行对优质客户发放短期流动资金贷款的最低利率。基准利率又被称作无风险利率（Risk-free Interest Rate），这是因为可作为基准利率的所有金融产品都是违约风险低的金融产品。全球最著名的基准利率有伦敦银行间同业拆借利率和美国联邦基准利率，两国的存贷款利率均是根据此利率自行确定的，2007年1月4日，我国基准利率的雏形——由全国银行间同业拆借中心发布的"上海银行间同业拆放利率"（Shanghai Interbank Offered Rate，Shibor）开始正式运行。Shibor，以位于上海的全国银行间同业拆借中心为技术平台计算、发布并命名，是由信用等级较高的银行组成报价团自主报出的人民币同业拆出利率计算确定的算术平均利率，是单利、无担保、批发性利率。目前，对社会公布的 Shibor 品种包括隔夜、1周、2周、1个月、3个月、6个月、9个月及1年。

根据基准利率定价法，银行对特定顾客发放贷款的利率公式应为

贷款利率 = 基准利率 + 借款者的违约风险溢价 + 长期贷款的期限风险溢价

公式中后两部分是在基准利率基础上的风险加价。根据顾客的不同，银行应加上不同的风险溢价。违约风险溢价通常根据贷款的风险等级确定。对于高风险客户，银行并非采取加收较高风险溢价的方法，而是遵从信贷配给思想，即只接受一部分人的贷款申请，对另一部分即使愿意支付高利率的人也拒绝他们的贷款申请，或者只部分接受这些人的贷款申请，如对100万元的贷款申请只贷出20万元。另外，对于期限较长的贷款，银行还会加上期限风险溢价，因为时间越长，不确定性越大，风险也就越高。

（2）按顾客对金融企业某个产品或服务的依赖度划分，可分为高度依赖顾客、中度依赖顾客、低度依赖顾客三类。如从事炒汇、炒股活动的个人对网上银行的依赖度比一般个人高；拥有大量分支机构和销售网点的大型企业集团对网络结算服务的依赖度比中小型企业顾客高。顾客对金融产品的依赖度决定了其需求的价格弹性和讨价还价能力。顾客依赖度的提升和需求价格弹性的降低让金融企业可以对这些顾客提高收费标准，获得高于平均水平的收益。

（3）按顾客对金融企业利润的贡献率划分，可分为高端顾客、中端顾客、低端顾客三类。这里的高端顾客和低端顾客指的是对金融企业利润贡献的高低而非对金融企业收入贡献的高低。如一些大型企业确实使用了金融机构的很多产品，同样也是某金融机构收入的重要来源，由于这类企业具有较强的谈判能力，要求金融机构降低收费和提供专业定制的产品，金融机构所得回报较低。为此，金融机构不仅要关注顾客对收入的贡献，还要关注顾客对利润的贡献，即顾客的盈利性。在对顾客进行细分后，金融企业需要根据不同顾客的不同需要对产品进行改造，以体现不同程度的价值，不能对完全相同的一种产品执行多种价格。对依赖度或贡献度较高的顾客群体，可以在原产品的基本功能上增加一些这个顾客群体普遍需要的其他附加功能，以提升原产品价值。

专栏 7 - 3　客户盈利性分析

客户盈利性分析（Customer Profitability Analysis，CPA），顾名思义，是一种分析顾客是否是优质顾客的方法。这种方法将银行为某一顾客提供的贷款视为银行的一项投资，为顾客提供的所有银行产品所得到的净利润为该顾客对银行利润的贡献，而此贡献也是银行从该项投资中所获得的回报。若此回报大于等于银行要求的回报，银行则应继续为其提供贷款等服务；若此回报小于银行要求的回报，则该顾客对银行而言是不够好的，因此银行一方面可以考虑淘汰该客户，另一方面可考虑向该顾客推荐银行的其他产品，提升该顾客对银行利润的贡献。

$$CPA = （账户总收入 - 账户总成本）/净贷款$$

账户总收入 = 客户账户中可投资存款的投资收入 + 表内外业务服务费收入 +

对该客户贷款的利息收入 + 其他收入

账户总成本 = 资金成本 + 所有的服务费和管理费 + 贷款违约成本

其中，客户账户中的可投资存款额是指该客户在计算期内的平均存款余额扣减托收未达现金、法定存款准备金后的余值；服务费收入主要是贷款承诺费、结算手续费等；资金成本即银行提供该贷款所需资金的边际成本，这里使用的是债务资金的加权边际成本；服务和管理费用包括该客户存款账户的管理费用、客户存取款项、签发支票的服务费用、贷款的管理费用（如信用分析费用、贷款回收费用和质押品的维护费用等）及其他服务项目的费用；违约成本是银行基于贷款风险度量估算出的类似贷款平均潜在违约损失；净贷款是银行贷款减去银行对该项贷款要求的最低存款额。因为顾客若要贷款，首先需要向银行提供资金，即在银行存入资金，银行对顾客在银行中最低存入资金的额度是有要求的，而且顾客的银行存款在贷款的这一段时期都必须至少等于银行对顾客的最低存款要求，因此，贷款人实际可以使用的资金是用贷款减去银行要求的最低存款额，也就是净贷款。

3. 关系定价法。关系定价法是一种有助于同顾客形成持久合作关系的定价方法，这种方法主要是根据企业与顾客的关系来确定产品的价格。用价格帮助企业与顾客建立关系的方式主要有两种：一是长期合同方式，二是多购优惠方式。金融产品的特点之一就是有助于企业与顾客建立长期的关系。而关系的建立对于交易的双方都有好处。对金融企业而言，企业可以降低对顾客进行信用评估的成本以及顾客故意违约的风险；而对于顾客而言，由于金融企业会把顾客的每一次购买行为看作是双方关系中的一部分，因此也会考虑为顾客提供更具竞争力的价格。

（1）长期合同。金融企业可以运用长期合同而使双方进入长期关系之中，或通过长期合同加强与顾客现有的关系。金融企业一般会在长期合同中给出一个比较优惠的价格促使顾客的购买，在长期合同签订后，就可以将其他一些相关产品推荐给顾客。顾客由于已经与金融企业签订了长期合同，所以会较容易接受其推荐的产品。如银行以一个较低的价格为房地产开发商提供一个长期贷款，同时要求房地产商将基本存款账户放入该行。银行还能获得该房地产商开发楼盘的购买者，即为买房人提供按揭贷款。

长期合同的签订有利于金融企业与顾客产生更多的产品交易。由于每个交易都会提供顾客需求方面的信息，所以金融企业也就能更好地为顾客设计量身定制的产品，同时也会使顾客获益。此外，长期合同还会为金融企业带来稳定可观的收入，并提升顾客的转换成本，从而给竞争者造成障碍。

（2）多购优惠。多购优惠即用优惠的手段诱使顾客购买两个或两个以上的产品。因此，这种方式要求几种相关产品的一次购买比所有产品单独购买之和要便宜。多购优惠的提供一方面是因为同时提供两种产品的成本小于两种产品分别提供的成本，如同时开立存款账户和结算账户的成本小于两个账户分别开立的成本；另一方面，提供多购优惠有利于顾客与金融企业建立更多的联系。同样，联系越多，企业获取顾客信息的途径就越广，也就越能了解顾客的需要与偏好。

五、综合定价法

综合定价法是指将各种定价法综合利用，以实现最优。以下的贷款定价策略就综合地使用了上述方法。

贷款的定价可以在成本加成的基础上，结合客户综合贡献和市场竞争因素进行调整。基本公式为

$$贷款价格 = 基本贷款利率 + 调整值$$
$$= （资金成本 + 经营成本 + 风险成本 + 预期收益） +$$
$$（顾客贡献调整值 + 市场调整值）$$

其中，资金成本是指银行筹集资金和使用资金所付出的成本，经营成本是指银行为顾客办理贷款所支付的非利息成本，风险成本是指贷款违约所带来的损失。银行可以通过内部评级法等先进技术的运用，测算贷款的违约概率、违约损失率和风险敞口以量化预期损失（即风险成本），以确定合理的风险补偿。这种方法的运用使银行的信贷管理从一味回避风险转向主动经营风险并获得合理回报。预期收益是银行经营管理贷款希望取得的收益。该收益可根据既定的最低资本回报率和贷款的资本金支持率来确定。顾客贡献调整值是在顾客对银行的存款、贷款以及中间业务等的

贡献的基础上确定的，是对基本贷款利率的调整。在对成本、风险、收益和顾客都有所考虑后，还应该考虑市场和竞争者，因此，贷款价格还应加上市场调整值以确保贷款定价的市场竞争力。市场调整值是在对市场利率和同业报价进行分析后得出的，可能为正也可能为负。

这样的贷款定价综合考虑了银行的筹资成本、经营成本、风险、利润目标以及与顾客的关系、市场情况等，精确量化了各因素对定价的影响，有利于银行信贷管理的精细化发展。特别是顾客因素和市场因素的引入，将促使银行建立以市场为导向、以顾客为中心的信贷管理体系。此方法还将促进信贷管理从定性分析和经验判断为主向注重技术运用和定量分析转变。

【关键词】

成本导向　需求导向　综合定价　盈利分析　关系定价

【重要概念】

利率　费用　成本加成定价法　盈亏平衡定价法

【复习思考题】

一、选择题

1. 金融产品的定价因素主要包括（　　　）。

A. 成本　　　　　B. 市场需求　　　　　C. 竞争状况　　　　　D. 宏观经济

2. 定价策略主要有（　　　）。

A. 高价策略、低价策略　　　　　B. 营销投入与高低价组合策略

C. 产品组合定价策略　　　　　D. 产品生命周期定价策略

3. 金融产品定价的目标主要有（　　　）。

A. 差异化　　　　B. 利润最大化　　　　C. 市场份额最大化　　D. 保持竞争性

4. 按照价格与营销支出的配对，可以将金融产品的定价策略分为（　　　）。

A. 快速撇脂策略　　　　　B. 缓慢撇脂策略

C. 快速渗透策略　　　　　D. 缓慢渗透策略

5. 下述错误的是（　　　）。

A. 成本越低，金融企业对金融产品定价的自主性就越强

B. 宏观经济的压力也可能催生某些产品，并带来商机

C. 金融企业应兼顾企业长期利润与短期利润的协调平衡

D. 只有每个产品达到利润最大才能实现企业利润的最大

二、简答题

1. 成本、市场需求以及竞争状况是如何影响金融产品价格的？

2. 什么是差别定价法？

3. 企业为什么会主动降价？

【案例分析】

百易安的产品创新

"百易安"交易资金托管业务是中国建设银行为货物或服务交易双方提供的一种信用中介服务。建行受交易双方的委托托管交易资金、保管权益证明等相关文件，在交易过程中，一方先将资金存入建设银行并暂时冻结，待另一方提供了双方约定的货物或服务、满足了双方约定的其他事项，建设银行按照协议约定协助完成资金的划转；若双方因故不能达成交易，建行则按托管协议约定退回交易资金及权证。若交易双方不需要银行保管权证，建行则按协议根据客户授权对交易资金进行支付或退回处理。若交易双方需要银行移交权证，建设银行则根据协议约定协助完成相关权益证明的交换。"百易安"的主要作用在于，为交易双方搭建信用桥梁，协助双方安全地实现或退出交易。通过"百易安"的使用，买方不必再担心付款后因卖方违约而得不到交易合同中约定货物或服务，建行交易资金托管服务使买方能在交易合同约定条件实现后再安心付款。卖方不必再担心提供货物或服务后因买方违约而钱货两空，建行交易资金托管服务使卖方能够在转让交易合同约定货物或服务的同时收款。同时，买卖双方只要到建行办理交易资金托管服务的网点签订并履行相关协议即可。买方将交易资金存入建行可以获得存款利息收入，交易期间资金可保值。作为中国内地首家推出交易资金托管服务的商业银行，建行在"百易安"资金托管业务方面积累了丰富的经验，业务不断创新，产品服务领域从传统的商品交易、房产交易（主要是二手房）、土地交易扩展到股权转让、留学移民旅游中介、各类保证金监管等新兴领域，以创新的理念满足各类客户灵活多样的市场需求。

在开发出"百易安"创新型交易资金托管业务之后，为了在全国迅速推广此项业务，建设银行采用了低价推广的营销策略。尽管"百易安"是一种创新业务，并且为交易双方提供了极大便利，然而其收费却十分低廉，要远远低于同类信用中介机构的收费；而建设银行此举的目的在于迅速在全国推广此项业务，以最快的速度占领市场赢得先机。

根据建设银行的介绍，"百易安"的费用低廉，按托管金额的高低，手续费最高不超过托管金额的5‰，远低于一般中介公司10‰～15‰的收费。以一套成交价为50万元的房产为例，若全额托管，仅需200元的托管费，相当于交易双方各支付100元，这个费用要大大低于房地产中介公司的收费。对于建设银行来说，虽然低廉的收费仅就这项收入来讲并不赚钱，但有了这项业务，却给建设银行带来综合性的收益，如会有托管资金的沉淀，增加了建设银行的存款；还有70%以上的二手楼买卖会办理银行按揭，这也为建设银行带来了长期稳定的利息收入；此外，还有一些服务性收入等。因此，通过低价推广的营销策略，为建设银行带来了更多可能的业务机会。

（资料来源：2008年度中国金融营销奖项，"国有银行和股份制商业银行金融产品十佳奖"（对公业务），"百易安"产品创新营销案例，http：//www.docin.com/p－378098256.html）

问题：

1. "百易安"是一种什么样的金融产品，其定价策略是什么？

2. 通过推行"百易安"产品，建行为顾客提供了哪些便利？为银行自身带来了哪些效益？

【参考文献】

［1］ 王方华等：《金融营销》，上海，上海交通大学出版社，2005。

［2］ 唐小飞、周晓明：《金融市场营销》，北京，机械工业出版社，2010。

［3］ 徐晟：《金融企业营销理论与实务》，北京，清华大学出版社，2008。

［4］ 梁昭：《金融产品营销与管理》，北京，中国人民大学出版社，2010。

第八章

金融营销的渠道策略

【本章概要】

本章首先介绍分销渠道的含义及特征，并进一步介绍金融营销的分销渠道策略，以及如何进行渠道管理。

【要点提示】

1. 了解金融分销渠道的含义，掌握金融分销渠道的类型；

2. 了解各类金融企业分销渠道策略；

3. 掌握金融营销渠道管理的主要内容，了解渠道设计的影响因素，掌握渠道冲突的解决办法。

【案例导入】

邮储银行分销渠道发展之路

银行客户网点业务呈下降趋势，同时其他渠道业务呈上升趋势。中国邮政储蓄银行需要针对自身特点，调整分销渠道的发展路径来适应这一现实。面对上述问题，中国邮政储蓄银行可以在以下几个主要方面考虑其经营模式。

一是推进分销渠道多元化发展，加强对分销渠道的管理。银行业不可能再回到单一渠道的世界，零售银行必须继续发展新型和方便的服务来保持竞争力并不断满足客户需要，通过不同的客户群细分来为客户提供价值。中国邮政储蓄银行应该将产品和服务捆绑在一起，同时，将销售和服务过程结合在一起，通过多种渠道来为特定的客户群提供特定的服务。

中国邮政储蓄银行网点仍然是分销的主渠道，但应按照功能进行分区改造，建立功能先进、业务种类齐全的现金业务区和非现金业务区、自助服务区、贵宾服务区，拉开网点的服务档次，并缩小现金柜面业务区域。一个网点中设几台 ATM 或存取款一体机，让服务人员在大厅中实行走动式服务。同时，配备咨询师（理财规划师），根据系统所捕捉的高端客户交易记录，对其进行全方位理财咨询服务。强化咨询师服务职能，将原有咨询人员由简单的"咨询经理"转型为"客户分流经理"。要求咨询师既要了解客户，具备对不同层次客户、不同需求客户的识别、沟通能力，又要熟悉不同业务产品处理的服务流程，从而正确引导客户到不同的服务区域、服务柜台办理相关业务。

当前，中国邮政储蓄银行客户数量已经超过 3 亿，规模庞大。但是，客户结构不太合理，中、高端客户所占比例很小，对中国邮政储蓄银行总体收入的利润贡献比例，比其他商业银行低。ATM、POS 机等自助设备是咨询型网点的重要补充和延伸，要扩大投放，优化布局，还要加强管理，降低成本，提高效率。同时，加快电子支付渠道的建设。电子支付渠道是分流柜面业务和提供现代化服务的重要渠道，要加快电话银行、网上银行、手机银行工程建设，使多种分销渠道协助网点处理日常简单的业务，有效分流一般性的存取款客户。

同时，要建立科学的管理体系，使各种分销渠道间能够协调配合，扬长避短，优化组合，从而创造最佳效益。加强对每一种分销渠道的成本收益核算，尽快实现按分销渠道核算成本费用，反映损益结果。

二是合理设计外部营销模式。大规模的外部营销活动有其固有的缺陷并可能给客户带来不便。但具有精确范围和目标的外部营销模式，其效果会很有效。营销范围应限制在那些有针对性的客户群体。同时，小范围的营销活动可以更有效地实施多渠道方案。同样重要的是，应该设立反馈机制来检验效果并改进经营，例如通过精简信件清单来改进营销效果。山东省分行开展的"寻找黄金户"和"质贷惠'三农'"主题营销，是客户细分和营销方面的典型案例。不同地区在开发客户群体、细分客户要求、营销客户手段方面存在较大差异，各分行应该密切结合本地市场的实际情况，密切关注竞争对手的动态，有效挖掘自身的优势潜力，完善服务渠道，规范适度营销。

三是强化网点咨询服务功能，综合各种渠道信息，增进与客户的交流。客户来网点的次数呈下降趋势，这个趋势正在不断持续。然而，零售网点对于中国邮政储蓄银行来说是一笔重要的资产，客户在这里开设经常账户、进行复杂的金融投资、申请抵押贷款。提高网点的咨询服务能力，把简单的业务交给机器，腾出人手来与客户充分交流，发掘更值得关注的业务。通过咨询服务，有效分流一般客户并捕捉高端客户，开展有针对性的营销。

案例评析：

通过上述案例，我们看到，随着电子信息和网络技术的发展，金融产品的分销渠道日益多元化，银行客户网点业务呈下降趋势，同时其他渠道业务呈上升趋势，作为金融机构，中国邮政储蓄银行需要针对自身特点，调整分销渠道的发展路径来适应这一现实，推进分销渠道多元化发展，加强对分销渠道的管理。一方面充分利用现代科学技术，扩大银行服务范围，突破时间和空间的限制，使用户能够在任何时间和地点都享受到便利的服务，另一方面，仍要加强传统分销渠道建设，增加营业网点的服务功能，优化柜台的服务功能。

金融产品分销渠道是把金融产品和服务推向客户的重要手段和途径，是金融产品使用价值和价值的实现过程，采取正确的分销渠道策略，可以有效地满足客户的需求，所以，金融机构应该为金融产品选择合理的分销渠道，并做好渠道管理工作。

（资料来源：杜崇东、辛兵海：《邮储银行分销渠道发展之路》，载《中国邮政报》，第 1379 期，2009 - 09 - 03，第 5 版）

第一节　金融产品分销渠道的类型及特征

金融产品同市场上的一般产品一样，也需要中介参与，完成销售职能。对于金融企业营销来说，只有让目标市场的顾客在最快的时间和最方便的地点得到他们所需要的金融产品和服务，才能实现营销目标，取得较高的经济效益。因此，金融企业必须根据时间、区域、客户的不同，来制定和实施渠道策略，运用多种营销渠道，使顾客能够方便购买所需要的金融产品和服务。

一、金融产品分销渠道的含义及功能

（一）金融产品分销渠道的含义

分销渠道（Distribution Channels）又称营销渠道（Marketing Channels），或贸易渠道（Trade Channels）。关于分销渠道的定义，有很多种。营销大师菲利普·科特勒认为，市场分销渠道是指某种货物或劳务从生产者向消费者转移时，取得这种货物或劳务所有权或帮助转移其所有权的所有企业或个人。美国市场营销协会（AMA）给分销渠道下的定义是：分销渠道是指企业内部和外部的代理商和经销商（批发和零售）的组织机构，通过这些组织，商品（产品或劳务）才得以实现销售。

由上述定义可知，分销渠道的本质就是产品或服务由其提供者传至消费者手中所经过的各个中间商连接起来的通道，这一通道可直接可间接，可长可短，可宽可窄，一般包括代理商、经销商、批发商或零售商等（见图8-1）。

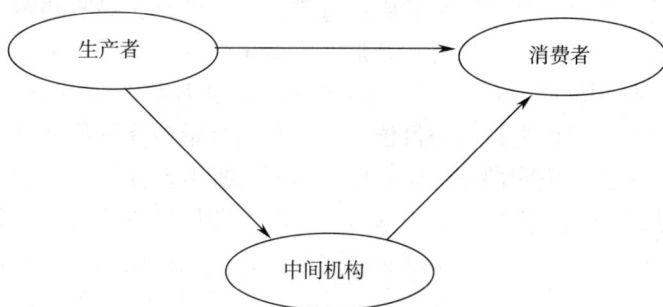

图 8-1　分销渠道的本质

所谓金融分销渠道指的是金融服务或者服务产品从生产领域流向消费领域所经过的整个通道，以及在产品整个传递过程中，为满足目标市场消费者的需求，利用各种信息技术和基于信息技术发展起来的网络终端向顾客提供的各种服务。20世纪80年代以来，金融自由化趋势得到了明显发展，金融创新产品层出不穷，主要的金融机构纷纷推出新的金融产品来吸引消费者，金融产品极度丰富，金融行业的竞争加剧。消费者从关注金融产品本身，转而开始关心如何方便、快捷、高质量地获得日常的金融服务。因此，营销渠道在整个金融营销战略中占据了更为重要的地位。

（二）金融产品分销渠道的功能

金融营销渠道在分销金融产品或服务的过程中，主要具有以下功能：

1. 销售功能。金融企业通过金融营销渠道向目标顾客销售金融产品，提供金融服务。

2. 服务功能。金融营销渠道通过向终端顾客提供一系列的金融服务，使顾客感知利益增值。如通过批量拆分，为顾客提供小批量的购买规模，从而降低顾客由于大批量购买所带来的额外成本支付（如存储成本）；通过向终端顾客提供空间的便利性、降低目标顾客的交通成本和搜寻成本；通过缩短顾客在消费或者购买过程中的等待时间，降低顾客的消费成本（时间成本和精力成本）；通过提供更多的可供选择的金融产品或者服务，增加金融产品的功能，更好地满足顾客的个性化需求；增加一些额外的服务，给顾客一些惊喜，从而为顾客带来更高的让渡价值；提高顾客的满意度，从而培养起顾客对本企业或本企业金融服务或产品的忠诚度。

3. 便利功能。金融营销渠道为顾客提供了时间的便利性、空间距离的便利性，以及信息技术终端网络渠道使用的便利性，不仅让顾客买得到，而且方便购买，从而减少顾客寻求金融服务和产品的成本，增加顾客的满意度。

4. 信息功能。收集、分析与顾客打交道所必需的信息。随着现代信息技术，尤其是互联网技术、通信技术的发展，通过终端渠道可更广泛地收集和分析最新的金融咨讯信息，并以快捷、便利的方式传递给目标顾客。

5. 宣传功能。为金融产品制定营销活动计划，设计更为有效的广告和促销活动，实施人员推广、公共关系等销售促进策略。

二、金融分销渠道的类型

金融产品的提供是一种动态化的服务过程。但金融企业对有些服务项目可进行物化，使其具备实物形态，而具备实物形态的金融产品，在某些分销环节上，则可以与金融企业自身相分离，通过一定的中介商，间接地将其销售出去。由此可见，金融产品的分销渠道实质上是一条价值链，而介入金融产品的最初开发提供者和最终客户之间的渠道就是中间商。当这一中间商同时拥有产品的所有权时，那它就是金融产品开发者本身或其下属机构，这时，金融企业所采取的营销就是直接渠道销售；反之，这一中间商是独立于金融企业之外的，那么该金融企业的销售模式就是间接销售。

所以，我们从金融产品和服务在传递过程中是否经过中间环节，把金融产品及服务的分营销渠道分为直接渠道和间接渠道两大类。另外，在金融产品传递过程中还存在着起媒介作用的金融中间商，以及区别于实体销售的金融产品批发和零售组织。

（一）直接渠道

直接渠道又称零阶渠道，是指金融企业直接把金融产品和服务提供给顾客，不需要借助中间商完成销售。采取直接销售渠道具体有三种情况：（1）金融机构自身网点或分支机构分布较为广泛，能够满足销售要求；（2）金融产品专业化要求较高，通过其他渠道无法满足专业要求；（3）金融产品的目标顾客较为集中、明确，需要针对重点客户，实行点对点销售服务。

综合商业银行、保险公司、证券公司、基金公司的具体情况，直接销售渠道大体有以下几种类型：

1. 分支机构。分支机构是金融企业营销最传统的渠道。所谓分支机构是指整体金融企业的一个组成部分，它在经营业务、经营方针等各方面都要受到公司总部不同程度的控制，是金融企业的一种服务终端，用于处理交易。如我国四大银行的营销渠道实行的是总行、两级市行、两级支行、分理处、储蓄所六级建制。总部都设在北京，按照省级区划设一级分行，省内各地级市设二级分行，以下设立县支行，支行下设分理处，有的地方还下设储蓄所。保险公司在各地设立的分公司，证券公司为从事一级、二级市场业务在各地所设立的分公司，以及为从事股票买卖业务而在各地设立的营业部，分别构成了保险公司和证券公司的直接分销网络。

2. 面对面销售。面对面销售是最原始，也是最有效的销售方式，是指金融企业金融产品和服务的推销人员与目标顾客面对面的直接的交流。金融产品和服务的销售，可以是在金融企业设置的物理网点——营业厅里进行，也可以是金融企业销售人员上门推销。这种方式的优点是高度互动，信息交流顺畅准确。金融机构中自身发展起来的银行客户经理、保险代理、股票经纪等，都是从事面对面推销的直接销售组织。

3. 直接邮寄营销。所谓直接邮寄营销，是指把直接邮件作为金融企业金融产品或服务的发盘载体，目标顾客根据该发盘信息，通过指定的渠道（电话、信函）进行问询或订购的营销过程。直接邮寄营销具有以下特点：（1）成本低廉；（2）包含的信息十分详细全面；（3）用邮件的方式寄给顾客，缩短了与顾客之间的心理距离；（4）巩固与老顾客之间的关系；（5）直邮的对象是经过认真筛选的，具有很强的针对性，与其他营销工具相比减少了许多盲目性。

4. 电视直复营销。直复营销是消费者个性化需求的产物，是传播个性化产品和服务的最佳渠道。金融机构的电视直复销售就是通过电视将金融产品和服务直接销售给潜在客户。一般有三种途径：（1）直复广告，即金融企业购买电视广告时间，介绍金融产品和服务，并给出免费电话号码，目标顾客可以借此订购产品或查询更多信息；（2）家庭购物频道，即整个电视频道都是用来推销金融产品和服务；（3）视频信息系统，这是一种通过电缆或电话线连接消费者和销售计算机信息库的双向装置，消费者通过双向电缆连接视频系统的一种专门的键盘装置订购金融产品。

5. 电子渠道。电子渠道作为全新的服务渠道，以其超时空、低成本的优势，深受金融企业和顾客的青睐。首先，电子渠道能够突破时间限制，并促进虚拟化金融市场的形成和发展；其次，降低了金融服务成本，减少了设置物理网点和配备专职销售人员的费用；最后，强化了金融企业内部管理，金融企业内部为适应高速的网络化服务，必须对原有的管理方式和组织架构进行改革，从而达到优化管理、体制和流程的效果。

6. 信用卡网络。信用卡网络是银行的一种直接分销方式，是指银行通过发行信用卡，向持卡人直接提供金融服务，由此而建立起来的信用卡网络，是银行向顾客分销金融产品的直接渠道。在信用卡网络里，还包含着零售商场、酒店及其他消费场所。因此，为使消费者能享用信用卡服务，银行必须先向这些机构推销其信用卡业务，并借助于它们，服务于消费者。

7. 自动柜员机。它是与银行卡发行相配合的一种直销方式。银行通过设立自动柜员机，可相应代替柜台网点的部分业务，如查询、提款、存款、转账等。提供产品和服务时，具有不受时空限制、成本低等特点。

（二）间接渠道

间接渠道是指金融产品和服务与金融企业自身相分离，是通过一定的中间商间接销售出去的。

1. 银行的间接销售渠道。银行利用间接渠道进行销售的金融产品主要是信用卡。一方面，信用卡业务的最终消费对象是消费者，但消费者要享受信用卡服务，必须借助于商场、酒店等消费场所。从这个意义上说，信用卡业务的销售是利用了间接渠道。另一方面，要使消费者能够享用到信用卡服务，银行必须让商场、酒店等消费场所开展信用卡业务。银行信用卡是信用服务的实体化表征，但并非服务本身。通过信用卡，银行克服了金融服务的不可分割性问题，通过利用商场及酒店这些中间机构，扩大了银行的服务区域。

2. 保险公司的间接销售渠道。保险公司除了利用自己的下设分支机构和网点直接分销其产品和服务外，还可以借助于中间渠道销售其业务。在西方国家，一个主要的中间方式就是利用独立的保险经纪商，这也是我国保险业的发展趋势。这种方式避免了保险公司只针对自己的产品向客户进行诱骗式推销的现象。由于保险经纪公司是独立于保险公司的中介组织，它能从客户的具体情况出发，面对众多的保险公司所能提供的各种各样的保险产品，进行分析、比较、评估，向客户进行量体裁衣式的保险产品推荐。这种分析方式尤其适用于个人人寿保险业务的销售。对有些保险产品可以通过银行网点进行间接销售，也可以通过与银行或证券、基金公司联合经营的形式。

3. 基金、证券公司的间接销售渠道。

（1）基金的销售渠道是基金产品由基金公司销售给特定投资者群体的途径，也是基金产品与投资者直接接触和沟通的媒介。

基金公司的间接分销机构通常为证券公司、商业银行或其他经监管部门认可的机构。通过这些渠道，基金公司向投资者提供满足其需求的基金产品和服务，及时传递并反馈基金的各类信息（包括基金的基本知识、基金资讯、专业投资建议等）。基金的销售渠道主要有保险代理机构、商业银行、专业经纪公司、财务顾问公司等。

（2）证券公司销售策略的选择。

其一，开展一级市场业务。一级市场是筹集资金的公司或政府机构将其新发行的股票和债券等证券销售给最初购买者的金融市场。一级市场一般不为公众所熟知，因为将证券销售给最初购买者的过程并不是公开进行的。一级市场有以下几个主要特点：第一，发行市场是一个抽象市场，其买卖活动并非局限在一个固定的场所；第二，主要是为新证券的发行提供服务，即证券发行中介机构根据证券发行者提出的条件和证券投资者要求的收益提供服务；第三，发行是一次性的行为，其价格由发行公司决定，并经过有关部门核准，投资人以同一价格购买股票。

其二，面向散户提供买卖股票的场所及经纪业务。狭义上，散户是指在股市中，那些投入股市资金量较小的个人投资者。广义的散户是相对于机构而言的，个人投资者（无论资金的多少）都可以称为散户。这主要是因为无论个人拥有多少资金，在资本市场面前都是极其少量的。在 20 世纪 90 年代中期，我国众多散户的交易是在"散户大厅"中进行的，"散户大厅"配有若干自主委托系统进行自主交易。现在散户交易一般在网上即可完成。

其三，二级市场的中介渠道。二级市场即通常所说的证券交易市场，也称证券流通市场、次级市场，是指对已经发行的证券进行买卖、转让和流通的市场。在二级市场上销售证券的收入属于出售证券的投资者，而不属于发行该证券的公司。二级市场为有价证券提供流动性，使证券持有者随时可以卖掉手中的有价证券，得以变现。另外，二级市场还可以为有价证券定价，来向证券持有者表明证券的市场价格。证券交易市场一般有场内交易市场和场外交易市场两种形式：场内交易市场是指由证券交易所组织的集中交易市场，有固定的交易场所和交易活动时间，在多数国家它还是全国唯一的证券交易场所，因此是全国最重要、最集中的证券交易市场。证券交易所接受和办理符合有关法令规定的证券上市买卖，投资者则通过证券商在证券交易所进行证券买卖。场外交易市场又称柜台交易或店头交易市场，是指在交易所外由证券买卖双方当面议价成交的市场，它没有固定的场所，其交易主要利用电话进行，交易的证券以不在交易所上市的证券为主，在某些情况下也对在证券交易所上市的证券进行场外交易。

证券销售的二级市场的中介机构有银行、农村（城市）信用合作社、保险公司、证券公司、基金公司等。

（三）金融中间商

金融中间商是指在金融产品由提供者传递到最终消费者之间起媒介和桥梁作用的组织机构及个人。金融产品分销渠道中的中间商主要包括以下一些银行和非银行金融机构：中央银行、商业银行、信托投资公司、证券公司、证券交易中心（交易所）、保险公司、金融租赁公司、资产管理公司等。而金融产品的提供者却既可以是金融机构，也可以不是金融机构。如银行的存贷款，是金融机构生产的金融产品；而国库券作为一种金融产品，其提供者是国家财政部，不是金融机构，但国库券却是一种金融产品。

金融中间商与金融企业的下属分支机构一样，在全面服务于最终客户方面履行着重要的职责，发挥着重要作用。

1. 市场调研。收集、分析和传递有关顾客信息、市场行情、竞争者信息及其他市场营销环境信息，为金融企业制定营销计划提供依据。

2. 沟通买卖双方。寻求解决金融产品和服务的需求者和提供者"双寻"过程中的矛盾，寻找潜在顾客，为不同细分市场上的顾客提供便利的营销服务。

3. 金融产品分类。解决金融企业金融产品和服务种类与消费者需要之间的矛盾，使金融企业提供的金融产品和服务能够符合顾客的需要。

4. 促销。传递与金融产品和服务相关的各类信息，进行关于金融产品和服务的说服性沟通；评估金融企业金融产品和服务受顾客和市场的欢迎程度，并有针对性地对金融产品和服务进行适当的促销活动。

5. 洽谈。寻找潜在顾客，并进行沟通，金融产品和服务提供者和需求者双方达成产品价格和其他条件的协议，实现所有权或持有权的转移。

6. 风险承担，即承担与从事金融营销渠道工作相关的全部风险。

（四）批发与零售

在金融行业中，也存在着批发与零售，但是它们区别于实体产品的批发与零售业务。如现代商业银行的业务按其服务的对象可分为批发业务和零售业务。批发业务主要是指商业银行为企事业单位、社会团体和其他组织提供的金融服务，业务范围包括存贷款、转账汇兑等资产、负债和中间业务，其特点是规模大，业务集中。零售银行业务是商业银行以普通居民和私人业主为服务对象，针对个人不同的金融需求，利用自身的信用和信誉优势提供相应的金融产品和服务。服务范围包括资产业务、负债业务、投资管理、保险和其他金融服务。

第二节　金融产品分销渠道的选择

我们主要介绍银行、证券、保险三类金融企业销售金融产品和服务时分销渠道的选择。

一、银行分销渠道的选择

银行业的分销渠道有以下几种选择方式。

（一）选择传统的分销渠道

设立分行和建立营业网点是商业银行最传统的渠道，一直担任着让客户与银行有直接接触的营业场所的角色。商业银行按照业务需要设立和决定分支机构的级别、层次和数量。分支机构一般设立柜台服务、业务部门、客户经理、柜员机（ATM）等业务分销渠道，经营吸收公众存款、发放贷款、办理结算等基本业务和经银监会批准的中间业务。

（二）选择与其他金融机构联合的分销渠道

商业银行通过与其他金融机构，如证券公司、基金公司、保险公司等联合开展金融业务，共同销售金融产品和服务。主要有以下三种渠道：

1. 银证合作渠道。过去银行与证券的合作称为银证通，银行参股券商，证券公司的很多业务银行都可以做，目前银行已退出"券商"，监管部门叫停了银证双方的多种合作，但不是说二者就没有合作空间了。现在券商部分理财产品的资金其实都是从银行渠道而来，还有些券商理财产品就直投银行理财产品。尤其是 2012 年，A 股市场在持续低迷的走势下，券商资管受托资产总额从年初的 2819 亿元猛增至三季度的 9296 亿元。这就驱使了银证合作快速发展，这种合作对银行和券商双方都有利。对于银行来说，通过银证合作，一方面有效规避了对理财资金运用的监管限制；一方面为信贷由表内转移至表外提供了可能。对券商来说，低迷的市场使得经纪和承销业务收入大幅下滑，迫切需要开拓新的收入来源。

2. 银基通渠道。银基通是指银行与基金公司合作，以银行卡或活期存折账户下设的专门账户作为基金交易的保证金账户，通过网上、电话和柜台等渠道进行多种基金选择和交易的业务。这种方式购买基金具有投资安全便捷、产品丰富、选择面宽的优势。

3. 银保通渠道。银保通是一种用于在商业银行和保险公司之间进行实时联机交易的应用系统，通过银行的业务处理系统与保险公司系统的连接，实现投保人信息的及时传递，由银行柜面将保险公司予以承保的信息及时传递给客户，并在客户得到保险公司的承保后，在银行柜面及时打出保险单，从而为在银行办理保险业务的客户提供代理保险服务。

（三）选择新型的分销渠道

目前，银行金融产品销售又出现了很多新型的渠道，有网络银行、电话银行、手机银行。

1. 网络银行，又称网上银行、在线银行，是指银行利用因特网技术向客户提供开户、销户、查询、对账、行内转账、跨行转账、信贷、网上证券、投资理财等传统服务项目，使客户足不出户就能够安全便捷地管理活期和定期存款、支票、信用卡及个人投资等。可以说，网上银行是在因特网上的虚拟银行柜台。

2. 电话银行，是指银行使用计算机电话集成技术，采用电话自动语音和人工服务方式为归口提高金融服务的一种业务系统。电话银行系统是近年来日益兴起的一种高新技术。它是现代化经营与管理的基础，通过电话这种现代化的通信工具把用户与银行紧密相连，使用户不必去银行，无论何时何地，只要通过拨通电话银行的电话号码，就能够得到电话银行提供的服务（往来交易查询、申请技术、利率查询等）。

3. 手机银行，又称移动银行、短信银行，是利用移动通信网络及终端办理相关银行业务的简称。作为一种结合了货币电子化与移动通信的崭新服务，手机银行不仅可以使人在任何时间、任何地点处理多种金融业务，而且极大地丰富了银行服务的内涵，使银行能以便捷、高效、安全的方式为客户提供传统的和创新的服务。而移动终端所独具的贴身特性，使之成为自动柜员机（ATM）、互联网、销售终端机（POS）之后银行开展业务的强有力工具。值得注意的是，手机银行并非电话银行。电话银行是基于语音的银行服务；而手机银行是基于短信的银行服务。

二、证券分销渠道的选择

证券公司所经营的金融产品，主要是股票，所以证券公司的主要业务就是销售股票，该产品在行销时所选择的渠道主要有承销和发行分销两种类型。

（一）股票承销方式

发行股票的企业将股票销售业务委托给专门的股票承销代理机构，股票承销的方式有：

1. 包销。包销是指证券（股票）发行人与承销机构签订合同，由承销机构买下全部证券（股票），即避免销售不出去的风险，又可以迅速筹集资金，因而适用于资金需求量大、社会知名度低而且缺乏证券（股票）发行经验的企业。包销在实际操作中有全额包销和余额包销之分。全额包销是指发行人与承销机构签订承购合同，由承销机构按一定价格买下全部证券，并按合同规定的时间将价款一次付给发行公司，然后承销机构以略高的价格向社会公众出售。在全额包销过程中，承销机构与证券发行人并非委托代理关系，而是买卖关系，即承销机构将证券（股票）低价买进然后高价卖出，赚取中间的差额。对发行人来说，采用全额包销方式既能保证如期得到所需要的资金，又无须承担发行过程中价格变动的风险。因此，全额包销在西方成熟证券市场中是最常见、使用最广泛的方式。余额包销是指发行人委托承销机构在约定期限内发行证券（股票），到销售截止日期，未售出的余额由承销商按协议价格认购。余额包销实际上是先代理发行，后全额包销，是代销和全额包销的结合。

2. 代销。代销是指证券（股票）发行人委托承担承销业务的证券经营机构（承销机构或承销商）代为向投资者销售证券。承销商按照规定的发行条件，在约定的期限内尽力推销，到销售截止日期，证券如果没有全部售出，那么未售出部分退还给发行人，承销商不承担任何发行风险。在代销过程中，承销机构与发行人之间是代理委托关系，承销机构不承担销售风险，因此代销佣金很低。代销发行比较适合于那些信誉好、知名度高的大中型企业，它们的证券容易被公众所接受，用代销方式可以降低发行成本。

（二）股票发行分销

金融机构、工商企业等在发行股票时，可以选择不同的投资者作为发行对象。一般来讲，股票的发行分为公募和私募两种形式。

1. 公募，又称公开发行，是指发行人通过中介机构向不特定的社会公众广泛地发售证券，通过公开营销等方式向没有特定限制的对象募集资金的业务模式，其募集过程是由政府部门监管的。为适应广大投资者的需求，公募没有合同份数和起点金额的限制。因为涉及众多中小投资人的利益，监管当局对公募资金的使用方向、信息披露内容、风险防范要求都非常高。

2. 私募，是相对于公募而言的，是指非公开宣传的，私下向小规模数量的特定投资者（通常35个以下）出售股票，募集资金的方式。此方式可以免除一些在证券交易监管部门的注册程序。投资者要签署一份投资书声明，购买目的是投资而不是为了再次出售。参加人一般应具有一定的经济实力、风险识别和风险承担能力。

三、保险分销渠道的选择

保险业主要通过代理人、经纪人和公估人来进行保险的销售。

（一）保险代理人

根据保险人的委托、向保险人收取代理手续费，并在保险人授权范围之内代为保险人办理保险业务的组织或个人，主要有以下几种类型：

1. 专业代理人。这是指受保险人的委托，以保险人的名义专门为保险人代理保险业务，并向保险人收取代理手续费的单位或个人。

2. 兼业代理人。这是指本身有固定的职业或工作，同时又接受保险人的委托，以保险人的名义办理保险业务，并向保险人收取代理手续费的单位或个人，主要有金融部门、专业组织、基层组织、企事业单位等。如新兴的银行保险，就是银行作为保险公司的兼业代理人而进行的保险分销。

3. 个人代理人。这是指根据保险人的委托，在保险人授权的范围内代办保险业务并向保险人收取代理手续费的个人。个人代理人开展业务方式灵活，为众多寿险公司广泛采用。

（二）保险经纪人

我国《保险法》第一百一十八条规定：保险经纪人是基于投保人的利益，为投保人与保险人订立保险合同提供中介服务，并依法收取佣金的单位。保险经纪人具有以下特征：

1. 保险经纪人不是保险合同的当事人，他仅为投保人与保险人订立保险合同提供中介服务。保险经纪人不能代理保险人订立保险合同，这是他与保险代理人的明显不同之处。

2. 保险经纪人是依法成立的单位，个人不能成为保险经纪人。

3. 保险经纪人以自己的名义从事中介服务活动，承担由此产生的法律后果。投保人或保险人虽然是保险经纪人的委托人，但对保险经纪人的经纪活动并不承担责任，这也是保险经纪人与保险代理人之间的重要不同。

4. 因保险经纪人在办理保险业务中的过错，给投保人、被保险人造成损失的，由保险经纪人承担责任。

5. 保险经纪行为是营利性行为，保险经纪人有权收取佣金。

（三）保险公估人

在保险经营的过程中，保险公司所承保的风险是多种多样的，保险公司不可能配备门类齐全的所有专业人员，而且由保险公司自己评估和鉴定保险事故，其公正性难以使人信服。于是，从事保险事故勘验、鉴定、评估的保险公估人应运而生。

保险公估人在我国称为保险公估机构，是指依照《保险法》等有关法律、行政法规以及《保险公估机构管理规定》，经中国保监会批准设立的，接受保险当事人委托专门从事保险标的的评估、勘验、鉴定、估损、理算等业务的单位。保险公估人是站在独立的立场上，接受保险公司和被保险人的委托为其提供保险事故评估与鉴定服务，协助保险理赔的独立第三人。

根据《保险公估机构管理规定》，保险公估的内容主要有以下几项：（1）保险标的承保前的检验、估价和风险评估；（2）对保险标的出险后的勘验、检验、估损及理算；（3）经中国保监会批准的其他业务。

第三节　金融产品分销渠道的管理

所谓渠道管理，其中心任务就是要解决渠道中可能存在的冲突，提高渠道成员的满意度和营销积极性，促进渠道协调性和营销效率的提高。所以，首先要设计好渠道，其次，在渠道的运行过程中，必须及时、适时评估渠道处于什么样的状态，这样才便于发现冲突，解决冲突，改进渠道。

一、设计金融产品分销渠道

金融产品分销渠道的设计主要考虑分销渠道的影响因素、银行网点的选取问题。

（一）金融产品分销渠道的影响因素

1. 金融产品的特征。金融产品因种类不同而具有不同特征。金融产品可以分为便利品和特殊商品，其中便利品使用密集渠道和长渠道，而特殊的金融产品可以在既定的地区进行选择性的分销，所以其渠道是临时性的和短期性的；另外，产品的创新和多样化，使产品质量更为标准化，从而促进了渠道发展。

专栏 8 - 1 便利品与特殊品

便利品，指反复购买、经常购买，不需要花时间比较和选择的商品，如银行的活期存款。特殊品，指具有特定品牌、独具特色的商品，或者有特殊意义、特别有价值的商品，如婴幼儿类的保险。

---

2. 市场因素和顾客特征。市场范围大小、顾客的集中和分散、顾客人群和地理分布、购买频率和年均购买数量、对不同营销方式的敏感程度等因素，以及金融机构同业竞争者产品的分销渠道策略，都会影响到分销渠道的选择。

3. 企业规模、信息、科技因素。企业规模、信息、信用能力、提供的服务及要求等，都会影响其分销渠道的选择。信息技术的发展也可促使商业银行通过 ATM 和电话银行来提供金融服务，从而扩展分销渠道。

4. 分销技术。分销技术直接影响其金融商品的销售。对某些商品来说，广告十分重要；而有些商品则必须通过人员推销。因此，企业在对其分销技术进行选择时，首先要对自己的分销技术进行衡量界定，才能审时度势地进行分销渠道的决策。

5. 政策因素。政府对各类金融商品采取的价格政策、税收政策等，会影响金融企业分销渠道的选择，如允许自由购销各种金融商品，渠道必定会多样化；反之，渠道就会单一化。同时，地方政府的行为也会影响企业直销渠道的选择。

（二）银行网点选择的影响因素

网点选择是商业银行分销业务和战略市场的重要手段，尤其像农村信用社正处于初期发展阶段，增加业务的主要手段就是增加网点。网点的选择，既是业务上的空间选择与分配，也是保证预期商业目标实现的重要途径之一。

1. 金融自由化。所谓金融自由化，是指金融业打破银行业、证券业、保险业等行业界限，使得每一个网点提供的服务品种更广泛、更多。提供服务品种的多少和为特定客户提供合适的配套服务，决定了对网点的选择。现在，银行零售业务的重点是为客户提供综合性的便利服务，不仅向顾客提供存款、取款等便利，还兼做其他辅助业务，如投资、房地产信贷、信托、咨询等业务。这样，银行就把一个网点变成了"金融超市"，客户在这里可以同时获取多项服务。

2. 电子资金转账技术。这个因素主要表现在自动存款/取款机、电话银行等在各种场合的设置。它们的设置降低了扩大分行支行的成本，也改变了银行网点的布局，而它们本身设置情况也会改变客户对商业银行的选择。

3. 超级商场内设置网点。随着超级商场的快速发展，商业银行在超级商场内设置营业网点，构成营销网络渠道，这种渠道使银行、商场、消费者三方各得其利。对消费者来说是便利，对于商场来说，则是把银行的客户变成了商场的稳定客户，互惠互利。

此外，影响网点的选择因素还有交通的便利与远近，经济发展水平，银行的资信能力、规模、服务水平（如有无排号机）和营业时间，银行服务内容的范围等。

（三）金融产品分销渠道设计的原则

金融产品分销渠道在设计时要遵循以下原则：

1. 安全性原则。安全性原则是金融企业根据自身业务运作特点所要考虑的首要原则。金融产品分销渠道的设计应以消费者的需求为导向，努力提高分销效率，降低分销费用，赢得竞争的时间和价格优势。安全性原则就是要求金融产品和服务能安全顺利地经分销渠道传递给最终消费者。

2. 经济性原则。金融企业营销应该以最小的投入获得最大的产出。因此，设计渠道的一个重要原则是以最有效率的方式、最低的营销费用销售金融产品。

在设计分销渠道时，可以设立两种或两种以上的销售方案，将选择某一渠道所引起的销售收入的增长同实施这一渠道方案所需费用做比较，以评价分销渠道决策效益的高低。这种比较可以从两个角度进行：（1）静态效益的比较，即在同一时点对各种不同的渠道方案所可能产生的经济效益进行对比；（2）动态效益对比，即对各种不同渠道方案在实施过程中所引起的成本和收益的变化进行对比。基于这些比较，可以选择出比较经济的渠道策略。另外，在利用中间商时，还要注意选择处于有利地理位置、具有较强经济实力和能提供较好服务的中间商。

3. 一致性原则。一致性是指与金融企业的目标相一致。金融企业目标主要包括金融企业形象、金融产品的市场覆盖程度、市场占有率的计划、金融企业对分销渠道的控制意愿等，分销渠道的设计必须与上述目标保持一致。

4. 适度控制原则。控制是金融企业对分销渠道施加影响的程度。从长远来看，金融企业对分销渠道的选择除了要考虑其经济性以外，还必须考虑能否对其进行有效的控制。在各种分销策略中，金融企业对本企业设置的分支机构的控制最容易，但成本却很高，且市场覆盖面较窄；建立特约经销或代理关系的中间商较易控制，但这样会导致金融企业对中间商过度依赖，中间商的销售能力会对金融企业造成很大影响；利用多家中间商在同一市场进行销售，会降低风险，但对中间商的控制能力也会相应减弱。总之，金融企业必须在经济性和可控制之间进行一定的权衡，对分销渠道的控制应当是适度的。

5. 连续性原则。连续性是指金融企业要找好中间商，以便实现对其产品的持续销售。对金融企业来说，分销渠道的设计是营销组合中具有长期性的决策，某条渠道的建立需要付出一定的代价，而对其的维持也需要大量的投入，因此要尽量维持分销渠道的持续经营，避免出现中间商在本金融产品销路好、利润高时蜂拥而至，而在销路不好时又都投入其他企业的现象。

6. 适度覆盖性原则。覆盖面是指金融产品最大的销售区域范围，是该渠道中所有面向最终客户的销售商所覆盖的销售区域或者用户的总和。要考虑渠道成员数量的多少、渠道成员的分布位置、渠道终端的商圈范围（即以零售商为中心，周围可方便消费者购买的实际及潜在消费者的分布范围）和渠道成员的市场渗透率（即渠道成员销售产品的深度）。金融企业在进行分销渠道设计时，不仅应考虑分销渠道是否有足够的市场覆盖率以支持针对目标市场的销售任务，还应避免渠道扩张过度，分布范围过宽、过广，防止出现渠道成员之间沟通和服务困难而导致无法控制和管理目标市场的局面发生。

7. 合作性原则。渠道成员之间不可避免地存在着竞争，金融企业在设计营销渠道模式时，要充分考虑竞争的强度，一方面鼓励渠道成员之间的有益竞争，另一方面又要积极引导渠道成员的合作、协调冲突、加强渠道成员的沟通，努力使各条渠道有序运行实现既定目标。

8. 便利性原则。这里所说的便利性主要指交通和通信的便利。由于金融产品含有较多的服务功能，通信与交通的发达程度，对金融产品的分销具有重要的影响。在现代金融市场中，发达和便利的通信和交通手段，使得信息的流通和反馈及时有效，金融产品的分销能顺利进行。

9. 易于沟通原则。沟通不仅包括金融企业与各中间商之间的沟通，还包括各中间商之间的沟通，这是一种非常有效的运作。

10. 灵活性原则。由于除了金融企业直属的分支机构以外，很多渠道成员都是不能被完全控制的，所以，在制定分销策略时应该讲究灵活性，随机应变，以适应环境的变化。金融企业应该根据不同时间、不同地区、不同经济发展水平、不同购买习惯、不同文化背景等因素选择不同的分销策略，并保持适度的弹性，随时根据市场及其环境的变化对其分销渠道进行适当的调整。

二、评估金融产品分销渠道

金融企业通过认真的设计后建立起了分销渠道，要对运行中的分销渠道进行评估，便于发现问题、解决问题。

（一）金融产品分销渠道运行状态的评估

金融营销渠道的效率和功能大小取决于金融营销渠道运行状态。所谓金融营销渠道运行状态是指金融营销渠道成员的功能配合、衔接关系和积极性发挥等方面情况的综合。

金融营销渠道运行状态评估是以金融营销渠道建设目标和营销计划为依据，检查任务的分配是否合理，渠道成员的努力程度，是否存在有害的渠道冲突，销售是否达到既定目标等，具体来说就是要分析评估以下四个方面。

1. 金融营销渠道畅通性。金融营销渠道畅通性是指评估金融产品流经的各环节是否通畅，是否在合适的时间到达用户手中。造成渠道畅通性不足的原因，可能是渠道成员缺位，能力不足，相互之间协调沟通不够等。主要是评估以下几个方面：

（1）金融营销渠道功能主体的到位情况。各种分销渠道功能必须由一定的分销渠道成员来承担，分销范围越大，分销功能越多，需要的分销渠道成员越多。只有保证分销渠道中的各个环节和每项渠道功能都有明确的分销渠道成员来承担，才有可能保证整个分销渠道的连续性和畅通性。

（2）金融营销渠道功能配置情况。在分销渠道中，承担任何一种分销功能都需要具有专用的资源和特定的资质，如果配置的是不具备相应资格和能力的渠道成员，肯定会影响整个分销渠道的畅通性。

（3）金融营销渠道的衔接情况。如果衔接不当或衔接不上，整个分销渠道的畅通性就会受到影响甚至造成渠道中断。

（4）金融营销渠道的合作情况。金融营销渠道成员长期的稳定合作关系有利于金融营销渠道保持畅通。

2. 金融营销渠道覆盖面。金融营销渠道覆盖面是指金融产品最大的销售区域范围，是该渠道中所有面向最终客户的销售商所覆盖的销售区域或者用户的总和。主要是评估渠道成员的数量的多少、渠道成员的分布位置、渠道终端的商圈范围（即以零售商为中心，周围可方便消费者购买的实际及潜在消费者的分布范围）和渠道成员的市场渗透率（即渠道成员销售产品的深度）。

3. 流通能力及其利用率。流通能力是指在平均单位时间内由该渠道从厂商转移到用户手中的产品的数量，一般取决于整个流通环节中的瓶颈部分。流通能力的评估可以通过流通能力利用率来衡量，常用的指标有日均零售量、平均产品流通时间等。

4. 金融营销渠道冲突。金融营销渠道冲突就是评估各成员对渠道冲突的处理情况，即各渠道成员对同质冲突、水平冲突和垂直冲突是怎样处理的。

（二）服务质量评估

对分销渠道服务质量的评估主要有以下几方面：

1. 信息沟通质量的评估。市场信息的搜集和传送者主要是零售商或批发商，而信息的接收者或使用者是生产厂商或渠道领袖。主要考察渠道下游向渠道上游反馈的有关市场和产品信息是否有效，衡量指标包括沟通频率、沟通内容、沟通时间和沟通方式等。

2. 金融产品分配的服务质量评估。即评估营销渠道成员满足其顾客需要的及时程度。

3. 促销效率的评估。即在促销活动前后流经金融营销渠道的金融产品流通量的变化与预期效果的比较。

4. 顾客抱怨及处理的评估。这包括分析评估金融企业和有关成员的顾客抱怨数量、抱怨性质、影响的严重性及处理顾客投诉的效率。

三、发现并解决渠道冲突

金融产品分销渠道的管理主要是要解决渠道冲突问题。

（一）渠道冲突的概念

金融分销渠道冲突是指金融分销渠道成员发现其他渠道成员从事的活动阻碍或者不利于本组织实现自身的目标而将之视为敌人，且对其进行伤害、设法阻挠或在损害该成员的基础上获得稀缺资源的情景。换言之，所有渠道中相关成员的某一方或几方利用某些优势和机会对另一个或几个成员采取敌意行为的情况都可以被认为是渠道冲突。一般说来，金融营销渠道冲突是一个渐进发展的过程，包括以下几个发展阶段：

第一阶段，潜在冲突阶段。表现为金融营销渠道成员之间目标的差异，以及对现实的认知差异和缺乏有效沟通等。

第二阶段，感觉冲突阶段。冲突一方已经感觉到这种差异的存在，并且开始出现以一方或多方的敌对情绪为特征的冲突，但尚未出现冲突行为。

第三阶段，冲突阶段。金融营销渠道成员之间行为发生了冲突，出现了争执、抵制、报复等对抗行为。

值得注意的是，渠道冲突与存在于渠道中的竞争是不同的。竞争是一种间接的不受个人情感因素影响的、以目标为中心的行为，而冲突是一种直接的、受个人情感因素影响的、以对手为中心的行为。竞争和冲突最重要的区别在于是否有干预对方的活动。

（二）渠道冲突的处理

金融分销渠道冲突尽管有一定的可控性，但有时仍然是不可避免的。所以，应该正视渠道冲突，积极做好冲突的管理工作，将渠道冲突控制在一个适当的可控范围之内，确保渠道健康高效的运作。

解决金融分销渠道冲突的流程包括三个步骤，如图8-2所示。

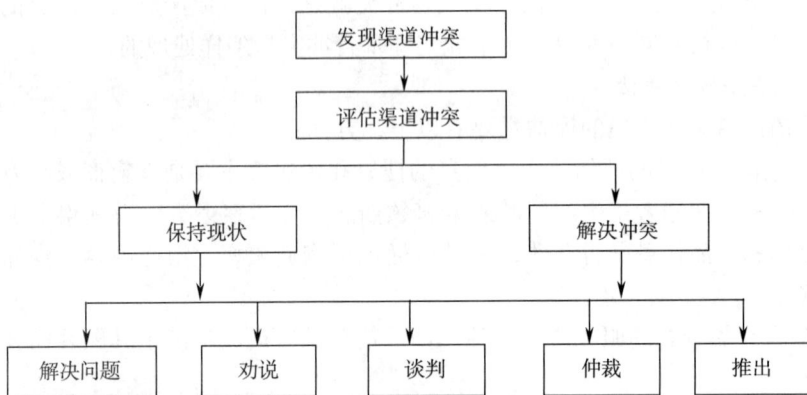

图8-2　解决渠道冲突流程图

1. 发现渠道冲突。发现渠道冲突的方法有多种：

（1）定期检查渠道，及时听取金融营销渠道成员对各种问题的反馈。

（2）进行渠道审计，即对渠道环境、目标、战略进行全面、系统、独立和定期的检查，以此发现机会，找出问题，提供正确的行动方案，保证渠道顺利运作；或者修正不合理的渠道计划，提高总体销售绩效。

（3）定期召开中间商大会，保证金融企业能与中间商有更多的机会互相交流沟通。

2. 评估渠道冲突。金融营销渠道冲突必然会对渠道成员的关系和渠道绩效产生一定的影响，金融企业必须判断渠道冲突处在何种水平上：低水平冲突、中等水平冲突还是高水平冲突。

3. 保持现状或解决冲突。对于低水平和中等水平的渠道冲突，有其积极的一面，可以暂时保持现状。但高水平的冲突对分销渠道可能会带来破坏性的影响，必须及时解决。

对于金融营销渠道成员通过敌对行为所表现出来的冲突需要某种程度的解决，解决的办法是多种多样的：

（1）解决问题。解决问题的方法很多，最重要的两个是发展超级目标和加强渠道成员的沟通。解决同质冲突的方法一般是建立超级目标，使所有渠道成员通力合作来抵御来自其他竞争品的渠道系统的竞争。超级目标是指渠道成员共同努力，以达到单个成员所不能实现的目标，如渠道生存、市场份额、高品质和顾客满意。对于垂直性冲突，可以采用在两个或两个以上的渠道层次上实行人员互换，或者举行有效的信息交流会。进行人员互换，可以使双方更好地相互了解，更能设身处地地站在对方立场上考虑问题，以便在共同目标的基础上，妥善处理一些渠道内部冲突。

（2）劝说。通过劝说来解决冲突一般是利用领导力，由在整个渠道链里具有领导权的成员出面劝说，帮助成员解决有关各自的领域、功能和对顾客的不同理解的问题。从本质上说，劝说是为存在冲突的金融营销渠道成员提供沟通的机会。劝说的重要性在于使各渠道成员履行超级目标的承诺。

（3）协商谈判。谈判的目的在于停止金融营销渠道成员之间的冲突，这是一种讨价还价的方法，需要各渠道成员良好的沟通能力。在谈判过程中，每个渠道成员会放弃一些东西，从而避免冲突的发生，这就需要每一位渠道成员都要有一个独立的战略方法以确保能解决问题。

（4）仲裁或借助法律。利用仲裁解决冲突，需要加入第三方。用仲裁解决问题虽然很普遍，但往往解决不了问题，因为很少能找到一个合适的仲裁方，并能提出矛盾双方都接受的建议。通过诉诸法律来解决冲突意味着渠道中的领导力不起作用了，通过谈判、劝说、仲裁等方法都没有效果了，需要政府出面，利用法律手段强制解决。

（5）退出渠道。解决金融营销渠道冲突的最后一种方法就是退出现有的销售渠道。退出该渠道会导致两种情况：一是退出这个业务，换新业务；二是继续这个业务，换新渠道。无论哪一种，退出现有渠道就意味着中断与某一个或某些渠道成员的合同关系，应慎用。

四、金融产品分销渠道管理策略

（一）激励分销渠道成员

金融产品提供者应密切关注渠道成员间的合作，采取措施给予激励，以调动渠道成员的积极性和主动性，使渠道成员更好地与金融企业合作，共同致力于金融企业营销目标的实现。金融产品提供者对渠道成员的激励措施一般有物质奖励、精神奖励、人员培训等。

1. 开展各种形式的营业推广和促销活动。金融企业可以通过刊登大量广告介绍金融产品和服务，以帮助中间商吸引目标消费者。

2. 帮助中间商改进经营管理，进行员工培训，提高营销效果。

3. 提供情报。市场情报是开展市场营销活动的重要依据。金融企业应该将所获得的市场信息及时传递给中间商，以使中间商做好准备，更加有针对性地开展营销。

4. 对出色完成营销任务的中间商给予各种折扣、奖金、补助或津贴等。

5. 与中间商结成长期的伙伴关系。金融产品提供者首先研究目标市场上产品开发、市场情报、技术服务等方面的情况，以及金融企业和中间商各自能从对方得到什么；然后根据实际可能出现的情况，与中间商制订具体方案；最后，根据中间商执行方案的情况给予一定的奖励和惩罚。

（二）及时改进分销渠道

金融企业在进行金融产品分销时，还应根据金融企业的目标、市场环境、中间商的变化，及时地调整和修改分销渠道，使之适应环境的变化，保持最佳状态。值得注意的是，当调整和修改渠道时，金融企业应慎重从事，权衡利弊，全面综合地考虑得失，才可作出决策，因为渠道的调整或修改，往往容易产生"牵一发而动全身"的效果，宜慎重决断。

当消费者的购买方式发生变化、市场扩大、新的竞争者兴起和创新的分销战略出现以及金融产品进入产品生命周期的下一阶段时，便有必要对金融营销的渠道进行改进。

在分析是否应改变营销渠道时，金融企业首先须确定其渠道是否处于均衡状态。所谓渠道均衡状态，是指渠道不会因其任何结构上或功能上的改变而使金融企业的利润出现增减的状态。所谓结构上的改变，是指渠道上某些中间商层次的增加或减少。所谓功能上的改变，是指渠道成员间某项或某几项任务的重新分派。当某一渠道处于非均衡状态时，就需要对渠道进行修正和改进。

1. 增加或减少某些渠道成员。常需要进行直接增量分析，通过分析，要弄清这样一个问题，即增加或减少某些渠道成员后，金融产品的销售将如何变化。

2. 增加或减少某些市场营销渠道。这种决策需要考虑金融企业所使用的所有市场营销渠道是否仍能有效地将产品送达某一地区或某类顾客。金融企业可针对这种情况，借助损益平衡分析与投资收益率分析，确定增加或减少某些市场营销渠道。

3. 改进整个市场营销系统。当金融企业现有营销渠道无法保证金融产品和服务的销售，或者虽然能够完成金融产品和服务的销售，但所需成本大大超过了所获得的收益时，金融企业应该考虑对整个市场营销系统进行修正和改进。

目前，国外金融机构已开始进入我国金融市场，国内金融机构也面临着"走出去"的挑战。经济全球化、金融自由化以及各国政府逐渐放宽金融监管，将会使金融营销渠道逐渐全球化。因此，金融分销渠道的管理在金融企业营销中变得更加重要。

【关键词】

中间商　分销　渠道冲突　分销渠道管理

【重要概念】

金融分销渠道　直接分销渠道　间接分销渠道　金融营销渠道冲突

【复习思考题】

1. 金融营销渠道管理的主要内容包括哪几个方面？
2. 金融企业分销渠道有哪些类型？
3. 银行业有哪些渠道策略可以选择？

4. 如何处理金融营销渠道冲突？

5. 如何对金融营销渠道进行评估？

【参考文献】

［1］陈放：《金融营销》，北京，蓝天出版社，2005。

［2］潘瑾：《保险服务营销学》，上海，上海财经大学出版社，2005。

［3］李宏：《证券服务营销学》，上海，上海财经大学出版社，2005。

［4］（英）亚瑟·梅丹：《金融服务营销学》，王松奇译，北京，中国金融出版社，2000。

［5］张学陶：《商业银行市场营销》，北京，中国金融出版社，2005。

［6］徐诺金、赖丹声：《银行营销学原理＆案例》，珠海，珠海出版社，2004。

［7］范云峰、张长建：《银行营销》，北京，中国经济出版社，2006。

第九章
金融营销的促销策略

【本章概要】

金融营销促销的基本形式主要包括金融产品广告促销、金融产品人员促销、金融企业公共关系、金融产品营业推广以及金融产品其他促销形式。本章对几种金融促销方式的优缺点进行详细分析，同时讨论金融企业促销人员应当具备的技能以及几种金融营销的促销对金融企业的重要作用。

【要点提示】

1. 了解金融促销的主要形式；
2. 掌握金融营销促销的影响因素；
3. 熟练掌握金融促销决策过程；
4. 了解金融人员促销、广告促销以及其他促销形式的含义及优缺点；
5. 了解金融促销人员应当具备的技能；
6. 掌握金融产品营业推广的分类；
7. 掌握金融产品公共关系对于金融企业的重要作用；
8. 了解金融产品直接营销的主要方法。

【案例导入】

北京农村商业银行"凤凰暖心券"推广

在 2008 年金融风暴的冲击下，银行业务发展受到一定影响。北京农村商业银行抓住密云免费发放旅游券这一合作商机，开拓创新"银政合作"模式，与密云县政府联合打造了"凤凰暖心行 春意在密云"活动，推出"凤凰暖心券"特色产品。本行拳头产品"凤凰卡"及主打活动"凤凰乡村游"与此次"凤凰暖心行 春意在密云"活动有众多契合点，此次活动的营销推广不仅是配合落实国家"暖心暖经济"号召和保增长、扩内需战略的有力表现，同时将推动京郊旅游业和城乡一体化发展，拓展本行银行卡及其他主打产品及服务发展，提升品牌影响力。

传播人群

凤凰卡系列卡产品的用户以及作为凤凰卡潜在用户的京郊游活动参与者。

传播预期效果

此次活动的有效传播是响应国家"暖心暖经济"的号召，将金融机构与地方政府优势结合，用创新的"银政合作"模式带动全市市民共同"暖心暖经济"，使"凤凰暖心券"及"凤凰暖心行 春意在密云"深入人心。更重要的是，大力挖掘北京农商行"凤凰卡"系列产品及"凤凰乡村游"市场广度及深度，提升"凤凰乡村游"品牌影响力，提高"凤凰卡"发卡量及京郊刷卡消费金额，进而有效增加本行中间业务收入，提升北京农商行美誉度。

媒介组合投放策略

此次营销活动在电视、广播、网络等多种媒介进行新闻发布会、广告、网络专题等多种宣传形式的整合营销。

营销执行

1. 2009 年 3 月中旬，密云政府对免费发放旅游消费券进行前期预热宣传，北京电视台、《北京青年报》、《北京晚报》等 10 余家知名媒体进行报道。之后，北京农村商业银行与密云县政府、密云旅游局深入交流合作营销方式，开发"票务订购系统"、确定"凤凰暖心券"发放方案，以及利用银行网点、网站等资源宣传推广方案。

2. 2009 年 3 月 31 日，北京农村商业银行和密云县政府共同主办的"凤凰暖心行　春意在密云"活动启动仪式在北京好苑建国酒店隆重举行。20 余家知名电视、广播及网络媒体参加此次启动仪式并进行宣传报道，使活动信息广泛传播，有效触及潜在客户，为活动的良好开端奠定基础。

3. 2009 年 4 月 1 日起，北京农村商业银行网站推出"凤凰暖心行　春意在密云"活动专题，对"凤凰暖心券"、此次活动及银行相关产品与服务进行整合性系列报道。北京农商行 694 家网点摆放了活动易拉宝，张贴了活动海报，并向客户发放活动宣传折页，宣传品总量共计 90000 余份。令潜在客户深入了解产品与活动，进而积极参与到活动中来。

效果评估

截至 6 月 24 日，首批代发网点共发放景区门票 15400 余张，酒店客房券 816 张，发放绿色谷物 3000 余斤。据不完全统计，截至 9 月底，体验"刷卡游密云"的客户逾 36 万人，刷卡金额达 6800 万元，刷卡笔数 12.4 万笔。同时，北京农商行还针对刷卡人群进行月度抽奖，活动期间共抽取 3 个笔记本电脑大奖。

（资料来源：http：//finance. cctv. com/special/2009ygxmt/20091020/103221. shtml）

问题：想一想金融营销促销还有哪些方式？

第一节　金融营销促销概述

一、金融营销促销内涵

促销是指卖方向买方传达产品或服务的信息，以帮助顾客认识产品和服务的特点与性能，引起顾客的注意和兴趣，激发顾客的购买欲望，从而促进产品和服务从卖方向买方转移的营销活动。可见，促销是鼓励购买某一产品或服务的一种营销刺激手段。

金融营销促销，是指金融企业将自己的金融产品或服务通过适当方式向客户进行报导、宣传和说明以引起其注意和兴趣，激发其购买欲望，促进其购买行为的营销活动。沟通和说服是金融服务促销的基本任务。在这个定义中包含两层意思：一是金融服务促销实际上是一个信息传达过程，即 AIDA 模式，引起注意（Attention）—引起兴趣（Interest）—刺激欲望（Desire）—行动（Action）；二是为了吸引顾客购买产品，金融企业应当进行一些营销活动，如人员促销、广告等，并应根据目标顾客特征制定合理的营销促销组合。

简而言之，金融营销促销是金融企业将其金融产品和服务的信息向客户传递的过程。金融营销促销的作用主要如下：

1. 提供产品信息。金融企业通过促销活动，使客户知晓本企业提供何种金融产品和服务，具体有何特点、去何处购买以及购买条件如何等，以便于客户选购，扩大产品销售。

2. 引导消费需求。金融企业通过促销活动以引起客户对于新产品和服务的购买欲望，从而既引导消费需求，又为新产品开拓市场创造必要条件。

3. 促进市场竞争。金融企业通过促销活动，使其产品的价格水平和服务质量都在市场上展现出来，可供客户选择比较，而各金融企业之间也可以彼此了解，促进互相学习和有效竞争。

4. 树立企业信誉。金融企业通过促销活动，可使人们了解企业特点与优势，从而树立良好的企业声誉，有助于其维持和扩大市场份额。

总之，金融企业应重视促销，并采取适当的促销策略，争取获得最佳的促销效果。金融企业对其产品和服务的促销活动可以采取多种形式，包括广告、人员促销、公共关系、营业推广和直接营销。

促销的五种形式对目标客户的影响程度各不相同，如人员促销能与客户面对面进行产品信息的交流和意见的反馈，而广告仅仅是将金融产品的信息单方面传递给客户；各种促销形式的时效性也不尽相同，广告可能具有滞后效应，1 月份的广告可能 2 月份才能引发效果，而人员促销因为交流通畅，顾客一般能当即决定购买与否等。

在复杂多变的金融市场中，金融企业实施促销策略的主要作用是，可以通过有效沟通并向顾客提供优质、高效、个性的服务，从而提高顾客满意度，建立企业形象。这里的有效沟通包含两层意思：第一，金融企业运用促销手段向顾客传达有效的信息，通过抢夺竞争者顾客或开发新顾客，从而扩张总体顾客市场，同时通过公共关系等促销形式来保留老顾客；第二，金融企业的核心产品依附于所提供的服务，金融企业员工直接与顾客接触，在顾客满意、留住顾客等方面起着重要的作用，因此，与员工的有效沟通是金融企业与顾客沟通的前提和保证，可以说，金融企业和内部员工沟通的重要性，与金融企业与顾客沟通一样重要。

促销的另一个目标是通过公共关系、参与慈善活动等促销方式树立企业良好的社会公众形象，消除金融企业的负面影响，这对金融企业以后的长足发展有着重要的意义。

二、金融营销促销的影响因素

在市场经济活动中，金融产品促销受许多因素的影响，从而使得金融产品促销效果不理想。影响金融营销促销选择的因素包括消费需求、金融产品生命周期、促销费用、目标市场特点和促销策略。

（一）消费需求

由于金融消费者的购买需求各不相同，其对金融产品的功能要求也不尽相同，因而金融企业应采取不同的促销策略。

（二）金融产品生命周期

任何金融产品在市场上的销量都会随时间的推移而有所不同。所谓金融产品的生命周期是指金融产品从投放市场到退出市场所经历的过程，一般来说分为金融产品引入期、成长期、成熟期和衰退期。金融产品生命周期的各个时段，其需求量、利润会有所不同，因此金融产品所处的生命周期阶段是进行促销组合设计需要重点考虑的因素。

1. 金融产品引入期。金融企业应当做好介绍金融产品前的公关宣传工作，并配合适当的广告、人员促销工作，快速使其目标顾客熟悉其产品，从而缩短产品引入期。

2. 金融产品成长期。在这个时期中，顾客已经对金融产品有所了解，产品知名度也有一定的提升。所以在这个阶段广告投入量降低，主要促销手段变为人员促销，而促销重点应由介绍产品转向建立分销渠道。

3. 金融产品成熟期。这时金融产品已经站稳市场，其促销策略的作用就是要延长产品的成熟期。因此，金融企业应该实行以营业推广、公共关系为主，广告、人员促销为辅的促销策略。

4. 金融产品衰退期。当金融产品已经无法满足顾客需求时，金融企业应该大幅度减少促销投入。

（三）促销费用

不同的促销形式其费用支出也是不同的，金融企业在进行促销组合时应该遵循以下两个原则：一是在促销总费用一定的条件下，制定的促销组合能使促销效果最大；二是在促销效果一定的条件下，制定促销组合能使促销总费用最低。此外金融企业还应该考虑企业自身经营状况、财务实力等。

（四）目标市场特点

目标市场的特点将直接影响金融促销的制定。目标市场特点一般包括购买者人数、购买者分布情况、信息传达便捷性和消费者类型等。当购买者多且分布广、信息传达便捷时，可以使用广告和营业推广相结合的促销组合；而购买者少但购买量大时，人员促销就能达到理想的促销效果；当购买者对金融产品已有一定的了解时，人员促销就比广告的效果更好。

（五）促销策略

一般来说，金融企业会根据目标市场的规模、类型等的不同而选择合适的促销策略。以广告、营业推广为主的"拉"战略，是指直接刺激客户对金融产品产生兴趣，再促使客户向金融企业购买其金融产品；以人员促销和营业推广为主的"推"战略，是强调将产品向最后客户进行推销。但在实际促销活动中，金融企业很少单独使用其中一种促销策略进行产品推广，更常见的是将两者有力地结合使用，并侧重于其中一种。在金融行业中，保险公司通常是保险人员主动联系客户，采取"推"的营销手段来销售其保险产品，而银行则更倾向于使用广告、营业推广等"拉"的促销方式来吸引顾客。

三、金融营销促销决策的过程

金融服务促销决策的实施过程一般分为 6 个步骤：选择目标受众、确定促销目标、设计促销信息、促销组合、制定促销预算以及促销效果评定。

（一）选择目标受众

金融促销目标受众的选择是以对金融企业的市场细分和产品定位为前提，以目标受众对金融产品熟悉程度和喜爱程度为依据。

高熟悉高喜爱型：金融企业应当通过促销形式继续保持其良好的社会公众形象。

低熟悉高喜爱型：金融企业应该扩大促销宣传力度，提升金融产品知名度。

高熟悉低喜爱型：这类金融产品，其负面的产品形象深入人心，因此进行促销战略的意义并不大，只能对该金融产品进行全方位重新包装或放弃该产品。

低熟悉低喜爱型：金融产品知名度和美誉度都很低，金融企业必须采取行之有效的促销措施来逆转这一不利局面。

（二）确定促销目标

金融营销促销的本质就是信息的传达过程，即 AIDA 模式，即引起注意（Attention）—引起兴趣（Interest）—刺激欲望（Desire）—行动（Action）。消费者对于其金融产品或服务的感知程度的不同，其促销策略也会有所不同。一般来说，在前两个阶段（注意、兴趣），广告宣传和公共关系的促销效果最好；而在后两个阶段（刺激欲望、行动），人员促销、营业推广和公共关系的作用更大。

在引起注意阶段促销目标应是使顾客对金融产品有一定的了解；在引起兴趣阶段，促销目标可以定为建立良好的企业、产品形象；刺激欲望阶段，促销目标应是以顾客需要为诉求点刺激顾客购买欲望，最后一个阶段行动的促销目标可以定为增加其重购次数、提升产品口碑。

（三）设计促销信息

在选定目标受众和确定促销目标之后，就应该根据促销目标科学地对信息的内容、结构、包装和载体进行设计。

1. 信息内容。有效的信息内容设计是指通过对金融产品的客观描述，唤起人们的需求进而产生购买行为的信息设计。信息内容又根据其诉求点的不同分为客观诉求和主观诉求。

客观诉求又称为理想诉求，是对金融产品的基本功能、价格、操作方式等客观情况进行平铺直叙的描述。

主观诉求也可称为情感诉求，是指唤起人们内心某种情感，并用这种情感来描述金融产品。

2. 信息结构，即安排信息内容的先后顺序。先传递哪种信息，中间传递什么信息，结尾传递何种信息，都需要进行科学安排。信息结构可根据其金融产品的主要诉求点插入的不同阶段分为降式、升式和水平式三种信息结构。降式信息结构是指在信息内容的一开始就展示其金融产品的主要诉求点，然后慢慢弱化这一结论；升式信息结构则是在信息内容的最后才提出金融产品的主要诉求点；水平式信息结构顾名思义就是在整个信息内容的传达过程中始终包含其主要诉求点。

3. 信息包装，即解决如何包装信息内容，包括信息内容的背景颜色、造型、字体等。信息的包装可以采取多种艺术手段，但应当注意的是，艺术仅仅是服务于信息内容的，不能脱离信息内容的主要思想。并且在进行艺术包装的过程中要注意受众对于信息的理解性，不能使受众产生歧义或者感觉发布的信息内容晦涩难懂。

4. 信息载体，即用于传达信息内容的工具。金融企业在选择载体时应当注意信息载体的专业性、可靠性和可亲性。专业性体现在信息内容可以通过金融专家或专业人士来传达；可靠性和可亲性表现在其选取的信息载体必须是积极的、正面的，容易让人信任和喜爱的。一般来说，金融企业的信息载体可以是代言人、品牌或一些卡通人物等。

（四）促销组合

促销方式主要有人员促销、广告、营业推广和公共关系四大类，但每种促销方式都有着各自不同的优缺点，因此金融营销策划人员应当在不同的产品周期和不同的促销阶段使用不同的促销组合，取长补短来完成促销任务。

（五）制定促销预算

一般来说制定促销预算分为两种情况：一是当促销资金充足时，在促销效果最优的条件下使得促销费用最低；二是当促销资金不足时，在有限的资金条件下达到最优的促销效果。一般使用的促销预算计算方法有销售百分比法、竞争平衡法和目标任务法等。金融企业可根据自身条件选择合适的预算方法。

1. 销售百分比法。金融企业根据以往的经验，制定计提促销预算百分比。如金融企业规定以销量的 10% 计提促销费用，如果这一季度金融企业预计销售额为 150 万元，则根据销售百分比法可知这一季度的促销预算为 15 万元。该方法易于计算且销量百分比率可以根据实际情况进行变动。然而，这种计算方法有个很大的缺陷就是将促销和销量的因果关系颠倒了，将销量作为自变量，这必定会导致在金融产品销售旺季，促销费用过多而导致资源浪费；相反，在金融产品销售淡季，促销费用预算不足而导致促销不能发挥应有的作用。

2. 竞争平衡法。金融企业根据同行业主要竞争者的促销费用或行业平均促销费用水平来确定企业自身的促销预算。这是金融企业常用的促销预算计算方法，但该类方法不能与促销目标保持一致。

3. 目标任务法。金融企业根据促销目标而制定促销预算。这种方法先由营销人员制定出促销目标，再根据促销目标计算成本。其优点是金融企业的促销费用完全根据促销目标而定，具有很强的针对性；而缺点在于在实际工作中由于考虑的因素太多很难估计各项促销工作的成本，可行性不大。

（六）促销效果评定

促销效果的评定不仅能对现阶段促销工作进行总结，也能从中发现促销问题，以便进行营销决策改进。然而，至今为止仍没有一个很好的评价工具或标准来对促销效果进行测量。现今普遍采用的一般方法是，调查目标受众经过金融企业一系列促销手段之后，金融产品知名度、满意度、销售量等指标的变化情况，并找出产生这种变化的原因。其中：

金融产品知名度 = 知道该产品的人数/被调查总人数×100%

金融产品熟悉度 = 了解产品信息的消费者/被调查总人数×100%

美誉度 = 把该金融产品当成理想产品的人数/被调查总人数×100%

偏好度 = 把该金融产品当成购买首选产品的人数/被调查总人数×100%

第二节　金融营销促销方法

一、金融产品广告促销

（一）金融产品广告概述

1. 金融产品广告的含义。广告进入金融领域主要经历了三个阶段。第一阶段的广告活动是以金融企业声誉为宣传重点，着重强调企业自身实力，以使客户获得安全感。第二阶段的广告活动则是在金融新产品不断涌现的情况下，重点突出金融产品的特色，以使客户了解与其他企业同类产品的区别。经过上述两个阶段，金融企业逐渐意识到，广告宣传的目的是要向社会公众推出一个为客户提供全方位、多样化服务的良好企业形象，从而增强客户的信任感，激发客户购买金融产品的欲望。目前，发达国家或地区金融广告已进入了富有人情味的第三阶段，即使得金融企业形象成为激发客户信任的火花，点燃客户的消费欲望。例如，香港汇丰银行推出了以"执子之手，与子偕老"为主题的银行广告，温馨感人的画面赢得了良好的社会反响。而我国的金融广告现已处于第二阶段，这说明尽管起步晚，但随着我国金融体制改革的深化，国内金融企业已开始重视运用广告这一手段开展金融促销活动。

在当今社会，广告已经成为了实现商品价值的重要桥梁，现代人的生活已完全被形形色色的广告所包围。所谓广告，即广而告之，是"以其事告之于人"的方法。具体而言，广告就是告知社会公众某件事情，传递某种信息。因此，广告是指需支付费用，通过媒体传递信息告知事件的促销活动。广告作为一种信息传播工具，一种说服的艺术，如今已成为各行各业营销活动中不可或缺的促销手段，它通过艺术化的语言、图片、声响等展示了企业形象和产品特征。金融广告则指金融企业通过宣传媒体直接向金融客户介绍、展示金融产品和服务，并树立企业良好形象的促销活动。

2. 金融产品广告的特征与类别。广告促销与其他促销形式相比，具有以下特征：

（1）信息传播的群体性。通过大众传播媒介，广告把产品与服务信息传播出去，提高了促销效果；而与人员推销相比，广告到达每个潜在客户的人均费用要低得多。

（2）促销效应的滞后性。广告传播信息的目的是刺激需求、促进销售，然而，广告的促销效应具有滞后性，广告对消费者态度及其购买行为的影响一般会滞后一段时间。

（3）人员推销的辅助性。广告对人员推销的补充和促进作用尤为突出，广告会告诉人们目前有哪些金融产品，又开发了哪些新产品，从而帮助人们认识和了解新产品的特性，激发人们的购买欲望；而当推销人员与客户进行面对面交谈时，就能大大缩短介绍时间，强化说服效果。

金融广告具体可以分为两类：一是企业形象广告，即把金融企业作为一个整体进行包装宣传，旨在提高企业声誉，增强客户对企业的了解和信任，以赢得客户的消费选择；二是金融产品广告，即金融企业对其所提供的金融产品进行宣传，通过对金融产品的特点与收益的介绍和告知，让客户了解该产品和服务，激发客户的购买欲望。上述两类广告的实施主要取决于金融企业的目标选择。如果金融企业是为了达到树立企业声誉这一目标，就会重视企业形象广告；而如果是为了提高某一金融产品的知名度，则会采用金融产品广告。

3. 金融产品广告促销的优缺点。金融产品广告促销的优点在于：

（1）人均成本低。由于广告覆盖面广，受众数量多，所以人均广告成本非常低。如金融企业的广告费用为 5 万元，广告受众数量为 20 万人，则人均广告成本为 $50000/200000 = 0.25$（元）。

（2）能重复使用。广告使顾客对金融产品产生印象，并通过不间断地播放加深这种印象，从而刺激购买行为。

（3）信息艺术化。由于广告的可视性，所以在进行广告促销时，可以对信息内容进行艺术化加工，使其更具吸引力。但是应当注意广告的客观性、真实性。

（4）节省人力。相对于人员促销，广告促销大量地节省了人力资源，在必要的时候，金融企业可将广告外包给广告公司。

金融产品广告促销的不足之处在于，说服力不强，不能促成即时消费；广告效果不易评定等。

（二）金融产品广告策略

一般制定广告策略是运用 5M 法，即目的（Mission）、资金（Money）、信息（Message）、媒体（Media）和衡量（Measurement），相应的金融产品广告开发策略则为确定广告目标、广告预算、广告内容、广告媒体选择和广告效果衡量五个方面。

1. 确定广告目的。金融企业的广告目的应该与企业营销战略保持一致。由于广告的重复性，所以要精确到每一次广告目的。一般而言，广告的使用具有周期性，所以金融企业只需制定每个时间段内的广告目的。例如，金融企业为了达到在消费人群中树立良好声誉的目的，就会选择以企业形象为主题的广告宣传，而为了扩大近期销售则会选择以金融产品为主题的广告宣传。

金融产品广告由于金融产品自身的特点，容易引起人们注意，并成为客户的购买理由，以此作为广告宣传的主题，可以起到促销作用。金融产品广告的关键在于：一是要尽可能地将金融产品和服务的特色充分展现出来；二是要根据不同客户的需求，突出产品质量和服务优势；三是要选择好广告投放的时间和地点，力求达到"先入为主"的宣传效果。例如，美国国民银行推出"保值定期储蓄"新产品，它的广告语是"过去不总是将来的预见者"，意思是人无远虑必有近忧，颇有规劝你"有备才能无患"的深长意味。

2. 制定广告预算。金融企业在制定广告预算时，应当考虑以下几个因素：

（1）金融产品生命周期。一般来说在金融产品的引入期，需要大量的广告费来引起消费者的"注意"；而在金融产品的成长期，也需要较高的广告费用来提升产品的知名度；在成熟期和衰退期，由于产品已经站稳市场或即将退出市场，就应减少广告预算。

（2）广告目的。由于广告目的是企业营销战略的一个缩影，因此广告预算就应该与营销战略目标相吻合。如企业要扩大市场份额，则可制定较多的广告预算；反之则制定相对较少的广告费用。

（3）竞争激烈程度。当主要竞争对手进行大量的广告宣传时，其产品信息覆盖了本企业的产品，这时金融企业要给予一定的还击，否则就会处于不利地位。

一般来说，金融企业制定广告预算的方法有三种：

（1）目标任务法。这是指根据企业的营销目标或广告目标而制定相应的预算方法。

（2）销售法。这种计算方法则是根据金融企业销售量的一定比例提取广告预算。如金融企业 2009 年第三季度营业额为 100 万元，按 10% 提取广告预算则为 10 万元。这种方法与企业经营能力和财务能力挂钩，是金融企业比较常用的一种方法。

（3）竞争权衡法。金融企业广告预算主要取决于主要竞争对手的广告费用多少。但无论使用何种方法进行广告预算的制定，一个大的前提条件是广告预算应当在金融企业资金能力范围内制定。

3. 制作广告内容。这部分是金融产品广告开发与计划最为重要的一个步骤，一则广告的成败关键在于广告内容能否引起目标受众的关注。广告根据制作形式的不同，可以分为平面广告、影像广告两种。在制作广告内容时，不同种类广告的制作要求不一样；平面广告应注重文字表达，其文字应当简明、生动再配以适当的图片；而影像广告则应运用声音和动感的画面来达到所需要求。在制作广告内容时，企业可以根据广告目的选择不同的广告策略，常用的有 USP 策略、品牌定位策略和品牌形象策略三种。

（1）USP 策略。USP 策略又称独特销售策略。其策略思路就是通过广告向客户介绍本金融产品较其他同类产品所独有的特点，并集中展示这种特点，让客户了解该金融产品可以给自己带来的利益。从 USP 策略的设计思路可以看出，使用这类广告策略是基于对产品的详尽分析，并展示其与众不同之处。

（2）品牌定位策略。这种广告策略是从顾客角度出发，根据顾客需要和心理特点而为其量身定做相应的广告内容，从而俘获人心。品牌定位策略的基本思想是，金融企业进行某一金融产品广告促销时，首先应找到该类金融产品在顾客心中的切入点，然后向目标受众集中广告，并运用广告创意使得该金融产品给顾客留下深刻的印象，使消费者在选购相似金融产品时首先就会想到该产品。换句话说就是将金融产品植入顾客的脑海中。

（3）品牌形象策略。在金融产品越来越同质化的今天，要体现金融产品的差异性，就要使用品牌形象策略。品牌形象既是指金融产品本身所带有的承诺，也是指金融企业形象，因此使用该广告策略的前提就是该金融产品拥有良好的产品威望和品牌形象。

无论采取何种策略，为了使金融广告给消费者留下深刻的印象都应该把握以下几点：

金融广告的内容首先要具有说服力，通过直接指向宣传对象的切身利益，以表明金融产品和服务将使宣传对象获得实际利益。金融企业通过扼要地阐明其所提供的产品和服务，以使客户有明确的选择。

其次要富有创意，因为广告效果在很大程度上取决于广告创意。以前，金融界不太愿意采用有新意的广告内容，某些金融界人士甚至认为金融企业必须表现出传统稳重的形象，标新立异的广告宣传会有损于金融企业形象。然而，随着公众兴趣和认识态度的转变，创意性广告已成为塑造金融企业形象的有效手段。现在大多数客户都把创意性广告与企业创新精神等同看待。

最后，要设计好广告语，因为广告用语是广告的灵魂，应具有较深的内涵，既要含蓄又要独创，才能令人耳目一新。寓意深刻的广告语，能给人留下意犹未尽、回味无穷的美好印象。美国金融企业十分重视广告语的设计，各类金融广告都有生动醒目的广告用语，借以打动公众。如有一则银行广告的标题是："Your Money Has Never Gone This Far。"这句话有类似"积小钱、办大事"的含义，可谓神来之笔。当画龙点睛般极富个性的广告语深深印在客户脑海中时，这些金融企业的形象也就随之深深刻在客户心中。

4. 选择广告媒体。电视、广播、报纸和杂志被称为传统四大广告媒体，而随着广告、网络技术的发展，户外广告和互联网也成为广告的载体之一。

（1）广播电视媒体。广播媒体的优点是制作周期短、传播时间灵活、宣传范围广、人口覆盖面大、成本费用低，属大众化传媒；缺点在于仅有声音，不如电视媒体引人注意，并且信息瞬间即逝。因此，广播难以为抽象的金融产品和服务提供直观有效的宣传。电视媒体在各种广告媒体中传播效果最好，据统计，电视广告直接产生的效果约占所有媒体的35.4%，积累性效果高达50%。电视媒体的优点在于综合了视觉、听觉传播效果，富有感染力，能引起观众的高度注意，传播范围广，有利于金融企业形象的塑造，通过生动的场景展示可以更好地说明金融产品的功能；不足之处在于制作成本高、信息瞬间即逝、观众选择性小。随着电视影响的扩大和金融企业更多地运用有创意的广告以及社会公众对金融重要性认识的提高，电视广告在金融广告预算中的比例逐年提高。20 世纪 70 年代初，英国银行的电视广告支出仅占其广告预算的 4%，而进入 80 年代后，这一数字达到了 50%。

（2）报刊媒体。报纸由于发行量大、覆盖面广，并涉及各阶层的读者，因而是最具可选择性的广告媒体。每种报纸都有自己的读者群。报纸的优势在于其订阅和发行地区比较明确，区域集中度较高，信息传播快，费用比较低，尤其适合于借助文字传播内容比较复杂的说明性广告。目前，美国的报纸约有 1700 多份，大城市的日报一天出 50 个至 100 个版面，星期天更是多达 200 个至 300 个版面。《纽约时报》曾经有一天出过 946 个版，重 34 公斤，刊登广告 120 万条，可上得吉尼斯纪录。金融企业可以根据其产品情况和促销目的，在报纸上刊登各种类型的金融广告，即使是一种复杂的金融产品，也可以在报纸广告中登载一段详尽的说明文字；在为企业下属分支机构和网点提供促销支持时，也可将每个分销渠道的情况列在上面。

杂志的优点是品种多、可选择性大、印刷质量好、保存时间长、反复传阅率高，不足之处在于其发行周期长、信息传播慢、读者范围窄。一般专业杂志的可信度和权威性更符合金融企业的形象要求。

（3）户外媒体。主要包括设置在公共场所的广告牌、海报招贴等，通常主题鲜明、形象突出，给人留下深刻印象，尤其是广告牌长期固定在某一场所，可重复传播，注意率极高。由于广告牌位置固定，因而接受宣传的往往是同一类客户。金融广告牌主要是宣传企业名称和服务内容，广告画面和广告用语必须简明易记，以提高宣传效果。

（4）互联网媒体。互联网媒体的优点是信息更新快，表现形式多样化，费用较低，缺点是目标受众不明确。

通过以上分析我们发现各种广告媒体都有自己的优缺点。因此，在选择广告媒体时应当注意以下几点：

（1）费用。不同的媒体费用也不一样。金融企业应根据自身条件和促销目标合理选择广告媒体，在费用最低的情况下达到广告效果最佳。目前许多金融企业大多数是从媒体受众人均成本来考虑广告费用，但媒体受众中既包括目标顾客群也包括无效顾客，金融企业应当弄清到达目标顾客群的实际人均费用，这样才能更有效地进行媒体选择。

（2）目标受众特征。这是指金融企业目标顾客的教育水平、生活方式等。有关研究表明，教育程度与电视媒体受众的比例呈现负相关的关系，即相对于一般受众而言，教育程度越高的人收看电视媒体的比重越低，他们更倾向于选择网络、杂志等媒体。金融企业在进行广告投放时，必须根据目标受众的行为特征来确定相应的媒体。

（3）信息交流特点。不同的媒体传递信息的特点也不一样。如金融企业为了传递金融产品信息，可选用印刷媒体，也可以选择户外广告、POP 广告等。

5. 衡量广告效果。由于广告具有一定的滞后效应，所以衡量广告效果有一定的困难。常用的衡量方法有销售实验法和广告效率法两种。销售实验法是通过比较广告促销前后金融产品销量的变化情况，从而评定广告效果；广告效率法的主要思想是本企业市场份额与广告份额之比，即广告效率＝本企业市场份额/广告份额，广告份额＝本企业广告费用/金融行业广告费用总额。

二、金融产品人员促销

（一）金融产品人员促销概述

1. 金融产品人员促销的含义。人员促销是指金融营销人员以促成销售为目的，通过与客户进行交谈，以说明其购买金融产品和服务的过程。由于金融产品和服务的复杂性和专业性，尤其是在新的产品和服务不断涌现的情况下，人员促销已成为金融产品和服务销售成功的关键因素之一。其主要方法有促销、展示、解说、销售人员拜访和销售会议等。

2. 金融产品人员促销的特征。

（1）双向交流性。人员促销是一种双向沟通的促销形式。在促销过程中，促销人员一方面为客户提供有关信息，促进产品销售；另一方面通过与客户面对面的交流，促销人员可直观、及时地了解客户的需求、愿望和偏好，掌握市场动态，了解反馈信息，有利于金融企业适时调整其产品与服务，为企业经营决策提供依据。此外，促销人员通过与客户的直接沟通，可反复介绍产品特点和服务功能，做好客户的参谋，激发客户的购买欲望。

（2）双重目的性。人员促销的目的不仅是为了促销金融产品，也是为了帮助客户解决问题，满足金融需求。只有这样，才能不断增进促销人员与客户之间的感情，使新客户成为老客户，从而更好地实现金融产品促销的目的。可见，在人员促销过程中应建立起供求双方的沟通与联系，加深彼此的了解和信任，使得双方超越柜台交易关系，这样既能向客户提供更多的服务，也可以建立起彼此深厚的友谊，从而有助于企业巩固老客户，发展新客户。

（3）需求多样性。人员促销不仅能有效满足客户对金融产品本身的需要，而且通过对产品的宣传介绍，还能满足客户对产品信息的需要；通过售前、售中与售后服务，能有效满足客户对技术和服务的需要；通过文明经商、礼貌待客，能有效满足客户心理上的需要，从而密切双方关系，增进金融客户对金融企业的信任感。

（4）促销灵活性。促销人员与金融客户当面洽谈，易于形成双向互动的交流关系。促销人员通过交谈和观察，能及时掌握客户的购买心理，有针对性地介绍金融产品与服务的特点和功能，并抓住有利时机促成客户的购买行为；还可以及时发现问题，进行解释并提供服务，从而消除客户的疑虑或不满意感；同时，双方当面交谈和议价，易于迅速达成交易，成功几率较高。

3. 人员促销的形式和方法。人员促销可分为三种形式：上门促销，即金融企业派出促销人员上门与客户直接面谈金融业务，在面谈过程中向客户传递金融产品与服务信息；柜台促销，即由金融营业网点的销售人员向客户介绍展示金融产品与服务；会议促销，即由金融专家以其专业知识向客户宣传金融产品与服务，这往往会取得较好的效果。

人员促销的主要方法包括：（1）单个促销人员对单个客户，即促销人员直接与客户以电话或面谈的方式接触；（2）单个促销人员对客户群体开展促销活动，即促销人员针对一组具有相同需求的购买者介绍展示金融产品的功能与服务；（3）促销小组对客户群体开展促销活动，即由企业各有关部门组成的促销小组针对一个客户群体系统全面地介绍产品；（4）促销会议，会议目的在于教会客户使用和了解某项新产品，如商业银行开发出电话银行业务，银行要具体指导企业客户如何通过电话查询当日账面余额，查询每日人民币外汇牌价，并开展授权转账等业务。

4. 金融促销人员必备的技能。由于金融促销人员直接与顾客接触，其素质、形象就代表着金融企业，因此金融企业在选择金融促销人员时要遵循一定的标准，而这些标准也是一个合格的金融促销人员应当具备的技能：

（1）熟悉金融企业发展进程、企业目标、战略等企业总体情况。

（2）熟悉企业各种金融产品的性质、适用人群、购买要求等产品具体信息，并对竞争企业的产品也有所了解。

（3）能熟练运用各种销售技能。

（4）应具有四种能力，即观察能力、判断能力、表达能力和社交能力。人员促销过程中，营销人员应善于观察并判断顾客的真实反应情况，随时作出促销策略的调整，并且营销人员应具有较强的应变能力来处理一些突发事件。人员促销的基本特征就是面对面的交流，这就要求营销人员有较好的表达能力，能很好地向顾客介绍金融产品，说服刺激其实施购买行为。营销人员有良好的社交能力，才能最大限度地利用身边各种社会关系进行金融产品促销。

5. 金融产品人员促销的优缺点。在五种促销形式中，人员促销是最直接的一种，具有以下优点：

（1）面对面接触。人员促销的主要工具就是销售人员，所以在进行产品促销的时候，销售人员和消费者零距离接触，能根据观察消费者的反应及时调整促销策略，同时避免信息的错误理解。正是因为人员促销这一最基本的特点，所以对销售人员的素质要求很高。

（2）针对性和互动性强。这一特点是基于金融营销人员与消费者面对面接触这一特性。营销人员可以通过互动的形式为消费者解释其产品的具体信息，并根据目标受众的特点有针对性地进行说服。这一特点在保险、基金业务方面尤为突出，保险人员经常会根据投保人的具体情况为其解释不同种类的保险项目，并为投保人解疑释惑。

（3）使金融产品有形化、具体化。金融服务具有无形化的特点，怎样让无形变得有形，从而使消费者感知到这种服务是金融营销人员要解决的重要问题。借助于人员促销向消费者传递产品信息，以引发顾客购买欲望，使得金融服务有形化。

（4）加强与顾客的关系。在进行金融产品的促销过程中，人与人之间产生情感交流并建立良好的关系，这为后续交易提供了很好的基础，只要交易的双方有了感情基础，顾客在需要该产品或类似产品时就知道去哪里寻找。特别是在保险业中，投保人还需购买保险时，一般会继续选择同一家保险公司同一个保险业务员。

当然，人员促销也存在着一些不足之处：

（1）人员数量多且人均成本高。人员促销的形式有一对一、一对多和多对多三类，而金融企业目标受众数量多且分布广，因此进行此类促销时需要大量的营销人员，营销人员的基本工资、交通费等成本开销较大。

（2）接触面小。虽然人员促销具有面对面接触的特点，提高了单个促销信息沟通的有效性，但是毕竟金融企业的人力、物力、财力是有限的，进行人员促销时不能将其金融产品宣传覆盖所有的目标受众，整体的信息沟通有效性降低。

从其优缺点可以看出，金融人员促销适用于以下情况：金融产品的功能繁多，需要进行详细说明；金融产品针对某一类型小群体客户时需要人员促销；不了解金融产品而有意向购买的客户需要进行人员促销；在目标市场集中且金融企业资金充裕的情况下可以进行人员促销。

（二）金融产品人员促销策略

针对不同的金融产品，人员促销的内容不尽相同，但金融人员促销的基本步骤都一样，包括事前准备、寻找并接近目标顾客、产品介绍及信息交流、交易和追踪五部分。

1. 事前准备。金融营销人员在进行人员促销之前，就应当尽可能多地收集有关金融产品各方面的资料，包括金融企业基本情况、金融产品适用人群、金融产品功能及价位、金融产品能带来的好处等，并且应当准备好金融产品详细说明书和介绍词等。

2. 寻找并接近目标顾客。确定好金融产品的适用人群后，营销人员就应当根据适用人群特征来寻找目标顾客。寻找方法有很多，如通过现有顾客推荐、朋友介绍、电话黄页、行业协会名单等。营销人员应尽量重点寻找那些有能力并有意愿购买金融产品的目标顾客。

3. 产品介绍及信息交流。金融营销人员在进行金融产品促销时应当重点介绍金融产品的特点以及顾客能从中得到哪些利益。在整个产品介绍的过程中，目标顾客可能会针对金融产品提出一些问题和异议，这时金融促销人员应该更多地关注顾客的疑问，并就顾客提出的问题作出解释。

4. 交易。在完成对金融产品的详细介绍，并解答了顾客的质疑后，顾客进入了是否购买的决策阶段。金融营销人员要善于察言观色，采取一些积极的手法来促使客户尽快采取行动。如一些有经验的金融营销人员会使用客户已经购买该金融产品的口吻进行询问："您是交现金还是刷卡呢？"

5. 追踪。由于金融产品的特殊性，在产品售出之后，金融营销人员还必须进行跟踪，以帮助客户解决金融产品使用过程中的一些问题。良好的售后服务可以避免关系鸿沟的形成，同时能给顾客留下良好的印象，有利于建立金融企业形象，从而加深金融企业与顾客的关系，促成二次购买。

金融企业开展人员促销时，需要将促销人员进行合理的组织和分配。具体可以采取以下四种策略：

（1）目标区域策略。即把金融企业的目标市场划分为若干个区域，每个促销人员负责某个区域的全部促销业务。

（2）产品分类策略。即将金融产品与服务分成若干种类，每一个或几个促销人员结为一组，负责促销一种或几种金融产品。该策略尤其适用于类型多、技术性强的产品促销。

（3）客户细分策略。即把目标客户按其产业特征、人口变量、职业状况加以分类，每个促销人员负责向其中一类客户进行促销。该策略有利于促销人员深刻了解客户需求，从而有针对性地开展好促销活动。

（4）综合组织策略。即当产品类型多、目标客户分散时，金融企业应综合考虑地域、产品和客户等因素，并依据诸因素的重要程度以及关联情况，分别组成产品—地域、客户—地域、产品—客户等不同的综合组织形式，开展人员促销。

当然，随着金融产品和金融市场的不断变化，人员促销的策略亦需要及时进行评估和调整。

（三）金融促销人员的监管

金融促销人员的监管包括促销人员的选择及培训、激励和绩效考评三个方面。

1. 促销人员的选择及培训。金融促销人员的选择应当从道德、文化、专业素质和表达能力四个基本方面进行考评。道德素质是金融促销人员最基本的要求，有德无才可以培养，但有才无德却万万不行。金融促销人员应该具备市场营销学、心理学和金融学相关知识，并善于将这些知识运用到实际的促销活动中。

在进行促销人员的培训时，一般采取的方法有授课、示范、实习以及一对一学习。对培训不合格的学员应该及时剔除。

2. 促销人员的激励措施。科学合理的激励措施能调动促销人员的积极性，从而有效完成金融企业所制定的促销任务。在金融企业中一般实行的激励措施有以下几种：

（1）固定工资加奖金。这种激励措施一般适用于不直接获取订单的促销人员，如银行大堂经理等。但这种措施激励性不强，促销人员容易产生惰性。

（2）无底薪提成制。这种激励措施提成幅度较高，能大大调动促销人员的积极性。但这种激励措施容易使得促销人员重数量而轻质量。如银行规定办理一张信用卡奖励100元，某些促销人员为了完成任务，将持卡人的信用和偿还能力置之不顾，从而导致不少信用卡闲置，造成银行资源浪费。为此，一些银行针对在校大学生改变了信用卡办理流程。

（3）底薪加提成。这种激励方式是以上两种措施的结合，这也是现在金融企业较为常用的一种激励方法。

3. 促销人员的绩效考评。促销绩效的考评则是另一种调动促销人员积极性的方法。金融企业在进行促销绩效考评时，应当注意考评标准的可操作性、相关性和公平性。可操作性是指绩效考评指标要可行、可量化。相关性是指绩效考评指标内容应当与促销内容相关。公平性则是指对任何促销人员使用统一绩效考评指标。金融企业应根据实际促销内容、促销目的等建立相应的促销考评体系。评定指标可以是顾客满意度、金融产品销量、促销任务完成情况、开发新顾客数量等。

三、金融企业公共关系

（一）金融企业公共关系概述

1. 金融企业公共关系的含义。金融企业公共关系是指金融企业为了更好地争取公众的认可、信任和合作，建立企业良好的形象，提高声誉而采取的一些行动，它是一种间接的促销形式，能减少金融企业与外部环境的摩擦，提高企业形象，建立良好的金融营销环境。客户是企业赖以生存和发展的基础，建立与客户的良好关系，金融企业需要做到：（1）让客户充分了解企业的宗旨、信誉、经营范围和服务方式；（2）提供多样化的产品和热情周到的服务；（3）及时处理客户投诉，并善于协调与竞争者的关系，努力与竞争者建立良好的伙伴关系，尊重竞争对手，学习竞争对手的长处，创造和睦相处、团结合作、共同发展的外部环境。处理好上述关系是金融企业公共关系活动的重要内容，它将大大促进金融产品和服务的销售。

公共关系是一门追求良好企业形象的艺术，企业形象具体是指企业的产品形象、服务形象、员工形象、外观形象的风格与特征。良好的企业形象会给金融企业发展带来巨大的助力，能为企业赢得更多的客户和市场，增强其战胜困难的能力。因此，公共关系是金融产品促销策略的一个重要组成部分。

2. 金融企业公共关系原则。金融企业开展公共关系时应把握以下原则：

（1）沟通协调原则。金融企业的公关促销主要是通过沟通协调，促进金融企业与社会公众的相互了解和合作，建立与保持良好和谐的关系。

（2）互惠互利原则。金融企业在与社会公众交往的过程中，要兼顾双方的共同利益，寻求"双赢"。只要是本着"客户至上"的诚意为公众服务，企业就能树立起良好形象和声誉，从而获得社会公众的回报。

（3）社会效益原则。在公关促销中，金融企业在追求自身利益的同时，更应注重社会效益。当经济利益和社会效益发生冲突时，企业如能考虑社会整体利益，必将赢得社会公众的赞誉和支持，最终也将促进企业自身效益的提高。

（二）金融企业公共关系策略

金融产品公共关系的内容十分丰富，主要有以下几种形式：

1. 记者招待会。这是一种很重要的公共关系活动。金融企业就最近企业发生的一系列事件或即将推出新产品，召开新闻发布会，通过媒体向社会公众传播信息。这是与新闻媒体建立良好关系的重要手段。

2. 参加社会公益活动或慈善事业。社会公益活动是一种深入承担社会责任的活动，企业对公益事业的热情能赢得社会公众的普遍关注和高度赞誉，可以最大限度地增加营销机会。这已成为现今金融企业开展公关促销的主要方法之一，也是金融企业树立良好品牌形象的重要途径。金融企业参与社会公益活动或慈善事业，一方面可为金融企业或金融产品作广告宣传，另一方面也可借助于这种平台树立金融企业正面的社会形象。

3. 赞助。金融企业在选择赞助对象时必须考虑企业目标群体对赞助对象的认可、信任、喜爱程度。

4. 新闻报道。即金融企业通过与新闻界建立良好关系，将有新闻价值的相关信息通过新闻媒体传播出去，以引起社会公众对金融产品与服务的关注。报纸、杂志、广播、电视等新闻媒体是金融企业与社会公众进行沟通、扩大影响的重要渠道。新闻报道在说服力、影响力、可信度等方面要比商业广告所起的作用大得多，也更容易被社会公众所接受和认同。当然，金融企业只有不失时机地策划出价值高、可予报道的新闻，才能引起新闻媒体的关注，成为传媒追逐的热点。金融企业应借用新闻报道的形式将本企业具有新闻价值的活动或事件传递给消费者，从而增强信息的可信度。

（三）金融企业开展公共关系的意义

金融企业结合其他促销工具进行公共关系的最终目的是建立金融企业的良好形象。因此，公关关系的立足之点在于金融企业的长期利益而非短期的销量增加。由此，金融公共关系的意义体现在以下几个方面：

1. 促进金融诚信。

2. 提升金融企业和产品的知名度。金融企业可以通过赞助、参与慈善事业等方式扩大该企业在社会公众中的知晓度和熟悉度。顾客在选择金融产品时更愿意选择自己更为熟知的产品，一般来说在金融产品促销前期，积极的公共关系促销比大量的广告投入更有效。

3. 降低促销成本。良好的公共关系，可换来良好的社会口碑，口碑传播可大大减少金融企业在广告宣传方面的投入。

4. 建立与社会公众的良好关系。金融企业的生存和发展离不开社会这个大环境，因此，金融企业的观念、行为等应与社会观念协调一致。金融企业可以通过公共关系树立良好的"公民"形象，从而获得社会其他成员的支持，有利于金融企业长远发展。

四、金融产品营业推广

（一）金融产品营业推广概述

1. 金融产品营业推广的含义。金融产品营业推广是金融企业采取的收效迅速的促销方法。在市场营销中，营业推广也称为销售促进（Sales Promotion，SP），即企业利用非广告等短期活动来刺激顾客迅速购买其产品或服务。两者之间的不同之处在于销售促进不仅针对最终顾客，还针对企业中间商（如零售商等）；而营业推广主要针对的是金融企业的公司或个人顾客，营业推广只是广告和人员促销的一种补充、辅助工具，作用短暂，仅适用于短期促销。对金融企业而言，新客户可以分为两类，一类是尚未接受金融服务的潜在客户，另一类是已接受过同类产品的客户。

营业推广的主要作用表现为：（1）加速新产品进入市场的过程。当消费者对投放市场的新产品尚未充分了解时，通过必要的促销措施可以在短期内迅速为新产品打开销路。（2）抗衡竞争者的促销活动。（3）刺激消费者的购买欲望。即通过适当的促销措施，使消费者对产品产生好感，促成其购买行为。

2. 金融产品营业推广的特点。营业推广的基本特点为：（1）非规律性。营业推广多用于短期的促销活动，目的在于解决具体的促销问题。（2）方式多样性。营业推广的具体方式包括赠送礼品、有奖销售、免费服务、陈列展示等。（3）效果即时性。营业推广的促销效果可在短期内迅速显现。

3. 金融产品营业推广的优缺点。

营业推广有以下优势：

（1）吸引力、诱惑力强，能加深老产品在顾客心中的印象，能促使顾客购买新产品。

（2）方式灵活、针对性强，可以根据顾客特点、营销环境的不同改变其营业推广的方案。

营业推广不足之处在于，营业推广仅是辅助工具，须和其他促销工具合用；容易使顾客成为价格敏感型顾客；使用不当将影响企业或产品形象。

（二）金融产品营业推广策略

1. 营业推广过程。

（1）确立营业推广目标。由于目标市场和产品生命周期不同，营业推广所要达到的具体目标也不相同。例如，对于传统金融产品，企业应鼓励客户重复购买；而对投放市场的新产品，则应吸引客户尝试购买，尤其鼓励反季节性购买。

（2）选择营业推广方式。为了实现促销目标，金融企业应根据市场需求和竞争环境，选择适当有效的营业推广方式。例如，营业推广目标是为了抵制竞争者促销，企业可采取赠送礼品、有奖销售等措施。

（3）制订营业推广方案。金融企业制订方案要本着费用少、效率高的原则，可具体规定营业推广的范围、途径、期限和成本等。

2. 金融企业应当根据不同目标受众使用不同种类的营业推广策略。

（1）样品。由于金融企业所提供的金融产品大多数具有无形性，所以在向顾客赠送样品时更多的是赠送一些主体产品的附属物或样品，从而吸引顾客对主体金融产品产生兴趣进而购买。如工商银行办理信用卡时，免费赠送网上银行 U 盾。

（2）赠品。在顾客购买或使用金融产品时，金融企业会向顾客赠送一些小礼物以吸引其购买，如银行在办理信用卡时，会赠送办卡者一些小礼品，如杯子、雨伞等。

（3）消费积分。这种方法常用于银行信用卡。消费者在网上或实体商店进行刷卡消费时，根据消费金额的多少会得到相应的积分。消费者可以通过积分兑换相应的礼品，积分越多，兑换礼品的价值越高。

五、金融产品直接营销

（一）金融产品直接营销概述

间接营销与人员促销一样，能与顾客进行双向信息沟通。直接营销在营销渠道领域被定义为，金融企业不通过任何中间商而将金融产品销售给客户的形式，而在促销领域中，直销则是指运用双向信息沟通，刺激顾客进行购买的促销形式。从以上定义来看，在促销领域中人员促销属于直接营销的一种，但在营销管理中，金融企业只把人员促销当做一种基本促销工具来使用。因此，这里介绍的直接营销是指除了人员促销以外的其他直销方式。金融产品直接营销具有以下优点：

1. 不受空间限制。金融企业可以通过网络、电话等技术进行远程直销。

2. 隐蔽性好。直销具有很强的隐秘性，往往金融企业只针对目标顾客，因此不易被竞争者所察觉。

3. 信息双向交流。一是能准确收集相关信息，找到成本最低，利润最大的方法；二是能及时处理顾客反馈信息，巩固了与顾客的长期关系。

（二）金融产品直接营销策略

金融产品的直接营销方式包括邮寄营销、电话营销、电子邮件营销等。

1. 邮件营销。这是基于金融企业已知的顾客名单，通过邮寄的方式向目标顾客介绍新产品信息等来促使顾客购买发生的直销方式。一般邮寄物件包括金融产品宣传册、新活动介绍单等。

2. 电话营销。电话营销是指通过电话来销售金融产品的一种直销形式。由于金融产品的购买程序较为复杂，目前从技术上还不能借用电话营销的方式来完成金融产品的销售。电话营销在金融行业中主要用于金融产品的介绍等。电话营销人员应当注意以下几点：第一，愉悦、亲切的语气是成功的一半，因为在电话营销中，顾客只能通过营销人员的声音对服务态度进行判断与评估；第二，选择恰当的营销时间，如在上班时间，被访者通常会对电话营销产生反感；第三，电话营销结束时，要表达感谢之意，使客户由始至终感受到被重视。

3. 电子邮件营销。电子邮件营销是目前金融行业中最为常用的直销方式。金融企业在推出新产品或优惠活动时，通过电子邮件的方式向现有顾客进行介绍。如信用卡用户除了能收到每月消费明细单以外，银行推出的各种信用卡刷卡优惠活动详情都会时不时地电邮给信用卡用户，从而刺激用户进行刷卡消费。

4. 数据库营销。数据库营销起源于顾客关系管理系统，是将数据库技术、顾客行为分析技术和直接营销三者结合，对潜在或已有顾客进行数据收集和分析，有针对性地进行直接营销来实现销售目的。

【复习思考题】

1. 什么是金融营销促销？其影响因素有哪些？
2. 简述金融服务促销决策的过程。
3. 简述金融促销人员应当必备哪些技能。
4. 简述金融促销人员的监管过程。
5. 什么是金融产品广告促销？具有哪些优缺点？
6. 试述金融产品广告开发与计划的内容。
7. 简述金融产品营业推广的定义及其分类。
8. 举例说明金融产品公共关系对于金融企业的重要意义。
9. 试述金融产品直接营销的定义及其主要形式。

【案例分析】

油价进入 8 时代　省油钱成信用卡推广策略

日前油价已进入了 8 元时代，如何才能在加油的时候省点钱成为市民烦恼的大问题。而各大商家也看准了这个机会，团购网站频频推出优惠加油卡团购活动，屡次攻占各个城市团购销量榜榜首，多家银行的信用卡也有加油优惠政策推出，省油钱也成为信用卡推广新策略。

各银行一呼百应纷纷利用油价吸引消费者

某团购网站率先引领这次团购加油卡潮流，该网站近日推出一单原价 500 元、折扣价 465 元的中石化加油卡团购，吸引了逾 5000 名消费者付款参团。而另一团购网站近日打出的"自主出价"团购加油卡的噱头，吸引近百人参与出价。与此同时某团购网站巨头则打出了"0 元抽奖"的招牌，10 张中石化 500 元加油卡竟然吸引万人参与。

不仅仅是团购网站在行动，各家银行也以"汽车信用卡＋加油卡"的组合来吸引消费者。目前某商业银行的一款汽车信用卡推出了优惠活动，到指定合作加油站点刷充值加油卡可以享受"平日为 3%、周五为 5%"的加油金额优惠，在活动期间，客户每月最高可获得加油返还金额为 30 元。以此算来，如果一个月使用 200 升，若均为周五加油，每月可省近百元。

国有银行不甘落后，推出给力优惠

国有四大行也不甘落后，一家国有大行的信用卡则有"在全国指定加油站加油每升优惠0.1元"的优惠，按一个月使用200升计算，使用该卡加油每月也能省20元。在另一家国有大行，客户使用指定信用卡可以参加"最红星期五"优惠活动，加油可以享受5%的刷卡金奖励。某银行4月1日开始活动，在活动期间消费每满3000元赠100元加油卡，最高可以享受到500元的加油优惠。另一大行的"中油卡"在指定的加油站刷卡加油可以享受1%的现金直减优惠。除此之外，还有的银行是采用积分来兑换加油费。值得一提的是，在固定加油站办卡一般都有1%的优惠积分，到一定程度还可以返还油费，两者组合起来最高优惠可达6%。

信用卡加油优惠消费者受益丰厚

虽然用信用卡加油享受到的优惠看起来并不高，最多也仅有95折左右，但油价在不断攀高，日积月累下来也能节省一笔不小的费用。不少有车一族也专门多办了一张信用卡，专门用来加油的。不过需要注意的是，持卡人在选择办理汽车信用卡时要看清相关规定，因为想要享受上述这些服务每家银行的门槛并不一样。有些银行门槛较低，只要持卡人一年有固定笔数的交易即可；而有一些则较高，需要持卡人缴纳一定金额的年费，并且对于优惠一般都有一定的上限。

（资料来源：http://www.bankrate.com.cn/articles_2012_0410_youjiajinr-71047.html）

【参考文献】

［1］唐小飞、周晓明：《金融市场营销》，北京，机械工业出版社，2010。

［2］邹亚生：《银行营销导论》，北京，对外经济贸易大学出版社，2006。

［3］徐晟：《金融企业营销理论与实务》，北京，清华大学出版社，2008。

［4］陆剑清：《行为营销学》，上海，立信会计出版社，2009

［5］George E. Belch、Michael A. Belch、张叔庭、郑苏晖：《广告与促销：整合营销传播视角》，北京，中国人民大学出版社，2009。

第十章
金融营销的服务策略

【本章概要】

本章在介绍金融业营销组织的模式以及金融营销组织的协调、管理的基础上，进一步阐述员工忠诚管理及如何培育忠诚员工；重点介绍金融业客户关系管理与实施，并说明金融业服务营销质量管理的重要性和提高服务质量的方法。

【要点提示】

1. 掌握金融业营销组织的模式的含义、特点以及各自的优缺点；
2. 了解忠诚管理的含义，掌握如何使员工忠诚；
3. 理解客户管理的含义，掌握客户开发、客户保持的策略；
4. 理解提高金融企业服务质量管理的方法。

【案例导入】

给客户最大的方便
—— 汇丰的个人银行 CRM 策略

国际性产品和服务

总体来说，汇丰集团的核心业务是国内商业银行和金融服务，资金来自本地，业务也在本地。技术把这些业务运营高效地联系在一起，所提供的国际性产品和服务涉及宽广的领域，而且适合本地客户的需求。

汇丰采用了 CRM 系统，目的是给客户以最大的方便，提供随时、随地、任意类型的银行业务。此外，它正对客户授权进行彻底的改变，在市场中不断打击其竞争对手。

在传统银行业务中，客户要排很长的队来进行如转账、汇兑、存款、提款、支付之类简单的交易，这就必然伴有银行内部出纳与客户之间面对面的交流。

这之后有了 ATM 机和电话银行业务的发展。通过使用电子技术，银行的人力节约了，同时由于不用排队，客户的时间也节省了。

今天，汇丰通过互联网提供具有成本效率且用户界面友好的 e-banking 业务。e-banking 提供的个人服务包含支票账户结算、票据支付、本地及海外汇丰账户间的转账，以及个人信息的更新。除了 e-banking 的个人服务之外，汇丰对其商业客户也非常关注，通过互联网来提升其商业服务、企业服务和机构服务的质量，提高客户保持率。e-banking 提供的服务是流水线型的，客户能够方便地购买到如保险和股票这样的产品。

汇丰很清楚其客户的业务都很繁忙，希望每件事情都能迅速办理，没有时间在银行办公期间上银行跑一趟。因此，它把有些分支机构改为昼夜银行业务中心（Day & Night Banking Centers），客户可以在自己方便的时候利用空余时间处理自己的账户。同时，汇丰也建立起了电话及 e－banking 银行业务，方便客户使用自己的账户及利用电话和互联网随时随地方便地进行交易。

更好地满足客户需求

汇丰已开始加强开发理财产品的力度，他们通过聘请专业人士等方式，为其投资、个人理财计划及保险等各个方面的职员提供培训。同时它还对相关产品进行市场促销，如 Power Vantage Banking Services 和 Business Vantage Banking Services。

通过 CRM 系统，汇丰还可以知道其主要客户是谁。汇丰为 VIP 客户提供一种特别的银行服务，称为 HSBC Premier。在实施 CRM 系统之后，汇丰可以得到关于客户倾向和习惯的更多信息，以及其主要客户对不同种类产品、服务和投资组合的要求。在分析了经数据挖掘获得的资料之后，公司就能在必要的地方改进技术，为职员提供培训，创造新的产品以满足客户的需求。

在增强客户效用和效率方面，e－banking 中的客户关系管理有很多优势，这是因为它对所有客户信息的增强作用，如他们的账户和投资组合，以及他们的投资效益如何逐渐增值等等。管理工作负担的降低，加上数据收集的流水线化，就可以非常容易地针对客户需求进行取舍，同时让银行雇员能够研究有用的客户数据。

给客户更多的选择

CRM 可以帮助汇丰找出其客户的需求，发现重要的客户，这样公司可以用 20% 的资源来产生 80% 的利润。

由于当今技术和基础设施的发展非常迅速，汇丰未来的任务是克服技术难题为客户提供更多互动和整合的服务和信息。客户增长率、保持率和满意率的提高就是对投资的合理性证明。不同的客户有不同的需求和倾向。像汇丰那样让客户拥有更多的选择是可能的，这种做法允许客户选择他们自己指定的文件接收方式、支付方式、购买方式和发货方式。例如，客户可能会想要每月收到 e－mail 财务报告书；也许会想要收到由快递员带来的礼物。

汇丰的实践说明，一家银行是能够获得有用数据并予以分析用作内部使用的。然而，这些数据也可用来做成财务报告送给客户使用，它能为客户的财政状况和投资选择提供见解和建议。

案例评析：

如今，人们要求的银行服务比传统的银行服务提供的要多很多。他们希望银行为他们提供财务建议以满足自己的需求。他们更喜欢银行能提供一步到位的金融服务以满足自己的投资、保险、储蓄方面的需求。

汇丰的 VIP 无论在地球的哪个地方，都将能够获得优质的金融服务。他们拥有个人的客户关系经理或者专门的执行团队，随时准备提供财务解决方案的帮助以满足他们的需求。

CRM 可以帮助银行优化其交叉销售、向上销售及主动保持客户方面的策略，列出最可能购买产品的客户名单以进行目标明确的营销战略。

在当今不断变化的商业界，提供高品质的服务是大多数商业机构的主要目标，而客户满意度是他们关注的重点。一套有效的 CRM 系统能帮助一家公司进行市场竞争、获得潜在客户、保持盈利客户、降低营运成本，并最终产生利润。

有些客户能影响到其他客户的选择和倾向性，这样的客户被称为"意见领袖"。因此，甄选并维护"意见领袖"，对银行维护和发展客户群体具有举足轻重的意义。

（资料来源：徐文伟：《银行营销实战案例》，清华大学出版社，2006）

第一节　金融业营销组织的模式、协调与控制

所谓组织，就是人们为实现共同目标，而将人、财、物等资源集合而成的有机体。金融机构实际是按国家金融法规和一定的目标、任务编制起来的，专门从事货币、信用经营的特殊企业组织，也可以说是金融业员工为实现共同目标和自身价值的一个平台。

在现代金融业竞争中，出现在市场的是各个不同的金融组织。各种业务竞争，都是组织之间在较劲、角逐。再从金融业发展看，推动其前进的是组织形成的合力，绝不是某个人或几个人的力量。因此，如何做好组织建设，打造一个运行顺畅、有效，且充满生机与活力的组织机构，对金融机构的竞争与发展具有非常重要的意义。

一、金融业营销组织的模式

对于组织机构的基本形式，哈佛大学商学院 Nitin Nohria 教授在 1995 年 6 月发表的《组织机构概述》（*Note on Organization Structure*）一文中，将不同的组织结构划分为职能型、事业型、矩阵型、网络型及混合形式。金融业营销组织模式是金融业组织营销活动的方式。随着金融业营销活动的发展，金融业营销组织，围绕金融产品职能、活动领域范围、地理位置形成了多种多样的模式。主要几种模式及特点为：

（一）职能型金融营销组织模式

该模式按照营销工作的不同职能来对营销部门进行具体划分。一般来说，金融营销部门可以设市场调研、新产品开产、广告与促销、销售和客户服务等职能岗位。其中，市场调研部门主要负责改善金融市场机会及营销活动的市场调查研究；新产品开发部门根据市场调研信息设计满足市场需求的产品；广告与促销部门负责提供有关推广金融产品信息、广告宣传、媒体技术等服务，增强本行及产品的知名度；销售人员负责接触客户推销产品和收集市场需求；客户服务部向客户提供各项售后服务，接受客户投诉。在这种模式中，营销主管是最高层次，负责金融营销战略的制定和决策等关键事项，同时做好各职能部门协调工作。模式结构如图 10 -1 所示。

职能型金融营销组织分工明确、信息交换迅速、决策权高度集中、成本低，并且有利于发挥员工专长，但是，它只适合市场小、产品数量少的金融营销活动。如果金融机构规模较大，产品数量多，则容易造成各部门各自为政、难以协调的局面。

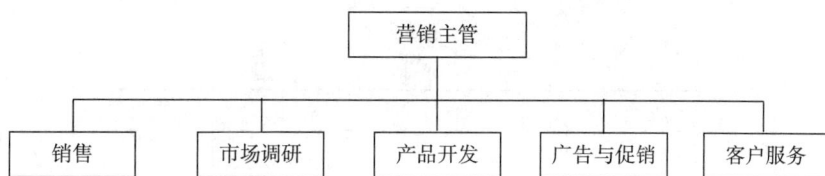

图 10 - 1 职能型金融营销组织模式

（二）产品型金融营销组织模式

产品型营销组织模式是按照不同种类产品进行管理的组织模式。适合于规模较大、金融产品较多的金融机构。比如，一个资产规模较大的金融机构常常经营多种产品，这些产品包括存贷款产品、基金管理产品、证券交易产品和保险业务产品等等，组织结构选择时，可根据产品特性，设置不同部门——个人业务部、公司业务部、基金管理部、证券交易部、保险业务部等，每个部门专职于几类产品的市场开发和客户维护；在这些部门内部再分设不同职能岗位——市场调研、产品设计、销售、广告与促销和客户服务等，模式结构如图 10 - 2 所示。

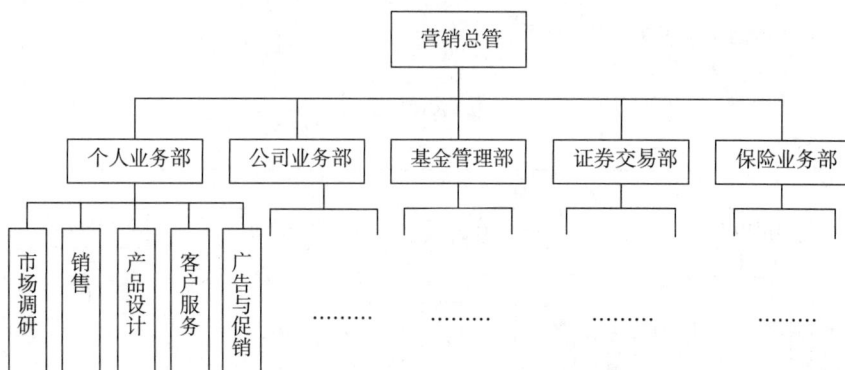

图 10 - 2 产品型金融营销组织模式

产品型营销组织优点是：不同产品由专人负责，使各种产品不会被忽略，产品成长较快；对于市场需求反应快，开发产品适应性强，效率高。但该模式也存在缺点：成本高，部门间可共享的资源有一定浪费；整体性差，各部门专注于管辖的产品而忽略整体市场状况。

（三）地域型金融营销组织模式

地域型金融营销组织模式是按照不同地区来设置营销职能部门的模式。在该模式中地区营销主管掌握本地区市场环境、客户及竞争对手状况，调动本区域人员力量，开展营销活动。该模式组织结构如图 10 - 3 所示。

地域型营销组织特点是地区营销主管可以根据本地区的市场环境、客户及竞争对手的状况，开展营销活动，最有效地应用银行产品和服务满足市场要求。该模式可以降低营销费用，较好地评价营销人员绩效。

（四）市场型金融营销组织模式

市场型金融营销组织模式是以市场细分作为基础的一种金融营销组织模式。现

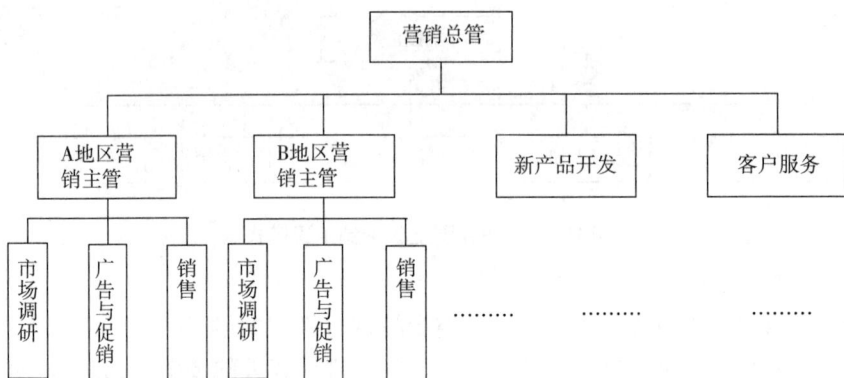

图 10 – 3   地域型金融营销组织模式

代金融业为了集中精力开展营销，要进行全面的市场细分和市场定位，从而为不同市场提供优质服务。市场细分标准多种多样，常见的是将整个金融市场划分为个人客户市场和企业客户市场。个人客户还可以按生命周期分成少年儿童群体、未婚青年群体、成年群体、退休养老群体等等；企业客户又可以按规模分为大型、中型、小型等。该模式结构如图 10 – 4 所示。

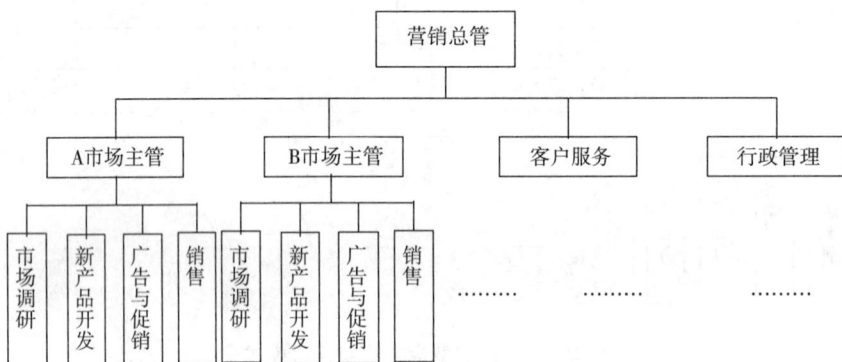

图 10 – 4   市场型金融营销组织模式

市场型营销组织模式有利于市场主管对所负责的市场发展状况进行分析预测，制定可行的产品和拓展计划，不断发现新机会，提高市场占有率。

（五）混合型金融营销组织模式

金融市场不断向广度和深度发展，经营规模和业务范围也不断扩大，单一的组织模式已不能适应现代化金融机构的营销需要。混合型金融营销组织模式是为了弥补各单一营销组织模式的缺点，而将不同模式相互配合、相互搭配。比较典型的混合型营销组织有：

1. 产品—市场型模式，即营销部门同时设立产品经理与市场经理，前者负责产品销售及利润规划，后者致力于市场的培育开发。

2. 产品—职能型模式，即营销专业职能与不同产品相互交叉，扩大金融机构对复杂环境的适应面。

以上五种组织结构的优缺点见表 10 – 1。

表 10 - 1　　　　　　　　　　　不同营销组织优缺点比较

组织机构	职能型	产品型	地域型	市场型	混合型
资源时间利用效率	最高	较低	较高	最低	较高
反应性	最低	较高	最高	较高	较高
适应性	最低	较高	最高	较高	较高
员工责任心	较高	最高	较高	较高	较低
适用的环境	稳定的环境	受外界支配的环境	动荡的环境	受市场需求支配	多重需求的复杂环境
适用的战略	重点低成本战略	多元化战略	创新性战略	适应性战略	响应性战略

二、金融营销组织的协调

所谓组织协调，就是要求各个组织在实际运行时，按照一定规则相互配合、相互合作，从而保证整个活动步调一致，最有效地实现组织目标。而要保证金融机构庞大的组织群体内部运行顺畅、和谐，客观要求有一个强有力的协调机制，即通过建立一整套硬性的规章制度和软性的企业文化理念，来约束与引导各组织和组织内部的各机构，使它们保持密切联系，互相配合，互相支持，进而使整个组织活动步调一致。

（一）纵向组织协调

1. 金融机构必须强调下级服从上级的组织原则。金融机构是特殊企业，不仅本身是个高风险行业，而且其经营活动对社会的稳定与发展具有很强的影响力。同时，目前在管理上特别强调一级法人观念。鉴于以上条件，金融机构组织协调的重点应该是理顺指挥与执行的关系。上下级组织之间，必须强调上级的指挥、命令下级必须贯彻执行，不允许自行其是，这样才能确保金融机构各级组织活动的统一性和系统管理的有效性。如果有令不行，有禁不止，整个系统散沙一盘，那就不是真正意义上的组织。

2. 上级决策应当力求正确、及时、灵活。上级在行使决策权、指挥权和监督权的过程中，应当注意以下问题：

（1）决策正确性。决策前必须深入调查研究，充分听取下级组织的意见和建议，实行民主决策，使决策符合基层的客观实际，努力避免决策失误，提高决策效果。

（2）决策的及时性。密切关注国家政策动向和市场变化趋势，把握机遇，及时决策，以抢占先机，提高组织的竞争力。

（3）决策的权威性。决策作出后，一方面要及时组织实施，使决策尽快落到实处；另一方面要配合检查监督下级组织对决策的贯彻执行情况，防止在贯彻过程中的抗拒、遗漏、变样、打折等现象的发生。

（4）决策的层次性。在金融指令构成中，一部分是强制性的，下级组织必须贯彻执行，如利率政策、存款准备率、结算规定等；另一部分是只作原则性规定的，允许下级组织相机处置。上级组织在作决策时，对指令必须有所区别，不宜将具有灵活性的指令做成强制性指令，否则，就会削弱决策的效果。

（5）决策的层级性。按照组织分工与授权要求，不同组织享有不同的决策权，相互之间不能侵权决策。

（6）决策的切实性。这是要求决策要尽量接近事件现场。目前，金融市场瞬息万变，机遇稍纵即逝，行业之间竞争日趋激烈。在这种条件下，上级应尽量将非强制性的经营管理决策权下放基层，让直接从事市场业务或最接近事件现场的组织或个人作决策，这样能有效减少决策的传输环节，提高决策的及时性和准确性。那种揽权过多，采取远离现场，靠听汇报作决策，或是遥控指挥的做法，往往会导致组织反应呆板、运作僵化。

3. 下级组织既要执行指令，又要立足实际，坚持真理。作为下级组织，首先要认真贯彻执行上级决策，听从上级指挥，自觉坚持一级法人观念，维护整个金融组织的协调性和统一性；在此前提下，也要敢于坚持真理，实事求是地执行上级组织决策。客观地说，由于各种因素影响，上级组织的决策不可能每次都准确，完全符合各个不同地区、不同事件的实际情况。因此，对上级的指示、规定，要结合实际认真分析，全面理解上级指令的精神实质，对不符合客观实际或是错误的指令，要有对事业负责的精神，及时向上级反映，提出修正建议，或是相机处置。如果不顾客观实际，唯命是从，盲目执行上级决策，就会给事业造成损害。另外，还要及时、经常地向上级组织反映基层实际，主动提出对问题的见解和工作建议，为上级组织决策提供信息和依据，以提高决策的科学性。

（二）横向组织协调

1. 提倡组织间分工合作，同舟共济。由于部门的利益与职责、看问题的角度等因素影响，职能部门之间往往会形成一些矛盾和摩擦。还有在部门分工上，虽然强调职责要清晰，但金融工作是一个有机的整体，有些职责分配不可能做到一刀两断，泾渭分明，往往会存在某些内在的联系和搭接。而且，在市场不断变化的环境中，新的职责会不断出现，有些旧的职责会不断消失。在这种情况下，就需要强调部门之间的合作与协调。一方面各职能部门要树立全局观念，部门利益要服从大局利益，切不可因狭隘的部门利益而损害与其他部门间的合作关系，损害组织内部的有机联系；另一方面，对部门间发生的矛盾，各方应当在维护整体利益的条件下互相协商处理，主动承担责任，友好合作，切不可为部门利益争功诿过，或者是用掌握的职权互相制裁，搞内耗。

2. 在强调部门之间合作的同时，也要强调相互监督。由于金融组织是与钱打交道的高风险行业，为了保持稳健经营和防范经营风险，应当强调互相监督。实践证明，金融组织拥有良好的内部制衡机制，就能实现稳健的高效经营。反之，各部门职权放任自流，缺乏有效约束，必会造成管理混乱和经营损失。在实际操作过程中，要注意处理好几个具体问题：

（1）监督的目的是促进业务经营规范运行，实现组织目标。在此前提下，作为监督部门应该认真履行职责，秉公办事，不能因人情、私情或某些行政干预而失职。作为被监督部门，也要自觉接受监督，严格地按章办事，规范经营。

（2）监督与被监督双向运作。监督部门也要接受被监督部门的监督，那种没有监督的监督，很容易脱离正常运作轨道。只有相互监督，才能有效形成组织中的制衡机制。

（3）监督部门既要有所超脱，也要置身于实际经营之中。具有监督职责的部门，在履职过程中，应当享有一定独立处事的资格，并排除某些不正当的干扰，这样才能做到客观公正。例如，前几年有的基层商业银行将稽核工作并入会计部门，由会计部门行使稽核职权。事实上，会计业务本身就是稽核监督的一个重要方面。由于稽核监督没有超脱性，"运动员"与"裁判员"混为一体，无法实施公正而有效的稽核监督，因此，个别金融机构大搞假账、私账、账外账，结果造成重大损失。但是，监督部门也要置身于现实，尊重客观实际，积极参与改革实践，了解、熟悉市场变化形势，积极支持业务经营部门破旧立新和根据实际需要做某些变通处置，切不可不顾实际，为监督而监督，搞教条主义，这样势必阻碍组织的改革与发展。

第二节　金融业员工忠诚管理

一、忠诚管理的内涵

人文范畴中有着悠久历史的"忠诚"概念，在当代管理界中也日益成为一个关注的焦点。哈佛大学哲学系教授乔西亚·洛伊斯早在1908年《忠诚的哲学》一书中指出："忠诚自有一个等级体系，也分档次级别：处于底层的是对个体的忠诚，而后是对团体，而位于顶端的是对一系列价值和原则的全身心奉献。"弗雷德里克继承并发展了这一观点。他认为，所谓忠诚，并不仅仅是指经营思想和战略规划，因为它提出了一整套实用的测量指标，所以它还指导着实施战略策略的日常工作的操作。因此，他认为，忠诚管理并不仅仅是指面向个人或团体的忠诚，更重要的是忠于某个企业据以长期服务于所有成员的各项原则。同时他提出了衡量忠诚管理的一个基本框架，赢得雇员的忠诚是其设计的框架中的八大要素之一。诺贝尔经济学奖获得者西蒙认为，组织目标的"内在化"使组织内各成员养成了对组织的依赖感和忠诚，而组织价值观确定其组织目标，只有当个人的价值观与组织的价值观和社会价值观相一致时，组织内的个体才会认同，从而产生群体的内聚力。

员工的忠诚可以分为主动忠诚和被动忠诚。前者是指员工主观上有强烈的忠诚于企业的愿望，这种愿望往往是由于组织与雇员目标的高度协调一致，组织帮助雇员发展自我和实现自我等因素造成的。后者是指员工本身并不愿意长期留在该企业，只是由于客观上的约束因素（如较高于同行的工资、良好的福利、交通条件、融洽的人际关系等）而不得不继续留在该企业，一旦约束因素消失，员工就可能不再对企业保持忠诚了。相比较而言，主动忠诚比较稳定。从另一角度看，员工的忠诚有两种：一是员工在职期间勤勤恳恳、兢兢业业，能够为企业的兴旺尽职尽责；二是在企业不适合员工或员工不适合企业而离职后，在一定时期内能保守原企业的商业秘密，不从事有损原企业利益的行为。

员工对企业的忠诚度是企业管理好坏的重要指标，也是关系到企业能否顺利发展的大事。美国《管理评论》杂志指出，今天的企业面临两大挑战：一个是吸纳稳定性高的员工，另一个是留住能力强、位居关键的员工。没有一支稳定的员工队伍，企业的生存、发展、巩固是一句空话。同样，里奇海德在《员工忠诚的效应》中曾一再强调，提高雇员对企业的忠诚度对企业经营大有裨益。员工忠诚带来的益处是多方面的，其中包括降低员工培训支出，提高生产率，创造更多的利润，以及这些忠诚于企业的员工对客户和新员工产生正面影响等。据赫氏集团管理咨询公司估计，企业每解雇一个员工所损失的培训时间、生产力和其他因素相当于损失两个月的员工工作时间，约相当于5万美元。

对于金融业来说，员工的忠诚能使其最大限度地发挥创造力和潜能，使他们在业务流程的各个环节中提高效率，从而降低成本。以银行为例，员工忠诚可以赢得优质的客户群体，一旦拥有了一批忠诚的客户，便会产生多米诺骨牌效应，赢得更多顾客，推动商业银行的业务不断向前发展。忠诚的剩余价值就是忠诚领先的银行，比一般银行能产生更高的经济效益，也即忠诚的溢出效应。

这就要求所有的员工忠诚于自己的企业，最大潜能地发挥自己的创造力，团结敬业，勤奋上进，创造比竞争对手更有竞争优势的服务和产品。

二、我国金融业员工管理中存在的问题

人才是生产力中最宝贵的资源，是竞争的法宝。但在中国，作为服务利润链的最基本要素，员工的忠诚并没有得到应有的重视。目前金融业员工管理上存在着以下几个问题：

（一）对"资源"的认识不足

长期以来，对"资源"的理解仅停留于"物质、动力的天然来源"，没有认识到人也是资源的一部分，更没有认识到人力资源代表了能为企业带来高价值的无形资产。认识上的欠缺使得在金融业内部仍没有建立起一套科学、行之有效的人事管理制度，在人员聘用、考核、提升等方面还存在着一定的主观性，高级金融人才得不到足够的重视。

（二）员工缺少共同愿景

从国外的实践来看，企业的发展目标深刻地、不间断地与人力资源政策相结合，作为企业的每一位员工都清楚地知道企业的长期发展目标、部门的发展目标及个人工作职责，同时努力使自我素质与企业精神相符合，做到实现企业目标的同时实现自我价值，这样员工就有了奋斗的动力。遗憾的是我国金融机构大部分实行"高层任命制度"，每当一位新的领导上任，其企业发展战略方针就会随着个人思想的不同而发生变动，而中低层员工的思想及行为方式也要相应调整。企业发展方向的频繁变动，使得企业目标很难在短时间内得到充分贯彻，对员工队伍的建设会有不良的影响，容易造成员工对企业发展前景的质疑，从而导致意识形态及行为方式的背离。

（三）员工缺少忠诚度

目前国内金融机构没有建立起一套完善的员工激励制度，在薪酬制度上也存在一定的缺陷，加上缺少对员工及工作的评价标准，员工因此而没有工作热情，更难培养出与企业荣辱与共的"主人"的精神，而且国有银行普遍存在的论资排辈、行

政任命、"官本位"等制度缺陷，对吸引人才和留住人才极其不利。大多数的员工对企业缺乏忠诚度，因此出现了员工频频跳槽的现象，这一方面是由于外界变化具有一定的诱惑力，另一方面也与企业自身的管理体制有关。

由于外资金融机构在国际声誉、薪酬待遇、激励制度、培训计划等方面比中资银行有较大的优势，加入世贸组织后，中资银行人才外流不可避免。外资金融机构会用高薪聘用、委以重任、出国培训等优厚条件，以及科学的人才管理方式来猎取中资银行的"金融精英"。此外，外资银行还建立了比较完善的社会保障体制，推行如"职工持股"制度等。调查报告统计，近几年来，我国商业银行已有不少优秀人才流失。截至2007年，我国国有商业银行人才的流失率达10.7%，一部分流向外资银行，一部分留向股份制银行，我国股份制银行建设初期，中高层管理人员85%来自国有商业银行。

人才的流失，同时还意味着优质客户的转移。因此，对于中国金融机构来说，拥有一支稳定的员工队伍是企业发展的基石。从发达国家的经验看，3%~5%高层管理人员的流失将对一家银行的经营业绩产生直接影响。如何培育人才，留住好员工亦成为金融机构人力资源管理中的亟待重视的问题。

三、如何培育忠诚员工

培养员工的忠诚度首先要提高员工的满意度。全面员工满意是指所有管理者都应从员工与组织的各个方面入手分析影响员工满意的各种因素，并采取各种措施全面提高员工满意水平。

（一）影响员工满意水平的因素

影响员工满意水平的因素有很多，主要有：

1. 报酬结构。公平、合理的报酬制度是员工满意的关键因素。虽然人们在意报酬的绝对数量，但更看重报酬的公平性。

2. 工作内容。一般来说，员工喜欢具有挑战性的、自己感兴趣的工作，不喜欢单调乏味、不能发挥才能的工作。

3. 人际关系。友好、合作的同事是员工满意的重要因素之一。另外，如果与上司、下属相处和睦，也会令员工满意。

4. 事业发展。员工喜欢有机会晋升与发展的组织与工作。如果事业发展不顺利或晋升政策不公平，员工就会不满意。

5. 工作条件。良好的工作条件如适宜的温度、湿度、通风、照明等是影响员工满意度的重要因素。

6. 管理状况。组织的管理状况如领导方式是否恰当、规章制度是否合理、责权是否清晰、沟通是否顺畅等也是员工满意与否的关键变量。

7. 个人性格。有些员工性格开朗，即使是环境欠佳，也乐观向上；有些员工性格抑郁，即使是条件很好，也会不满意。

（二）提高员工满意水平的措施

管理人员从以上各个方面采取措施可以做到让员工满意，为建立忠诚度作准备，除此之外，还必须做好以下三个方面，以培养员工的归属感，让员工觉得自己是企业不可或缺的一员，只有这样，员工才能忠于企业。

首先，营造团结、诚实、尊重、信任的企业文化。企业建立企业文化，目的是为了形成一种精神力量以促进全体员工积极奋发向上，形成良好的工作氛围，它对人有引导、约束和激励作用。管理心理学的研究表明，当一个人对组织没有归属感的时候，其所作所为只对自己负责，当个人利益与组织利益发生冲突时，他会优先保证个人利益；当员工有较强的归属感时，才会对组织负责，必要时甚至会为组织作出必要的牺牲。企业建立起团结、诚实、尊重、信任的企业文化，公司信任其员工，授权员工代表公司作出决定，不需要任何批准，员工就会增强责任感，进而会形成归属感。在工作中建立起团结、信任的道德规范体制，员工会在安全的工作氛围内，发挥团队精神，友好合作，从而形成一支稳定的队伍。

其次，注重员工学习和培训。在知识经济时代，不断地学习变得越来越重要，掌握知识成了人们的追求。信息和知识的发展在迅速倍增，如若不持续地学习和及时掌握新知识，已有的优势将很快不复存在。人们需要终身学习，需要更多可以转换的技能。因此，企业应为员工提供更多的学习机会，重视培训和教育，从而提高员工的素质，充分挖掘和利用他们的潜能，实现其自身价值，提高工作满意度，从而促进生产的发展，提高企业的竞争力。经过学习和培训，企业由于员工技能的提高而得到长足的发展，员工则从企业发展和自身努力中获得收益，这对员工的职业发展和个人价值实现有很大的帮助，使他们心存感激，逐步形成忠诚感。

最后，在管理机制中引入"员工满意度"管理项目。员工满意才有可能对企业忠诚，但员工是否满意，仅凭感觉和观察得出的结论都是相当局限和不准确的。对员工内心反应的科学考察，必须在管理机制中引入"员工满意度调查"管理项目。员工满意度调查可从上述介绍的影响因素入手，通常包括对工作本身、对工作回报、对工作背景、对工作群体和对企业整体的满意程度等。员工满意度调查的关键在于不同企业在深刻了解企业文化的内涵、公司发展战略等等的基础上，制定适合本企业风格的员工满意调查表。员工满意调查应定期进行，所获得的信息应在有效期内反馈给管理部门以便调整管理举措。企业只有在不断完善各项制度的过程中，才能逐步提高员工的满意度，提升员工忠诚度。

第三节　金融业客户关系管理

随着对客户的重视，客户关系管理也成为人们讨论的热门话题。客户关系管理（Customer Relationship Management，CRM）源于 20 世纪 80 年代初提出的"接触管理"，90 年代初演变为包括电话服务中心与支援资料分析的"客户服务"。经过近20 年的发展，CRM 最终形成一套完整的理论体系和实际操作模式。CRM 的产生，是市场竞争对客户资源的重视、企业管理运营模式的更新、企业核心竞争力提升的要求、信息技术快速发展等几方面因素推动和促成的。

与国外相比，中国的金融机构并不缺乏资金与分支机构，而是缺乏管理经验和方法。国外尤其是在客户关系管理方面已有多年的经验，而国内到目前为止，在这方面才刚起步。客户是金融机构最宝贵的资源，让客户满意是企业的生存之道，那么实施以客户为中心的客户关系管理应该是国内金融机构自强的一剂良方。

一、客户关系管理的定义及内涵

Raymond Ling 和 David C．Yen 总结了几种不同的客户关系管理定义：

客户关系管理是一种经营观念，它要求企业全面地认识客户，最大限度地发展客户与本企业的关系，实现客户价值的最大化。

客户关系管理是一套综合的战略方法，它通过有效地使用客户信息，培养与现实及潜在的客户之间的良好关系，为公司创造大量的价值。

客户关系管理是一套基本的商业战略，企业利用完整、稳固的客户关系而不是某个特定的产品或业务单位来传送产品和服务。

客户关系管理是通过一系列的过程和系统来支持企业的总体战略，以建立与特定客户之间长期的、有利可图的关系。CRM 的主要目标是通过更好地理解客户的需求和偏好来增大客户价值。

就其内涵来讲，CRM 应包括以下含义：

CRM 是一种管理理念而非管理软件。它分为三个层次。

1. 管理思想层——面向企业前台业务应用的管理标准，其实质是在关系营销、业务流程重组等基础上进一步发展而成的以客户为中心的管理思想；

2. 软件产品层——综合应用了数据库技术、Internet 技术、图形用户界面、网络通信等信息产业成果，以 CRM 管理思想为灵魂的软件产品；

3. 管理系统层——整合了管理思想、业务流程、人及信息技术于一体的管理系统。

这三个层次层层递进，其中，CRM 管理思想是 CRM 概念的核心，没有 CRM 的管理思想作指导，CRM 软件的开发就失去了方向。

CRM 是一种全新的商业模式，将彻底改变客户服务机制的作用。传统理念认为"客户就是上帝"，而 CRM 理念认为"并非所有的客户都是上帝"。统计资料表明，有相当比例的客户是给企业带来亏损的。与传统的客户忠诚度不同，CRM 能够将客户分为不同的层次，企业对不同层次的客户提供更加个性化和专业化的服务。企业重点关注的是那些能够给企业带来高额利润的客户，对于那些不能给企业带来利润的客户则不是企业关注的重点。

二、金融业实施客户关系管理的方案

管理学大师彼得·德鲁克认为："商业（企业）的目的只有一个：创造顾客。"没有顾客的企业即使诞生了，也会很快消亡；没有优质顾客的企业，即使规模再大，也不会强大。可以说顾客是企业的生命源泉，对于金融类服务性企业则更是如此，所以现代金融企业想要在市场上获得持续长久的竞争能力，就必须实行以客户关系管理为核心的企业管理方式。

（一）客户开发策略

我们把客户开发策略分解为一个营销管理的流程，即客户开发的步骤。一般可分为以下几步：

1. 客户关系开发准备。金融企业的客户开发从企业的角度看有三种情况：一是企业完全没有客户资源，一切客户开发业务要从头开始，如新开张的金融公司等；二是具有很多传统意义的金融业务，但没有提升到营销管理层面的客户业务，目标客户业务开发也要从头开始；三是金融企业已经具有一定数量的关系顾客，企业要在这些关系顾客的基础上开发和拓展新客户。

金融企业的客户开发从顾客的角度看有三种情况：一是交易型、流动型的客户。不存在关系营销层面的客户开发，只需提供便利、快捷、良好的服务即可。二是利益关系型的客户。客户开发要基于利益关系营销的层面，通过优惠的利益提供建立持续的客户关系。三是感性关系型的客户。对这种类型的顾客，客户开发要在创造感性体验和长期互惠互利的基础上，通过良好的人际关系、促销传播、品牌关系管理的方式来进行，与客户建立长期的合作关系。

金融企业的客户开发从客户经理的角度看也有三种情况：一是没有或以前很少做过客户销售业务的客户经理；二是具有客户经理经验或有一定客户资源的客户经理；三是具有超强客户经理素质的客户经理。

无论从哪个角度考虑，都要意识到客户是企业的真正利润来源。企业以及客户经理在开发客户的过程中，客户关系开发的准备是客户开发的第一步，要精心准备。客户开发准备主要包括目标顾客市场分析、竞争者市场分析、企业的优势劣势分析、客户开发所需资料准备、客户开发策略制定、客户开发计划制定、客户开发培训、客户经理个人心理准备，等等。

2. 寻找与发现目标客户。寻找与发现目标客户一般由间接寻找、直接寻找和评估选择三个阶段构成。

（1）间接寻找。间接寻找客户具有很多的方式，一般可以分为广告搜寻、互联网搜寻、查询资讯搜寻、电话寻找、邮寄寻找、利用代理人寻找。

（2）直接寻找。直接寻找客户也可分为多种方式，主要由有客户关系资源寻找和无客户关系资源寻找构成。具体可分为直接访问寻找、观察寻找、通过老客户介绍寻找、从竞争者手中抢夺客户、通过名人介绍寻找、利用已有关系资源寻找。

（3）评估选择。客户的评估和选择是对寻找到的客户及客户需求进行调查、分析、评价和发现有效目标客户的过程。因为寻找到的客户并不一定都是有效的客户，所以要对寻找到的客户进行评估，从中发现有效客户群，并选择有效的客户群进行开发。评估选择的客户要包括个人客户、工商企业客户、金融同业客户，同时还需对客户的项目进行评估。

3. 与客户建立消费认知关系。客户经理对目标客户实施的销售（或称为推销）过程，其中一个很重要的环节，就是与客户建立消费的认知关系，或称为消费者的接受过程。这一环节主要包括与客户建立交流和交际关系，借助促销传播手段和企业品牌形象与客户沟通，为客户购买提供讲解和示范，处理客户异议，激发客户购买的欲望。

4. 与客户建立第一次购买的合作关系。与客户建立第一次购买的合作关系，对于单个客户来说是最为重要的，它几乎决定了该客户以后是否会与发生购买关系的金融企业建立长期的合作关系，而且这是构成金融企业战略关系客户群诸多因素中的关键因素之一。心理学的研究结果表明，发生实质购买关系的第一次感受，是客户对企业及服务产品评价、判断的关键，会给客户留下深刻的印象，决定客户的消费态度。所以客户开发过程，必须重视与客户建立第一次购买的合作关系，并采取积极、高效的策略。

5. 与客户建立长期的合作关系。与客户建立长期的合作关系是关系营销的理念，也是企业战略营销的体现。现代的市场竞争不在于"一城一池的得失"，而在于企业战略竞争优势的建立，其表现为持续的核心竞争能力，企业的核心竞争能力是由具有战略关系的客户群的质量所决定的。

（二）客户保持策略

保持已有客户，是金融企业关系营销战略的核心，保持客户关系主要是通过客户联结、客户满意、客户忠诚、客户传播、客户品牌等策略的实施来实现的。我们在这里讨论和研究实现客户保持战略的基本策略，即客户关系管理及客户关系细分方法。

1. 客户关系管理。客户关系管理就其内容而言，一般由四个部分构成。这四个部分分别是客户细分、主动与客户保持联系、提供无偿的金融服务、满足客户的需要与欲望。

（1）客户细分。客户细分主要是对已有的关系客户，按照客户类型、客户业务量、客户差异等进行细分，在细分的基础上实施分类管理。例如，银行和证券公司开展个人客户网上业务，有必要对网上客户进行细分。麦肯锡管理咨询公司和Media Matrix 公司合作，从 Media Matrix 调查的 5 万人中精选出最有效的网络用户，按客户网上的实际行为进行细分，把客户细分为 7 类客户群（见表 10-2）。

表 10-2　　　　　　　　　　　网上客户群与特征

细分客户群	每月有效上网时间（小时）	每月浏览网站个数（个）	每月浏览网页数（页）	网上购物者所占比例（%）
简化型	7.1	62	1021	81
冲浪型	30.2	224	4852	81
砍价型	8.3	43	1295	64
联系型	5.7	54	791	42
常规型	8.2	32	624	50
平均型	7.1	47	1023	51
娱乐型	9.8	74	1398	61

资料来源：范云峰：《客户管理营销》，30～31 页，北京，中国经济出版社，2003。

（2）主动与客户保持联系。保持客户是一个连续的过程，金融服务企业及客户经理要制定与客户持续保持联系的策略，并使之制度化和具有可操作性，真正做到主动与客户保持互动，因为营销管理的目的和任务，就是以尽可能小的成本创造尽可能大的收益。降低成本可以通过"自助式"信息技术的接触渠道来实现；提高收益则需要更新客户信息、充分利用和分析这些信息，并在与客户的每一次接触中，把得到的客户需求信息联结起来，从而更准确地描述客户的需求。

（3）提供无偿的金融服务。对客户的服务可分为有目的的无偿服务和有偿服务两部分。客户关系保持过程，必须要运用有目的的无偿的服务策略，并建立对客户提供无偿服务的制度，保证策略与制度的有效实施，真正起到保持客户关系的战略目的。金融企业为客户提供的无偿服务，主要包括提供金融市场情况、金融产品和服务信息、客户理财咨询信息、与客户认知和归属感相关的服务，等等。

（4）满足客户的需要与欲望。金融企业建立并保持客户关系，实施的关系营销战略是整个企业的营销战略，而不仅是客户经理的部门职能。因此，要制定和实施满足客户的需要与欲望的有偿服务和产品组合战略，并提供不断变化的、差异化的、组合的有偿服务和产品，满足客户的需要与欲望，实现金融企业关系营销的目标。

2. 客户关系细分方法。客户关系细分方法有很多种，在这里我们以 80/20 理论，来研究客户的 ABC/D 细分分类方法。

我们把创造 20% 收入的 80% 的客户划分为 D 级客户或称为 D 类客户群，而把创造 80% 收入的 20% 的客户按业务量细分为 A、B、C 三个级别客户或称为三个细分客户群。如图 10 - 5 所示。

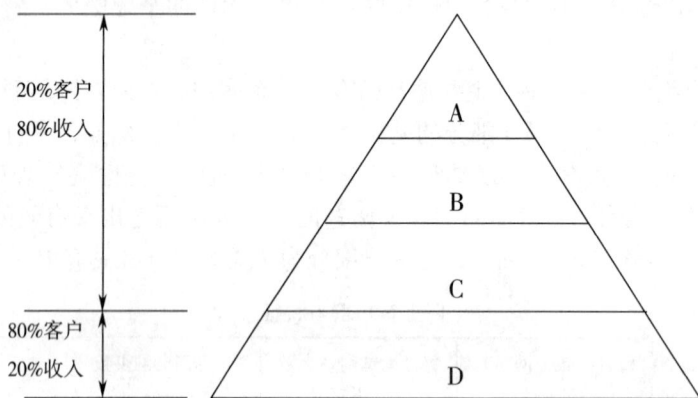

图 10 - 5　客户细分图

在 A、B、C 三个客户群中，A 级客户群是金融企业的最优质贵宾级客户，也可称为白金客户，其数量只占总客户数量的 1%；B 级客户群是金融企业的次级最优质贵宾客户，也可称为金牌客户，其数量占总客户数量的 5% 左右；C 级客户群是金融企业的潜力最优质客户，也可称为银牌客户，其数量占总客户数量的 15% 左右。

而 D 级客户是金融企业的基础客户群，其优质客户在一定时期内可转化为 A、B、C 级客户，对于 D 级客户也要加强关系管理和客户服务，与其保持良好的关系，决不能因为着重于 A、B、C 级客户的关系保持，而忽略了 D 级客户。

对待 A、B、C 三级客户群，要重点建立保持客户关系的服务管理机制，确保金融企业与客户之间持续的关系。如为 A 级客户提供可移动的私人银行服务，包括金融投资顾问服务、理财服务、财务服务等；对 A、B、C 三级客户建立单独的银行业务中心机构等。

第四节　金融业服务营销质量管理

现代金融业的全称是金融服务业，要做好金融服务营销工作，金融企业必须为顾客提供优质服务。优质服务可提高顾客感觉中的消费价值，增强顾客对本企业的忠诚感，促使顾客为本企业进行有利的口头宣传，使潜在的顾客相信本企业在市场沟通活动中提供的各种信息，而劣质服务却必然会迫使顾客"跳槽"，去购买竞争对手的产品和服务。可见，优质服务是金融服务营销的核心任务。

一、服务质量构成要素

服务质量是由技术质量、职能质量、形象质量和真实瞬间构成，是顾客感知质量与预期质量差距的具体体现。

1. 技术质量。技术质量是指服务过程的产出，也就是顾客从服务过程中所得到的东西。技术质量在服务质量评价指标中最容易感知和评价。例如，照相馆拍出的照片是否清晰、空调安装所产生的噪音大小、酒店的服务是否到位等。一般技术质量都有比较客观的标准，容易为顾客所感知和评价。

2. 职能质量。职能质量是指服务推广过程中，顾客所感受到的服务人员在履行职责时的行为、态度、着装和仪表等给顾客带来的利益和享受。这种利益和享受很难有一个非常客观的评价标准来说明给消费者带来了满足。那种先入为主而存在于消费者头脑中的主观标准往往起着决定性的作用。同样的服务，由于服务对象不同，获得的服务质量评价可能会有很大的差异。这样的例子在生活中是屡见不鲜的。即使是在同一时间、同一地点享受同样的服务，不同的对象所获得的服务质量评价也不完全相同。这是因为服务过程的质量不仅与服务时间、地点，服务人员的仪态仪表、服务态度、服务方法、服务程序、服务行为方式有关，而且与顾客的个性特点、态度、知识和行为方式等因素有关，人们难以对其进行客观而公正的评价。职能质量完全取决于顾客的主观感受。

3. 形象质量。形象质量是指企业在社会公众心目中形成的总体印象。企业形象是通过视觉识别系统、理念识别系统和行为识别系统多层次体现的。顾客可以从企业的资源利用、组织结构、市场运作、企业行为方式等多个侧面来认识企业形象。这种总体印象在顾客与企业的第一次接触中就已经获得，并在多次的接触中不断清晰，最后形成一种思维定式。到一个信誉非常好的企业去享受服务，人们很少担心服务质量问题，而是更多地关注如何去享受企业所提供的服务，即使是服务过程中偶有瑕疵，也会被良好的总体形象所掩盖。当然，那些为顾客所不能容忍的失误是绝对不能出现的，哪怕是非常微不足道的小事情，也会使企业在消费者心目中的美好形象发生逆转。服务质量出了问题，不是重新来一次可以补偿的，在很多情况下是完全无法补救的，如医疗服务、电信服务等。

4. 真实瞬间。真实瞬间是指服务过程中顾客与企业进行服务接触的过程。这个过程是在一个特定的时间和地点，企业向顾客展示自己服务质量的良好时机。因为是特定的，所以这个时机并不是在任何时间或任何地点都可能出现的。时机是有限的，一旦时机消逝，服务过程就结束了，企业也就无法改变顾客对企业提供的服务质量的感知水平，在这个过程中出现的服务质量问题是无法补救的。服务产品的不可存储性和服务过程的不可重复性，要求企业在提供服务产品的过程中应计划周密、执行有序，防止棘手的"真实瞬间"出现。因此，企业的服务质量应从小事抓起，抓好服务过程中的每个细小环节，给消费者一个美好的印象，使他们高兴而来，获得高质量的服务后，满意而归。

二、服务质量的基本属性

人们对服务质量的认识是通过对其属性的感知来获得的。在有形产品的质量管理中，产品的质量属性有许多是可操作的量化标准。通过测量、比较和分析，人们可以比较客观而准确地评价有形产品质量的好坏。由于服务产品的无形性，服务质量的属性并不像有形产品那样，可以用比较客观的量化标准对其进行描述和测量，这也是导致顾客往往采取主观性很强的预期质量去评价服务质量的直接原因。近年来，国内外许多学者对服务质量的属性进行了较深入的研究。其中，普遍为人们所接受的是美国营销学家巴拉苏罗门、贝利等人提出的观点。他们认为，顾客评价服务质量主要是从服务所具有的 10 项基本属性来进行考虑的，即可感知性、可靠性、反应性、胜任能力、友爱、可信性、安全性、易于接触、易于沟通，以及对消费者的理解程度。通过进一步的研究，他们又把顾客感觉的服务质量属性归纳为 5 个，即可感知性、可靠性、反应性、保证性和移情性，并在此基础上建立了一套服务质量模型来评价企业的服务质量。

1. 可感知性。可感知性是指服务产品中的"有形部分"可以为顾客所感知。尽管从本质上，服务产品并不是某种实物，而是一个行为过程，具有无形性的特征，但是，顾客可以借助这些有形的、可视的部分去感受服务质量的基本水准。一方面，这些可视的部分提供了有关服务质量的有形线索；另一方面，它们又直接影响到顾客对服务质量的感知程度。例如，银行规范而完善的服务设施，服务人员自然大方而彬彬有礼地为顾客提供周到的服务等，既可显示服务水准，又能使顾客在其感受服务质量时给予较高的评价。

2. 可靠性。可靠性是指企业准确无误地完成自己承诺的服务。许多以优质服务著称的企业都是通过可靠的服务来建立自己的声誉。可靠性实际上是要求企业避免在服务过程中出现差错，因为服务差错给企业带来的不仅是直接意义上的经济损失，而且可能意味着会失去大量的潜在顾客。

3. 反应性。反应性是指企业随时准备为顾客提供快捷、有效的服务。企业能否及时而有效地满足顾客的要求，体现了企业经营的指导思想，即是否把顾客利益放在第一位，一切以满足顾客需求为出发点。服务效率的高低是服务质量的一种具体表现，将直接影响到顾客对服务质量的评价。有研究表明，在服务传递过程中，顾客等候服务的时间是一个关系到顾客的感觉和印象、企业形象以及顾客满意度的重要因素。所以，金融企业应通过尽可能地缩短顾客等候时间、提高服务效率来优化企业的服务质量。

4. 保证性。保证性是指服务人员的友好态度和胜任工作的能力。保证性能增强顾客对企业服务质量的信心和安全感。礼貌、友好、和蔼的服务态度是顾客与服务人员进一步交往与沟通的基础，而服务人员高超的专业技能则是服务质量的可靠保证。前者给顾客带来可信任感；后者则给顾客带来享受服务的安全感。很显然，两者缺一不可。缺了前者，会让顾客产生不愉快的感觉；而缺了后者，服务人员不能提供优质的服务，从而使顾客产生不满足感。在服务产品不断推陈出新的今天，服务人员应该更加努力提高自己的专业能力和知识水平。

5. 移情性。移情性是指企业要真诚地关心顾客，了解他们的实际需要并予以满足，要求服务人员站在顾客的角度，想顾客所想，急顾客所急。商品交易虽是商品与货币之间的交换，但绝不仅仅只包含商品与金钱之间的关系。任何商品都要通过人去销售，也要通过人去购买。这其中所包含的人与人（销售者与购买者）之间的关系处于什么样的状态，直接影响到销售工作的成败。购买感受和体验也是无形产品的重要组成部分。

三、提高服务质量的方法

企业对服务质量的规定和执行贯穿于整个服务传递系统的设计与运作过程，而不是简单依赖于事后的检查和控制。因此，服务的过程、设施、装备与工作设计等都将体现出服务水平的高低。而且，顾客对服务质量的评价是一种感知认可的过程，他们往往习惯通过服务传递系统中服务人员的表现及其与顾客的互动关系来进行评价。显然，人的因素对于服务质量的提高至关重要。近年来，研究人员和实业界人士曾提出许多方法和技巧来提高企业服务质量。在这里主要介绍两种常用的方法：标准跟进法（Bench Marking）和蓝图技巧法（Blueprinting Technique）。

（一）标准跟进法

企业提高服务质量的最终目的是在市场上获得竞争优势，而获得竞争优势的简捷办法就是向自己的竞争对手学习。标准跟进法是指企业将自己的产品、服务和市场营销过程等同市场上的竞争对手，尤其是最好的竞争对手的标准进行对比，在比较和检验的过程中逐步提高自身的水平。企业在运用这一方法时可以从策略、经营和业务管理等方面着手。

1. 策略方面。企业应该将自身的市场策略同竞争者成功的策略进行比较，寻找它们的相关关系。例如，竞争者主要集中在哪些细分市场，竞争者追求的是低成本策略还是价值附加策略，竞争者的投资水平如何，他们是如何将投资分配在产品、设备和市场开发等方面的，等等。通过一系列的比较和研究，企业将会发现可能被忽略的成功策略因素，从而制定出新的、符合市场条件和自身资源水平的策略。

2. 经营方面。企业主要从降低竞争成本和提高竞争差异化的角度了解竞争对手的做法，并制定自己的经营策略。

3. 业务管理方面。企业应该根据竞争对手的做法，重新评估那些支持性职能部门对整个企业的作用。例如，在一些服务企业中，与顾客相脱离的后勤部门，因缺乏适度的灵活性而无法同前台的质量管理相适应，这时应重新评估后勤部门的作用，对其进行调整、改进。学习竞争对手的经验，使得两者步调一致无疑是企业提高服务质量的重要保证。例如，花旗银行的目标是：电话铃响 10 秒钟之内必须有人接听；顾客来信必须在两天内作出答复。

（二）蓝图技巧法

服务企业要想提供较高水平的服务质量和顾客满意度，还必须理解影响顾客认知服务产品的各种因素，而蓝图技巧法（又称服务过程分析法）为企业有效地分析和理解这些因素提供了便利。蓝图技巧法是指通过分解组织系统和架构，鉴别顾客同服务人员的接触点，并从这些接触点出发来改进企业服务质量的一种方法。蓝图技巧法最先由萧斯塔克引入服务市场营销学中，借助流程图的方法来分析服务传递过程的各个方面，包括从前台服务到后勤服务的全过程，其通常包括以下4个步骤：（1）把服务的各项内容用流程图的方法画出来，使得服务过程能够清楚、客观地展现出来。（2）把那些容易导致服务失败的点找出来。（3）确立执行标准和规范，而这些标准和规范应体现企业的服务质量标准。（4）找出顾客看得见的服务证据，而每一个证据将被视为企业与顾客的服务接触点。

此外，由于服务产品的不可感知性、不可分离性等特征的存在，顾客在购买服务产品时往往显得犹豫不决，因为产品质量可能不符合顾客期望水平的风险很高。服务企业若能消除或减少这种风险，对提高服务产品质量也有很大裨益。企业减少顾客"质量风险"的顾虑，可以从以下几个角度考虑：

1. 强调质量。强调质量要求服务企业的高层管理人员真正投资于质量管理的活动，包括履行承诺保证，在资源配置上支持质量管理活动，建立以质量为核心的服务企业文化，使得各个管理层次都能自觉地为维持良好的产品质量作出贡献。如果企业内部的员工都能认识到质量的重要性，竭尽全力提供优质服务，则质量不符合顾客期望的风险自然会逐渐消除。

2. 加强员工培训。仅有"提供优质服务"的意识是远远不够的，为避免"眼高手低"，企业必须进行员工培训，让员工学习新的服务技巧，改善服务态度，丰富服务产品的知识。

3. 广告的重点也是质量。顾客心目中对服务产品质量多有怀疑，企业在设计广告宣传时应针对这一心理状态，形象地突出有关产品的质量特征与水平。例如，利用现有顾客做广告模特儿，说出个人使用此产品后的心理感受，有利于增强顾客购买产品时的信心。

4. 利用推广技巧。站在顾客的立场上，产品质量不佳意味着他们在金钱或面子上的损失。如果顾客认为金钱损失的重要性较大，则企业可充分利用销售推广技巧，如免费试用、减价招徕等，鼓励顾客勇于尝试。这些销售诱因会使顾客认为金钱损失的风险降低。很多信用卡公司以低价入会或免收入会费的方式鼓励顾客申请使用信用卡便是最好的例证。

5. 善用口碑。不少研究发现，在选购服务产品时，顾客容易听取曾经使用过类似服务的朋友或亲人的意见。因此，善用已有顾客的口碑也能增强顾客购买服务产品的信心。

四、推行全面服务质量管理

在此借用美国经济学家菲根堡姆的全面质量管理的概念，提出"全面服务质量管理"。这是指由企业所有部门和全体人员参加的，以服务质量为核心，从为顾客服务的思想出发，综合运用现代管理手段和方法，建立完整的质量体系，通过全过程的优质服务，全面满足顾客需求的管理活动。

（一）全企业的服务质量管理

每个企业的服务质量管理都可以分为上层、中层和基层管理，涉及整个企业。上层管理侧重于服务决策，并统一组织与协调各部门、各环节的服务质量管理活动；中层管理则要实施领导层的服务决策，对基层工作进行具体的业务管理；基层管理则要求员工按标准进行操作，严格检查实际操作情况。

（二）全员性的服务质量管理

顾客在与企业接触的过程中，会把对某一员工的负面印象用于企业及企业的其他员工。这虽然不公平，但顾客就是这么想的。这种思维被称为"顾客逻辑"。在顾客看来，员工不是个体，而是集体中的一员，他代表的是整个企业。随着科学技术的发展和现代生活水平的提高，顾客对服务有越来越多和越来越高的要求，这促使服务工作向综合性发展。这种综合性表现为组织每一项服务工作都需要企业各职能部门通力协作、共同完成。其中，既有直接提供服务的业务部门，也有提供服务支持的资源保障部门。因此，服务绝不仅仅是销售部门的事情，它要求企业的生产、技术、采购、保管、财务、人事等部门人员都要关心服务质量，参与服务质量管理。提高金融服务营销质量，必须加强和健全各项服务管理工作，要重点做好以下几个方面的工作：

1. 建立服务的计划制度。计划制度是实现营销服务工作正常化、制度化的重要手段。企业每年要制定年度的各项服务计划，如技术服务计划、顾客访问计划、顾客技术培训计划、备品配件供应计划等，以保证服务工作有目的、有秩序地进行。

2. 建立服务质量责任制。服务质量责任制是企业各部门、各岗位和个人在服务质量管理工作中为保证服务质量所承担的任务、责任和权利。建立服务质量责任制使企业内部各管理部门间、各部门间，明确职责范围、工作或服务标准，把服务的各项工作与员工的积极性结合起来，形成严密的质量体系，保证服务质量的提高。

3. 制定服务工作标准。制定服务工作标准就是根据服务质量责任制的要求，制定各项服务工作标准，以便根据标准来检查、考核服务工作质量，根据工作质量来决定服务人员的奖酬。

4. 建立服务的信息管理制度。顾客信息的收集和反馈，不仅能帮助企业有效地制定营销策略，提高产品销售额，更能使企业充分利用客户信息实现对客户的关怀，建立与客户的长期关系，并将客户信息应用于企业经营决策中。因此，要建立服务信息管理制度，如顾客档案制度、产品档案制度、顾客服务信息传递制度等，以利于实现服务工作的连续性和为营销决策提供依据。

5. 做好服务决策工作。服务决策是整个服务工作的基础。服务项目、服务水平、服务形式的决策决定着服务质量的高低。企业领导者必须在顾客意见和本企业服务质量与竞争者的服务质量相比较的基础上作出最佳决策。

6. 建立服务的统计和分析制度。对服务工作的情况要进行分类统计，定期进行认真分析，写出分析报告，以供企业领导和有关部门作为检查服务计划执行情况的依据和改善经营管理的参考。

【重要概念】

组织协调　忠诚管理　客户关系管理　80/20 理论　服务质量管理

【复习思考题】

1. 金融业营销组织的模式有哪些？
2. 如何培育忠诚员工？
3. 提高员工满意水平的措施有哪些？
4. 客户开发策略有哪些？
5. 服务质量构成要素有哪些？
6. 提高服务质量的方法有哪些？

【案例分析】

安徽农村信用社金融服务送上门

为帮助农业中小企业和农村经营大户解决贷款难题，克服融资困难，安徽省农村信用社联合社自 3 月份以来，在全系统开展了金融服务"家家到"活动，变等客上门为上门服务。据联合社副主任孙斌介绍，截至 5 月底，全系统贷款余额 1307.58 亿元，比年初增长 162.68 亿元，增长 10.83%；中小企业贷款余额 431.25 亿元，支持中小企业 31828 户；农户及农村经济组织贷款余额 697.18 亿元，比年初增长 65.39 亿元。

把金融危机对农业中小企业和经营大户的影响降到最低，加强与企业、经营大户的联系，帮助他们一起渡过难关，是安徽农村信用社开展金融服务"家家到"的本意所在，目前效果已开始显现。六安大军皮革制品有限公司是返乡农民工创业的企业，受金融危机影响，外商取消了原来的预付款兑现，使企业流动资金不足。六安市郊区联社信贷业务员主动上门，通过调查，急事急办，立即放贷 300 万元，保证了企业正常生产。董事长汤大军告诉记者："'家家到'项目非常好，从企业的资质调查到审批放贷，只用了 3 天时间。没有这笔款的话，我们企业就倒闭了，说雪中送炭一点也不为过！"

自金融服务"家家到"活动启动以来，安徽农村信用社各基层行社组织员工认真贯彻落实工作部署，走访企业和农户，了解金融服务需求，共商致富之计，有针对性地给予信贷支持。让更多客户"进的来"，更多企业"活起来"，更多业务"做起来"，增加了农村合作金融机构对企业和农户的有效信贷投放，同时也带动了自身业务的发展。

（资料来源：http://finance.stockstar.com/JL2009061700001806.shtml）

问题：安徽农村信用社金融服务有哪些特色活动？

【课堂讨论】

在当今金融业竞争激烈的环境下，金融服务发展的方向和关键是什么？

【参考文献】

［1］王熙富：《现代商业银行客户经理营销实用策略》，北京，中国金融出版社，2005。

［2］唐小飞、周晓明：《金融市场营销》，北京，机械工业出版社，2010。

［3］徐晟：《金融企业营销理论与实务》，北京，清华大学出版社，2008。

［4］王方华、彭娟：《金融产品营销与管理》，北京，中国人民大学出版社，2010。

第十一章

金融网络营销

【本章概要】

近年来，金融网络营销发展迅猛，为金融企业带来机遇的同时也带来了挑战。本章详细阐述金融网络营销的概念、特征，以及金融网络营销对我国传统金融营销带来的挑战，对金融网络营销发展历程及现状进行分析，引入网络营销的相关理论以支撑网络营销体系，并就金融网络营销的战略和应对策略进行探讨。

【要点提示】

1. 金融网络营销的概念和特征；
2. 金融网络对我国传统金融业务带来的挑战；
3. 金融网络营销的职能和标准；
4. 金融网络营销战略和应对策略。

【案例导入】

工行电子银行业务笔数占比达 73.1%

8月31日，工商银行发布2012年半年度报告，报告显示，上半年，工行电子银行交易额稳步增长，电子银行业务笔数占全行业务笔数的比重达73.1%，比上年提高3个百分点。

上半年，工行加快对新领域、新市场、新客户的渗透，拓展电子银行业务总量，发挥电子银行渠道优势推进柜面业务分流和境外业务拓展，积极推进境外电子银行产品创新，陆续推出海外网银支持多浏览器、海外电子密码器、海外手机银行等创新产品，共为用户提供12种语言服务。中报显示，截至2012年6月末，工行33家境外机构建立门户网站，24家境外机构开通网上银行业务，11家境外机构开通电话银行人工服务；工行境外机构个人网上银行客户比上年末增长17.9%，企业客户比上年末增长13.1%。

在网银服务方面，工行上半年推出企业网上银行外汇买卖、对公客户预约大额取现等业务，优化微型企业信贷产品"易融通"、电子商业汇票等功能，推出苹果电脑版个人网上银行、安卓平板电脑个人网上银行等业务，优化个人网上银行缴费、账户贵金属等业务。此外，工行在上半年加快移动金融服务领域的创新，推出iPhone手机银行移动生活、WAP手机银行实物贵金属交易、跨行快速汇款、手机预约取现等服务。同时，工行加快了企业手机银行业务发展，推出iPhone版企业手机银行，满足企业用户通过手机办理账户查询、资金汇划、外汇、投资等金融业务需求。

（资料来源：http：//www.crbanking.com/EBanking/news/201209/20120905020913.html）

第一节　金融网络营销概述

网络营销的全称是网络直复营销，属于直复营销的一种形式，是企业营销实践与现代信息通信技术、计算机网络技术相结合的产物，是指企业以电子信息技术为基础，以计算机网络为媒介和手段而进行的各种营销活动（包括网络调研、网络新产品开发、网络促销、网络分销、网络服务等）的总称。

网络营销根据其实现的方式不同有广义和狭义之分，广义的网络营销指企业利用一切计算机网络（包括 Intranet 企业内部网、EDI 行业系统专线网及 Internet 国际互联网）进行的营销活动，而狭义的网络营销专指国际互联网营销。国际互联网是全球最大的计算机网络系统。与许多新兴学科一样，"网络营销"同样也没有一个公认的、完美的定义。广义地说，凡是以互联网为主要手段进行的、为达到一定营销目标的营销活动，都可称为网络营销（或叫网上营销），也就是说，网络营销贯穿于企业开展网上经营的整个过程，包括信息发布、信息收集，到以开展网上交易为主的电子商务阶段，网络营销一直都是一项重要内容。

从营销的角度出发，可将网络营销定义为企业整体营销战略的一个组成部分，是建立在互联网基础之上、借助于互联网特性来实现一定营销目标的一种营销手段。

我国金融体制改革逐步深化，商业银行作为营利性的企业，必然以追求利润最大化为目标。IT 技术的广泛应用和信息化的迅速发展，改变了银行竞争的规则、秩序和结构，使得广大机构和个人客户在寻求金融服务时有了空前巨大的选择空间，金融机构之间的竞争日益激烈。而且，我国加入世贸组织之后，国家逐渐放开了对外国金融机构的金融管制，大批跨国金融机构纷纷抢占中国市场。对于我国的金融机构来说，机遇和挑战并存。因此，借助网络技术，制定网络营销战略和战术，对金融企业的发展，尤其对中小型金融企业的发展来说，意义极其重大。

一、金融网络营销的概念

自 1994 年至今，全球电子商务在互动支持中获得空前发展。信息爆炸与网络的交互性使得企业传统的经营管理模式受到双重冲击，网络营销也应运而生。

当今的金融行业网络营销的力度正在不断加强，而随着互联网技术的发展和人们消费观念的改变，网络营销必将成为金融行业营销的一大支柱。金融行业在网络上的广告投入逐年上升，说明了金融业对网络的依赖越来越强，因此，学习和掌握金融网络营销的基本知识具有重要意义。

金融网络营销是一个动态的过程，它以满足客户现实需求和潜在需求为目的。网络金融产品营销的方法主要是营销手段的组合，具体包括网络金融产品和服务的开发、调研、信息沟通、分销、定价以及业务活动等，并使它们相互作用，以最协调的状态来满足客户的需要，从而实现网络金融企业的盈利目标。

对于金融网络营销这一概念，我们还可以分三个层次来理解：

首先，它是一种新型市场营销理念，其核心是在现代信息技术飞速发展的新的经济条件下，如何通过价值链的整合再造，增强金融企业的核心竞争能力，并提升整条价值链的价值。网络营销观念是数字化金融企业在信息化的全球经济条件下开展市场营销活动的指导思想。金融企业经营理念的形成总是基于一定的社会环境（包括经济基础、政治背景、法律制度、技术条件、文化环境等）。在过去的几十年里，现代信息和通信技术的突飞猛进，不断地改变着人类社会的方方面面。在新的信息化、全球化的经济条件下，金融企业要实现地域性与国际化和谐统一的全方位营销，必须调整思路，树立网络营销观念，并且把这一理念贯穿到企业的业务流程中，贯穿到金融企业从上至下所有员工的思想中，贯穿到与外部合作伙伴的合作过程中，并且能够落实到每个岗位、每个环节的具体工作中。离开网络营销理念在企业中的深入贯彻和具体落实，再好的技术、再好的硬件环境都是难以奏效的。

其次，这是一种市场营销战略。在新的环境中，网络营销理念指导下金融企业的营销模式，涉及金融企业营销活动的各个方面，如与其他企业的合作，对顾客的服务，怎样整合各种资源使之与企业的外部环境相适应，等等。正如 Intel 公司董事长兼 CEO 格鲁夫曾说过的："在 5 年的时间里，所有的公司都将成为互联网公司，或者它们不再是公司。"如何制定和实施自己的网络营销战略是每个企业都必须考虑的问题。

最后，这是一种具体解决方案，包括网络营销战术和策略。技术是具体解决方案的实施手段。作为一种新型的营销方式，网络营销的内容非常丰富：一方面，金融企业要针对信息时代的全球市场，及时了解和把握消费者特征和行为模式的变化，为企业网络营销活动的开展提供详尽的数据分析和可靠的资料依据；另一方面，金融企业必须改变一些传统的营销手段，充分利用现代信息技术进步带来的新型营销工具，提高营销效率。

二、金融网络营销的特征

随着互联网技术发展的成熟以及互联网成本的低廉，互联网好比是一种"万能胶"，将企业、团体、组织以及个人跨时空联结在一起，使得他们之间信息的交换变得"唾手可得"。市场营销中最重要的就是组织和个人之间进行信息传播和交换，如果没有信息交换，那么交易也就是无本之源。正因如此，互联网具有营销所要求的某些特性，使得金融网络营销呈现出以下一些特征：

1. 时域性。营销的最终目的是占有市场份额，互联网能够超越时间约束和空间限制进行信息交换，使得营销脱离时空限制进行交易成为可能，企业有了更多时间和更大的空间进行营销，可每周 7 天，每天 24 小时随时随地地提供全球性营销服务。

2. 富媒体。互联网被设计成可以传输多种媒体的信息，如文字、声音、图像等信息，使得为达成交易进行的信息交换能以多种形式存在和交换，可以充分发挥营销人员的创造性和能动性。

3. 交互式。互联网通过展示商品图像，商品信息资料库提供有关的查询，来实现供需互动与双向沟通，还可以进行产品测试与消费者满意调查等活动。互联网为产品联合设计、商品信息发布，以及各项技术服务提供最佳工具。

4. 个性化。互联网上的促销是一对一的、理性的、消费者主导的、非强迫性的、循序渐进式的，而且是一种低成本与人性化的促销，避免推销员强势推销的干扰，并通过信息提供与交互式交谈，与消费者建立长期良好的关系。

5. 成长性。互联网使用者数量快速增长并遍及全球，使用者多属年轻、中产阶级、高教育水准，由于这部分群体购买力强而且具有很强的市场影响力，因此是一项极具开发潜力的市场渠道。

6. 整合性。互联网上的营销可由商品信息至收款、售后服务一气呵成，因此也是一种全程的营销渠道。另外，金融企业可以借助互联网将不同的传播营销活动进行统一设计规划和协调实施，以统一的传播资讯向消费者传达信息，避免不同传播中不一致性产生的消极影响。

7. 超前性。互联网是一种功能最强大的营销工具，它同时兼具渠道、促销、电子交易、互动顾客服务，以及市场信息分析与提供的多种功能。它所具备的一对一营销能力，正符合定制营销与直复营销的未来趋势。

8. 高效性。计算机可储存大量的信息，代消费者查询，可传送的信息数量与精确度远超过其他媒体，并能应市场需求，及时更新产品或调整价格，因此能及时有效地了解和满足顾客的需求。

9. 经济性。通过互联网进行信息交换，代替以前的实物交换，一方面可以减少印刷与邮递成本，可以无店面销售，免交租金，节约水电与人工成本；另一方面可以减少由于迂回多次交换带来的损耗。

10. 技术性。网络营销是建立在以高技术作为支撑的互联网的基础上的，企业实施网络营销必须有一定的技术投入和技术支持，改变传统的组织形态，提升信息管理部门的功能，引进懂营销与计算机技术的复合型人才，未来才能具备市场的竞争优势。

11. 无形性。信息时代给网上金融营销带来了发展的契机，其无形化的特点尤为突出，主要表现在书写电子化、传递数据化。网上金融营销中采用电子数据、电子传递，使营销双方无论身在何处，均可实现快速准确的双向式数据、信息交流。

三、发展我国网上金融营销的重要性

随着金融市场的全面放开，外资金融企业与中资金融企业的竞争将越来越激烈。外资金融企业以其先进的服务理念，以其经验丰富、技术先进的电子化手段，以及丰富多彩的产品来与中资金融企业争夺市场、争夺客户，其中网上金融将是一个重点争夺的领域之一。因此，大力发展网上金融营销对于提高我国网上金融企业乃至整个金融行业的竞争力具有非常重大的意义。

1. 有利于更好地满足客户的需求。网上金融突破了时间和空间限制，在理论上可以使金融企业的营业柜台无限延伸，加之具有交易成本低廉、交易操作方便、交易时间缩短等突出的优点，因而受到越来越多客户的欢迎。我国大力发展网上金融营销，不仅可以满足客户的需求以巩固和扩大客户群体，而且还可以真正贯彻"以

客户需求为中心"的经营思想,强化"以客户满意为目标"的服务理念,并及时调整发展战略,逐步形成传统金融业务和网上金融业务"两条腿"走路的格局,即以传统金融业务支撑网上金融业务的快速发展,以网上金融业务拉动传统金融业务的持续发展。网上金融企业由于是在互联网这个平台上对传统金融的资源进行重新组合,又不受时间、空间和业务量的限制,就可以针对客户的需求设计出更多品种的金融产品,更好地满足客户的多样性需求,来提高服务水平。

2. 有利于金融企业降低成本提高盈利能力。网上经营成本低于传统营销成本越来越被证明。如银行经营成本高是全社会有目共睹的事实,在节假日的时候,由于要支付数倍于平日的员工工资,银行在节假日的经营收益已经不能弥补其人员成本,不得不采取关门歇业的办法来降低成本。然而,在网上银行还不普及、不完善的情况下,这样做却是置客户的需求于不顾,严重违背了银行"以客户为中心"的理念,后果就是引起客户的不满,最终失去客户。但是如果有了成熟、完善的网上银行系统,几乎所有的银行柜台业务都可以在网上完成,那么客户就会大大减少到银行营业网点的次数,银行也就可以减少办公人员和营业网点,同时由于网络营销具有无限的扩展性,在网上做广告可以降低发布成本、逾越时空限制、对广告效果进行有效评估,从而降低成本,提高我国网上银行营销的盈利能力。

3. 有利于业务创新形成差异化竞争优势。网上金融可以为金融企业业务创新提供更广阔的空间,这样就会出现更多不同的业务种类。各个金融企业根据自己的特点和优势瞄准特定的客户群体进行产品创新,就可以逐渐形成区别于其他企业的特色,最终形成自己的网上品牌。我国的金融企业在发展过程中已经形成了一定的特色,每个金融企业都特别擅长一些领域的业务,也积累了各具特色的客户群体。借助于网上金融这个工具,金融企业就可以在自己擅长的方面更进一步,使特色更加突出,从而形成既不同于国内同行,又不同于外资金融企业的差异化的竞争优势。

四、金融网络营销理论基础

金融网络营销的理论基础同一般企业网络营销的理论基础一样,主要来源于网络直复营销理论、关系营销理论、网络软营销理论和网络整合营销理论。

（一）直复营销理论

直复营销理论是 20 世纪 80 年代引人注目的一个概念。美国直复营销协会对其所下的定义是:"一种为了在任何地方产生可度量的反应和达成交易所使用的一种或多种广告媒体的相互作用的市场营销体系。"直复营销理论的关键在于,它说明网络营销是可测试的、可度量的、可评价的,这就从根本上解决了传统营销效果评价的困难性,为更科学的营销决策提供了可能。金融网络营销作为一种有效的直复营销策略,同样具有可测试性、可度量性、可评价性和可控制性等特征。因此,利用金融网络营销这些特性,可以大大改进营销决策的效率和营销执行的效果。

互联网的直复营销更加切合直复营销的理念。这表现在以下四个方面:首先,直复营销作为一种相互作用的体系,特别强调企业与顾客之间的"双向信息交换",以克服传统市场营销中"单向信息交换"的缺点。互联网作为开放、自由的双向式的信息网络,使企业与顾客之间可以实现直接的一对一的信息交换,企业可以依据目标顾客的需求进行生产和营销决策，最大限度满足顾客需求的同时，提高营销决策的效率和效用。其次，直复营销活动的关键是为每个目标顾客提供直接向营销人员反映的渠道，企业可以凭借顾客反映找出不足，为下一次直复营销活动做好准备。互联网的便利性、快捷性使得顾客可以方便地通过互联网直接向企业提出建议和购买需求，也可以通过互联网直接获取售后服务。再次，借助互联网可提供全天候网上信息交换的功能，网络直复营销活动强调在任何时间、任何场所都可以实现企业与顾客的"信息双向交换"。最后，直复营销活动最重要的特性是其效果的可测定性。互联网作为最直接的简单沟通工具，可以很方便地为企业与顾客进行交易提供沟通支持和交易实现平台，通过数据库技术和网络控制技术，企业可以很方便地处理每一个顾客的定单和需求，而不用考虑顾客的规模大小、购买量的多少，这是因为互联网的沟通费用和信息处理成本非常低廉。因此，通过互联网可以实现以最低成本最大限度地满足顾客需求，同时了解顾客需求，细分目标市场，提高营销效率和效用。

（二）关系营销理论

关系营销是 1990 年以来受到重视的营销理论，它主要包括两个基本点：首先，在宏观上认识到市场营销会对范围很广的一系列领域产生影响，包括顾客市场、劳动力市场、供应市场、内部市场、相关者市场，以及影响者市场（政府、金融市场）；其次，在微观上认识到企业与顾客的关系不断变化，市场营销的核心应从过去简单的一次性的交易关系转变到注重保持长期的关系上来。金融企业是社会经济大系统中的一个子系统，金融企业的营销目标要受到众多外在因素的影响，金融企业的营销活动是一个与消费者、竞争者、供应商、分销商、政府机构和社会组织发生相互作用的过程，正确理解这些个人与组织的关系是金融企业营销的核心，也是金融企业成败的关键。

关系营销的核心是通过加强与顾客的联系，提供有效的顾客服务，保持与顾客的长期关系，实现企业的营销目标。实施关系营销并非一定要以损伤金融企业的利益为代价。现有的研究已经证明，争取一个新顾客的营销费用是保持一个老顾客费用的五倍，因此加强与顾客的关系并建立顾客的忠诚度，可以为金融企业带来长远的利益。从根本上讲，它提倡的是金融企业与顾客的双赢策略。互联网作为一种有效的双向沟通渠道，金融企业与顾客之间可以实现低成本的沟通和交流，为金融企业与顾客建立长期关系提供有效的保障。

（三）网络软营销理论

软营销理论是针对工业经济时代的"强势营销"而提出的新理论。该理论认为，顾客在购买产品时，不仅要满足基本的生理需要，还要满足高一层次的精神和心理需求。因此，软营销的一个主要特征是对网络礼仪的遵循，通过对网络礼仪的巧妙运用获得希望的营销效果。它强调企业进行市场营销活动的同时必须尊重消费者的感受和体验。传统营销活动中最能体现强势营销特征的是两种促销手段：传统广告和人员推销。在传统广告中，消费者常常是被动地接受广告信息的"轰炸"，它的目标是通过信息灌输的方式在消费者心中留下深刻的印象，没有考虑消费者是否愿意接受、需要不需要；在人员推销中，推销人员也不会考虑被推销对象是否对其推销的产品或服务有相应的需求，主要根据推销人员自己的判断展开强行推销。

在互联网上，由于信息交流是自由、平等、开放和交互的，强调的是相互尊重和沟通，网上使用者比较注重个人体验和隐私保护，因此，企业采用传统的强势营销手段在互联网上展开营销活动势必会适得其反。如美国著名的 AOL 公司曾经对其用户强行发送 E-mail 广告，结果招致用户的一致反对，许多用户约定同时给 AOL 公司服务器发送 E-mail 进行报复，结果使得 AOL 的邮件服务器处于瘫痪状态，最后不得不道歉平息众怒。网络软营销恰好是从消费者的体验和需求出发，采取拉式策略吸引消费者关注来达到企业的营销目的。在互联网上开展网络营销活动，特别是促销活动，一定要遵循一定的网络规则，也称"网络礼仪"。网络软营销就是在遵循网络礼仪规则的基础上巧妙运用营销手段达到营销目的营销方法。

（四）网络整合营销理论

整合网络营销是企业整体营销战略的一个组成部分，是为实现企业总体经营目标所进行的，以互联网为基本手段营造网上经营环境的各种活动。

当前，服务业的发展是经济主要的增长点，新型的服务业如金融、通信、交通等产业如日中天。互联网络作为跨时空传输的"超导体"媒体，可以在顾客所在地提供及时的服务，同时，互联网络的交互性可以使企业了解顾客需求并提供针对性的响应，因此互联网可以说是消费者时代最具魅力的营销工具。

网络整合营销理论主要包括以下几个关键点：（1）首先要求把消费者整合到整个营销过程中来，从他们的需求出发开始整个营销过程；（2）企业的分销体系以及各利益相关者要更紧密地整合在一起；（3）把企业利益和顾客利益整合到一起。

第二节　我国金融网络营销的发展概况

一、金融网络营销服务现状

随着互联网的普及，以网络为平台的电子商务活动蓬勃发展，人们对于网络支付和网络金融产品的需求扩大，专门的网络金融服务的营销显得日益重要，网络金融营销的客户群也日益壮大。如此庞大的上网人群和潜在的客户群，为金融企业开展网络营销创造了必要条件。自 1996 年以来，我国各大商业银行，如工商银行、建设银行、农业银行、交通银行和招商银行等建立了自己的网页，并不同程度地开展了网上银行业务。2005 年中国网上银行用户规模为 3500 万户，2006 年增长为 7100 万户，年增长率为 103%，开展网上金融服务和网络金融营销已成为各商业银行业务发展的必然选择。

目前，借助网络营销的金融服务主要有网上银行、网上保险等。

（一）网上银行的发展概况

近年来，随着网络环境的逐步改善，网上银行在我国取得了长足发展，快捷方便的网上交易越来越为人们所接受，网上银行业务的需求日益凸显。1997 年 4 月，招商银行建立了自己的网站，同时推出了网上企业银行和个人银行服务，这是我国第一个网上银行。到 1999 年，招商银行已建立了比较完善和成熟的网上银行体系。1997 年，中国银行也建立了自己的"网上银行服务系统"；1998 年，正式推出自己的网上银行，并于 3 月份完成了第一笔网上支付业务。中国建设银行于 1998 年 5 月成立网上银行项目组，经过一年多的开发，于当年 8 月推出自己的网上银行。2000年 6 月 16 日，中国工商银行选定 8848 网站与首都信息发展有限公司、中国企业网、北大方正、清华同方四家企业作为首批 B2B 网上支付合作伙伴，在我国商业银行向电子商务进军的里程上迈出了跨越性的一步，填补了国内空白。2006 年 11 月 21日，兴业银行推出了当时国内最先进的网上国际业务平台——兴业单证通，在业界更是引起不小的轰动。经过几年的发展，我国网上银行开展交易性银行业务的数量骤增，网上银行业务量迅速增加，网上银行业务种类、服务品种也迅速增多。据中国互联网络信息中心（CNNIC）发布的第三十次《中国互联网络发展状况统计报告》显示，截至 2012 年 6 月底，中国网民规模达到 5.38 亿人，互联网普及率为39.9%。其中，手机网民规模已达到 3.88 亿人，超过台式电脑网民数 3.8 亿人。农村网民规模增加到 1.46 亿人，其中 60.4% 农村网民使用手机上网。同时，在支付方式上，使用网上支付的比例呈逐年递增趋势。

（二）网上保险营销的发展概况

与西方发达国家相比，我国的网上保险起步比较晚，它的应用可以追溯到 1997年由中国保险学会牵头开办的中国保险信息网的正式开通，该网涉及保险业的培训、咨询、销售、投诉等内容。在中国保险信息网开通的当天，中国内地第一份由网络促成的保单在新华人寿保险公司诞生。随后各商业性保险公司纷纷推出了自己的网站来介绍产品、介绍公司的背景，并与客户进行网上交流，宣传扩大影响。

在中国，通过网络进行保险销售可以说尚处于初级阶段，而且是低水平的，多数保险公司对于网络保险的认识都尚处于摸索阶段。中国保险业在 5 年前才与 IT 业完成嫁接。2001 年 3 月，中国太平洋保险公司北京分公司与朗络开始合作，开通了"网神"，推出了 30 余个险种，开始了真正意义上的保险网上营销。该公司当月保费达到了 99 万元，让业界看到了保险业网上营销的巨大魅力。

随着电子商务的发展，网上保险发展迅速，意味着实现电子交易，即通过网络实现投保、核保、理赔、给付。从 2000 年开始，太平洋、平安、泰康、人保等保险公司首批进军电子商务领域，十多年来进行了各种各样的网上保险业务尝试，有成功有失败，有惊喜也有沉寂。近几年来，受益于如火如荼的电商大战，蠢蠢欲动的保险电子商务领域终于东风吹到，燃起熊熊的保险电子商务烽火，各大中小保险公司"纷纷起义"，大力开发网上保险业务。例如，中国人寿 2009 年 5 月推出"在线客户服务系统"，2012 年 6 月推出新版互联网电子商务平台，服务范围涵盖了寿险、财险、企业年金等综合业务；太平洋保险于 2012 年 1 月成立全资子公司太平洋保险在线服务科技有限公司；2012 年 8 月，平安开始与阿里巴巴、腾讯等公司联手筹建众安在线财产保险公司（俗称三马卖保险）；2012 年 9 月，太平集团旗下全资子公司"太平电子商务有限公司"开业等。

二、金融网络营销存在的问题

金融网络营销的发展也存在着一些问题，如对网络品牌形象的保护程度不够，合理域名被抢注的现象时有发生；在网络营销中，各金融机构之间，及其各分支机构之间的网络营销各自为政，未能发挥总体营销优势；网络营销中没能利用好信息收集功能，及时准确地了解客户和市场的需求，有的网站上甚至找不到电子邮箱服务热线等相关的联系方式；网络金融产品缺乏准确的市场定位，产品雷同，产品比较单一，不能为客户提供个性化的网络产品和服务，无法利用网络方便快捷的特点来吸引并留住高端客户；缺乏专门的网络营销人才，网络营销发展的人才储备不足等。造成这些问题或困境的原因概括起来表现在以下几个方面：

1. 金融机构对网络金融服务的宣传力度不够。如大多数消费者知道有网上银行服务，但却不知道怎样操作；手机银行服务在我国已经开展了几年，但使用这一金融服务的人还不多。Davis 在 1989 年提出的技术采纳模型（Technology Acceptance Model，TAM）较好地反映了为什么网上金融服务和手机银行服务没有得到普及的原因。技术采纳模型源于社会心理学领域的理性行动理论，其核心思想是将有用性认知（Perceived Usefulness）和易用性认知（Perceived Ease of Use）看做影响顾客使用意图的两个重要因素，从个人态度的角度来解释使用某种特定技术或服务的倾向。该模型表明，影响顾客使用网络金融服务的因素，一是只有当企业和个体使用者真正认同某项网络技术对其有益（能够提高绩效或者提高生产率），他们才愿意采用它；二是这项技术的采用过程不能耗费使用者过多的时间和精力，毕竟使用者有自己的主要工作和任务目标，不可能本末倒置，为采用网络技术而付出过多。可见，有用性认知和易用性认知对网络接受的决定作用是合乎情理的。

2. 网站形象不统一，网站功能不完善。部分金融企业有多个网址同时出现在搜索引擎中，整体性不强；缺乏专业的网页优化设计；网页内容更新较慢甚至一成不变；网站设计人性化不足，使用不方便等。

美国富国银行是一家提供全能服务的银行，业务范围包括社区银行、投资和保险、抵押贷款、专门借款、公司贷款、个人贷款和房地产贷款等。富国银行存款的市场份额在美国的 17 个州都名列前茅，是美国第一的抵押贷款发放者，第一的小企业贷款发放者，拥有全美第一的网上银行服务体系，是美国唯一一家被穆迪评级机构评为 AAA 级别的银行。可以不夸张地说，富国银行是美国最好的银行，自 1852 年起，富国银行已经成为美国西部信贷服务的标志性企业之一。银行网络门户的品质可谓千差万别。富国银行是拥有全球最好的网络门户的银行之一，既提供丰富而有层次的功能，能让用户访问所有服务，还具有直观的界面，可以帮助客户快速轻松地找到自己所要的东西。

3. 在线客户服务水平低，交互性差。在线帮助不能满足需要，用户需要的信息难以查找；没有采取有效方式与客户进行直接沟通、获取客户的需求信息和开展市场调查；部分金融企业的网站上甚至没有公布客户服务电话或电子邮件，有的公布的号码根本就没有启用。

4. 信用机制不健全，网络建设缺乏整体规划。个人信用联合征信制在西方国家已经有 150 年的历史，在欧美国家中，企业间的信用支付已占到了银行信贷的 80%以上，纯粹的现金交易已越来越少。而我国直到 1997 年，银行中长期消费贷款才开始在住房、耐用消费品领域开展，目前在银行信贷中的所占比重还相当的小，而在发达国家这一比例一般占到30%。目前，我国金融企业网上信用系统只能部分实现共享，其整体资源优势还没有显现出来。

我国金融企业网络基础设施仍然较为落后，很多业务还存在"网上订购、网下支付"的情况，在网站的构架和服务内容上与网络经济的要求还存在很大的差距。资金、人员投入不足，技术水平低等因素制约了网络业务的正常开展，整个金融业的网络建设缺乏整体规划。

三、金融网络营销的职能

冯英健在《网络营销基础与实践》中第一次提出网络营销职能的概念，并且将网络营销的职能归纳为八个方面：网站推广、网络品牌、信息发布、在线调研、顾客关系、顾客服务、销售渠道、销售促进。魏亚萍和陈峥嵘等2007年主编的《网络营销》一书也认同这一观点。

1. 网络品牌。金融网络营销的重要任务之一就是要在互联网上建立金融企业的知名度，并推广金融企业的品牌。知名金融企业的网下品牌可以通过网络在网上延伸，一般金融企业则可以通过互联网，利用病毒营销等网络营销技能，快速提升品牌知名度，并提升金融企业整体形象。网络品牌建设是以金融企业网站建设为基础，通过一系列的推广措施，达到顾客和公众对金融企业或金融品牌的认知和认可。在一定程度上说，网络品牌的价值甚至高于通过网络获得的直接收益。

2. 网址推广。这是金融网络营销最基本的职能之一，在几年前，甚至认为网络营销就是网址推广。相对于其他功能来说，网址推广显得更为迫切和重要，网站所有功能的发挥都要以一定的访问量为基础，所以，网址推广是金融网络营销的核心工作。

3. 信息发布。网站是一种信息载体，通过网站发布信息是网络营销的主要方法之一，同时，信息发布也是网络营销的基本职能。所以也可以这样理解，无论哪种网络营销方式，结果都是将一定的信息传递给目标人群，包括顾客/潜在顾客、媒体、合作伙伴、竞争者等。

4. 销售促进。营销的基本目的是为增加销售提供帮助，网络营销也不例外，大部分网络营销方法都与直接或间接促进销售有关，但促进销售并不限于促进网上销售，事实上，网络营销在很多情况下对于促进网下销售十分有价值。

5. 销售渠道。一个具备网上交易功能的企业网站本身就是一个网上交易场所，网上销售是企业销售渠道在网上的延伸，网上销售渠道建设也不限于网站本身，还包括建立在综合电子商务平台上的网上商店及与其他电子商务网站不同形式的合作等。

6. 顾客服务。互联网提供了更加方便的在线顾客服务手段，从形式最简单的FAQ（常见问题解答）到邮件列表，以及BBS、MSN、聊天室等各种即时信息服务，顾客服务质量对于网络营销效果具有重要影响。

7. 顾客关系。良好的顾客关系是网络营销取得成效的必要条件，通过网站的交互性、顾客参与等方式，在开展顾客服务的同时也增进了与顾客的关系。

8. 网上调研。通过在线调查表或者电子邮件等方式，可以完成网上市场调研。

相对传统市场调研，网上调研具有高效率、低成本的特点，因此，网上调研成为网络营销的主要职能之一。开展网络营销的意义就在于充分发挥各种职能，让网上经营的整体效益最大化，因此，仅仅由于某些方面效果欠佳就否认网络营销的作用是不合适的。网络营销的职能是通过各种网络营销方法来实现的，网络营销的各个职能之间并非相互独立的，同一个职能可能需要多种网络营销方法的共同作用，而同一种网络营销方法也可能适用于多个网络营销职能。

四、我国网上金融营销与传统金融营销的比较

网上金融营销与传统金融营销二者具有许多相同的地方：都是金融企业的一种经营活动；都需要通过营销组合才能发挥功能；都是把满足消费者需求作为一切活动的出发点，两者对消费者需求的满足，不仅停留在现实需求上，而且还包括潜在的需求；都必须遵循一定的市场营销规则，合理运用各种营销策略的组合。但二者在营销方式、竞争态势、促销方法、产品策略、广告策略、关系营销等方面还存在着一定的差别：

1. 营销方式上的差别。传统的金融营销更多运用的是一种大众化的营销策略，囿于自身实力、成本等方面的限制，很难做到针对不同的客户采用不同类型的营销策略；而在网上金融营销活动中，由于网络技术迅速向宽带化、智能化和个人化方向发展，一方面企业可以降低各种经营管理成本，可以为客户提供各种个性化、多元化的服务，另一方面，客户可以在更加广阔的领域内实现多种信息共享。因此，在网上金融这样一个领域中，传统的大众化营销方法必定要进行变革，它需要更多运用个性化的营销模式，即针对不同类型的客户采用不同的营销组合策略，根据他们不同的需要提供适合的产品和服务。

2. 竞争态势上的差别。传统金融经营过程中，能否有效地获取所需信息是制约其发展的瓶颈；而在网络运行的环境下，各种信息基本上处于畅通无阻的状态，因此整个市场的竞争是透明的，要想掌握竞争对手的信息及其动态并非是一件难事。此时营销活动胜负的关键就在于如何迅速、准确地获得相关信息并及时进行整理、分析，从中找出自己的竞争优势与劣势，以最终制定出能够实现其优势的竞争策略。

3. 促销方法上的差别。传统金融的营销更多依靠的是大量的人力和广告以及层层的渠道，这些在网络时代将成为巨大的包袱，而实际上这些传统的营销方法，诸如人员推销、市场调查、人员促销等手法可以与网络实现充分融合，充分利用网络带来的各种便利，整合各种资源，这样金融企业就可以最大限度地降低成本、实现以最小的成本投入获得最大的营销收益的新型营销模式。

4. 产品策略上的差别。传统金融企业往往倾向推出大众化的、标准化的产品来满足大多数客户的需求；而网上金融企业通过互联网可以更加便利地获得关于金融产品和服务的理念和广告测试效果的反馈，当然也可以更加准确、全面地了解到不同客户的不同需求，因此，网上金融企业要想对不同的客户提供不同的金融产品已经不是一件很困难的事情。原先的标准化产品已经不适应现在网上金融企业的发展要求，越来越多的客户需要企业向他们提供个性化的产品。

5. 广告策略上的差别。传统金融企业的广告一般借助于电视、报刊等媒体，一

方面价格昂贵、时空有限，广告效果不易评估，另一方面，它强势灌输的特点会招致部分消费者反感。相对于传统的媒体以及广告形式而言，网络由于具有无限的扩展性，在网上做广告可以降低发布成本、可以逾越时空限制、可以对广告效果进行有效评估，又由于网络广告基本上以消费者主动点击、获取信息为原则，且能够集各种媒体功能为一体，具有较强的互动性，因此，它可以有效地激发客户的购买热情。

6. 关系营销更显重要。对任何企业而言，它们之间的竞争归根结底是对客户的争夺，对于金融业来说也不例外。如何通过互联网与遍布全球的客户群保持紧密的联系，再通过对企业品牌的建设、对企业整体形象的塑造，建立客户对企业的信任感，是网上金融企业能否获得成功的一个重要因素。对于网上金融企业来说，它的目标市场、客户形态、产品种类与传统金融企业相比有很大的差异。因此，要想建立这种跨文化、跨地域、跨时空的客户关系，还需要有多种创新的营销行为。

五、金融网络对我国传统金融业务带来的挑战

1. 金融网络的兴起导致传统金融企业经营环境发生变化。

（1）竞争的加剧是网络营销带来的最直接的后果。网络技术大大降低了金融企业的经营成本，加上网络技术的迅速普及，以及金融机构在网络业务方面的立法尚未建立健全，导致金融市场准入门槛较低，从而吸引了大量非金融机构甚至一些高科技公司的进入。由于都是借助互联网提供金融服务，只要能提供足够的技术处理能力，不论企业大小、分支机构多少，都是处在同一起跑线上。网络为中小金融企业提供了可以和规模大的金融企业相对平等竞争的机会，这样就使传统金融企业在内部竞争日趋激烈的情况下又面临潜能巨大的外部竞争，使传统金融企业在一些领域的地位随之下降。

（2）信息技术的地位将不断上升。金融企业内部引入信息技术可以大幅度降低内部交易成本和外部交易成本。一是业务规模扩展导致的成本相对下降。信息技术减少了金融企业向消费者递送产品和服务的环节，通过缩短距离而降低交易成本，并通过服务地域范围的扩大取得规模经济。二是自动化的规模经济效应。通过引入集成化的信息系统或其他形式的自动化技术，金融企业能够进行灵敏快捷的服务，在获得利润的前提下，提供客户特定的小批量产品和服务。随着跨国金融贸易交易金额迅猛增加，传统的通信交换方式已不能满足业务发展的需求，大量的数据需要及时、可靠地在金融企业间传递，电子数据交换可以通过迅捷、准确的计算机网络为客户办理国际结算业务，每笔业务的持续时间不超过 30 秒，从而可以节约大量的时间和费用。三是知识化的规模经济效应。信息技术的使用使金融企业能够更为便利地累积经验和知识，从而降低单位成本。

（3）金融客户市场权利的变化。在传统的金融服务业的市场结构和运行模式下，客户在选择金融产品时，几乎没有任何主动权，僵化的行业结构意味着客户只能被动接受金融产品的价格。在互联网的背景下，客户的市场权利随着信息膨胀和获取信息的快捷性提高而不断增强，客户对金融服务的要求越来越高，讨价还价的

能力越来越强，金融企业采取的以产品为主导的经营策略已不可行，取而代之的是以客户为主导的经营策略，金融企业需要认清目标客户，更深入地了解客户真正的需要，从而为他们提供量身定做的产品和服务。

2. 网络营销的出现打破了金融企业传统的经营方式与经营理念。那种以资产规模大小、分支机构数量、地理位置优劣论"英雄"的观念已经过时，而提高获取信息的能力，为客户提供及时、便利、优质的个性化服务则成为新的成功标准。在这种新的经营理念下，金融企业的经营方式也将发生重大变革。其中最明显的就是分支机构的地位明显下降，取而代之的是如何提高网上金融业务的服务质量，包括品种、服务速度等以吸引更多客户，实际上就是将业务重点转向成本较低的服务方式，利用技术优势在降低成本的同时扩大客户数量。

3. 网络经济发展使传统金融企业的组织制度发生变化。金融业是一个具有规模经济特质的行业。比如，在传统经济条件下，银行业规模经济实现的基本途径是组织体系的分支行制。而在网络经济条件下，网络银行的出现和发展不仅使传统的银行经营理念、经营方式发生变化，而且正在使传统的银行外部组织结构由物理形态向虚拟形态变化，实现银行规模经济的基本途径已不再是分支行制，而是技术、创新和品牌。这是就外部组织制度而言。从内部组织制度看，随着外部组织制度的变化，商业银行的内部组织结构也由垂直式形态向扁平式形态发展，银行内部的管理成本和协调成本大大降低。

4. 网络使传统金融企业的经营管理制度发生变化。在传统经济条件下，资产负债管理是金融企业经营管理制度的基本内容。虽然该制度模式在网络经济条件下仍必须坚持，但由于金融企业的组织特质和业务特点，以及其技术的复杂性、信息的多样性和竞争力度的加强等因素的影响，资产负债管理的重要性将有所下降，信息技术系统的安全性、效率性、传输速度将是金融企业管理所要考虑的主要因素，从而综合配套管理、技术标准管理和个性化服务管理将成为网络经济条件下金融企业经营管理制度的基本内容。

5. 网络金融企业的出现使金融创新陷入了一个微妙的境地。在传统金融业中，金融创新可以使创新金融企业在相对较长的一段时间里保持该项业务的垄断经营权，而网上的金融产品由于技术性原因极易被竞争对手模仿，结果是：如果金融企业长期处于跟随者的地位，则无法抢占创新先机；如果金融企业总是处于创新前沿，其成果被竞争对手模仿的速度太快以致创新成本得不偿失。

6. 网络银行的出现使整个金融业的利润面临下降的压力。传统金融企业方面，互联网的出现增加了客户的选择性，提高了客户的议价能力，降低了客户对金融企业的忠诚程度，这就迫使金融企业采取薄利多销的策略。如网络银行就大大便利了客户选择那些具有最佳报价的银行产品，进而促使价格下降。又如网上支付技术的发展，增加了资金清算及划拨的途径，缩短了所需时间，银行一方面因为无息资金停留时间的缩短而失去了部分利息收入，另一方面唯有以减收手续费的方法去进行竞争，因而会存在利润下降压力。

第三节　金融网络营销发展战略和发展策略

一、金融网络营销战略

企业战略是指企业为了适应未来环境的变化，寻找长期生存和稳定发展的途径，并为实现这一途径优化配置企业资源、制定总体性和长远性的谋划与方略。企业战略的实质是实现外部环境、企业实力与企业目标三者的动态平衡。营销战略是企业战略的重点。互联网络的功能使网络营销可以扩大企业的视野，重新界定市场的范围，缩短与消费者的距离，取代人力沟通与单向媒体的促销功能，改变市场竞争形态。因此，金融企业网络营销战略的重点也相应体现在以下几个方面：

1. 顾客关系的再造战略。在网络环境下，金融企业规模的大小、资金的雄厚实力从某种意义上已不再是企业成功的关键要素，企业都站在一条起跑线上，通过网页向世界展示自己的产品。消费者较之以往也有了更多的主动性，面对着数以十万计的网址有了更广泛的选择。为此，网络营销能否成功的关键是如何跨越地域、文化、时空差距，再造顾客关系，发掘网络顾客，吸引顾客，留住顾客，了解顾客的愿望以及利用个人互动服务与顾客维持关系，即金融企业如何建立自己的顾客网络，如何巩固自己的顾客网络。

（1）提供免费服务。提供免费信息服务是吸引顾客最直接与最有效的手段。

（2）组建网络俱乐部。网络俱乐部是以专业爱好和专门兴趣为主题的网络用户中心，对某一问题感兴趣的网络用户可以随时交流信息。

2. 定制化营销战略。所谓定制化营销是指利用网络优势，一对一地向顾客提供独特化、个人化的产品或服务。网络环境下，巩固顾客、扩大网上销售的重要战略手段是通过定制化营销，提升顾客满意度。在美国，几家电子邮报已推出一种新型报纸——个人化报纸，如《华尔街日报》的个人版，读者每天早晨一打开电脑，即可读到一份专为你自己设计的报纸，其内容基本上是你需要并感兴趣的。这项服务，在美国本土每月只需15美元左右，即可享受全天24小时的新闻剪报。

3. 建立网上营销伙伴战略。由于网络的自由开放性，网络时代的市场竞争是透明的，准都能较容易地掌握同业与竞争对手的产品信息与营销行为。因此，网络营销争取顾客的关键在于，如何适时获取、分析、运用来自网上的信息。如何运用网络组成合作联盟，并以网络合作伙伴所形成的资源规模创造竞争优势，是网上营销的重要战略内容。建立网络联盟或网上伙伴关系，就是将企业的网站与他人的网站关联起来，以吸引更多的网络顾客。具体而言主要措施有：

（1）结成内容共享的伙伴关系。内容共享的伙伴关系能增加企业网页的可见度，能向更多的访问者展示企业的网页内容。

（2）交互链接和搜索引擎。交互链接和网络环（Web Ring）是应用于相关网站间来推动交易的重要形式。在相关网站间的交互链接有助于吸引在网上浏览的顾客，便于他们一个接一个地按照链接浏览下去，以提高企业网站的可见性。网络环只是一种更为结构化的交互链接形式，在环上一组相关的伙伴网站连在一起，并建立链接关系，访问者可以通过一条不间断的"链"，看到一整套相关网站，从而给访问者提供更为充实的信息。

二、金融网络营销战略规划与实施

1. 金融网络营销战略的规划。金融企业在确立采取网络营销战略后，要组织战略的规划和执行。网络营销不是一种简单的新营销方法，它是通过采取新技术来改造和改进目前的营销渠道和方法，它涉及公司的组织、文化和管理等各个方面。如果不进行有效的规划和执行，该战略可能只是一种附加的营销方法，它不能体现出战略的竞争优势，相反只会增加公司的营销成本和管理复杂性。战略规划分为以下几个阶段：

（1）目标规划。在确定使用该战略的同时，识别与之相联系的营销渠道和组织，提出改进目标和方法。

（2）技术规划。网络营销很重要的一点是要有强大的技术投入和支持，因此资金投入、系统的购买和安装，以及人员培训都应统筹安排。

（3）组织规划。实行数据库营销后，金融企业的组织需进行调整以配合该战略实施，如增加技术支持部门、数据采集处理部门，同时调整原有的推销部门等。

（4）管理规划。组织变化后必然要求管理的变化，金融企业的管理必须适应网络营销需要，如销售人员在销售产品的同时，还应记录顾客购买情况，个人推销应严格控制以减少费用等。

2. 金融网络营销战略的实施与控制。金融网络营销战略的实施是一个系统工程，首先应加强对规划执行情况的评估，评估是否充分发挥该战略的竞争优势，评估是否有改进的余地；其次是对执行规划时的问题应及时识别和加以改进；最后是对技术的评估和采用，目前的计算机技术发展迅速，成本不断降低同时功能显著增强，如果跟不上技术发展步伐，很容易丧失网络营销的时效性和竞争优势。由于采取新技术可能改变原有的组织和管理规划，因此对技术的控制也是网络营销中的显著特点。

金融网络营销是有别于传统的市场营销的新的营销手段，它在控制成本费用、市场开拓、与顾客保持关系等方面有很大竞争优势。但网络营销的实施不是简单的某一个技术方面的问题，或某一个网站建设的问题，从金融企业整个营销战略、营销部门管理和规划，以及营销策略制定和实施方面都要进行调整。

三、金融网络营销的发展策略

金融网络营销具有全新的运营模式和独特的竞争优势。随着中国金融业全面对外开放，我国金融企业面临的竞争更加激烈。因此，大力发展网络金融业务成了金融企业发展战略的重中之重。结合我国实际，应从金融企业自身和外部运营环境入手，促进我国网络金融业务的发展。

1. 加强金融企业信息系统的基础建设，促进网络金融业务的发展。通过加强金融企业电子化信息系统的基础建设，特别是加强全国计算机网络的建设，实现金融企业内部计算机管理，促进银行电子化的发展。同时，要努力提高网络金融的安全性，加强对网络安全性的研究，确保网络金融和电子化金融的安全运行。要建立规范措施，增强安全防范意识，加强信息产业、工商企业、金融企业及公安等部门的协调配合，完善安全技术和硬件设施，解决电脑普及率、光纤覆盖率低，网络的吞吐能力有限等问题，把网络通信技术和现代密码技术结合起来，使网上购物支付更加便捷、安全。可借鉴美国的成功经验，网络银行业务采用具有三重安全防护措施的作业系统：客户终端浏览器码处理技术、防火墙技术和保护交易中枢不被入侵的可信赖操作系统。

2. 加大业务创新、组织创新及经营方式创新力度，强化品牌意识。如传统银行的经营理念是"以信贷管理为中心"，而网络银行则"以客户服务为中心"，强调为客户提供多种个性化服务。随着网络经济的发展，深入服务将出现两极化趋势：标准化和个性化，即一是以更低的价格大批量提供标准化的传统金融服务；二是在深入分析客户信息的基础上为客户提供个性化的金融服务，重点是在理财和咨询业务、由客户参与业务设计等方面。传统银行要充分利用不断发展的大量信息技术深入分析客户，加大产品创新的力度，更好地满足客户个性化需求。为应对外资银行混业经营现状，在不违反现行监管法规前提下，可以考虑组建金融集团，通过集团下属的银行、保险、证券公司从事跨行业经营，以满足不同客户的不同产品需求，增强国内金融机构的国际竞争力和可持续发展能力。而中央银行在加强对网络银行的监管、加强监管的国际合作的同时要支持传统银行的网络化金融创新。在经营方式上，我国商业银行应该充分体现集约化经营的特点，应从专注于抢占"地理空间"转变到致力于开拓"电子空间"，以便在未来竞争中占据主动地位。

同时，品牌是网络银行最重要的无形资产。网络银行的产品服务要以客户为导向，创新出具有个性的金融产品，同时还必须树立起自己的品牌。网络银行比较擅长于高效率、大批量地处理标准化业务，而那些情况复杂的服务产品，还必须依靠银行业务人员在物理营业网点与客户面对面地互动式交流才能解决，两者优势互补，才能满足对客户全方位、个性化的服务。因此，在相当长的一段时间内，银行仍将要走以"多渠道"为主的道路。

3. 加快对信息工作的政策法规及标准规范的研究和制定。我国信息管理的法制不健全，使金融交易、电子货币、电子商务出现经济纠纷和电子犯罪时缺乏全面的法律依据和保障；金融业以及各行业间至今没有完整统一的信息指标代码体系，信息的传输和共享遇到很大障碍，极大地影响了网络金融企业数据集中的速度。因此，要加强网络金融的监管工作。一方面要根据技术发展修改现行的法律规范与规则，另一方面要制定有关规范电子货币和网上金融服务发展的一系列法律法规，强化对网络金融的资格认证，为网络金融企业的发展和网络化金融创新提供法律保障、安全保障。

此外，还需加强金融企业员工的教育培训，着力开发人力资源，建设一支适应时代发展要求的高素质队伍，在此基础上加强金融企业网络化研究，进一步加大科研投入，研究新技术在金融行业中的应用，使传统金融企业经营模式逐步实现向网络金融企业经营模式的转变。

【复习思考题】

1. 金融网络营销的特征有哪些？
2. 金融产品网络营销的基础理论有哪些？
3. 网络整合营销理论包括哪几个关键点？
4. 金融网络营销的设计标准有哪些？

【案例分析】

工商银行上饶市分行营业部四项措施力促电子银行发展

今年以来，工行上饶市分行营业部积极响应省、市行电子银行业务的发展战略，树立"营销无淡季、推广无难易"的理念，积极把握市场机遇，围绕重点市场和重点产品，有效落实整合营销机制，建立和完善服务支持体系，实现了电子银行业务规模和效益的稳步增长。

主要得益以下几项措施：

一、创新营销方式，搭建营销平台。在中间业务营销工作中充分考虑客户需求，灵活运用传统产品和新产品设计，满足客户个性化需求。建立了大堂经理引导、柜员推介、客户经理演示的营销模式。做到"进门有大堂经理引导、进区有客户经理指导"，努力以工行网上银行的亮点产品、亮点功能吸引客户，不断提升客户使用网银的信用和兴趣，以网上银行的产品优势培养客户的行为习惯，牢牢的"网"住客户，增强客户的忠诚度，做到了营销一户成功一户；同时以营销对公理财产品为契机，大力营销企业使用网上银行，极大地提高了网上银行交易的动户率。

二、强化电子银行业务的培训服务。电子银行业务涵盖面广、操作性强，加强电子银行业务培训，是开展营销的前提。电子银行专管员要首先加强自身业务素质的提升，业务知识与实际操作相结合，增强业务营销能力与辅导能力。定期开展营业人员的业务培训，提高员工业务知识、操作要领、营销技巧的能力；及时为员工补充养分，将新的工作理念，新的业务要点，新的产品售卖点，适时传递给员工，及时传达实际业务操作过程中碰到的各类疑难问题和解决办法，实现电子银行业务营销的畅通高效。

三、加大营销力度，扩大电子银行客户规模。一是加大营销演示力度。为了提高动户率，鼓励客户使用网上银行进行交易，以客户最关心的问题、对电子银行的需求和热点问题为切入点，通过现场演示营销和与客户互动交流讲解产品功能及使用操作等多种方式，激发客户对使用工行电子银行产品的浓厚兴趣和热情，取得了良好的现场营销效果。二是大力开展形式多样的营销宣传活动。突出特色营销，以网上银行汇款和网上购买基金手续费优惠为卖点，向客户详细讲解电子银行的操作及注意事项，使客户能够熟练使用电子银行。并根据客户的需求，进行二次营销，实施捆绑营销，将电子银行的推广与其他个人金融产品营销结合起来，对新开户，包括灵通卡、信用卡、存折客户，以及到网点柜台办理业务的老客户，柜员均积极向客户推介。三是加大对中高端客户特别是现有理财金客户、信用卡金卡、第三方存管、基金客户等客户的电子银行业务的捆绑营销力度，积极推荐使用，全力开拓客户市场，快速提高注册客户数，让客户体验电子银行的便捷之处。同时加强电子银行业务考核，把新增客户数、新增业务量、存量业务量纳入考核指标，增强考核推动力。

四、差别营销到位。开展对客户使用情况、使用意见和建议的调查，及时解决客户在使用电子银行业务过程中碰到的各类疑难问题，针对不同客户的经济承受能力和产品功能的需求程度，对个人电子银行客户开展差别化的营销服务，用针对性的优势产品满足不同客户的不同金融需求。不定期对正在使用或未曾使用电子银行的客户广泛宣传"金融e通道"、"金融@家"等电子银行品牌及U盾、口令卡、网上基金、网上黄金买卖、转账汇款的功能，拉近与客户的距离，让客户了解到电子银行的广泛用途，提高客户的忠诚度和贡献度。

（资料来源：http：//www.crbanking.com/EBanking/news/200910/20091014101409.html）

【参考文献】

［1］孔伟成：《网络营销学》，重庆，重庆大学出版社，2004。

［2］唐小飞、周晓明：《金融市场营销》，北京，机械工业出版社，2010。

［3］王宜：《赢在网络营销》，北京，人民邮电出版社，2011。

［4］杨米沙、张丽拉：《金融营销》，北京，中国人民大学出版社，2011。

第十二章

我国农村金融营销介绍

【本章概要】

本章首先介绍我国农村金融发展的现状，其次，分析我国农村金融营销的现状。以发展的眼光看待问题，就必须既要充分认识农村金融营销发展的困境与不足，同时也要看到农村金融的不断发展进步，在发展中不断解决自身存在的问题。最后提出我国农村金融营销的发展策略。

【要点提示】

1. 我国农村金融发展的现状；
2. 我国农村金融营销的现状；
3. 我国农村金融营销的发展策略。

【案例导入】

农村中小金融机构创新信贷管理模式

如何解决贷款营销与风险防范难统一、服务效率与经营成本难匹配、流程规范与个性服务难配套"三难"问题，是农村中小金融机构一直面临的课题。

（一）信贷人员岗位分离：贷款营销与风险防范相统一。目前，农村中小金融机构客户经理一般实行分片包干服务制，即将服务辖区按照行政村、企业地块、部门系统划分至客户经理，由客户经理负责贷款申请受理、贷款前期调查、客户档案建立、贷款手续办理、客户日常维护、贷款贷后检查等一条龙服务。客户经理集营销、管理和贷后检查等职能于一体，一方面容易滋生客户经理以贷谋私、人情放贷等不良现象，另一方面也容易造成因为岗位监督不力或客户经理素质所限，发生贷前调查不实，产生不应有的风险损失。

（二）贷款授信额度分级：服务效率与经营成本相统一。推行"三分"信贷管理模式之前，客户经理用于贷款办理、日常管理和贷后检查等环节上的时间和精力过多，导致客户营销和维护投入过少，直接影响了服务效率和服务品质。在服务区域较宽、服务人口较多、服务幅度较大的地区，一方面客户经理深感工作压力大，另一方面客户反映银行服务不到位的现象尤为突出。

（三）专营机构网点分设：流程规范与个性服务相配套。针对该市3000多家中小微企业旺盛的信贷服务需求，如何提供快捷、个性、优质的信贷服务非常迫切。为此，该行选择在全国闻名的"不锈钢之乡"戴南镇和能够集中服务开发区、科技园区、工业园区和特色产业园区企业的城区，通过二级支行转型和新组建网点的方式设立了两家小微企业专营支行。在外出借鉴吸收他行成功经验的基础上，通过管理人员、客户经理竞聘选拔、简化信贷操作流程、充分授予专营网点转授权权限、区分客户群体创新信贷产品、加大信贷人员正向激励力度、引导专营支行与其他支行开展有序客户竞争等措施，大胆创新专营支行小企业贷款营销与管理模式，为全行中小微企业信贷服务提供了样板。通过产品、服务、科技、管理和机制创新，与"三分"改革前相比，该行信贷产品较为丰富，办贷周期大为缩短，利率定价更为灵活。优质的服务赢得了中小微企业的广泛赞誉，企业存、贷款业务总量和份额得到了同步大幅攀升。

（资料来源：http：//www. zgjrjw. com/news/fxsk/201238/16513142771. html）

问题：针对自身的困境与不足，我国农村金融机构应如何制定营销发展策略？

第一节 我国农村金融发展概况

中国农村的滞后发展是全局性的，是包括各个领域和各个方面的，其中涉及农村金融的滞后发展。在分析中国农村金融业的状况时，我们必须实事求是，以发展的眼光来看待。一般认为，农业生产周期长、收益低、风险大，从而导致资金向非农产业转移，农村难以吸引外部资金，商业性金融活动难以广泛开展。同时，我国农村的经济基础比较薄弱，人均收入与城市相比有很大的差距，农业生产产出有限，自我资金积累能力不足。这些都使得农村的金融业规模相对来说比较小。

但是，我们还要看到，改革开放以来，我国农村金融业在改革创新中不断发展壮大，金融机构和从业人员数量大幅增加，金融规模明显扩大，各种不同性质的农村金融机构显著增多，承担着吸收存款、发放贷款的职能，初步形成了涉农银行、涉农证券、农业保险等功能比较齐全的金融机构体系。农村金融业的不断发展壮大对优化资源配置、支持经济改革、促进经济平稳快速发展和维护社会稳定方面发挥了重要作用。因此，以发展的眼光看待问题，就必须既要充分认识农村金融发展的困境与不足，同时也要看到农村金融的不断发展进步，在发展中不断解决自身存在的问题。

一、农村金融需求日益旺盛

随着我国金融业改革进程的加快，以及金融对外开放水平的进一步提高，金融机构之间的竞争日益加剧。目前而言，广大城市金融服务体系日益完善，金融业务基本实现了广覆盖。农村金融改革不断深化，截至 2009 年末，全国共组建县（市）为单位的统一法人农村信用社 2054 家，农村商业银行 43 家，农村合作银行 195 家，金融机构涉农贷款余额 9. 14 万亿元，同比增长 32. 3%。有 172 家新型农村金融机构开业，其中，村镇银行 148 家，贷款公司 8 家，农村资金互助社 16 家。人民银行共计对农村信用社发行专项票据 1695 亿元，对农村信用社兑付专项票据 1641 亿元，对新疆等四省（区）发放专项借款 21 亿元。但是，与农村经济社会发展对金融的需求相比，农村金融发展仍然不能满足需要。目前，农村金融发展不足已经成为我国金融业发展的短板。随着我国全面建设小康社会进程的加快，以及社会主义新农村建设步伐的加快，农村对金融的需求会进一步扩大。据有关部门预测，到2020年，我国建设社会主义新农村需要新增资金15万亿元至20万亿元。

（一）需求主体内部日益差异化

首先，中国的国情是，幅员辽阔，内部存在着显著的差异，这表现在城乡之间、地区之间、农村内部、不同行业和企业之间。尤其是目前情况下，城乡之间、地区之间及农村内部的经济发展程度差异很大，导致农户的金融需求也出现很大的差别。这表现在三个方面：一是那些自然经济条件下的农户，主要分布在西部地区，以贫困地区农户为代表，自身收入有限，金融需求主要集中在小额民间借贷、金融机构小额借贷、政府转移支付资金以及各种扶贫资金。二是那些从自然经济向市场经济过渡的农户，主要分布在中部地区。这类农户总体上属于实现了温饱的农户，在日常生活和生产活动中，对民间借贷、合作金融机构的小额贷款及其商业贷款有着一定的需求。三是为现代市场经济条件下的农户，主要分布在东部沿海经济发达地区。他们除了传统的农业生产活动以外，通常还会从事一些低层次的工业生产活动，对商业性信贷以及民间金融有着强烈的资金需求。

其次，从1978年开始，随着市场经济的改革日益深入，农村地区的工业活动也开始繁荣发展起来，乡镇企业如火如荼。乡镇企业的快速发展不仅解决了农村地区的大量剩余劳动力，为农业生产活动积累资金，而且推进了农村地区的工业化和现代化进程，为农村地区的现代化转型奠定了良好的经济基础，为后来的农村全面进入现代生产方式和现代化做好了准备。但是也要注意到，乡镇企业在内部也是存在差异的。根据其规模，可以将其划分为不同的类型。一般来说，一些规模比较大，在市场上具有较强影响力的乡镇企业，在资金需求方面与一般的工业企业在资金需求方面已经没有什么差别了。而一些规模较小的农村资源型企业，在市场启动、扩大市场规模方面需要比较大的资金，对于民间金融、风险投资、商业性信贷以及政策性金融有着比较强烈的需求。此外，社会主义新农村建设对于农村社会保障和基础设施建设提出了更高的要求。近年来，经济发展的引擎主要在城市地区。城市地区构成了经济发展的高回报区域，产生的洼地效应引入了大量社会投资、人力资本等。而农村由于一系列的自然、经济、社会、政策制度的限制，难以获取自身发展所需要的外部资源供给。因此，从一定程度上来说，我国在一定发展阶段内对农村地区的基础设施投资明显不足，市场性投资也因为政策条件的限制而受到了抑制。农村基础设施投资具有社会效益明显而直接经济效益不明显、资金需求规模大而周期长的特点，因此它对政策性金融有着非常强烈的需求。

（二）需求范围和程度不断变大

当前涉农资金需求的范围已经扩大到农业生产和乡镇企业生产链的各个环节，对于农村金融需求主体而言，表现为满足家庭生活及从事农业种植和经济作物种植、从事副业生产的小额信贷需求，也表现为农村生产大户、个体工商户和乡镇企业从事生产经营活动的集中大额信贷需求，还存在公共基础投资所产生的政策性金融需求。综合看来，随着市场化程度的不断深入和生产活动的不断扩大，农村金融需求的范围和程度也不断变大。

1. 需求范围不断扩大。从服务对象看，既有农村基础设施建设融资需要、企业生产融资需要，还有个体农户生产生活融资需要。从业务品种看，既有传统存款、贷款、汇款等服务需求，也有农业保险、农业投资以及金融咨询服务的需求，等等。

首先，从服务对象来看，对于农户而言，不仅生活、盖房建筑、婚丧嫁娶、教育支出、医疗支出等消费活动需要花钱，而且进行农业生产、购买生产工具和材料也要支出。而中国农村社会的小农经济状况决定了大部分农民收入较少。在低收入状况下，农民的劳动所得和其他所得并不能满足其消费和生产的基本需求。尤其是在目前情况下，教育成本和医疗成本以及生产成本（化肥价格居高不下）不断攀升，使得上学难、看病难成为整个农村社会的发展之痛。在这种情况下，增加对农民的小额信贷，满足其生产和人力资本投资活动的需要，就显得十分必要了。乡镇企业对于增加农民收入、振兴农村经济、增强国民经济的总体实力，作出了巨大贡献。随着社会主义市场经济的建立，改制后的乡镇企业与中小企业总体上具有相似的特征。但是由于其管理水平、营业能力、产品质量和担保能力比较差，因此为其提供贷款的风险比较高，其资金需求与城市中小企业还存在一定的差别。在目前新兴技术不断更新、整个产业链条开始转型的情况下，通常弱小的乡镇企业又面临着前所未有的竞争压力。一些乡镇企业继续沿着传统的劳动密集型生产方式，利用农村地区的廉价劳动力继续生产物美价廉的产品，通过低廉的劳动力成本获取竞争优势。但是要指出的是，这种生产方式随着社会经济的发展而会逐渐丧失市场优势。另外，经济发展对产品和环境的高标准要求，会对生产技术落后的乡镇企业产生根本性的影响。外在的制度要求严重遏制了技术落后、生产能力有限的乡镇企业的发展。换言之，在整个社会的产生开始升级的同时，乡镇企业也面临着这样的问题。改造生产技术、市场产业升级，使得乡镇企业对于金融支持的需求极为迫切。

其次，从业务品种看，随着农村社会经济的发展，农村地区的金融活动发生了很大的变化。除了传统的存款、贷款、汇款等基本服务需求外，更出现了农业保险、农业投资以及金融咨询服务等新的金融需求形式。农业保险是市场经济国家扶持农业发展的通行做法。政策性农业保险可以在世贸组织规则允许的范围内，代替直接补贴对我国农业实施合理有效的保护，减轻加入世贸组织带来的冲击，减少自然灾害对农业生产的影响，稳定农民收入，促进农业和农村经济的发展。在中国，农业保险又是解决"三农"问题的重要组成部分。

农业相对脆弱，受自然条件影响大，是一个没有爆发性想象空间的行业，投资周期相对较长，且收益相对稳定。在中国，农业整体的产业化还不够发达，且企业都规模较小。有数据显示，传统农业的平均利润率在2%～8%之间。但是，随着技术的进步和市场化程度的不断提高，农业所具有的土地资源优势会得到不断的提高，特别是面向市场的农村生产更是为农业的大跨步发展提供了良好的发展机遇。目前，随着新农村建设的不断推进，国家在政策和资金层面上给予了农村和农业的发展巨大支持，为大规模、集中化、产业化的农业生产提供了良好的发展前景。在这种状况下，农业投资具有一定回报优势和发展机会。对于那些已经富裕起来的东部沿海地区，农民在逐步市民化之后，如何理财成为一个很重要的问题。这个时候，金融咨询服务成了他们的重要需求。

2. 需求程度日益迫切。农村贷款对于缓解农户和企业的资金压力，扩大投资和再生产，改善农村地区基础社会状况等具有重要意义，同时也是增强经济活力、反映经济活跃程度的重要指标。对于农村贷款总量的分析，主要采用金融机构有关农业和乡镇企业的贷款支出和农村主要金融机构历年发放贷款（人民币）规模两项指标予以反映。这涉及贷款用途方面。农村地区贷款用途众多，包括农业生产贷款、乡镇企业贷款、农村基础设施贷款、农村饮水工程、发展渔林牧副业贷款等等。在此，之所以采用农业生产贷款和乡镇企业贷款两项指标衡量农村整体贷款情况，是因为它们囊括了工农业两大领域，具有一定的代表性。

（三）需求特征分散化

小农经济是中国农村社会的主要经济特征，因此农户的借贷行为仍表现为小农经济下的行为特征。具体说来，具有这样几个方面的表现：一是借贷周期短，单笔的额度小。借贷期限通常在一年以内，时间并不长，主要是为了解决短期资金短缺问题。二是借贷用途为消费型借贷和生产型借贷。前者主要用于生活，婚丧嫁娶等消费借贷，后者主要是农业生产活动和人力资本的投资需要。三是借贷水平较低。借贷资金主要来源于民间借贷，具有很强的随意性，缺乏规范性和正式性，由此导致信贷需求缺乏有效保障。四是抵押不足和风险大。家庭资产变现能力不足，农户所拥有的房产、上地承包经营权、林木、牲畜以及农机具资产很难变现，同时由于农户的资源信息具有高度人格化特点，金融机构难获得借款人详细的信用状况。五是信贷分散化。开始于1978年的农村经济体制改革，确立了农村经济的基本经营形式，开始家庭联产承包责任制，这种单户经营模式使得信贷需求分散化。

不同类型的农村企业对于金融的需求也存在着不一样的特征。小型的乡镇企业由于规模小，生产能力有限，具有扩大生产和市场的资金需求，一般应该以政策性金融为主，少量市场商业金融为辅来满足其需求。而大型乡镇龙头企业，则规模大，存在着生产规模扩张和规模化生产信贷需求，一般以商业性信贷来满足其需求，也可以通过其他金融形式实现融资。农村社会保障事业发展和基础设施建设是当前农村地区社会发展建设的基础工程。这项工程工期长，投资大，难以由某一方单面作出。它的资金满足要有多样化来源，其中市场金融和政策性金融应该占主体，此外，来自农村社员集资，地方政府支出等渠道也是很重要的补充。

二、农村金融组织机构多元化趋势下的错位

目前，中国农村金融机构主要有正规金融机构和非正规金融形式两种，前者构成了农村金融发展的主体，而后者则成为农村金融发展的补充。考虑到正规金融机构数据的易获取性，对于农村金融发展状况的评价也以这些正规主体的统计数据为准。

（一）农村金融机构的多元化发展趋势

从贷款的来源来看，正规的农村信贷渠道主要有三大部分，分别是商业银行、政策性银行以及合作金融机构等，具体包括农业银行、农业发展银行、农村信用合作社、农村商业银行和农村合作银行等涉农金融机构。特别要指出的是，2007年中国邮政储蓄银行的组建和成立，极大地增强了农村地区的金融发展潜力。中国农业发展银行作为政策性银行，其职能定位随着粮棉油流通体制的改革而进行了相应的

调整，由成立之初的综合性职能改为目前的单纯职能，主要承担粮食收购贷款等国家规定的农业政策性金融业务。随着市场经济的发展和粮食流通体制改革的深化，中国农业发展银行的地位开始下降。

（二）农村金融机构功能错位

在 1997 年以前，我国农村基本形成了国有商业银行、农村信用社、农业发展银行、合作基金会和部分地区的民间金融机构组成的类型比较丰富的农村金融体系。提供农村金融供给的主要农村金融机构有作为政策性银行的中国农业发展银行、作为商业银行的中国农业银行，以及具有合作金融性质的农村信用社和中国邮政储蓄银行。后来，随着金融体制改革的逐步深入，市场化和商业化进程的加快，四大国有银行纷纷调整经营战略和贷款投向，退出了县及县域以下农村地区，农村基金会关闭，农村信用合作社重组，中国邮政储蓄银行成立，因此目前广大农村地区尚有中国农业银行、农村信用合作社、邮政储蓄银行等。目前，中国农业发展银行的主要职责是按照国家的法律、法规和方针、政策，以国家信用为基础，筹集资金，承担国家规定的农业政策性金融业务，代理财政支农资金的拨付，为农业和农村经济发展服务。中国农业银行业务领域已由最初的农村信贷、结算业务，发展成为品种齐全，本外币结合，能够办理国际、国内通行的各类金融业务，但重点支持农业龙头企业、农村城镇建设和农村电网改造，以及乡镇企业的信贷需求服务。由于商业银行追求利润的目标，以及农村信贷的特殊性，中国农业银行的业务主线开始转向城市。农村信用合作社是经中国人民银行批准设立、由社员入股组成、实行民主管理、主要为社员提供金融服务的农村合作金融机构，是我国农村金融服务的主要机构。

我国需要一个相当长的历史时期才可能改变农业大国的性质，农业经济的发展、农民收入的提高、农村的稳定，将是我国发展中的长期而艰巨的历史任务，农村信用社改革仍将为"三农"服务作为其主要业务。随着主要商业银行纷纷进行改革，逐步退出农村市场，仅仅依靠农村信用合作社和其他农村合作金融机构的贷款已经难以满足农户和农村中小企业所面临的资金短缺问题。特别是农村信用社由于资金能力的限制、沉重的不良贷款负担以及不完善的信贷管理手段，大额贷款的发放非常有限，获得贷款的农户和农村中小企业仍然面临着信贷规模约束的问题。

三、农村金融市场供需主体结构失衡

（一）城乡经济基础差异

金融发展与经济基础是相互促进的关系：一方面，良好的经济基础可以为金融发展提供资金支持和外部市场，成为金融改进的重要因素；另一方面，健康有序的金融市场又可以为经济发展注入动力，通过金融市场操作使企业和市场中的个体具有机会募集资金，形成软约束。讨论和分析农村金融市场的改革和发展，就需要探讨农村经济发展状况和城乡经济发展差异。城乡经济差距主要表现在城乡居民收入差距和消费差距两个方面。

改革开放三十年来，人均国内生产总值在由 1978 年的 381 元上升到 1987 年的 1112 元后，1992 年达到 2311 元，2003 年超过万元大关，达到 10542 元，到 2007 年又迅速攀升至 18934 元，扣除价格因素，2007 年比 1978 年增长近 10 倍，年均增长8.6%。人均国民总收入也实现同步快速增长，由 1978 年的 190 美元上升至 2007 年的 2360 美元（国家统计局，2008）。按照世界银行的划分标准，我国已经由低收入国家跃升至中等偏下收入国家行列。经济的巨大发展带来了深刻快速的社会变迁，并且在社会和文化等各个领域中得到了体现。因此，从经济角度出发，反映和分析社会转型背景下的农村金融发展和改革就变得十分具有意义了。城乡经济发展不平衡，城市地区吸引了大量金融资本，农村金融机构不断"进城"，日益脱离农村市场。

（二）空间结构失衡

从空间结构布局总体来看，我国农村金融结构存在失衡的现象，这主要表现在农村金融供给与需求不相适应、网点布局严重不合理、难以满足服务对象的需求等。根据中国人民银行的调查，近年来，在市场化改革过程中，四家大型商业银行的网点陆续从县域撤并，从业人员逐步精减，部分农村金融机构也将信贷业务转向城市，致使农村地区出现了金融服务空白。2007 年末，全国县域金融机构的网点数为 12.4万个，比 2004 年减少 9811 个。县域四家大型商业银行机构的网点数为 2.6 万个，比 2004 年减少 6743 个；金融从业人员 43.8 万人，比 2004 年减少 3.8 万人。其中农业银行县域网点数为 1.31 万个，比 2004 年减少 3784 个，占县域金融机构网点数的比重为 10.60%，比 2004 年下降了 2 个百分点。

在四家大型商业银行收缩县域营业网点的同时，其他县域金融机构的网点也在减少。2007 年末，农村信用社县域网点数为 5.2 万个，分别比 2004 年、2005 年和2006 年减少 9087 个、4351 个和 487 个。2004～2006 年，除四家大型商业银行以外的县域金融机构网点数年均下降 3.7%，其中经济发达的东部地区县域金融机构网点数年均下降 9.29%。由于县域金融机构网点和从业人员的减少，县域经济获得的金融服务力度不足。县域企业金融覆盖水平近年来虽有提高，但总体水平仍然较低。截至 2007 年末，全国有 2868 个乡（镇）没有任何金融机构，约占全国乡镇总数的70%。与此同时，一些农村信用社在改革过程中热衷于推动以省、市为单位组建农村信用社法人，试图取消县一级农村信用社的法人地位（中国人民银行农村金融服务研究小组，2008）。这说明城乡之间，农村地区金融服务机构网点不足，制约了农村地区经济社会活动的需要。

（三）供需结构失衡

农村金融还存在着使用用途结构的错位（李建英，2007）。农村金融需求的主体主要是农户和乡镇企业。其中，由于小农自身具有的独特性，其金融需求表现出多样化、个性化的特征。譬如，有贫困人口对维持生活开支、小规模生产经营的小额资金需求，有一般收入水平农户对经营性资金的需求，有专业户对规模化种植、专业化生产或发展第二、第三产业的大额贷款、结算、金融咨询、租赁等金融需求，还有因教育、住房、医疗等因素导致的助学贷款需求、住房贷款需求、疾病贷款需求等。从内容角度来看，农村金融供给主要是对农村经济主体提供储蓄、贷款、结算、汇兑、金融咨询等金融服务。从农村金融机构现行的经营制度来看，基本上采取商业化经营策略，为农户提供的主要是储蓄、抵押类贷款和小额信用贷款。但是相关政策对小额贷款设置了过于严格的规定和限制，与多样化的农户金融需求之间的差距越来越大，致使信贷资金供应无法满足农民对资金的需求，农村金融机构供给与农户金融需求出现用途上的错位，即一方面广大农户多样化的资金需求得不到满足，另一方面农村金融机构资金又难寻出路，将利润增长点拱手让给高利贷等民间借贷市场。

第二节　农村金融营销现状

一、服务意识不强

随着国有商业银行机构的收缩，长期以来受传统卖方市场的影响，农村金融处于"朝南坐"的地位。业务经营观念是以自身为出发点，处于被动状态，由客户牵着鼻子走，不注重及时转变观念，摆正位置，官商意识浓，"门难进、脸难看、事难办"现象非常普遍。

二、不重视产品的开发

现在大多数农村金融机构只能提供传统的标准型产品供客户选择，即负债业务只有定期存款、活期存款等，资产业务只有农业贷款和非农业贷款等，中间业务除一些汇款外，其他的几乎没有。这种产品单一、陈旧，不重视新产品的开发，没有创新意识，缺乏发展眼光的产品理念，势必使农村信用社的路越走越窄。

三、对市场的研发不够重视

市场营销应以市场为中心，应不断分析和研究客户的行为和需要，掌握营销的主动权，不断开发新产品，更新服务以满足市场的需要。市场的研究与开发尚未成为农村信用社的自觉行为。目前农村金融机构既不善于开发市场，也不重视发挥自身优势。

四、忽视自身准确的市场定位

农村金融机构在实施营销前，应通过细分市场来发现市场机会，但并非对所有的市场机会都要加以利用，因为农村信用社不可能在各个业务领域平均地投放力量去参与竞争，只有与农村信用社经营目标、本社条件相适应，并且具有优势的市场机会才是农村信用社的目标市场，而且在此基础上农村信用社还需要对自己进行准确的市场定位，只有这样才能有的放矢。但是现在很多农村信用社并没有这样做，而是盲目地效仿竞争者，向非农化方向发展。

五、价格作为营销手段没有发挥作用

一些农村金融机构大打价格战，为了取得存款无视法纪，直接提高利率或以支付奖金、手续费、代办费等手段变相提高利率。在提高存款利率的同时想方设法地提高贷款利率因而扰乱了金融市场秩序，同时对风险疏于防范，产生了大量不良资

产，加上大量免费服务项目的存在，使价格这一营销手段并没有发挥作用。

六、乱设机构，盲目布点，分销渠道不合理

近年来农村金融机构的分销渠道得到了较快发展，但是由于没有规划好市场，没有把握好机构网点扩张的节奏和合理布局，某些区域网点过多、过于密集，违反了适度的原则，配套服务功能及管理跟不上，造成低产、低效，服务功能和水平低下，另外高科技的发展并没有及时应用于分销手段上。

第三节 农村金融营销的发展策略

一、树立市场营销观念

（一）坚持以客户为导向

农村信用社的首要任务是让客户满意，一个以营销为导向的农村信用社应该通过寻找目标市场，认识市场的需要和要求并作出回应，开展那些符合客户利益的工作。对农村信用社服务十分满意的客户通常是回头客，赢得一个新客户的代价则远远高于向已有客户提供附加服务。满意的客户将对农村信用社更加忠诚，转向竞争者的可能性也越少。

（二）以利润为目标

客户满意并不是农村信用社的唯一目标。农村信用社营销观念并非是以牺牲自身利益来帮助客户的慈善理论。与此相反，要达到利润目标，就必须在客户满意和追求利润之间取得平衡。实际上，只有使客户满意，才能留住老客户，吸引新客户，农村信用社才能广开财路，有效地实现利润目标。

（三）以全员努力为基础

与其他企业一样，对农村信用社来说，有效地统一和协调员工行动的重要性也是基于这样一个简单道理之上的：员工即企业。员工每次与客户接洽业务时，实际上已经在做营销工作了。如果这名出纳员言行无礼，那么在客户看来农村信用社就很无礼。将员工和农村信用社的活动紧紧地联系在一起，使每个员工都成为农村信用社的形象代言人，需要全员努力。

（四）以社会责任为己任

社会责任是营销观念的一个重要组成部分。农村金融机构立足农村，服务农业，面向农民，已成为我国基层的主要金融组织。8 亿农民所需要的贷款近 80% 是由农村信用社提供的。从某种意义上说，农村信用社提供的是一种"准公共"的服务。因此农村信用社在组织营销时，必须承担一定的社会责任。

二、强调服务意识的提高

对于客户来说，选择任何一家金融机构的产品所获得的利益和效用大体上是相同的，能够体现购买差异的也只能是产品销售服务。各金融机构只能在优质服务上做文章。传统的经营方式正在迅速地向现代的以服务为基础的经营转变。农村信用

社必须加快完善服务体系，具体措施如下：

一是创造环境良好的营业场所。在撤并低效网点的基础上，建设一批精品网点，有条件的地方要积极开办金融超市，发展一批有特色、专业化的网点，例如设立绿色农业贷款部、房地产贷款部等。

二是条件好的地方建立分层次服务体系，逐步对高价值客户提供理想的服务设施、服务功能和业务产品，为其带来超值享受。

三是建立客户信息系统和客户关系管理系统。挖掘客户深度价值和潜在需求，更好地实施分层服务。

四是不断提高员工的职业道德、业务素质、工作效率、关系亲和度和团队协作水平，提高员工的服务能力。

五是建立良好的服务质量管理体系，对各项服务进行高效、细致的管理，使服务管理走向标准化、系统化、科学化。

三、创新金融产品，引导客户消费

金融产品在农村信用社的客户开发中占有十分重要的地位，它是农村信用社开发客户的基础与支柱，是联系农村信用社与客户的纽带，也是农村信用社开发与管理客户的工具。农村信用社开发客户首先必须满足客户的需求，而满足需求必须通过提供令客户满意的产品和服务来实现，农村信用社只有不断进行产品创新，才能满足客户不断变化的需求和维持农村信用社的存续。在当前金融监管的条件下，我国农村信用社的产品创新范围有限，产品创新要以个人业务为重点。要在服务、品种、质量和方便程度上不断分析市场需求，研究市场发展，贴近普通百姓心理，适时创新业务品种。产品创新要以个人业务为突破口，以科技的支撑，以银行卡为载体，以个人理财为重点，以"多用、通用、常用、好用"为标准，坚持出奇制胜，提倡大胆创新，全力推出一批有震撼力，有吸引力的名牌产品，以引导客户消费。具体业务上可以开展以下创新：一是增加存款种类，实现存款种类多样化；二是增加贷款种类，贷款向质量效益型转变，如增加农用机械贷款、医疗贷款、助学贷款等；三是改进结算手段，应用电子技术扩大电子汇兑面，提高结算效益，这是摆在农村信用社面前一项迫在眉睫的任务；四是加大小额农贷的营销力度，通过提供包括农业技术咨询、产品购销信息等在内的一揽子服务，提高整体收益水平，并以此影响农民生产、生活的方方面面；五是增加农村市场各种代理及代保管业务，并将业务活动扩大到保险、证券等领域。

四、选择目标市场，准确定位

金融资源是有限的，而各种客户对金融服务的需求又迥然不同，因此任何金融机构都要在市场细分的基础上，对自己进行准确的市场定位，做到与之相适应的形象设计，达到扬长避短的目的。农村信用社所选的目标市场不仅要有充足的客户源，而且还要有能实现盈利的客户量。在选定目标市场后，农村信用社必须充分发挥自身的竞争优势，为选定的市场设计特别的营销组合，使营销组合更加具有针对性。金融服务定位，能使客户了解相互竞争的各金融机构之间的差异，便于挑选最合适的金融机构。现阶段，农村经济发展水平和农民收入偏低，形成城乡大二元的经济格局，在同一农村，贫富分化形成小二元格局，农村人口众多，农村生产小型分散的特点，决定着农村信用社的发展，农民对资金的需求将会增加，这是一个潜力巨大的市场。农村信用社的市场定位就是立足于我国生产力发展水平不高，经济多层次、多元化的具体国情，重点支持农村经济的发展。当前广大农村面临着增加收入、启动市场、调整结构的新形势，农村需求发生了很大变化。农村信用社要根据这些新情况、新形势，优化负债结构，合理配置资金来源，重点下好"小额农贷"这盘棋，要注意确立和筛选一批重点客户，同时寻找潜在的重点的客户。重点客户也就是优质客户，因此要集中有限的资金为重点客户提供有效的服务，在支持重点客户的同时，积极扶持一般客户，现在的一般客户，在未来可能就是重点客户。

五、调整结构，优化布局，确保分销渠道顺畅

分销渠道是农村信用社吸引老客户、增加新客户的重要手段。因此，在金融业竞争日益激烈的情况下，农村信用社应健全分销网络，保证金融产品以最短的时间、最低的费用、最少的环节传达到客户。当前农村信用社在实施分销战略上应从两方面入手：其一是整顿传统分销渠道，即撤、并、迁、降一些不经济，没有发展前途的亏损分销网点；其二是发展新型的分销渠道，即利用现代网络科技积极开办电子银行，开发 ATM、POS 等各种间接分销渠道。在进行分销渠道的具体设置时，要从实现规模效益、减少营销环节、降低经营成本、便利客户等因素出发，对目标市场情况和金融产品的特点，客户需求及农村信用社自身状况等进行分析论证，选出最优方案，实现分销目的。

六、采取适当的定价策略

农村信用社的存贷款利率和服务收费标准直接关系到对客户的激励和吸引程度。随着我国利率市场化改革步伐加快，市场营销中定价策略将日益重要。产品价格是否恰当，直接关系到农村信用社市场营销的成败。农村信用社既要考虑新产品的性质、产品生命周期，又要考虑到其他产品策略以及分销渠道等，通过成本或竞争导向的定价方法科学定价来提高竞争力。而且在各种利率和收费的运行过程中，农村信用社要密切关注成本、竞争、需求等因素的变化，适时调整价格，以便价格在动态中保持强劲的竞争力。

七、提倡全员营销

农村信用社的主任、外勤、主管会计，甚至是临柜人员都有营销责任。全体员工要围绕一个统一的目标市场，要注重各个环节的团体调节，处处体现各部门间的互动影响，在各自的岗位上提供相应的服务，以满足客户的需求。全员营销一要普及员工市场营销意识，定期组织涵盖金融改革、竞争环境、市场经济经营策略等最新知识的培训，以提高全员的综合营销素质；二要培养员工市场分析能力，面对庞大的纷繁复杂的资源市场，农村信用社只有深入市场，调查分析辖区内经济环境、

竞争对手情况、投资渠道、现有金融产品市场满足程度，以及做好市场资源份额的占比测算，才能随时把握市场，及时调整营销策略，拓展视野，层出新招，出奇制胜，巩固并扩大阵地；三要增加员工产品促销意识，再好的金融产品只有得到了广大消费者的认可，提高透明度才能实现其促销的效果。农村信用社必须利用多种宣传媒体，一方面宣传农村信用社的服务内容和服务理念；另一方面，宣传现有金融产品的特色和长处，激发客户的消费欲望，让客户有比较，有鉴别地根据自己的需求选择适用的金融产品，从而达到促销、多销、增存的目的。

八、积极稳妥地开展客户经理工作

客户经理作为农村信用社金融产品的营销人员，代表农村信用社为客户提供存款、贷款、中间业务等全方位金融服务，是客户与农村信用社联系的纽带。其基本职能是收集信息，市场开拓，满足客户需要和提高客户忠诚度。客户经理应根据农村信用社的客户发展战略，主动寻找客户，通过多种渠道建立农村信用社与客户的业务联系；还要收集客户信息，根据客户需求，提供相应的金融产品和全面金融服务，并挖掘客户对金融产品的潜在需求，维系农村信用社与客户的良好关系。农村信用社要加强对客户经理的选拔、培训、考核和管理。每个客户经理就是一个流动的"小信用社"。在推行客户经理制工作中，要认清客户经理不仅仅是外勤的翻版，而是一个全新的概念。

九、建立市场营销的约束与激励机制

（一）建立市场营销的责任机制

一是拓展市场的责任。各级农村信用社要根据细分市场的情况，确定客户部门开发客户和营销业务产品的具体数量指标，把市场拓展、客户维护和客户退出目标落实到人。二是客户服务与客户监督责任。对所有营业机构建立以客户为中心的经营评价体系，重点考核服务内容和方式、客户增长、产品开发、客户满意率、客户档案和客户信息系统、营业环境建设等情况。三是产品开发责任。要明确界定业务需求，管理核算、市场营销、产品运行各环节的责任。各有关部门要增强对新市场的敏感性，超前研究产品方案，适时跟进。对产品使用过程中出现的问题，要明确有关部门的责任并限时解决。

（二）进一步明确市场营销的激励政策

一是加大市场营销与费用挂钩的力度，集中一部分专项资金与每年确定的各项市场开发指标匹配，年终根据完成情况分配相应的奖励费用。二是激发客户经理的营销积极性，根据本社实际研究制定客户经理的收入分配办法。要根据客户经理的等级，设定不同档次的岗位工资；效益工作直接与业绩挂钩，收入可以拉开差距，充分体现"动态考核、绩效挂钩、多劳多得"的原则，对带来巨大效益的客户经理，还要给予一次性奖励。三是建立全员营销的激励机制，根据营销业务带来的效益，确定各项业务的资金数量，对有关工作人员进行相应奖励。

【复习思考题】

1. 简述我国农村金融营销的现状。
2. 阐述我国农村金融营销的发展策略。

【案例分析】

农村金融机构应提防金融危机

昨日，银监会网站一篇新闻稿援引银监会副主席蒋定之的话称，农村中小金融机构也将面临金融危机带来的市场风险恶化，最应注意的是信用风险、案件风险、市场风险、中间业务风险和流动性风险。蒋定之认为，国内实体经济明显下滑和国外危机持续冲击，最终都将反映到银行业上。而且这种危机将逐渐从国内大银行向小银行转移，农村中小金融机构面临的市场风险正在加大。对此，蒋定之强调，当前重点是尽可能多核销呆账、亏损挂账和提取专项准备，并严控省联社的债务投资业务。据悉，年内银监会将组织开展省联社经营业务调查，重点在于严控省联社债券投资业务。同时，要再用3年时间，对农村中小金融机构继续开展案件防控治理。对于具体措施，蒋定之指出，监管部门和省联社要帮助亏损信用社逐家制定消化亏损计划，按照"先易后难"原则加速消化历年亏损挂账。同时，监管部门要注重防范农村中小金融机构流动性风险，确保不发生区域性风险和系统性风险。蒋定之提醒，农村中小金融机构必须充分考虑自身对各类风险的承受能力，改变过去重表内、轻表外的错误做法，强化内控管理。

（资料来源：http://www.crbanking.com/RetailBanking/interview/200812/20081204095023.html）

第十三章

金融营销风险管理

【本章概要】

本章首先分析金融营销风险的含义和成因，对金融企业可能面临的风险进行分类，之后探讨金融企业营销风险管理的基本程序和方法，即金融企业应采取有效的管理措施，保障营销活动的顺利实施。

【要点提示】

1. 理解金融营销风险的含义、成因；

2. 掌握金融营销风险的分类；

3. 理解金融营销风险管理的基本程序、方法；

4. 了解金融营销风险管理的策略，结合农村信用社理解实施金融营销风险管理的方法。

【案例导入】

巴林银行倒闭

1993 年，年仅 26 岁、几乎无衍生品方面专门训练的尼克·里森被任命为巴林银行新加坡期货有限公司（BFS）的结算部主管兼场内交易经理，主要职责是在新加坡国际金融交易所（SIMEX）和日本大阪证券交易所（OSE）之间进行日经指数（Nikkei）期货套利以及在 SIMEX 和东京证券交易所（TSE）之间进行日本国债期货套利。一直以来，巴林银行有一个"99905"的错误账户，专门处理交易过程中因疏忽而造成的错误，BFS 将记录下来的所有错误发往伦敦。但后来，伦敦总部通知 BFS 另设一个错误账户（即"88888"账户），记录较小的错误，并自行在新加坡处理。几周后，又通知要求 BFS 按老规矩办，将所有错误直接报告伦敦总部。但"88888"账户却未被删除，而是保留在电脑中。到 1993 年年中，"88888"账户累计亏损已达 2000 万英镑。

为了对付巴林银行内部审计员的查账，以及 SIMEX 每天追加保证金的要求，1994 年 1 月至 1995 年 2 月，里森在 SIMEX 同时卖出日经 225 指数期货的看涨期权和看跌期权，即卖出鞍马式期权组合（协定价在 18000 ~ 22000 之间），使其收入与"88888"账户中的损失相等，并让巴林银行汇出美元，为购买的期权支付初始保证金和追加保证金。当日经 225 指数在 19000 附近小幅波动时，里森的策略可以盈利，最大利润为看涨及看跌期权的权利金之和；但一旦市场价格跌（涨）破盈亏平衡点 X_1（X_2）时，该策略就开始亏损，风险极大。

1995 年 1 月 17 日，日本神户大地震，日本股市剧烈下滑。1 月 23 日，日经 225 指数大跌 1055 点，BFS 亏损合 5000 万英镑。为了挽回损失，里森编制假账，从巴林伦敦总部骗取 46 亿英镑保证金，购入日经 225 指数 3 月份期货合约，卖出 26000 份日本政府债券期货合约。无奈神户大地震后，日本政府债券价格普遍上升，2 月 24 日，巴林共损失 8.6 亿英镑，远超其股本金总额 4.7 亿英镑。1995 年 2 月 27 日，英格兰银行宣布：巴林银行因发生巨额亏损和财务危机而不能继续营业，将申请资产清理。

案例评析：

巴林银行倒闭案例，不仅揭示了交易主体在内部管理上的严重失控，也暴露了外部监管的漏洞。

1. 内部管理严重失控。

(1) 母公司未考核员工的素质就委以重任。里森无交易执照，无衍生品方面的专门训练。显然，里森缺乏从事衍生品交易的专业素质，更不具备担任重要负责人的条件。

(2) 岗位安排违反内控原则，子公司个人权力缺乏制约。根据内部控制原则，前台交易和后台结算两个岗位必须由不同的人担任，但巴林总部却安排里森为 BFS 的场内交易经理兼结算部主管，明显违反了内控原则。在其大肆妄为、违规操作、放胆冒险的过程中，BFS 竟然没有任何部门人员可以制约他的行为。内控约束丧失到此地步，风险岂能不膨胀？巴林岂能不灭亡？

(3) 母公司对子公司的监督作用失效。按巴林银行的管理体系，里森应向巴林驻新加坡的南亚地区业务经理西蒙、日本的巴林证券负责衍生工具交易主管迈克、伦敦巴林银行金融成果部负责人罗恩汇报工作，但这种模糊的管理方式毫无监督作用，让里森可以随心所欲地处理自己的业务。巴林银行的监管部门缺乏一个职责明确、互相协调、互相制约的运转机制，其监管工作的许多漏洞已明显违反了一个有理性的监管部门可能有的正常逻辑，这是造成巴林倒闭的深层次原因。

2. 外部监管存有漏洞

(1) 交易场所的监控有缺陷。巴林事件中，SIMEX 的疏漏之处在于没有按会员经纪行的当地经济调整可接纳资产净值设持仓限额，造成其无法及时监督巴林的持有合约数量及保证金缴纳情况，以致后来演变成无法控制的风险。此外，尽管 SIM-EX 一直对 BFS 的操作提出问题，但鉴于巴林过去的业绩，以及为了吸引客户和实现建立亚洲金融中心的目标，对 BFS 采取了过度宽容和信任的态度，没有迅速采取追查行动并把问题告知新加坡金融管理局，这亦是造成风险扩大的一个因素。

(2) 政府当局的监控失效。英格兰银行允许巴林银行与集团内的巴林证券在会计财务申报上使用"单一综合"模式，即两机构之间的资金往来可视为同一机构下不同部门之间的往来，在计算银行资本充足比率时合并计算。这样的监管模式无法有效地执行监督职能。另外，《英格兰银行法》规定，任何银行在没有通知英格兰银行之前，对单一借款人的预支金额不允许超过该银行资本的 20%。巴林银行就是在没有通知英格兰银行的情况下，对 BFS 预支了其银行总资本 2 倍的资金。

(资料来源：《衍生品市场微观层次的风险管理案例》，2006 - 06 - 14，http://

www. p5w. net/futures/zhzx/200606/t361978. htm）

第一节　金融营销风险概述

目前国内外学术界对风险的概念有多种解释和规定。总的来说，风险的实质是预期与结果的偏离，包含了两方面内涵：其一，风险意味着未实现预期的目标值并将带来损失；其二，这种损失的出现是不确定的。当前我国经济发展良好的大形势下，金融企业的市场营销活动前景广阔，利润增值空间巨大，但同样存在着各种未知风险。

金融营销风险是从事金融营销和与金融营销有关的活动存在的一种经济危险。金融企业在开展市场营销活动过程中，必须分析市场营销可能出现的风险，并努力加以预防，设置控制措施和方案，才能最终实现企业的营销目标。

一、金融营销风险

金融营销风险，简单来说是指金融企业在开展市场营销活动过程中，由于出现不利的环境因素而导致市场营销活动受损甚至失败的可能性；或者说是在金融企业营销过程中，由于环境不确定性因素、无法预知与预料不足事项的诸多影响，使商业银行营销的预期收益与实际收益产生一定差距，形成对额外收益获得的机会成本与承担经济损失的潜在可能性。

金融营销风险强调了风险的主体是金融企业，即金融营销活动的参与者、竞争者；产生风险是违背市场规律或企业自身市场营销活动及相关方面的失误所致；风险带来的损失主要指经济利益的减少或损失；其风险大多起因于市场营销活动或与之有关的方面，风险发生的领域存在于市场营销的全过程中；其风险条件是金融企业的市场行为或营销事项所引发的不确定事故。

二、金融营销风险特征

（一）客观性

营销风险是客观存在的，无论营销人员是否认真对待，风险都会成为营销的一部分。营销风险是由客观存在的自然因素和社会经济因素所引起的，自然界的暴风雨、商品的自然性损害变质等，是自然界运动的表现形式，自然界的运动是由其运动规律所决定的，是独立于人的主观意识之外而存在的，人们只能发现、认识和利用这种规律，而不能改变它。因此，自然因素所带来的营销风险是无法避免的。欺骗、失误、破产诸如此类，是受社会发展规律支配的，人们可以认识和掌握这种规律，预防意外事故，减少损失，但终究不能完全消除。因此，营销风险是一种客观存在，不是人的头脑中的主观想象，是不以人们的主观意志为转移的。人们只能在一定的范围内改变营销风险形成和发展的条件，降低营销风险事故发生的概率，减少损失程度，而不能彻底消灭营销风险。

（二）偶然性

整体上来说，营销风险是客观存在的，有其必然性。然而，对特定的个体来说，营销风险的产生也是偶然的。这种偶然性是由营销风险事故的随机性决定的，表现出种种不确定性。其一，营销风险事故发生与否不确定；其二，营销风险事故何时发生不确定；其三，营销风险事故何地发生不确定；其四，营销风险事故将会如何发生不确定；其五，营销风险事故发生后带来的损失多大不确定。

（三）动态性

世间万物都处于运动、变化之中，营销风险也是如此。营销风险是不断变化的，这主要是由营销风险因素的多变性引起的。营销风险的变化方式不仅有量的增减，也有质的变化，其中还包括旧风险的消亡与新风险的不断产生，其中伴随着现代科学技术的发展而不断产生的各种新的高科技风险破坏性更大。此外，随着营销过程的推进，营销风险因素的主次地位也可能发生变化，原来的主要风险因素可能变为次要因素，而原来的次要因素有可能变为主要因素。

（四）突变性

某些营销风险因素的出现与变化是突然的，但风险因素的突变性并不能否定风险因素出现先兆的客观存在，根据突变论的有关理论，事物从一种状态向另一种状态演化，在达到某一临界状态之前仍处于一种结构稳定发展状态。因此，所谓"突变"性主要是由于人们的主观感受和认识上的滞后性产生的。任何营销风险因素在出现前期都有一个相对稳定发展的过程，企业应及时辨识这种前兆并采取有效的防范措施，这也正是企业营销风险预警预控的现实意义所在。

（五）复杂性

各营销风险因素之间是相互作用、相互影响的。某个营销风险因素的发生会导致另一个风险因素的发生，某个营销风险因素的变动将引起另一个风险因素的变动，同时，越来越复杂的营销环境给企业带来了越来越复杂的营销风险。营销风险的前因后果，其发生的原因、表现形式、影响力和作用力是复杂的，即营销风险的成因是复杂的：有内部的和外部的；有可预测的和不可预测的；有自然的和社会的；有直接的和间接的等。并且营销风险的形成过程是复杂的，人们对其产生的过程不能完全了解和全面掌握。

由以上分析可以得出，金融企业营销风险的成因是多方面的，而且处于动态变化之中。风险事故造成的损失程度也是各异的、难以预料的。金融行业不断发展，营销风险随着金融创新的产生而不断增加，在不断营销过程中，必须时时刻刻提高风险防范意识。

第二节　金融营销风险的成因及种类

一、金融营销风险的成因

营销风险源于社会经济和企业内部的各个方面，总的来说，主要可以分为企业内部的和外部的两个方面。因此，从实质上来说，企业营销风险的成因有两种：一种是企业外部环境的客观因素；另一种是企业内部环境的主观因素。

（一）客观因素

引起金融营销风险的客观因素来源于金融企业的外部客观环境，主要包括自然因素、政治因素、经济因素、社会因素、科技因素、法律因素、市场因素等。

1. 自然因素。自然界的运动发展总是呈现出一系列超出人们认知和控制的变化，使金融企业有可能遭受各种自然灾害，造成企业经营中断，员工生活困难，使生命和财产承受巨大损失。因此，自然因素是产生金融营销风险的直接原因之一。"5·12"汶川大地震，金融机构受到较为严重的损毁，当地的银行网点损失严重，被迫中断营业，部分客户受到严重的财产损失，有的甚至失去了生命，造成银行信贷无法收回，形成呆账。此外，当地众多居民丢失了身份证和银行卡，或者在受伤后无法记起密码，但同时又存在较强的取款和贷款需求，这就造成银行恢复业务的难度增大，被迫面临严重的供需矛盾，给企业日后品牌形象埋下了隐患。

2. 政治、经济和社会因素。金融企业的运营依附于国家政治、经济体制和特定的社会结构。一旦上层建筑发生了变化，必然会给金融企业的经营方针、目标、管理方式、技术水平等方面带来较大的变动和深远的影响，从而带来营销风险。当今全球经济趋于一体化，各国经济形势复杂多变，各国政府也频繁出台不同的经济政策来保护和推动经济的发展。这些政策会造成经济形势和市场需求的变动，如果金融企业不能保持高度的敏感性，趋利避害，必然会面临较大的营销风险。

3. 科技因素。它是指科学知识或其他系统化知识在经济、社会领域的应用所产生的对金融企业营销活动的影响。每一次新技术的变革，一方面给金融企业的营销活动提供了新的机遇、新的方法，丰富和发展了企业的营销竞争手段与工具；另一方面，也给金融企业的营销活动带来了风险，因为一旦企业的相关技术不能及时地更新换代，将无法比竞争对手更快更好地满足市场需求，最终导致被市场所淘汰。

4. 法律因素。在市场经济体制下，为了维护公平的竞争环境，长期以来形成了一系列规则规范、法律法规（如国家有关的法律法规、行业行为规范、惯例等），如果某一金融企业的营销活动违反了市场规则规范，轻者会受到同行其他企业的抵制、封杀或联合反击，重者则会受到国家法律的制裁，最终使企业败北。

5. 市场因素。随着人们生活水平的不断提高和市场环境的变化，消费者对产品的性能和质量以及对销售服务的要求都越来越高，并开始追求消费的差异化与个性化。市场需求开始由低层次向高层次变化、由数量型向质量型变化、由群体共同性向个体独特性变化。这些变化一方面是经济发展的必然结果，同时又进一步促进了社会经济的发展。金融企业如果不能充分认识其客观性，并努力调整市场营销活动，就不可避免地会产生营销风险。此外，市场经济的运行有内在的规律和机制，如供求规律、价值规律、价格机制和竞争机制等，企业营销行为若违背了市场经济规律，或不能合理有效地运用这些规律，也会产生营销风险。

（二）主观因素

主观风险因素来源于金融企业本身，包括观念因素、营销管理水平、营销风险意识、风险处理方式。

1. 观念因素。现在我国还有很多企业并没有真正适应市场经济的发展要求，完全忽略了市场营销活动的核心是顾客满意。企业营销观念的错误，必然导致其营销行为的错误。如果金融企业没有真正适应市场经济的发展要求，仍然保持传统的以销定产的市场营销观念，完全没有以顾客需求为导向的现代营销理念，那么在这种错误的营销观念指导下的营销行为必然遭到市场的唾弃，给企业自身造成损失。

2. 营销管理水平。金融企业只拥有现代营销理念还不够，还需要有完善的营销管理与组织体制，科学的营销工具，高素质的营销人才，才能有效降低营销风险。金融市场环境条件日益复杂，企业规模日益增大，决策者只凭借自己的经验与主观判断是无法真正认清环境条件的，据此作出的营销决策也就会有较大的风险。因此，金融企业需要拥有科学的市场分析方法与工具，严谨合理的营销管理流程，在此基础上发挥决策者的智慧最终作出高效的营销决策，从而降低营销风险。

3. 营销风险意识。在传统的金融企业组织机构中，管理者和员工风险意识淡薄，认为营销风险造成企业损失只是小概率事件，从而疏于防备。于是很难找到有关营销风险预警管理及处理营销风险危机的机构，管理者普遍缺乏营销风险预警预处理的经验与知识，企业营销管理中关于营销风险危机的管理也往往被轻视，一旦灾难降临，企业将遭受严重损失。

4. 风险处理方式。当企业产生营销风险后，由于缺乏处理营销风险的经验和知识，对市场营销风险的危害认识不足，风险就不能被及时控制并化解，处理方式不甚得当，会导致风险的急剧扩散和升级，最终甚至会危及企业的生命。

二、金融营销风险的种类

金融营销风险的分类多种多样，可以按发生的领域分为自然风险和人为风险，按发生后果可分为纯粹风险和投机风险，按风险因素发生领域可分为内部风险和外部风险，根据营销学因素的可控性分为可控风险和不可控风险，还可以划分为主观风险和客观风险等。营销风险从不同的视角可以得到不同的划分，不同的划分适宜于解决不同的问题。

为给金融企业控制营销风险提供一定的方法，本书从引起金融营销风险的因素入手将金融营销风险分为宏观环境风险、市场选择风险、营销策略风险、道德风险和国际营销风险五大方面。

（一）宏观环境风险

宏观环境风险是宏观市场环境变化给企业带来的不良影响和损失。宏观环境主要包括政治环境、法律环境、经济环境、科技环境、自然环境和社会文化环境等。这种风险是由客观环境变化引起的，一旦发生，企业一般无法控制、改变和影响，但在发生之前如能预见，早做准备，则可减少或避免风险。金融企业的宏观环境风险可进一步划分为政治环境风险、法律环境风险、宏观经济环境风险、科技环境风险、自然环境风险和社会文化环境风险。

1. 政治环境风险。政治环境风险指由于国际或国内政治形势，政府的路线、方针、政策和任务的制定与调整，国家政治体制、经济管理体制等方面对企业出现不利影响，使得企业蒙受损失的可能性。比如，美国的"9·11"事件使得美国的许多航空公司陷入困境就是由于政治事件的发生引起的企业营销风险的产生。金融市场处于转轨变革时期的当今，金融的管理制度也在变化之中，因此金融政策适时的调整与监管措施的不断变化相互叠加，在部分政策措施逐渐取消、过时的同时，新的制度仍未建立起来，商业银行的市场营销活动不能得到有效指导与监督，在此过程中衍生出来的不规范行为就会导致风险，产生无序市场现象。当新政策措施出台确立后，商业银行又需要改变原有营销模式、经营的新方法而承担营销机会成本。在不确定性因素陡增的外界条件下，在自身多利益目标的追求下，营销风险对于抗风险弱的金融企业来说需要认真对待。

2. 法律环境风险。法律环境风险指由于企业对法律、法规的疏忽或新法律规定的出现而使得企业蒙受损失的可能性，或者说是合约无法履行或所拟条款不清晰而引起损失的风险。法律的制定又往往滞后，因此运用的法律工具往往不能配套，某些金融工具交易的合法性便难以得到保障，交易可能因得不到法律保护而导致失败。我国与企业经营有关的法律包括《公司法》、《合同法》、《产品质量法》、《反不正当竞争法》、《劳动法》、《商标法》、《环境保护法》《消费者权益保护法》等。目前，我国的金融企业的很多业务在网上办理，尽管我国对电子合同的法律效率、知识产权的保护、网上支付、电子证据等进行不断的研究，但这些法律法规的内容远远不能适应电子商务的发展，很多的商务活动还找不到现成的法律条文来保护网络交易中的交易方式，导致交易双方都存在风险。

3. 宏观经济环境风险。宏观经济环境风险指由于宏观经济环境的变化影响到人们消费水平，对企业造成不利影响使企业蒙受损失的可能性。如1997年东南亚金融危机使我国许多企业对外贸易业务受到很大影响，就是宏观经济环境给金融企业带来的营销风险。

4. 科技环境风险。科技环境风险指科技环境的改变使得企业目前技术相对落后不能跟上科技发展进程使企业蒙受损失的可能性。现如今正处于知识爆炸时期，科学技术日新月异，新技术必将取代旧技术，新技术同时也创造新市场和新机遇，如果企业不能跟上技术变化，产品很快就过时了，使得企业面临的科技环境所带来的营销风险不断增加。商业银行的市场营销需要注重金融行业发展的同时，一体化收集、整合政治、文化、法律、技术等相关信息，在内部完善管理信息系统，特别是营销方向的信息系统，辅助处理、分析营销信息。商业银行应该重塑市场营销的基本技术手段，从市场调查设计、分析问题入手，建立营销数据库与营销渠道技术设备，完善营销活动的规程，规避技术差错导致的营销风险。我国金融企业当前还未建立起有效的营销管理信息系统，缺乏切实的市场调研和市场中真实的信息反馈，而金融创新也只局限于模仿，促销形式单一、电子化水平差的问题十分突出，在缺乏技术基础的情况下存在着一定风险。另外，国内网络营销技术支持相对落后，尤其是海量数据处理技术不尽如人意。因此，在网络营销方面，金融企业服务种类有限，可能无法完全满足客户需求；客户在网上查询信息或办理业务时可能需要等待较长时间，降低了顾客的满意度。

5. 自然环境风险。自然环境风险指自然环境对企业营销造成不利影响使企业蒙受损失的可能性。自然环境风险包括很多方面，比如企业目标市场所在交通不便，使企业将产品送达目标市场的成本高，可能造成企业利润下降或销售不畅，这属于地理环境造成的营销风险；如果企业产品的原材料是自然资源，这种资源的稀缺带来的营销风险，也属于自然环境风险。

6. 社会文化环境风险。社会文化环境风险指企业进入的市场的人们的价值观、信仰、语言、风俗习惯等对企业营销活动展开造成影响使企业蒙受损失的不确定性及可能性。一旦企业营销与社会文化相冲突，则营销风险加大。由于社会文化环境是企业的一个软环境，且社会文化的变迁往往比较缓慢，所以与经济、政治和法律风险相比有极强的可控性。

（二）市场选择风险

在我国经常出现一种现象，大家看哪个市场红火就一窝蜂地进入该市场、盲目上项目，造成市场供过于求，企业产品数量超出了市场容量的承载能力，结果经常引发价格战造成整个市场无利可图，企业产品滞销亏损。这就是因为企业没有选择正确的市场。市场选择正确与否是企业营销成功的前提。

市场选择风险是指由于企业选择的市场错误，与企业资源能力不相适宜而引起的导致企业营销风险发生的可能性。市场选择风险可能产生于市场选择的任何一个环节，可以是由于市场细分不合理、目标顾客选择不恰当或市场定位不准确而造成的。因此，我们可以把市场选择风险进一步细分为市场细分风险、目标顾客选择风险和市场定位风险。

（三）营销策略风险

营销策略是营销实施的手段，营销策略制定和实施的不合理会造成营销风险的产生。营销策略主要包括产品策略、价格策略、促销策略、渠道策略，相应地可把营销策略风险划分为产品风险、价格风险、促销风险、渠道风险。

1. 产品风险。产品风险是指金融企业生产的产品与顾客需求的产品不相符合而造成产品积压或销量下降、利润下降等的可能性或产品没有后续发展使企业蒙受损失的可能性。对于金融企业来说，提供的产品主要是无形的，形成产品风险有多方面的因素，主要因素有产品与消费者需求不相适应、售后服务不能满足消费者要求、产量过多或过少、企业产品结构不合理和企业提供的产品组合不合理。

任何一种金融产品都是有生命周期的，金融企业需要根据不同阶段来调整定位、功能设计、包装等各种产品策略来适应市场需求，如果策略调整不当，则可能导致顾客满意度的下降，甚至某些营销渠道的流失。产品风险主要包括产品设计风险、产品功能质量风险、产品入市时机选择风险和产品市场定位风险、产品品牌商标风险等。

（1）产品设计风险是指企业所设计的产品过时或者过于超前，不适应市场顾客的需求。

（2）产品功能质量风险主要是指企业所销售的产品功能质量不足或产品功能质量过剩，不能完全适合用户需求。

（3）产品入市时机选择风险是指产品进入市场时间的选择不当。

（4）产品市场定位风险是指产品的特色等与市场顾客要求不相符合。

（5）品牌决策风险包括商标风险和品牌组合风险。商标风险是指名牌产品被侵权或维护不当，使名牌产品信誉受损害的可能。其表现一是被外部企业或个人侵权，二是品牌未及时注册而被别人抢注，三是名牌形成后疏于维护或维护不当而使信誉受损等。不同品种的金融产品可以使用共同品牌，也可以使用不同的产品品牌。如果使用共同品牌，其中一种产品出现质量、服务等问题，造成销售额下降，这种负面影响可能会通过品牌联想传递给其他品种的产品，甚至影响企业整体形象。如果使用不同产品品牌，可以避免风险过于集中的情况，但是它要求较为完善的品牌管理体系和较高的品牌管理水平，如果金融企业拥有多种不同品牌的产品与服务，但缺乏配套的经营管理水平，就有可能造成管理成本居高不下，不同品种产品之间品牌形象界定模糊，甚至产生冲突。

2. 价格风险。价格风险是指金融企业定价过高或过低而造成营销风险发生的可能性。价格风险主要包括低价风险、高价风险及价格波动的风险。

（1）低价风险。低价是指将产品的价格定得较低。从表面上看，低价有利于销售，但定低价并不是在任何时候、对任何产品都行得通。相反，产品定低价可能会造成如下情况：一是企业定价过低会使顾客产生产品低质的感觉，造成逆向选择现象出现；二是企业定价过低会使企业营销活动中价格降低的空间缩小，销售难度增加；三是产品定低价依赖于消费需求量的广泛且较长时间内稳定不变，而实际上，消费者需求每时每刻都在变动之中，因此企业这种价格的依赖性是非常脆弱的。

（2）高价风险。高价是指企业将产品价格定得较高，单件产品盈利较大。高价产品的风险主要表现为：一是高价招致市场竞争程度白热化，从而导致高价目标失效；二是高价为产品营销制造了困难，因为低收入者会因商品价高望而却步；三是高价也容易使顾客利益受损，尤其是对前期消费者的积极性伤害较大。

（3）价格变动的风险。价格变动风险主要有两种形式：其一是降价风险。首先，要冒竞争者乘机攻市的风险。竞争对手有可能利用你的降价而开展大规模的宣传攻势，引导消费者形成高价高质、低价低质的产品感知印象。这样，企业不但不能达到降价的目的，而且会影响竞争中的相对地位和优势。其次，可能导致大规模价格战。一家企业的降价行为，会引起行业内竞争对手的关注。为了抢夺市场份额，竞争者可能会采取跟进的策略。如果降价的企业在行业内处于领先地位，其他二线品牌迫于压力，也将纷纷降价，就会带动整个行业开展全面的价格战。最后，要冒导致企业形象受损的风险。商品降价，消费者一般认为是产品销售状况不好情况下的促销手段，企业产品在顾客心目中的地位随之降低，消费者对企业整体形象的评价也会发生变化。其二是提价风险。首先，企业要冒销量下降的风险，因为消费者对价格均有程度不一的敏感性，从而可能会使企业面临销售量下降的状况。其次，要冒渠道管理难度增大的风险。在其他因素不变的情况下，产品提价之后，必然会引起产品经销环节各节点的利润空间加大，经销商之间、经销商与企业之间会因为价格变动而导致的利益调整进行博弈。最后，还要冒导致企业形象受损的风险。在非成本原因的情况下，提高产品价格，会使消费者产生不公平的感觉，认为自己利益受到损害，从而降低购买意愿。

3. 促销风险。促销风险主要是指企业在开展促销活动过程中，由于促销行为不当或干扰促销活动的不利因素的出现，而导致企业促销活动受阻、受损甚至失败从而使企业蒙受损失的可能性。促销风险可进一步分为广告风险、促销方式风险和公共关系风险。

（1）广告风险。广告风险主要是指企业利用广告进行促销而没有达到预期结果，使企业蒙受损失的可能性。企业进行广告促销必须向广告发布公司支付一定的费用，当广告播出后如果没有起到预期的效果，则会使企业蒙受损失。例如，秦池酒厂1996年以3.2亿元的天价在中央电视台做广告，此种举措没有使企业销售额大幅度提高，反而引起了公众质疑，成为秦池酒厂的破产根源。

金融企业进行广告宣传时需要提前向广告公司和媒体支付一定的费用，但广告能否促进销售以及能在多大程度上促进销售，都是无法事前估计的，即便广告播放后，金融企业也无法准确衡量广告给企业带来的直接效益，因此广告投入能否得到预期的回报是不确定的，具有一定的风险。具体来说，广告风险表现在以下几个方面：一是广告媒体与品牌定位不符的风险，即广告媒介的特性与品牌定位不相称，从而降低品牌价值的风险。品牌广告应该表现出品牌特有的属性、价值和利益，彰显品牌气质与形象，而消费者往往会无意识地将广告媒体的品牌形象与广告产品形象进行联想与对比，因此两者的定位应当保持一致，增强消费者对广告内容的信任感。一些金融企业为了节省宣传费用，采用规模较小的平面广告，但企业产品本身又属于高档系列，这就导致产品定位与广告媒介属性相矛盾，降低了品牌形象和价值，使企业处于尴尬的境地。二是误选媒介的风险，即不了解目标市场消费者的偏好，盲目选择宣传媒介，最终不能达到信息传递目标的风险。电视、广播、报纸等各种宣传媒介的宣传内容、时间、形式等特点决定了每种媒介都拥有较为固定的目标受众，在不同的媒介上、不同的节目时段或栏目中刊播广告，广告信息所能送达的顾客类型必然是不同的。此外，电视、广播、报纸等广告媒介在传播速度、覆盖面上也存在差异，金融企业需要根据自己预期的广告效果进行选择。因此，如果企业没有分析目标顾客对于媒介的偏好和接触习惯，盲目选择一种企业偏好的媒介及传递方式，那么广告信息就不能有效地覆盖企业的目标顾客。三是内容风险。广告内容要符合当地的文化风俗、宗教信仰，同时宣传内容要尊重事实，具有一定的严谨性，不能对产品功能过于夸大，否则可能引起消费者的不信任感，甚至引发法律事件。

（2）促销方式风险。促销方式风险指企业采取的促销手段时间和力度不合适而收效甚微，起不到促销应起的作用甚至是收不抵支，从而使企业蒙受损失的可能性。在实际应用中，主要指的是人员推销风险。人员推销风险是指在销售过程中，由于各种主客观因素造成推销人员推销产品不成功的可能。人员推销风险包括推销人员知识、技巧、责任心等方面的不完备而出现的各种销售受阻的可能。人员推销虽然是一种传统有效的促销方式，但是管理难度大，很容易出现销售问题。尤其是在大多数企业对推销人员按销售业绩计酬的情况下，出现各种非道德行为的可能性更大。

（3）公共关系风险。企业开展公共关系运作，目的是为企业或其产品树立一个良好的社会形象，为市场营销开辟一个宽松的社会环境空间。开展公共关系运作需要支付成本，如果该费用支出达不到预期的效果，甚至无效果或负效果，则形成公共关系风险。此外，如果策略使用不当或某些人员恶意炒作，引起社会大众对企业公益行为动机的质疑甚至负面评价，则会严重影响企业品牌形象。

4. 渠道风险。营销渠道风险指的是从渠道管理者角度出发，金融产品与服务从生产领域转移至消费领域的全过程中，发生的各种不利事件的可能性。具体地说，是指金融产品与服务转移过程中，企业损失发生的可能性。这些损失主要是企业所选择的分销渠道不能履行分销责任和不能满足分销目标及由此造成的一系列不良后果的总和。

渠道是金融企业产销的中间环节，也是企业经营活动得以持续进行的关键环节，如果管理不当，将会对企业产生很大的影响。进行营销渠道风险管理，有利于金融企业用最小的渠道成本获得最大的利益，并且可以通过对风险的估计，判断最易受损失的或损失价值最大的营销元素，预先采取防范措施，转移风险或采用合理措施进行风险处理，保障营销目标的实现。

根据营销渠道风险因素的来源不同，可以将其分为渠道外部风险和渠道内部风险两大类。

（1）渠道外部风险。渠道外部风险是指来自于渠道主体（一般是指金融产品与服务的提供商）以外的风险因素导致的风险，如分销商、竞争对手、顾客等引发的渠道风险。

分销商风险包括以下方面：一是目标选择风险。分销商是一个独立的经济实体，其加入企业营销渠道的目的是获取利益，它的经营目标要与金融企业本身的经营目标完全一致是很困难的。因此，金融企业在选择分销商的时候，就面临着风险。二是信用风险。主要是指金融企业不能按约从分销商处及时地收回货款而产生的资金被占用、损失的风险。其主要表现有分销商恶意拖欠和侵占货款，分销商因经营发生困难而无力支持等。三是巨型零售终端风险。由于零售端与消费者直接接触，掌握了大量的客户资源和市场信息，而且近年来零售商规模日益增大，对渠道控制力增强，进而向金融产品提供商提出了更多的要求和优惠条件，因此金融企业对渠道的管理和控制风险上升。

竞争对手风险一般包括通过利益诱使企业的分销商叛离，在同一地区争夺服务终端、拉拢腐蚀企业的销售人员，等等。

顾客风险是指顾客对金融产品或服务的购买时间、地点、形式等方面的偏好不是固定不变的，需要随时了解顾客需求偏好的变化，并及时作出调整，才能维持顾客满意度，否则，就有可能出现顾客满意度下降甚至顾客流失的现象。

渠道冲突风险是指各种渠道冲突可能会使金融产品向市场流通的过程受阻，成本上升，或者市场信息传递受阻从而导致金融企业对市场反应速度下降，产品或者服务更新与市场需求变动脱节。

此外，网络营销等新型营销渠道的出现也给金融企业带来一定的营销风险：如果金融企业不开发新型渠道，则日后可能成为企业竞争的软肋；如果金融企业开发新型渠道，则面临着技术安全性、与传统渠道的冲突等风险。

（2）渠道内部风险。渠道内部风险是指来源于渠道主体即金融产品与服务提供企业本身因素的风险，具体涉及金融企业在进行渠道设计、渠道运营、渠道管理及渠道的调整等方面的问题。

一是渠道结构风险。主要包括：①渠道级数风险。渠道级数过多，产品价格上升，产品销售量会受到影响；渠道级数过少，企业又难以有效占领市场。②渠道密度风险。如果同级分销商数量过多，会增加金融企业的渠道控制和管理成本；如果分销商数量过少，又会导致金融企业损失部分潜在的市场份额，而且一旦少数分销商形成联盟，对渠道的控制难度反而增加。③渠道分布风险。渠道的布局需要与目标市场相匹配，如果渠道分布出现失误，可能导致顾客购买产品和服务不方便，成本上升，甚至出现无法实现消费的情形。④渠道调整风险。金融企业对渠道结构优化过程中，不仅可能会对企业内部相关部门和人员的利益造成伤害，而且可能会遭到一些分销商的反对甚至对抗。不管这种调整是主动为之还是被动为之，渠道结构的每一次调整都是一次风险。

二是渠道策略风险。它主要是产生于产品定价、促销活动，本节将其作为独立的风险类型进行分析，在此不再赘述。

三是渠道成本风险。渠道成本风险主要是指营销渠道系统运作时，分销成本持续上升带来的风险。分销成本的上升会带来财务、控制等问题，从而引发风险。如银行机构在进行分行、支行、自动销售网点的建设决策时，应充分考虑渠道建设和管理成本，避免日后由于渠道费用庞杂引发财务危机。保险公司同样如此，它主要依靠大量保险销售人员来占领市场份额，因此更需要重视销售队伍的成本管理。

四是销售人员的风险。销售人员是金融企业营销渠道的维护者、管理者，是直接与分销商进行沟通，对企业的销售产生直接影响的人。所以销售人员对于渠道的风险表现在两个方面：①销售人员自身的素质造成与分销商的沟通不力、市场渠道维护不够或者市场开发不足而影响产品销量等。这些都会给渠道带来风险。②对于某些金融企业来说，销售人员本身就是销售渠道，是产品与服务的直接提供者，如果他们的素质与能力无法达到客户要求，就会直接影响企业的销售业绩和品牌形象。

渠道风险分类如图 13 - 1 所示。

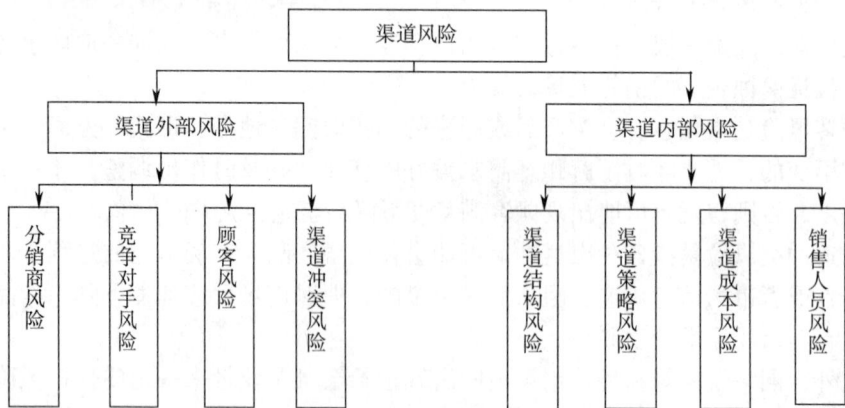

图 13 - 1　渠道风险分类

（四）道德风险

道德风险是指金融企业为追求自身利益，作出侵害消费者利益的不道德营销行为，从而丧失消费者信任并最终给企业带来利益损失的可能性。

中华民族几千年的文化传承，其中非常宝贵的一条即是"信"。孔子曰："人而无信。不知其可。"古人以诚信为本，修身、齐家、治国、平天下。国无信不足以为政，商无信不足以经营，民无信不足以立身。但在如今社会，这个老祖宗留下来的做人信条，在拜金主义的价值取向、多元文化的冲击、法律的不健全、现实的利益、社会阶层的分化带来的经济鸿沟面前，显得格外的轻飘。注水猪肉、毒火腿、苏丹红鸭蛋以及"三鹿"劣质奶粉等一系列的企业逆道德行为已经引发了整个市场的信任危机，消费者感到震惊和无助，他们不再相信知名的品牌与产品，他们也不知道应该去相信谁。一个企业失去了消费者的信任，就等于丧失了整个市场，而这种危机的源头就是企业一味追求自身利益的不道德行为。2008年席卷全球的金融危机在某种意义上说就是信任危机，是投资者对金融企业的不信任，而信用危机的背后是道德危机。这场灾难正是商业银行一系列道德沦落行为所造成的。商业银行在金融危机爆发的前些年就已经开始通过结构性产品将次贷风险转嫁到资本市场和全球金融市场中，其中信用评级机构与这些金融机构扮演了"同谋"的角色，导致信用评级未能真正反映这些结构性产品的潜在风险，从而误导了结构性产品的投资者。谎言的代价就是丧失信任。次级贷款的不道德营销带来的是整个金融市场的信用冻结。因此，金融企业的不道德行为所带来的风险是可怕的，应当严加控制和防范。具体到营销领域，能够带来营销风险的不道德行为可以分为企业道德风险行为和营销人员道德风险行为。

1. 企业道德风险行为。企业道德风险行为是指企业在制定营销战略和竞争策略时纳入不道德因素，致使营销人员在执行战略和计划时被迫发生不道德行为。如要求或怂恿营销人员行贿；要求营销人员非法窃取竞争对手的销售信息；向营销人员刻意隐瞒产品的质量问题，使不明真相的营销人员夸大产品功能；售后服务滞后，从而使营销人员对消费者的销售承诺不兑现；要求营销人员散布不利于竞争对手的谣言等；在对消费者行为研究的市场调查中，授意营销人员不择手段地挖掘消费者或潜在消费者的隐私，侵犯他们的隐私权，甚至贩卖他们的隐私以图利。

2. 营销人员道德风险行为。营销人员的道德风险行为是指在执行营销战略和计划时，由于营销人员自身道德沦落所产生的不道德行为。一是对消费者构成直接损害的道德风险行为。如在促销过程中，营销人员与普通消费者永远存在着信息不对称，前者为了完成个人的销售任务，往往利用后者对于产品性能和服务质量的认识盲点，肆意夸大产品的功能和质量，甚至采取坑蒙拐骗的方式获取订单。其他的市场营销人员的道德风险行为包括：在推销产品时过于功利和势利，将"顾客就是上帝"演化为"有钱的顾客才是上帝"，损坏企业的社会声誉；缺乏营销技巧，道德门槛过低，甚至为了获取订单对客户行贿；营销人员对消费者"售前热情，售后冷淡"，只注重销售产品，对于售后服务工作则持懈怠态度，造成企业品牌声誉和消费者利益受损等。二是对企业造成直接伤害的道德风险行为。如缺乏职业责任心、经常与其他职能部门员工的利益发生冲突、窃取企业的商业秘密、将客户资源转卖给竞争对手等。

（五）国际营销风险

随着我国改革开放和经济全球化的不断推进，我国部分金融企业已开始积极拓展海外业务，在世界各地建立分支机构和代表处，其中以中国银行为首。中国银行是中国第一家在亚洲、欧洲、大洋州 、非洲、南美洲、北美洲六大洲均设有机构的银行。同时它是我国唯一一家以国际金融业务为特色的银行，截至 2009 年，共设有 559 个海外机构，建立起了全球布局的金融服务网络。虽然在国外建立分支机构的金融企业目前还比较少，海外业务的拓展还十分有限，但是进军国际市场是金融企业开创更大发展空间的重要选择，是我国金融业未来发展的一种趋势。因此，金融企业的国际营销活动就变得异常重要。银行创新推动了业务国际化、资本流动国际化、金融市场国际化为主要表现的金融国际化趋势，加之在场外交易中由信息不对称引起的公众对其他金融机构信用的心理预期作用，局部的金融风险更易转化为全局性的金融风险，因而国际金融业与国际金融市场的动荡对各国金融业形成了较大的冲击。

由于国际营销是金融企业异地作战，对市场环境并不像本国市场一样熟悉，又缺乏实践经验，因此它存在着不同于本地营销活动的特殊风险。主要有以下五种风险：

1. 公司治理风险。由于要对目标企业进行管理体制和组织机构输入、移植和调整，企业协调工作难度加大，这就要求管理者必须具备国际视野和高层次的管理手段、方法和技巧。由于中国企业家自身素质有待提高，企业制度尚存缺陷，中国金融企业实施跨国并购的风险凸显。

2. 资金链断裂风险。首先，金融企业跨国并购离不开大量资金的支持；其次，在现代并购中杠杆收购又占主要地位，而财务杠杆是把双刃剑，运用失当金融企业将会面临很大风险；最后，在国际环境中，金融企业长期资金或短期资金的需要量和筹资来源都更加不稳定，一旦失算，就会因财务状况恶化而导致并购失败。

3. 文化风险。金融企业进行跨国并购后，若文化不能及时融合，会造成双方激烈的文化冲突，进而影响到企业的经营与管理，加大整合难度，使得并购预期价值难以实现。

4. 人力资本异化风险。企业间跨国并购是双方所有生产、管理、销售要素的重新组合，必然面临人事的调整，面临职工的安置。如果处理不当，企业将会背上沉重的包袱，甚至会有触犯目标企业国家法律的危险。

5. 商标抢注风险。目前，一国企业为阻止另一国企业进军本国及相关区域市场，抢注商标成为一种重要形式。企业或产品的商标一旦被抢注，企业将陷入两难境地：想要回本属于自己的商标，必须付出高昂的代价；如果夺不回商标，已经打入有关市场的产品就面临被控侵权或退出的命运。

第三节　金融营销风险管理

一、金融营销风险管理的内涵

金融营销风险管理是指金融企业有意识地通过计划、组织和监督控制等管理活动，通过特定的程序和方法，以最小的成本把风险发生概率和损失减至最小程度，来保护企业的生存和发展能力的活动和职能。具体包括以下六方面的内容：

1. 树立正确的营销理念，消除观念落后风险。金融企业的营销活动是在一定的经营思想的指导下进行的，经营理念指导企业明确组织、顾客和社会的关系，平衡三者之间的利益。金融企业只有树立正确适宜的营销理念才能在它的指导下作出正确的营销行为。因此，消除观念落后的风险是防范其他一切风险的基础。

2. 提升营销管理水平，降低营销决策风险。金融企业在制定营销战略和策略时，要选择适合企业的科学决策手段和方法，不能只凭个人喜好和经验随意决策。此外，企业应从收益和风险两个角度同时考虑营销决策问题，保证营销活动预期收益与风险相匹配。所以做任何一个营销决策，特别是重大决策时一定要有科学的理论依据，正确的观念与方法，切忌随心所欲，主观臆断。

3. 加强外部环境监控，降低外部环境风险。外部环境的不可控性和不确定性决定了金融企业必须加强监控，随时了解外部环境的动态变化，适时调整企业营销策略，控制营销风险。在现代金融企业中，对外部环境监控时一方面可以借助于传统的渠道、内部员工、竞争对手等市场调研方式，另一方面可以充分利用 IT 技术建立营销风险管理信息系统来加强对营销环境的监控效率，降低监控成本。

4. 加强内部营销活动控制，降低内部营销风险。金融企业应该对营销活动流程的每个环节，参与活动的每个部门、人员进行实时动态的监控，及时发现并弥补偏差，降低内部营销风险的发生概率与损失。现在各家银行努力拼抢市场，任务层层分解，季季累加，营销成了完成任务的法宝。一级级管理者的任务能否完成成了评优奖先、职务升迁的主要依据。管理者要政绩，银行要效益，在这种观念影响下，对许多营销业绩好高级管理者不再进行严格审查，即使发现不合规的地方也睁一只眼、闭一只眼。这种从上而下的"溺爱"纵容一部分管理者敢于暗箱操作，以身试法。哈尔滨河松街中行案主要人物高山，就是一个很好的例证。作为支行行长，他以能拉存款名扬行内，评先进、奖轿车，可谓光环满身。于是对他的监管就宽松，据报载他就可以常常不上班，没有人干涉他的自由。即使接到企业举报他挪用4000万元，上层管理者仍没有重视。最终高山轻易出境，一桩涉案金额10多亿元的大案就此发生，教训惨痛。

5. 建立风险预防与处理机制，降低风险损失。对营销风险的预防与处理要适时，一般越早越好预防与处理，损失越小，对企业的影响越小。所以金融企业在加强对内部营销活动和外部环境监控的同时，还要确立一套行之有效的风险预防与处理机制，及早发现风险隐患，采取防范措施，降低风险概率；同时风险事故发生后，能够利用风险处理机制系统有效地进行风险处理，最大程度地降低企业损失。

6. 贯彻成本原则，提高风险管理效益。对营销风险预防与控制的代价一定要小于风险带来的损失，否则，营销风险的预警就失去了应用意义。因此，金融企业在消除营销风险的成本投入中，要注意成本和收益（风险损失的减少）之间的关系，如果成本超过收益，对企业来讲就没有意义了。

二、金融营销风险管理基本程序

一般说来，营销风险管理程序可分为三个阶段：营销风险识别、营销风险衡量、营销风险控制与效果评价。

1. 营销风险识别。营销风险识别是指营销风险管理人员通过对大量可靠的营销信息进行系统了解和分析，认清金融企业存在的各种营销风险因素，找出特征指标，进而确定企业营销所面临的风险及其性质，并把握其发展趋势。营销风险识别是整个营销风险管理工作的基础，不经过认真识别，营销风险是无法衡量与科学管理的。

2. 营销风险衡量。营销风险衡量是对某种特定的营销风险，测定其风险事故发生的概率及其损失程度。它是在营销风险识别的基础上进行的。通过识别，弄清存在的营销风险因素，确认营销风险的性质，并获得有关数据。然后，通过对这些指标和数据的处理，得到关于损失发生概率及其程度的有关信息，从而对风险程度作出评价，对发展趋势作出预测，为营销风险预警提供依据。

3. 营销风险控制与管理步骤。营销风险控制的第一步就是进行营销风险预警。对营销风险识别后发现的营销风险征兆和营销风险衡量之后的风险问题要及时地预警和报告。营销风险预警是一个动态过程，金融企业要适时地进行营销风险的预警和监视，为制定风险控制决策提供依据，具体包括预警指标体系的建立、预警方法模型的选择、预警等级的确定。企业可以借助计算机管理信息系统进行，但关键仍在于管理者的风险管理水平。

营销风险控制的第二步就是制定方案。金融企业在清楚了营销风险的性质和大小之后，必须运用合理而有效的方法降低营销风险的发生概率，这就需要制定出风险事故的处理方案，有备无患。这一阶段的核心是营销风险控制处理手段的选择，它是营销风险管理过程的一个关键性阶段。

营销风险控制的第三步就是对营销风险管理进行监控，保证管理过程的有效实施。这就需要在风险控制过程中，同时要对营销风险管理效果进行评价，即对营销风险管理各阶段所采取的对策和手段的适用性和效益性进行分析、检查和评估，并不断修正和调整计划。

具体来说，营销风险的管理包括以下步骤：（1）首先确定营销风险的管理目标；（2）进行风险因素的识别，找出可能产生营销风险的各种因素；（3）进行风险分析，包括定量分析与定性分析；（4）衡量可能造成的损失；（5）对目前的营销风险进行评价，找出急需解决的风险因素；（6）风险控制方案的制定；（7）风险方案的评价与选择；（8）实施风险控制方案；（9）评价方案实施的效果。

三、金融营销风险管理方法

金融营销风险管理方法主要有营销风险回避、营销风险控制、营销风险转移和营销风险自留。

1. 营销风险回避。

营销风险回避的通用做法是放弃或拒绝可能带来损失的金融业务，这种做法的结果是：风险回避掉了，同时收益也减少了。但在目前竞争日益激烈的情况下，完全依靠规避风险来回避风险，势必生存发展空间有限。这种做法属于消极的风险回避方法，因为它在彻底消除风险损失的同时也使会获利的可能性降为零，因此，营销风险回避就需要我们运用一些策略，做到既能够回避风险又不降低盈利空间。关于营销风险回避的策略主要有以下几种情况：

（1）当某项营销活动风险极大，企业确实无力防范和控制时，可以考虑放弃该方案；

（2）当实现某种营销活动有许多种方案时，选择风险小的方案进行替代；

（3）当实施某项营销活动的过程中遇到不可逾越的风险因素时，采取措施绕道行之、迂回包抄。

2. 营销风险控制。营销风险控制是企业通过降低营销风险发生概率和减少营销风险发生带来的损失来达到控制营销风险目的的手段和方法。营销风险控制可分为风险发生前的风险预防和风险发生后的风险处理。风险发生前的风险预防主要是以控制发生概率为主，以减少营销风险发生带来的损失为辅；营销风险发生后主要以减少营销风险损失为主并且要兼顾预防营销风险的扩散和斩断因营销风险发生而引起的连锁反应。前者可以称为营销损失预控，后者称为营销损失控制。

（1）营销损失预控。营销风险损失发生前而采取有效方法以降低营销风险发生概率的各种手段方法。从营销风险发生到损失形成可以比喻成多米诺骨牌，一块压一块，所以要在第一块倒下前去除风险因素。营销活动的中心是人，营销风险管理的还是人，所以要从营销各环节抓起，从决策者因素、银行营销人员的营销行为到客户的信用管理等方面。对于银行营销人员要加强自身学习进步，同时需要有相应的考核机制去考核营销风险；对于客户要从信用记录、还款历史、同业口碑、管理层素质、经营状况、年报披露等多方面采用定性与定量结合去评价。

（2）营销损失控制。营销损失控制指在营销风险形成之后，立刻采取必要措施最小化损失程度与损失范围。同样可以分为事先控制与事后控制。事先控制指在风险有扩大的可能性时，及时采取措施抑制风险的蔓延减少损失。事后控制指立刻采取紧急手段、补救措施，补救措施的重点是防止该风险的再度扩大与继续监控。运用事后控制手段是在风险实际发生时最常用的控制方法，可以有效防止矛盾激化并且控制事故影响的范围，再进行市场恢复工作，减少损失。而最为重要的还是事先做好计划，防患于未然，在风险事故一旦发生之时，有章可循，依章处理。

3. 营销风险转移。营销风险转移就是通过一定的方式将营销风险转嫁给其他的主体以达到本企业对风险的管理目的。营销风险转移的方式有保险转移和非保险转移。

（1）保险转移。保险主要是对静态资产的保险，但大部分营销风险属于运作风险，属于不可保风险，因此保险不是营销风险的主要转移手段。

（2）非保险转移。它是指企业可以通过合同或契约将风险发生可能带来的经济损失和法律责任等转嫁给非保险业的其他主体，以达到降低企业营销风险的发生概率和营销风险造成的损失的目的。主要方法有出售、转包或分包和租赁。

4. 营销风险自留。营销风险自留又称营销风险承担，是指一个金融企业以其内部的资源来弥补损失。营销风险自留是一种营销风险处理的财务型技术手段。此方法实质是营销风险造成经济损失后，通过内部财务手段融资来填补损失，这并没有将风险转移至其他机构，而是自己承担。由于任何一种应对风险的手段都有其局限性，所以采用财务手段处理剩余营销风险是十分有必要的。

该方法有其被动性，主要由于营销人员对营销风险的主观认识不足与对将来发展的难以把握，没能及时处理风险，只能最后自身承担风险。为改变被动接受，将自留营销风险转化为主动，需要事先周全计划，具体方法包括将损失摊入经营成本、建立意外损失基金、借款来补偿营销风险的经济损失和自负额保险。

四、金融营销风险管理策略

金融企业面临的营销风险各有不同，营销人员须具备清醒认识，力求有效控制规避，但营销风险不都是恶性风险，也存在获取预期以外收益的可能。随着金融市场的完善与营销管理的成熟，营销风险发生概率逐步减小，抗风险能力得到提高。因此，当前金融企业应以市场为导向，树立营销意识至上观念，面对营销风险，根据风险所处具体情况，借鉴西方成熟的营销经验，综合利用多种措施，积极开展风险营销，推动金融营销管理走向成熟，并且降低营销风险。

1. 完善内部管理。内部管理的完善要从责任上明确指定董事会、管理决策层与风险管理部门的权力与责任，落实风险管理的风险评估、监察，增强风险管理体系的有效性与执行性。明确监察周期，定期执行风险因素检查，强化全员风险管理意识。在金融产品创新活动中的操作风险主要是指由于缺乏内部控制，产品创新程序不健全，应对环境变化不及时或错误预测行情，因操作失误及人为、系统或外部事件等原因造成的风险。操作风险的防范主要通过银行完善内控合规制度、规范操作流程、做好职能部门职责分工和分离牵制来实现。

2. 完善营销系统。以商业银行为例，我国商业银行在最近几十年的经营中已经积累了营销经验，但是这种营销经验与意识仍然有一定地域局限性，较多局限在大中城市中，在我国总分支行授权制度下，向下推广的难度较大，由于营销部门缺乏合理的组织结构设计，缺乏长期发展规划。因此，商业银行应着手发展完善营销组织，提高营销人才综合素质，根据银行战略发展规划与经营目的，强化对自身的全面认识与对市场形势的认识，在开展市场调查的基础上建立有效的营销管理信息系统，并且科学制定规程，提出日后合理建议，通过不断巩固营销控制职能，促进营销意识的塑造提高与风险管理的成熟。

3. 合理市场定位。金融体制改革的前行带动着金融企业的转变，从传统业务向更多业务发展，市场定位格局也已打破。当前金融企业更要抓住时下机遇，分析自身优劣势，结合市场形势，细分市场选择目标市场，合理定位发展文化氛围，强化顾客至上的经营理念，确立特色与个性并且深化市场定位，以体现竞争优势。

4. 丰富风险管理技术。金融理论体系现代化的发展带动了更多的金融创新，金融产品丰富了金融市场，对风险管理技术的要求也相应提高，这不仅是对金融产品的风险损失的评估，更是对金融体系乃至社会经济稳定的要求，丰富与改善风险管理技术十分必要。

5. 营销组合创新。在市场激烈竞争中，面对变化中的金融需求，金融企业应以金融产品营销与产品服务创新为重心，加强传统负债、资产业务并补充创新，通过外汇期权交易等表外业务创新，满足顾客需求并增加收益；根据客户利润贡献度、贷款风险力、谈判力弹性与市场成本、期望收益等进行综合科学定价，调高收益率；从规模经济和增加管理幅度、减少资本占用量大经营效益小的原则出发，加快电子化建设，积极营销电话银行、网上银行等渠道作为新分销渠道，减轻柜面压力，快速拓展营销网络；从整体营销战略角度，合理预算营销费用，科学整合营销组合创新。

6. 强化风险管理与风险管理文化。强化营销风险管理，要从客户识别、准入机制开始，从营销活动的各环节加以确认，严格规范营销风险管理流程与制度，加强营销人员培训，充分使用营销风险管理系统，同时塑造良好风险管理文化；全员参与的营销风险认识、防范与治理是金融企业最终实现营销风险管理的目标，是金融业的迅速发展的基础。

【重要概念】

金融营销风险　宏观环境风险　金融营销风险管理

【复习思考题】

1. 金融营销风险与金融营销风险管理的概念分别是什么？
2. 金融营销风险的成因有哪些？
3. 金融营销风险有哪些主要类型？
4. 金融营销风险管理的方法与基本程序是什么？
5. 金融营销风险的基本特征是什么？
6. 金融营销风险管理的策略主要有哪些？

【案例分析】

雷曼兄弟破产

一、案情

2008年9月15日，美国第四大投资银行雷曼兄弟按照美国公司破产法案的相关规定提交了破产申请，成为美国有史以来倒闭的最大金融公司。拥有158年历史的雷曼兄弟是华尔街第四大投资银行。2007年，雷曼兄弟在世界500强中排名第132位，2007年年报显示其净利润高达42亿美元，总资产近7000亿美元。从2008年9月9日起，雷曼兄弟股票一周内股价暴跌77%，市值从112亿美元大幅缩水至25亿美元。第一个季度中，雷曼兄弟卖掉了1/5的杠杆贷款，同时又用公司的资产作抵押，大量借贷现金为客户交易其他固定收益产品。第二个季度变卖了1470亿美元的资产，并连续多次进行大规模裁员来压缩开支。然而雷曼兄弟的自救并没有把自己带出困境。华尔街的"信心危机"，金融投机者操纵市场，一些有收购意向的公司则因为政府拒绝担保没有出手，雷曼兄弟最终还是没能逃离破产的厄运。

二、原因

1. 受次贷危机的影公司响。次贷问题及所引发的支付危机，最根本原因是美国房价下跌引起的次级贷款对象的偿付能力下降。因此，其背后深层次的问题在于美国房市的调整。美联储在IT泡沫破灭之后大幅度降息，实行宽松的货币政策。全球经济的强劲增长和追逐高回报，促使了金融创新，出现很多金融工具，增加了全球投资者对风险的偏好程度。2000 年以后，实际利率降低，全球流动性过剩，借贷很容易获得。这些都促使了美国和全球出现的房市的繁荣。而房地产市场的上涨，导致美国消费者财富增加，增加了消费力，使得美国经济持续快速增长，又进一步促进了美国房价的上涨。2000 年至 2006 年美国房价指数上涨了 130%，是历次上升周期中涨幅最大的。房价大涨和低利率环境下，借贷双方风险意识日趋薄弱，次级贷款在美国快速增长。同时，浮动利率房贷占比和各种优惠贷款比例不断提高，各种高风险放贷工具增速迅猛。

但从 2004 年年中开始，美国连续加息 17 次，2006 年起房地产价格止升回落，一年内全国平均房价下跌 3.5%，为自 20 世纪 30 年代大萧条以来首次，尤其是部分地区的房价下降超过了 20%。全球失衡到达了无法维系的程度是本轮房价下跌及经济步入下行周期的深层次原因。全球经常账户余额的绝对值占 GDP 的百分比自 2001 年持续增长，而美国居民储蓄率却持续下降。当美国居民债台高筑难以支撑房市泡沫的时候，房市调整就在所难免。这亦导致次级和优级浮动利率按揭贷款的拖欠率明显上升，无力还贷的房贷人越来越多。一旦这些按揭贷款被清收，最终造成信贷损失。

和过去所有房地产市场波动的主要不同是，此次次贷危机，造成整个证券市场，尤其是衍生产品的重新定价。而衍生产品估值往往是由一些非常复杂的数学或者是数据性公式和模型作出来的，对风险偏好十分敏感，需要不断调整，这样就给整个次级债市场带来很大的不确定性。投资者难以对产品价值及风险直接评估，从而十分依赖评级机构对其进行风险评估。然而评级机构面对越来越复杂的金融产品并未采取足够的审慎态度。而定价的不确定性造成风险溢价的急剧上升，并蔓延到货币和商业票据市场，使整个商业票据市场流动性迅速减少。由于金融市场中充斥着资产抵押证券，美联储的大幅注资依然难以彻底消除流动性抽紧的状况。到商业票据购买方不能继续提供资金的时候，流动性危机就形成了。更糟糕的是这些次级债经常会被通过债务抵押债券方式用于产生新的债券，尤其是与优先级债券相混合产生 CDO。当以次级房贷为基础的次级债证券的市场价值急剧下降，市场对整个以抵押物为支持的证券市场价值出现怀疑时，优先级债券的市场价值也会大幅下跌。次级债证券市场的全球化导致整个次级债危机变成一个全球性的问题。

这一轮由次级贷款问题演变成的信贷危机中，众多金融机构因资本金被侵蚀面临清盘的窘境，这其中包括金融市场中雄极一时的巨无霸们。贝尔斯登、"两房"、雷曼兄弟、美林、AIG 皆面临财务危机，或被政府接管，或被收购，或破产收场，而它们或曾是美国前五大投行中的三家，或是全球最大的保险公司和大型政府资助机构。在支付危机爆发后，除了美林的股价还占 52 周最高股价的 1/5，其余各家机构股价均较 52 周最高值下降 98% 或以上。六家金融机构的总资产超过 4.8 万亿美元。贝尔斯登、雷曼兄弟和美林的在次贷危机中分别减值 32 亿美元、138 亿美元及 522 亿美元，总计近 700 亿美元，而全球金融市场减记更高达 5573 亿美元。因减值造成资本金不足，所以全球各主要银行和券商寻求新的投资者来注入新的资本，试图渡过难关。

2. 雷曼兄弟自身的原因。

（1）进入不熟悉的业务，且发展太快，业务过于集中。作为一家顶级的投资银行，雷曼兄弟在很长一段时间内注重于传统的投资银行业务（证券发行承销、兼并收购顾问等）。进入20世纪90年代后，随着固定收益产品、金融衍生品的流行和交易的飞速发展，雷曼兄弟也大力拓展了这些领域的业务，并取得了巨大的成功，被称为华尔街上的"债券之王"。

在2000年后房地产和信贷这些非传统的业务蓬勃发展之后，雷曼兄弟和其他华尔街上的银行一样，开始涉足此类业务。这本无可厚非，但雷曼兄弟的扩张速度太快（美林、贝尔斯登、摩根士丹利等也存在相同的问题）。近年来，雷曼兄弟一直是住宅抵押债券和商业地产债券的顶级承销商和账簿管理人。即使是在房地产市场下滑的2007年，雷曼兄弟的商业地产债券业务仍然增长了约13%。这样一来，雷曼兄弟面临的系统性风险非常大。在市场情况好的年份，整个市场都在向上，市场流动性泛滥，投资者被乐观情绪所蒙蔽，巨大的系统性风险给雷曼带来了巨大的收益；可是当市场崩溃的时候，如此大的系统性风险必然带来巨大的负面影响。

另外，雷曼兄弟"债券之王"的称号固然是对它的褒奖，但同时也暗示了它的业务过于集中于固定收益部分。近几年，虽然雷曼兄弟也在其他业务领域（兼并收购、股票交易）方面有了进步，但缺乏其他竞争对手所具有的业务多元化。对比一下，同样处于困境的美林证券可以在短期内迅速将它所投资的彭博和黑岩公司的股权脱手而换得急需的现金，但雷曼兄弟就没有这样的应急手段。在这一点上，雷曼兄弟和此前被收购的贝尔斯登颇为类似。

（2）自身资本太少，杠杆率太高。以雷曼兄弟为代表的投资银行与综合性银行（如花旗、摩根大通、美国银行等）不同，它们的自有资本太少，资本充足率太低。为了筹集资金来扩大业务，它们只好依赖债券市场和银行间拆借市场，在债券市场发债来满足中长期资金的需求，在银行间拆借市场通过抵押回购等方法来满足短期资金的需求（隔夜、7天、1个月等），然后将这些资金用于业务和投资，赚取收益，扣除要偿付的融资代价后，就是公司运营的回报。也就是说，公司用很少的自有资本和大量借贷的方法来维持运营的资金需求，这就是杠杆效应的基本原理。借贷越多，自有资本越少，杠杆率（总资产除以自有资本）就越大。杠杆效应的特点就是，在赚钱的时候，收益是随杠杆率放大的；但当亏损的时候，损失也是按杠杆率放大的。杠杆效应是一柄双刃剑。近年来由于业务的扩大发展，华尔街上的各投行已将杠杆率提高到了危险的程度。

三、启示

雷曼兄弟作为一个有158年历史的企业，其破产有如下启示：

1. 危机意识。正如比尔盖茨所说的"微软离破产永远只有18个月"，海尔董事长张瑞敏提出的"永远战战兢兢，永远如履薄冰"，说明企业越大，企业家越要有危机意识。

2. 提升企业的内部管理和抗风险能力。雷曼兄弟作为一个生存了158年的企业，其内部管理已经达到了相当规范的程度，但其仍在困境中破产，说明企业的抗风险能力是一个综合的因素，所以企业在发展的过程中，不仅要加强企业的内部管理，同时也要提高企业在困境中生存的能力，企业家要随时准备好面对企业倒闭的困境。

3. 正确的战略规划。雷曼兄弟的破产主要是因为其持有大量次贷债券，之所以持有大量的次贷债券，说明持有次贷债券是雷曼兄弟的战略决策。如果单就破产而言，可以认为雷曼兄弟的战略规划出现了问题。所以做企业战略规划是非常重要的，战略规划的任何疏漏都会将企业带入无法预料的困难境地。

（资料来源：http：//blog. sina. com. cn/s/blog _ 7afdae3d0100ro9n. html）

【参考文献】

［1］张永强：《营销风险及规避策略》，北京，中国经济出版社，2005。

［2］唐小飞、周晓明：《金融市场营销》，北京，机械工业出版社，2010。

［3］徐晟：《金融企业营销理论与实务》，北京，清华大学出版社，2008。

［4］邹亚生：《银行营销导论》，北京，对外经济贸易大学出版社，2006。

［5］魏亚评、陈峥嵘：《网络营销》，北京，机械工业出版社，2010。